Eine Arbeitsgemeinschaft der Verlage

Beltz Verlag Weinheim · Basel
Böhlau Verlag Köln · Weimar · Wien
Wilhelm Fink Verlag München
A. Francke Verlag Tübingen und Basel
Haupt Verlag Bern · Stuttgart · Wien
Lucius & Lucius Verlagsgesellschaft Stuttgart
Mohr Siebeck Tübingen
C. F. Müller Verlag Heidelberg
Ernst Reinhardt Verlag München und Basel
Ferdinand Schöningh Verlag Paderborn · München · Wien · Zürich
Eugen Ulmer Verlag Stuttgart
UVK Verlagsgesellschaft Konstanz
Vandenhoeck & Ruprecht Göttingen
vdf Hochschulverlag AG an der ETH Zürich
Verlag Barbara Budrich Opladen · Farmington Hills
Verlag Recht und Wirtschaft Frankfurt am Main
WUV Facultas Wien

SANDRA WINKEL / FRANZ PETERMANN / ULRIKE PETERMANN

Lern-
psychologie

UTB basics

Schöningh

Die Verfasser:

Dr. Sandra Winkel, wissenschaftliche Mitarbeiterin am Lehrstuhl für Klinische Psychologie, Zentrum für Klinische Psychologie und Rehabilitation der Universität Bremen.
Wichtige Veröffentlichung:
Petermann, F. & Winkel, S. (2005). Selbstverletzendes Verhalten. Göttingen: Hogrefe.

Prof. Dr. Franz Petermann, 1983-1991 Leitung des Psychosozialen Dienstes der Universitäts-Kinderklinik Bonn, gleichzeitig Professor am Psychologischen Institut. Seit 1991 Lehrstuhl für Klinische Psychologie an der Universität Bremen und seit 1996 Direktor des Zentrums für Klinische Psychologie und Rehabilitation.
Wichtige Veröffentlichung:
Petermann, F. (Hrsg.). (2002). Lehrbuch der Klinischen Kinderpsychologie und -psychotherapie (5., korr. Aufl.). Göttingen: Hogrefe.

Prof. Dr. Ulrike Petermann, 1987-1991 Professorin für Entwicklungspsychologie in München, von 1991-1994 in Bremen. 1995-2006 Lehrstuhl für Rehabilitation und Pädagogik bei psychischen und Verhaltensstörungen der Universität Dortmund. Seit 2006 Lehrstuhl für Klinische Kinderpsychologie und Direktorin der Psychologischen Kinderambulanz der Universität Bremen.
Wichtige Veröffentlichungen:
Petermann, U. & Petermann, F. (2006). Training mit sozial unsicheren Kindern (9., völlig veränd. Aufl.). Weinheim: Beltz.
Petermann, F. & Petermann, U. (2005). Training mit aggressiven Kindern (11., völlig veränd. Aufl.). Weinheim: Beltz.

Bibliografische Information der Deutschen Nationalbibliothek

Die Deutsche Nationalbibliothek verzeichnet diese Publikation in der Deutschen Nationalbibliografie; detaillierte bibliografische Daten sind im Internet über http://dnb.d-nb.de abrufbar.

Coverillustration © Studienkreis

© 2006 Verlag Ferdinand Schöningh GmbH & Co. KG
Jühenplatz 1-3, 33098 Paderborn
ISBN 3-506-71703-0

Printed in Germany.
Einbandgestaltung: Atelier Reichert, Stuttgart
Herstellung: Ferdinand Schöningh, Paderborn

UTB-Bestellnummer: ISBN 3-8252-2817-7

Inhalt

(handschriftliche Notizen am oberen Rand:)
- Konstruktivismus
- kogn. Lernen
- Selbstwirksamkeitstheorie
- erlernte Hilflosigkeit
- Lernen durch Einsicht

Vorwort

Dieses Lehrbuch versucht, eine Einführung in die vielfältigen Bereiche und Theorien der Lernpsychologie als Teildisziplin der Allgemeinen Psychologie zu geben. Das Buch stellt die klassischen Lerntheorien vom Behaviorismus bis zum Beobachtungslernen vor und verweist zugleich auf neuere Entwicklungen, beispielsweise im Zusammenhang mit der Forschung zu impliziten Lern- und Gedächtnisprozessen. Mit dem Ziel einer systematischen Darstellung werden fünf Lernformen unterschieden und vorgestellt: nicht-assoziatives Lernen, assoziatives Lernen, kognitives Lernen, sozial-kognitives Lernen und implizites Lernen. Anwendungsmöglichkeiten der lernpsychologischen Erkenntnisse in verschiedenen pädagogischen und therapeutischen Kontexten werden in einem eigenen Kapitel dargestellt.

Das Buch richtet sich vorwiegend an Studierende der Psychologie, die sich einen Überblick über die verschiedenen Bereiche der Lernpsychologie verschaffen wollen. Es wendet sich jedoch auch an Psychologen, Pädagogen, Erzieher, Lehrer, Sozialpädagogen und alle anderen Personengruppen, die sich für die Grundlagen menschlichen Lernens und deren Anwendungsmöglichkeiten interessieren.

Beim Verfassen des Lehrbuchs war es unser Ziel, wichtige Erkenntnisse der Lernpsychologie in der didaktischen Gestaltung direkt umzusetzen. Zahlreiche Tabellen, Schemata und Abbildungen sollen dem Leser dabei helfen, die Informationen aufzunehmen und zu strukturieren. Praktische Beispiele, Merksätze und Wiederholungsaufgaben sollen den Lese- und Lernprozess zusätzlich unterstützen.

Verwandte, Freunde und Kollegen haben dabei geholfen, einzelne Kapitel zu überarbeiten und zu korrigieren. Für diese Mühe möchten wir uns sehr herzlich bei Frank Achtergarde, Nina Brühl, Nina Janke, Sören Schmidt und Edeltraut Winkel bedanken. Unser besonderer Dank richtet sich an Herrn Dr. Diethard Sawicki und Frau Katrin Tenge-Borkowski vom Schöningh-Verlag für die angenehme Zusammenarbeit.

Bremen, im August 2006

Sandra Winkel
Franz Petermann
Ulrike Petermann

Einführung

Lernen stellt ein allgegenwärtiges Phänomen dar: Nicht nur das gezielte Lernen für die Schule oder den Beruf, sondern auch beiläufige, alltägliche Lernvorgänge – im Gespräch mit anderen Menschen, auf einem Spaziergang in der Natur oder beim abendlichen Fernsehen – beeinflussen unser Leben wesentlich. In diesem Kapitel soll daher zunächst geklärt werden, was unter dem Begriff des Lernens zu verstehen ist. Anschließend sollen ein kurzer Überblick über die Entwicklung der Lernpsychologie gegeben und aktuelle Forschungsrichtungen aufgezeigt werden.

Zum Begriff des Lernens 1.1

Lernen bedeutet mehr als die Beschäftigung mit Büchern und Texten. Es kann zahlreiche Formen annehmen und auf vielen unterschiedlichen Wegen geschehen. Der Facettenreichtum des Lernens, aber auch die gemeinsamen Grundlagen aller Lernprozesse sollen im Folgenden dargestellt werden.

Lernen 1.1.1

Im Alltag versteht man unter dem Begriff „Lernen" zumeist die gezielte Aneignung von Wissen an vorgegebenen Lernorten, zum Beispiel in der Schule und am Ausbildungsplatz oder beim Erlernen einer Fremdsprache in der Volkshochschule. Lernen umfasst jedoch mehr als diese Form des gezielten Erwerbs von Wissen und Kenntnissen. Lernen beinhaltet Veränderungen im Verhalten, in Einstellungen, Fertigkeiten, Gewohnheiten und Gefühlen, die durch die Interaktion eines Organismus mit der Umwelt entstehen (Hillner, 1978). Nur ein Teil der Lernvorgänge und Lernergebnisse ist dem Lernenden bewusst. Auch Tiere – von hoch entwickelten Säugetieren bis hin zur Meeresschnecke – und selbst künstliche Modelle von Nervensystemen (elektronische Netzwerke) können erstaunliche Lernleistungen vollbringen, ohne dass man dabei von bewusstem „Wis-

Lernen hat viele Formen

Lernen bedeutet
Veränderung

sen" sprechen würde. Durch ein relativ weit gefasstes Verständnis von Lernen als Verhaltensänderung ist es jedoch möglich, auch die Aneignung von sozialem, kulturellem und intellektuellem Wissen als Erwerb von Verhalten aufzufassen (Bodenmann, Perrez, Schär & Trepp, 2004). Trotz der Breite der Aspekte, die das Konzept „Lernen" charakterisieren, können seine zahlreichen Merkmale daher in einer allgemeinen Definition des Begriffs integriert werden.

Definition

Lernen bezieht sich auf relativ dauerhafte Veränderungen im Verhalten oder den Verhaltenspotentialen eines Lebewesens in Bezug auf eine bestimmte Situation. Es beruht auf wiederholten Erfahrungen mit dieser Situation und kann nicht auf angeborene bzw. genetisch festgelegte Reaktionstendenzen, Reifung oder vorübergehende Zustände (z.B. Müdigkeit, Krankheit, Alterung, Triebzustände) zurückgeführt werden (Bower & Hilgard, 1983; Klein, 1996).

Diese Definition enthält zentrale Bestimmungsstücke des Begriffs „Lernen": Veränderungen im Verhalten und den Verhaltenspotentialen, Erfahrungen als Grundlage und relative Dauerhaftigkeit der Veränderungen. Diese Aspekte sollen im Folgenden näher erläutert werden.

Verhaltensänderungen

Veränderungen im Verhalten. Die verhaltensbezogene Definition von Lernen geht davon aus, dass sich Lernen in irgendeiner beobachtbaren Form äußern muss, denn Veränderungen, die nicht objektiv überprüft werden können, entziehen sich den Erkenntnismöglichkeiten der wissenschaftlichen Psychologie. Dagegen ist ein Lernzuwachs in Form einer Verhaltensänderung ebenso quantifizierbar und messbar wie Veränderungen in der physikalischen Umwelt. Da kognitive Prozesse (z.B. die Veränderung der Wissensstruktur) selbst nur eingeschränkt beobachtet werden können, werden Verhaltensänderungen gleichsam stellvertretend für Vorgänge im Nervensystem beobachtet. Der Begriff „Verhalten" ist in einem weiteren Sinn zu verstehen, denn neben motorischen Verhaltensäußerungen (Bewegungen) werden auch Veränderungen in den physiologischen (z.B. Herzrate, Hautleitfähigkeit), kognitiven (z.B. verbale Äußerungen) und emotionalen Reaktionen (z.B. Gesichtsausdruck) als Indizien für Lernvorgänge verwendet. Entscheidendes Kriterium ist die Messbarkeit der ausgewählten Prozesse. Bei einigen einfacheren Lernformen (vgl. Kap. 3) konnten die neurophysiologischen Grundlagen bereits im Detail dargestellt werden. Auch auf diese Weise kann die erforderliche Objektivierung und Quantifizierung eines Lernvorgangs erfolgen.

Veränderungen in Verhaltenspotentialen. Lernen liegt auch dann vor, wenn ein neu gelerntes Verhalten nicht unmittelbar gezeigt wird, das Lebewesen nach dem Lernvorgang jedoch über das *Potential* verfügt, in einer passenden Situation das neue Verhalten zu zeigen. Speziell im Rahmen des sozial-kognitiven Lernens (vgl. Kap. 6) wurde untersucht, unter welchen Bedingungen Menschen gelernte Verhaltensweisen tatsächlich in Handeln umsetzen. Lernvorgänge können auch in einer Einschränkung des Verhaltensrepertoires resultieren, etwa wenn man erfährt, dass auf ein Verhalten regelmäßig unangenehme Konsequenzen folgen (*Bestrafung*) oder wenn sich die Umwelt mit dem eigenen Verhalten nicht beeinflussen lässt (*erlernte Hilflosigkeit*, vgl. Kap. 6.3).

Veränderungen in Verhaltenspotentialen

Veränderung durch Erfahrungen. Organismen verändern ihr Verhalten im Laufe ihres Lebens teilweise in dramatischer Weise. Manche, aber nicht alle dieser Veränderungen sind auf Lernen zurückzuführen. Viele Verhaltensweisen sind angeboren, und der biologische Reifestatus entscheidet über den Zeitpunkt, an dem sie erstmals gezeigt werden. Ein Beispiel bildet die Entwicklung motorischer Fähigkeiten wie Krabbeln, Greifen und Laufen, die auf der Reifung des Skeletts und des Nervensystems beruhen und durch Lernprozesse lediglich verfeinert werden.

Veränderung durch Erfahrungen

Um zu überprüfen, ob ein Verhalten durch Lernen entsteht und nicht durch angeborene Mechanismen oder Reifung, kann das Lebewesen daran gehindert werden, Erfahrungen mit der Umwelt zu machen (*Deprivation*). Wenn das Verhalten trotzdem entsteht, so basiert es nicht auf Lernvorgängen, sondern ist angeboren. Häufig zeigt sich jedoch, dass Reifungs- und Lernprozesse sehr stark miteinander interagieren und sich ihre Einflüsse kaum voneinander trennen lassen (Terry, 2003).

Deprivation

Neben der biologischen Reifung kann eine Reihe weiterer Faktoren dazu führen, dass Verhaltensänderungen auftreten. Vorübergehende Zustände wie Müdigkeit, Trunkenheit, Einwirkungen von Medikamenten, Krankheiten und Verletzungen können das Verhalten stark beeinflussen. Auch dauerhaftere Veränderungen des Organismus durch Wachstums- und Alterungsprozesse wirken sich auf das Verhalten aus. Junge Säugetiere beispielsweise verbringen sehr viel Zeit mit Spielen. Dieses Verhalten lässt mit dem Erwachsenwerden bei den meisten Arten stark nach; stattdessen zeigen sich neue Verhaltensweisen wie Brunft- und Kampfverhalten. Diese Veränderungen sind jedoch weniger auf Lernprozesse als auf auf Veränderungen im hormonellen Status zurückzuführen. Diese alternativen Erklärungen müssen ausgeschlossen werden, wenn Verhaltensänderungen auf Lernprozesse zurückgeführt werden sollen.

Stabilität der Veränderungen | *Relative Stabilität der Veränderungen.* Um von einem Lernvorgang zu sprechen, muss eine Änderung im Verhalten oder im Verhaltensrepertoire über eine bestimmte Zeit hinweg stabil bleiben. Aufgrund dieses Kriteriums kann man Veränderungen im Verhalten abgrenzen, die durch andere Faktoren als Lernerfahrungen verursacht werden (z.B. Krankheit, Müdigkeit, hormoneller Status). Derartige Veränderungen sind zumeist nur vorübergehend. Die Einschränkung der „relativen" Dauerhaftigkeit wird gemacht, da Gelerntes nach längeren Zeiträumen vergessen oder durch neue Erfahrungen modifiziert werden kann.

> **Merksatz**
>
> Beim Lernbegriff handelt es sich um ein sehr komplexes und facettenreiches Konzept. Dennoch existieren einige charakteristische Merkmale, anhand derer sich Lernvorgänge grundsätzlich von anderen Veränderungsprozessen wie Krankheit, Wachstum oder Alterung unterscheiden lassen. Erst die Einigung über diese Kriterien ermöglicht es, Lernprozesse systematisch zu erforschen und zu beschreiben.

1.1.2 | Verschiedene Formen des Lernens

Lerntheoretiker versuchten, mit den von ihnen entwickelten Modellen und den von ihnen entdeckten Gesetzmäßigkeiten unterschiedliche Arten von Lernvorgängen zu erklären. Lernen ist jedoch nicht gleich Lernen. Umwelteinflüsse auf der einen Seite und die spezifischen Fähigkeiten und Beschränkungen des Lerners auf der anderen Seite bestimmen, was und auf welche Weise gelernt werden kann. In den folgenden Kapiteln sollen verschiedene Formen des Lernens mit ihren Besonderheiten vorgestellt werden.

Nicht-assoziatives Lernen | *Nicht-assoziatives Lernen.* Der Begriff des nicht-assoziativen Lernens bedeutet, dass bei diesen Lernvorgängen keine Verknüpfungen zwischen verschiedenen Reizen oder Reizen und Verhaltenweisen gebildet werden, sondern Lernen überwiegend auf sensorischer Ebene stattfindet.

> **Merksatz**
>
> Bei nicht-assoziativem Lernen finden einfache Lernprozesse überwiegend auf der Ebene der Wahrnehmung und Verarbeitung von Sinnesreizen statt, wobei keine Verbindungen zwischen Reizen oder Reizen und Reaktionen entstehen.

Es handelt sich um einfache und ursprüngliche Formen des Lernens, die kein komplex aufgebautes Nervensystem voraussetzen und die man daher bereits bei niederen Tierarten findet. Dennoch beeinflusst nicht-assoziatives Lernen tierisches und menschliches Verhalten nachhaltig. Zum nicht-assoziativen Lernen gehören unter anderem Habituation, Sensitivierung und Priming (vgl. Kap. 3).

Habituation, Sensitivierung, Priming

Definition

Unter Habituation versteht man das Nachlassen der Reaktion auf einen Reiz, der für das Lebewesen keine Bedeutung besitzt. Bei der Sensitivierung handelt es sich im Kontrast dazu um die Zunahme der Reaktionsbereitschaft infolge wiederholter Reizung. Priming bedeutet eine Beeinflussung der Wahrnehmungsleistung durch Reize, die auch in subliminaler (unterschwelliger) Intensität dargeboten werden können.

Obwohl die Reize beim Priming nicht immer bewusst wahrgenommen werden, können sie nachfolgende Reaktionen beeinflussen, zum Beispiel die affektive Einstellung zu einem gezeigten Objekt (Terry, 2003).

Assoziatives Lernen. Unter assoziativem Lernen versteht man alle Formen des Lernens, bei denen Zusammenhänge (*Assoziationen*) erworben werden.

Assoziatives Lernen

Dabei kann es sich um Zusammenhänge zwischen verschiedenen Reizen handeln (*klassisches Konditionieren*) oder um Verbindungen zwischen Verhaltensweisen und Konsequenzen (*operantes Konditionieren*). Assoziatives Lernen kann bei Tieren und Menschen beobachtet werden. Die Theorien des klassischen und operanten Konditionierens sind in der Lernpsychologie sehr einflussreich und besitzen für eine Vielzahl von Anwendungsfeldern größte Bedeutung. In der Forschung zum assoziativen Lernen interessieren vor allem messbare physikalische Reize und beobachtbare Verhaltensweisen (vgl. Kap. 4).

Merksatz

Beim assoziativen Lernen werden Zusammenhänge gelernt.

Kognitives Lernen. Kognitives Lernen bezieht sich weniger auf den Erwerb von neuen Verhaltensweisen, sondern auf die Aneignung von Begriffen und verbalem Wissen. Informationsverarbeitende Prozesse, Denken und Problemlösen spielen eine wesentliche Rolle (vgl. Kap. 5).

Kognitives Lernen

Im Gegensatz zu behavioristischen Ansätzen beziehen Theorien zum kognitiven Lernen Variablen wie Motivation oder Erwartungen

Kognitives Lernen bezieht sich auf den Erwerb von Wissen und umfasst Prozesse wie Wahrnehmung, Problemlösen und Einsicht.

mit ein, die zwischen Reizen und Verhalten vermitteln. Kognitives Lernen spielt naturgemäß beim Menschen eine besonders große Rolle, lässt sich in Ansätzen jedoch auch bei höheren Tieren (Säugetiere, Vögel) nachweisen.

Sozial-kognitives Lernen

Sozial-kognitives Lernen. Sozial-kognitives Lernen bezieht sich auf Lernvorgänge unterschiedlicher Art, die im Kontext der sozialen Umwelt stattfinden. Es handelt sich beim sozial-kognitiven Lernen also um die Anwendung der bekannten Lernmodelle auf den sozialen Kontext. Dabei spielen kognitive Variablen wie Wahrnehmung und Erwartungen eine zentrale Rolle. Auch behaviorale Konzepte wie die Konditionierung werden als wichtige Lernmechanismen in das sozial-kognitive Modell des Lernens integriert (vgl. Kap. 6).

Sozial-kognitives Lernen findet in sozialen Kontexten statt und wird durch behaviorale, kognitive und soziale Faktoren beeinflusst.

Implizites Lernen
Prozedurales Lernen

Implizites Lernen. Der Begriff des impliziten Lernens umfasst einfache und komplexere Prozesse des Lernens, die auf einer unbewussten Ebene ablaufen (vgl. Kap. 7). Beim prozeduralen Lernen, einer wichtigen Form des impliziten Lernens, geht es um den Erwerb motorischer und kognitiver Fertigkeiten, wobei bewusste und unbewusste Prozesse in komplexer Weise interagieren.

Implizites Wissen wird auf andere Weise erworben als verbales (explizites) Wissen, und es sind andere Gehirnareale beteiligt. Dies zeigt sich beispielsweise daran, dass auch Menschen, die nach einem Unfall oder einer Erkrankung unter verbalen Merkfähigkeitsstörungen leiden, dennoch neue motorische Fertigkeiten erlernen können (z.B. Maschineschreiben).

Prozedurales Lernen bezieht sich auf den Erwerb motorischer und kognitiver Fertigkeiten.

Lernprozesse stellen während der gesamten Lebensdauer und in nahezu allen Lebensbereichen eine Grundvoraussetzung für angepasstes und erfolgreiches Handeln dar. Lernen ist grundsätzlich bei Menschen und Tieren zu beobachten, wobei Menschen zu komplexeren und abstrakteren Lernleistungen in der Lage sind. Unter Lernen versteht man relativ dauerhafte Veränderungen im Verhalten oder in den Verhaltenspotentialen eines Lebewesens, die auf Erfahrungen beruhen und nicht durch angeborene bzw. genetisch festgelegte Dispositionen, Reifung oder vorübergehende Zustände erklärt werden können. Die mit Lernen verbundenen Veränderungen müssen beobachtbar oder anderweitig nachweisbar sein, wobei sich Verhaltensweisen und Bewegungen, aber auch Veränderungen in den physiologischen, kognitiven und emotionalen Reaktionen als Hinweise auf Lernvorgänge eignen.

Umwelteinflüsse und die individuellen Voraussetzungen des Lerners bestimmen, was und auf welche Weise gelernt werden kann. Man unterscheidet nicht-assoziatives Lernen, assoziatives Lernen, kognitives Lernen, implizites Lernen und sozial-kognitives Lernen. Nicht-assoziative Lernvorgänge stellen die einfachste Form des Lernens dar. Habituation, Sensitivierung und Priming gehören zu dieser Gruppe ursprünglicher Lernformen. Beim assoziativen Lernen werden Zusammenhänge zwischen verschiedenen Reizen oder zwischen Verhaltensweisen und Konsequenzen gelernt. Kognitives Lernen bezieht sich auf die Aneignung von Begriffen und verbalem Wissen, und sozial-kognitives Lernen umfasst verschiedene Formen des Lernens, die in sozialen Kontexten stattfinden. Der Begriff des impliziten Lernens bezieht sich auf Lernvorgänge, die unbewusst ablaufen.

Literatur

Bodenmann, G., Perrez, M., Schär, M. & Trepp, A. (2004). Klassische Lerntheorien. Grundlagen und Anwendungen in Erziehung und Psychotherapie. Bern: Huber.

Bower, G.H. & Hilgard, E.R. (1983). Theorien des Lernens. Band 1 (5., veränd. Aufl.). Stuttgart: Klett-Cotta.

Hillner, K.P. (1978). Psychology of learning: A conceptual analysis. New York: Pergamon Press.

Klein, S.B. (1996). Learning: Principles and applications. New York: McGraw-Hill.

Terry, W.S. (2003). Learning and memory. Basic principles, processes, and procedures (2nd ed.). Boston: Allyn & Bacon.

Testfragen

1. Welche Bestimmungsstücke sind wesentlich für die Definition von Lernen?

2. Mit welchen empirischen Methoden kann festgestellt werden, dass Lernen stattgefunden hat?

3. Wie kann festgestellt werden, dass eine Verhaltensänderung auf Reifung basiert und nicht auf Lernprozessen?

4. Lernen Tiere und Menschen grundsätzlich unterschiedlich?

5. Worin bestehen die besonderen Merkmale von implizitem Lernen?

1.2 | Geschichte der Lernpsychologie

In den nächsten Abschnitten sollen die historischen Grundlagen der modernen Lernpsychologie in einem kurzen Überblick dargestellt werden.

1.2.1 | Grundlagen

Einflüsse aus Philosophie und Naturwissenschaften

Seit über 120 Jahren werden Lern- und Gedächtnisprozesse in der Psychologie wissenschaftlich untersucht. Einflüsse aus der Philosophie des 17. und 18. Jahrhunderts sowie aus den Naturwissenschaften prägten die frühe psychologische Forschung wesentlich (Terry, 2003). Die Philosophie dieser Zeit beschäftigte sich unter anderem mit der Frage, wie Menschen an Wissen gelangen bzw. wie Wissen entsteht (Erkenntnistheorie oder *Epistemiologie*). Drei wichtige Strömungen oder Perspektiven können dabei genannt werden: Nativismus, Rationalismus und Empirismus.

René Descartes

Nativismus und Rationalismus. Der französische Philosoph René Descartes (1596-1649) vertrat die Auffassung, dass Menschen über einige Wissensinhalte verfügen, ohne dass sie entsprechende konkrete Erfahrungen mit der Umwelt gemacht haben (Schönpflug, 2004).

Nativistische Perspektive

Rationalistische Perspektive

Diese Wissensinhalte sollen teilweise angeboren sein, wie etwa das Wissen über die Existenz Gottes (*nativistische Perspektive*). Andere Wissensinhalte können durch Nachdenken und logisches Schlussfolgern gewonnen werden, wie etwa die Ableitung mathematischer Formeln (*rationalistische Perspektive*). Weitere wichtige Vertreter des Rationalismus mit großem Einfluss auf die spätere Psychologie waren Benedictus de Spinoza (1632-1677), Gottfried Wilhelm Leibniz (1646-1716) und Christian Wolff (1679-1754).

Empirismus. Im Gegensatz dazu stand die Position des britischen Philosophen John Locke (1632-1704). Er vertrat die Ansicht, dass alles Wissen des Menschen auf Erfahrungen beruhe, die durch die Sinnesorgane vermittelt werden (*empiristische Perspektive*). Weitere Hauptvertreter des Empirismus waren George Berkeley (1685-1753) und David Hume (1711-1776). Assoziationen zwischen Objekten der Umwelt sollten nach empiristischer Auffassung dann entstehen, wenn die Objekte häufig gemeinsam erfahren werden, also wenn zwischen ihnen räumliche und zeitliche Nähe besteht (*Kontiguität*). Dadurch sollten geistige Repräsentationen entstehen, die ebenfalls räumlich nahe beieinander angeordnet sind. Assoziationen entstehen weiterhin dann, wenn Objekte einander ähnlich sind oder wenn sie kontrastieren. Locke (1690/1997) ging davon aus, dass die vorhandenen Wissensinhalte durch Assoziationen und andere mentale Operationen zu neuen Ideen kombiniert werden konnten. In dieser Auffassung stimmt Locke mit Descartes rationalistischer Annahme überein. Der wesentliche Unterschied zwischen beiden Perspektiven besteht darin, dass nach Locke zumindest am Beginn der Erkenntnis empirische Erfahrungen vorliegen müssen.

Einflüsse der Naturwissenschaften. Weitere wichtige Impulse für die Entwicklung der Lernpsychologie stammten aus den Naturwissenschaften, darunter die Nutzung kontrollierter *Laborexperimente* und das Bestreben, die Wirkung von Einflüssen messbar zu machen (Terry, 2003). Durch die Ausarbeitung der Evolutionstheorie von Darwin (1859/1980) wurde der Gedanke der *Anpassung* von Lebewesen an ihre Umwelt verbreitet. Während Darwin die passive Anpassung äußerlicher Merkmale beschrieb, die durch Selektion über mehrere Generationen erfolgt, begriffen Psychologen das Lernen als eine Möglichkeit, sich während der eigenen Lebenszeit an Gegebenheiten und Veränderungen seiner Umwelt anzupassen. Die Lernpsychologie wurde weiterhin durch den Gedanken beeinflusst, dass alle Lebewesen gemeinsame Vorfahren besitzen. Es bestehen verwandtschaftliche Beziehungen und Ähnlichkeiten zwischen den Organismen, die auch den kognitiven Bereich betreffen und Schlussfolgerungen aus Analogstudien mit Tieren rechtfertigen.

Historische Entwicklungen

Die Geschichte der Lernpsychologie steht in engem Zusammenhang mit der Entwicklung der gesamten Psychologie von einer eher spe-

Randnotizen:
John Locke
Empiristische Perspektive

Assoziationen

Experimenteller Ansatz

Anpassung

1.2.2

Psychologie als Wissenschaft

kulativen, subjektivistischen Lehre hin zu einer empirischen Wissenschaft (vgl. Schönpflug, 2004). Die eigentliche Lernpsychologie hat ihre Anfänge in der experimentellen Psychologie des 19. Jahrhunderts, nahm Einflüsse des Behaviorismus und der Gestaltpsychologie auf, erweiterte ihre Themen im Zuge der kognitiven Wende und entwickelte sich schließlich zu einer modernen und anwendungsbezogenen Teildisziplin der Psychologie.

Anfänge der Lernforschung

Die Anfänge der Lernforschung. Die moderne Lernpsychologie wurzelt in der experimentellen Psychologie des 19. Jahrhunderts. Die experimentelle Psychologie orientierte sich an den Grundsätzen des Rationalismus und des Empirismus. Wichtige Vertreter dieser Richtung waren Wilhelm Wundt (Leipzig), Hermann Ebbinghaus (Berlin) und Georg Elias Müller (Göttingen). Wundt (1832-1920) gründete im Jahr 1879 das erste psychologische Labor an der Universität in Leipzig. Er kombinierte in seinen Laborstudien ein empiristisches Vorgehen (z.b. Reaktionszeitexperimente) mit einer mentalistischen Auffassung psychischer Funktionen (z.b. Verwendung von Begriffen wie „Bewusstsein").

Wilhelm Wundt

Hermann Ebbinghaus

Ebbinghaus (1850-1909) führte zur gleichen Zeit in Berlin erste systematische Lern- und Gedächtnisversuche durch, die sich durch besondere methodische Präzision auszeichneten. Ebbinghaus (1885/1971) erforschte in Selbstversuchen das Lernen und Vergessen so genannter *sinnloser Silben* (z.B. GOZ, TAF, LUB), die er als Material wählte, um die Lernprozesse nicht durch Vorwissen zu beeinflussen. Ebbinghaus stellte fest, dass diese Prozesse bestimmten Gesetzmäßigkeiten unterliegen, die in Form von *Lern-* und *Vergessenskurven* veranschaulicht werden können. Mit zunehmender Übung nimmt die Geschwindigkeit des Lernzuwachses ab. Beim Vergessen zeigt sich der umgekehrte Effekt: In der ersten Zeit nach der Lernphase wird am meisten vergessen, später immer weniger (Ebbinghaus, 1885/1971).

Georg Elias Müller

Georg Elias Müller (1850-1934) griff das Vorgehen von Ebbinghaus auf und entwickelte es weiter. Müller und seine Mitarbeiter machten unter anderem die wichtige Entdeckung, dass die Lernleistung vermindert wird, wenn unmittelbar nach dem zu lernenden Material neue, ähnliche Inhalte präsentiert werden (*retroaktive Interferenz*; Müller & Pilzecker, 1900). Diese Befunde der frühen Lernforschung sind bis heute von großer Bedeutung für viele Anwendungsfelder, etwa beim schulischen Lernen.

Prägung durch den Behaviorismus. Im Jahr 1913 zeigte John B. Watson (1878-1958) in einem programmatischen Artikel die bevorstehenden Veränderungen in der Psychologie durch das behavioristische Paradigma auf (vgl. Watson, 1930/1968). Statt der in der Psychologie verbreiteten spekulativen Methoden (z.B. *Introspektion*, d.h. Beobachtung des eigenen Erlebens und Fühlens) sollten in der wissenschaftlichen Psychologie nur noch überprüfbare Vorgehensweisen wie das Laborexperiment und die Verhaltensbeobachtung eingesetzt werden. Mentalistische Begriffe für nicht direkt beobachtbare Prozesse und Strukturen wie „Bewusstseinsinhalt" oder „Seele" sollten gänzlich aus der Forschung verbannt und durch Konzepte wie „Reiz" und „Reaktion" ersetzt werden. Der behavioristische Ansatz hatte bedeutende Auswirkungen auf die Psychologie, in ganz besonderem Maße jedoch auf die Lernforschung. In den systematischen Lernexperimenten des Behaviorismus zeigt sich deutlich der Einfluss des Empirismus (z.B. Anwendung der Prinzipien der Kontiguität; Beschränkung auf messbare Variablen).

Einflüsse der Gestaltpsychologie. Während in der ersten Hälfte des 20. Jahrhunderts der Behaviorismus vor allem in den USA die vorherrschende Form der Lernpsychologie darstellte, prägte die Gestaltpsychologie die Lernforschung in Deutschland wesentlich. Bei der Gestaltpsychologie handelt es sich um einen ganzheitlichen, streng experimentell orientierten Forschungsansatz, der sich anfänglich vor allem auf die Untersuchung der Wahrnehmung bezog und später auf andere Bereiche ausgeweitet wurde (Metzger, 1975). Die Grundannahme dieses Ansatzes besteht darin, dass sich psychische Strukturen und Prozesse nicht aus einzelnen Elementen assoziativ zusammensetzen, sondern nach bestimmten Gesetzmäßigkeiten Ganzheiten (*Gestalten*) bilden. Ein Kernsatz lautet: „Das Ganze ist mehr/anders als die Summe seiner Teile." Hauptvertreter der Gestaltpsychologie waren Max Wertheimer (1880-1943), Kurt Koffka (1886-1941) und Wolfgang Köhler (1887-1967). Sie alle waren Angehörige der *Berliner Schule*. Köhler (1921) übertrug die Konzepte der Gestaltpsychologie auf die Erforschung von Gedächtnis und Lernen.

Die kognitive Wende. Als Folge der Machtergreifung durch das nationalsozialistische Regime emigrierten die Hauptvertreter der Gestaltpsychologie in die USA. Damit verlor der Ansatz in Deutschland an Bedeutung. Nach dem Zweiten Weltkrieg versuchten jedoch Psychologen wie Julian Rotter (geb. 1916), Edward C. Tolman

Marginalien:

Behaviorismus

Einfluss des Empirismus

Gestaltpsychologie

Ganzheitliche Betrachtungsweise

Kognitive Wende

Verbindung behavioristischer und kognitivistischer Konzepte

(1886-1959) und Kurt Lewin (1890-1947), behavioristische und kognitivistische bzw. gestaltpsychologische Konzepte miteinander in Verbindung zu setzen. Der damit verbundene Aufschwung der kognitionspsychologischen Forschung in den USA und Westeuropa wurde mit dem Begriff der „kognitiven Wende" bezeichnet. Dieser Wechsel wurde durch einflussreiche Veröffentlichungen wie Neissers „*Cognitive Psychology*" (1967/1974) markiert. Die Anhänger der kognitiven Richtung nahmen an, dass Verhalten nicht nur durch Verbindungen zwischen Reiz und Reaktion bestimmt wird, sondern auch durch Prozesse der Wahrnehmung und Informationsverarbeitung. Vermittelnde innere Prozesse wie Erwartungen oder Motivation wurden nicht länger als „unwissenschaftliche" Begriffe zurückgewiesen, sondern entwickelten sich zum zentralen Thema der Forschung. Die Strukturen und Funktionen des Gedächtnisses wurden in der kognitionspsychologisch orientierten Lernforschung in besonderem Maße berücksichtigt. Neben kognitiven Themen rückten in den 60er und 70er Jahren zunehmend sozial-kognitive Prozesse und ihre Bedeutung für das Lernen ins Zentrum des Interesses (Entwicklung sozial-kognitiver Lerntheorien). Bedingt durch den technischen Fortschritt erweiterte sich das Themenfeld der kognitiven Lernforschung in den letzten Jahrzehnten auf Schnittbereiche zwischen Technologie und Psychologie, wie etwa die Erforschung von Lernvorgängen in künstlichen neuronalen Netzwerken.

Lernpsychologie heute

Heutige Lernpsychologie. Die heutige Lernpsychologie ist – wie die moderne Psychologie insgesamt – nach wie vor stark von der empiristischen Philosophie Lockes geprägt. Wie in den Naturwissenschaften werden kontrollierte Studien durchgeführt, um die Wirkung unterschiedlicher Einflüsse (z.B. Lehrmethoden, Lerntechniken) auf das Lernergebnis systematisch zu messen. Die rationalistische und nativistische Perspektive haben die Lernpsychologie ebenfalls nachhaltig beeinflusst, allerdings mit anderen Schwerpunkten.

Merksatz

Die philosophischen Richtungen des Nativismus, Rationalismus und besonders des Empirismus beeinflussen die Lernpsychologie bis heute.

So wird heute beim Lernen komplexer Fertigkeiten (z.B. Sprechen oder Problemlösen) untersucht, welche Komponenten angeboren sind, welche durch Erfahrung und welche durch Einsicht und Schlussfolgern entstehen. Es wird angenommen, dass Menschen über angeborene Bereitschaften (*predispositions*) zum Erwerb bestimmter Fertigkeiten verfügen, zum Beispiel zum Erlernen der Muttersprache (Pinker, 1996). Auch das Erlernen von Angst vor bestimmten Objekten scheint einer biologisch begründeten Lernbereitschaft zu unterliegen (*preparedness*; vgl. Kap. 4.1.2). Neben den traditionellen Paradigmen des Behaviorismus und Kognitivismus sind in der Lernpsychologie einige neue Forschungsperspektiven entstanden, die im nächsten Abschnitt kurz vorgestellt werden sollen.

Zusammenfassung

Die Lernpsychologie als Teildisziplin der Allgemeinen Psychologie entwickelte sich in einem Zeitraum von über 120 Jahren und wurde wesentlich durch Einflüsse aus der Philosophie des 17. und 18. Jahrhunderts sowie durch die sich entwickelnden Naturwissenschaften geprägt. Besonders einflussreich waren die Richtungen des Rationalismus (Annahme, dass Wissensinhalte durch Nachdenken und logisches Schlussfolgern gewonnen werden können) und des Empirismus (Annahme, dass Erkenntnis durch Sinneserfahrungen gewonnen wird). Diese philosophischen Ansätze sind eng mit den Namen Descartes und Locke verknüpft. Weitere wichtige Einflüsse kamen aus den Naturwissenschaften, insbesondere das Paradigma des experimentellen Vorgehens und Grundgedanken der Evolutionspsychologie. Die moderne Lernpsychologie beruht auf den Ansätzen der experimentellen Psychologie des 20. Jahrhunderts, in deren Kontext die ersten Lern- und Gedächtnisexperimente durchgeführt wurden. Zu Beginn des 20. Jahrhunderts wurde die Lernpsychologie (vor allem in den USA) hinsichtlich ihrer Methoden und Fragestellungen wesentlich durch den Behaviorismus geprägt. Zur gleichen Zeit wurde in Deutschland mit der Gestaltpsychologie eine kognitiv orientierte Position vertreten. Nach dem Zweiten Weltkrieg kam es zur kognitiven Wende in der Lernpsychologie. Behaviorale und kognitive Konzepte und Herangehensweisen wurden auf fruchtbare Weise integriert. Mit den sozial-kognitiven Lerntheorien entstanden komplexere Modelle menschlichen Lernens.

Literatur

Darwin, C. (1980). Die Entstehung der Arten durch natürliche Zuchtwahl. Stuttgart: Reclam (Original 1859).

Ebbinghaus, H. (1971). Über das Gedächtnis. Darmstadt: Wissenschaftliche Buchgesellschaft (Original 1885).

Köhler, W. (1921). Intelligenzprüfungen an Menschenaffen. Berlin: Springer.

Locke, J. (1997). Essay über den menschlichen Verstand. Berlin: Akademie-Verlag (Original 1690).

Metzger, W. (1975). Psychologie. Die Entwicklung ihrer Grundannahmen seit der Einführung des Experimentes (5. Aufl.). Darmstadt: Steinkopff.

Müller, G.E. & Pilzecker, A. (1900). Experimentelle Beiträge zur Lehre vom Gedächtnis. Leipzig: Barth.

Neisser, U. (1974). Kognitive Psychologie. Stuttgart: Klett (Original 1967).

Pinker, S. (1996). Der Sprachinstinkt: wie der Geist die Sprache bildet. München: Kindler.

Schönpflug, W. (2004). Geschichte und Systematik der Psychologie (2., überarb. Aufl.). Weinheim: Beltz PVU.

Terry, W.S. (2003). Learning and memory. Basic principles, processes, and procedures (2nd. ed.). Boston: Allyn & Bacon.

Watson, J.B. (1968). Behaviorismus. Köln: Kiepenheuer & Witsch (Original 1930).

Testfragen

6. *Wie lauten die Namen von drei wichtigen Vertretern der experimentellen Psychologie des 19. Jahrhunderts?*

7. *Was fand Ebbinghaus in Selbstversuchen über das Vergessen heraus?*

8. *Warum forderte Watson, Begriffe wie „Bewusstseinsinhalt" oder „Seele" aus der Forschung herauszuhalten?*

9. *Nennen Sie einen Kernsatz der Gestaltpsychologie.*

10. *Wann fand die so genannte kognitive Wende statt?*

1.3 | Aktuelle Richtungen

Die moderne Lernpsychologie beruht in vieler Hinsicht immer noch auf den Hauptrichtungen des Behaviorismus und Kognitivismus. Im Laufe der Zeit haben sich jedoch die Ansätze der Lernpsychologie verändert, und durch den zunehmenden Einfluss von Medizin und Biologie auf die Lernpsychologie sind als dritter wesentlicher Ansatz die Neurowissenschaften hinzugekommen. Die Besonderheiten der aktuellen Ansätze und die Perspektiven, unter denen Lernforschung heute stattfindet, sollen in diesem Abschnitt vorgestellt werden.

Forschungsansätze

Auch heute noch lässt sich die Lernforschung in zwei Hauptströmungen untergliedern: den behavioralen Ansatz mit dem Schwerpunkt auf der Beobachtung von Verhalten und den kognitiven Ansatz mit der Berücksichtigung internaler Prozesse. Parallel dazu ist der neurowissenschaftliche Ansatz entstanden, der sich mit den dem Lernen zugrunde liegenden neurophysiologischen Prozessen befasst.

Behavioraler Ansatz. Der behaviorale Ansatz der heutigen Lernpsychologie befasst sich mit den Zusammenhängen zwischen drei zentralen Variablen: beobachtbarem Verhalten, vorausgehenden Reizen und nachfolgenden Konsequenzen. Es wird danach gefragt, welche Eigenschaften oder Veränderungen der Umwelt Verhalten auslösen und auf welche Weise unterschiedliche Konsequenzen das Verhalten beeinflussen, und zielt auf die Vorhersage und Kontrolle von Verhalten ab. Der behaviorale Ansatz bezieht sich auf Verhalten von Tieren und Menschen. Aufgrund der Entwicklung von Verfahren zur Verhaltenskontrolle und -modifikation lassen sich aus dem behavioralen Ansatz zahlreiche Anwendungsmöglichkeiten ableiten (z.B. im Unterricht, in der Psychotherapie, im Straßenverkehr oder im Umweltschutz).

Im Gegensatz zum früheren radikalen Behaviorismus beschränken sich moderne Lernforscher jedoch nicht ausschließlich auf die Untersuchung messbarer Reize und beobachtbarer Verhaltensweisen. Vermittelnde Prozesse werden nicht länger von der Betrachtung ausgeschlossen und der Einbezug solcher hypothetischer Konstrukte nicht mehr als unwissenschaftlich verworfen. Stattdessen wird Verhalten als Indikator für die Art und Ausprägung innerer Zustände und Prozesse angesehen (z. B. Herumlaufen und Suchen nach Nahrung als Indikator für den Zustand „Hunger"; Drücken auf eine Taste als Ausdruck der Erwartung, eine Belohnung zu erhalten). Diese gemäßigte Form wird als „methodologischer Behaviorismus" bezeichnet (Terry, 2003). In dieser veränderten Auffassung kommt der zunehmende Einfluss der kognitiven Psychologie zum Ausdruck, deren weitreichende Erkenntnisse auch von eher behavioristisch orientierten Forschern nicht länger ignoriert werden.

Kognitiver Ansatz. Die heutige kognitive Lernpsychologie befasst sich überwiegend mit Prozessen der Informationsverarbeitung und wurde stark von den Fortschritten der Computertechnologie beein-

Marginalien:

Behavioraler, kognitiver und neurowissenschaftlicher Ansatz

Behavioraler Ansatz

Verhalten im Zentrum

Berücksichtigung internaler Prozesse

Kognitiver Ansatz

flusst. Statt mit dem Erlernen von Verhaltensweisen befasst sich der kognitive Ansatz mit dem Erwerb von Wissen, seiner Enkodierung, Umwandlung, Speicherung und seinem Abruf. Die Grundannahme dieses Ansatzes besteht darin, dass Organismen kognitive Repräsentationen ausbilden, die letztlich auch das Verhalten steuern. Da interne Repräsentationen und kognitive Prozesse nicht direkt beobachtbar sind, müssen sie aus Verhaltensweisen (z.B. verbalen Äußerungen, Bewegungen) erschlossen werden. In diesem Aspekt überschneiden sich der behaviorale und der kognitive Ansatz. Die Orientierung am Verhalten erlaubt kognitive Lernforschung sowohl beim Menschen als auch bei Tieren.

Kognitive Repräsentationen

Die Entwicklung von computergestützten Modellen neuronaler Netzwerke führte zu entscheidenden Fortschritten auf dem Gebiet der kognitiven Psychologie. Mithilfe dieser künstlichen Netzwerke können Lernvorgänge simuliert und Rückschlüsse über Vorgänge im neuronalen System von Lebewesen gezogen werden. Dass diese Simulationen den Vorgängen im lebenden Organismus tatsächlich gut entsprechen, bewiesen Studien aus dem Bereich der Neurowissenschaften.

Künstliche neuronale Netzwerke

Neurowissenschaftlicher Ansatz. In den Neurowissenschaften wird untersucht, welche neurophysiologischen und neuropsychologischen Vorgänge dem Lernen zugrunde liegen. Erste Versuche in dieser Richtung wurden schon in den 20er Jahren durchgeführt (Terry, 2003). Forscher untersuchten beispielsweise die Auswirkungen von Läsionen (Verletzungen) des Gehirns auf das Lernen, die Effekte elektrischer Stimulation in bestimmten Gehirnregionen und biochemische Veränderungen im Gehirn als Resultat von Lernprozessen. Diese Techniken werden prinzipiell, wenn auch in verfeinerter Form, auch heute noch in der neuropsychologischen Forschung angewendet.

Neurowissenschaftlicher Ansatz

Forschungsmethoden

Statt Läsionen des Gehirns bei Versuchstieren herzustellen oder auf Versuchspersonen mit Schädelverletzungen zu warten, werden die Funktionen von Hirnbereichen mithilfe bildgebender Verfahren (z.B. Positronenemissionstomographie, PET) untersucht. Diese geben Aufschluss über die Aktivität einzelner Hirnbereiche zum Beispiel während der Durchführung unterschiedlicher Lernaufgaben. Andere biomedizinische Prozeduren ermöglichen es, die Mechanismen des Lernens auf zellulärer Ebene zu untersuchen. So konnten beispielsweise die molekularen Änderungen an den Synapsen von Nervenzellen, die bei der Meeresschnecke Aplysia durch Habituation entstehen (vgl. Kap. 3.1), detailliert aufgezeigt werden. Im Rahmen der neurowissenschaftlichen Forschung werden in zunehmendem Maße auch implizite (unbewusste) Lernprozesse untersucht und erklärt.

Perspektiven

Innerhalb jeder der drei Hauptrichtungen der Forschung – behavioraler, kognitiver und neurowissenschaftlicher Ansatz – können unterschiedliche Perspektiven eingenommen werden. Diese unterscheiden sich darin,

- ob mehr nach universellen Prinzipien oder mehr nach individuellen Unterschieden gesucht wird,
- ob mehr die Grundlagenforschung oder die Anwendungsorientierung im Zentrum steht und
- in welchem Ausmaß die jeweils anderen Ansätze berücksichtigt werden.

Differentielle Perspektive. Ein wichtiger Aspekt der aktuellen Lernforschung besteht darin, dass die Rolle des Lerners nicht mehr als die eines passiven Rezipienten aufgefasst wird (wie in den Lernexperimenten des klassischen und operanten Konditionierens). Der Lerner wird vielmehr als aktiver Gestalter des Lernprozesses gesehen, der die Lerninhalte selbst strukturiert und rekonstruiert (Witruk, 1998). Statt nach allgemein gültigen Lerngesetzen wird nach spezifischen Faktoren gesucht, die den Lernerfolg im Einzelfall erleichtern und fördern. Die Bedeutung sozialer, motivationaler und emotionaler Variablen wird ebenfalls stärker berücksichtigt. Lernen wird folglich nicht mehr nur aus universeller, sondern auch aus differentieller Perspektive betrachtet.

Differentielle Perspektive

Spezifische Einflüsse auf das Lernen

Anwendungsorientierung. Die heutige Lernpsychologie ist in hohem Maße anwendungsorientiert. Es wird versucht, lernpsychologische Erkenntnisse in pädagogischen und didaktischen Anwendungsfeldern umzusetzen und Lernumwelten zu erschaffen, die allgemeinen und spezifischen Lernvoraussetzungen in optimaler Weise entsprechen. Die Schule ist als Anwendungsfeld moderner lernpsychologischer Erkenntnisse, auch auf neurowissenschaftlicher Basis, von besonderer Bedeutung (Brunsting, 2005; Schirp, 2003). Zunehmend werden lernpsychologische Befunde zum Beispiel bei der Gestaltung schulischer Lernkontexte praktisch umgesetzt (vgl. Kap. 8).

Anwendungsorientierung

Integrative Perspektive

Integrative Perspektive. Die aktuelle Lernforschung berücksichtigt die Komplexität und Vielgestaltigkeit menschlichen Lernens und bemüht sich daher um eine Integration der verschiedenen Richtungen. Insbesondere der behaviorale und der kognitive Ansatz stellen nicht länger unvereinbare Positionen dar, sondern ergänzen einander sinnvoll. Die Neurowissenschaften haben zur Vereinbarkeit des behavioralen und kognitiven Ansatzes beigetragen, indem gezeigt wurde, dass im Gehirn Systeme für das Lernen von Verhaltensgewohnheiten (behavioral) und von internen Repräsentationen (kognitiv) nebeneinander existieren. Es hängt von den jeweiligen Umständen ab, ob Lernen eher behavioralen Regeln folgt oder sich durch kognitivistische Begriffe besser beschreiben lässt (Terry, 2003).

Lernen als komplexer Vorgang

Lernen wird heute als Vorgang angesehen, bei dem zahlreiche Prozesse des klassischen und operanten Konditionierens ebenso wie sozial-kognitive Einflüsse in komplexer Form interagieren. Das Vorhandensein angeborener Lernbereitschaften und individueller Unterschiede beim Lernen wird allgemein anerkannt. Erkenntnisse über die Möglichkeiten und Grenzen menschlichen Lernens, die sich aus der neurowissenschaftlichen Forschung ergeben, werden berücksichtigt und liefern wichtige Impulse für die Anwendung in pädagogischen und didaktischen Kontexten. Insofern sind moderne Lernmodelle (vgl. Kap. 8.2.3) vielschichtiger als ihre Vorgänger, sie schließen mehr Variablen mit ein und berücksichtigen die Wechselwirkungen zwischen einzelnen Komponenten stärker. Dadurch nähern sich die Modelle der Realität in größerem Maße an, aber es wird zugleich schwieriger, aus ihnen Vorhersagen abzuleiten.

Zusammenfassung

In der heutigen Lernpsychologie dominieren im Wesentlichen drei Ansätze: ein gemäßigt-behavioraler Ansatz mit dem Schwerpunkt der Verhaltenskontrolle und -modifikation, ein kognitiver Ansatz, der sich überwiegend mit Fragen der Informationsverarbeitung beschäftigt und ein neurowissenschaftlicher Ansatz, der die biologischen und physiologischen Korrelate von Lernprozessen untersucht. Im Gegensatz zu früher ist die Lernpsychologie heute stärker an differentiellen Effekten interessiert, versucht, verschiedene theoretische Positionen zu verbinden, und bemüht sich um einen starken Anwendungsbezug.

Literatur

Brunsting, M. (2005). Neurowissenschaften, Lernen und Schule. Gedanken zu Aufmerksamkeit, Lernen und Gedächtnis. Psychologie & Erziehung, 31, 36-40 und 45.

Schirp, H. (2003). Neurowissenschaften und Lernen. Was können neurobiologische Forschungsergebnisse zur Unterrichtsgestaltung beitragen? Die Deutsche Schule, 95, 304-316.

Terry, W.S. (2003). Learning and memory. Basic principles, processes, and procedures (2nd ed.). Boston: Allyn & Bacon.

Witruk, E. (Hrsg.) (1998). Differentielle Lernpsychologie – Grundlagen und Anwendungsfelder. Leipzig: Leipziger Universitäts-Verlag.

Testfragen

11. *Nennen Sie die drei Hauptrichtungen der modernen Lernpsychologie!*

12. *Welche Variablen sind im behavioralen Ansatz zentral?*

13. *Wodurch wird Verhalten nach der Auffassung des kognitiven Ansatzes gesteuert?*

14. *Seit wann liegen neurowissenschaftliche Ansätze vor?*

15. *Was ist mit der differentiellen Perspektive der modernen Lernpsychologie gemeint?*

2. | Grundlagen des Lernens

Inhalt

Erfolgreiches Lernen beruht auf verschiedenen Bedingungen und Voraussetzungen, die auf der einen Seite den Lerner und auf der anderen Seite die Umwelt bzw. die Lernumgebung betreffen. Das Nervensystem des Lerners muss ihn zur Aufnahme, zur Speicherung und zum Abruf von Informationen befähigen. Diese Vorgänge können als zentrale Gedächtnisfunktionen bezeichnet werden. Die neuropsychologischen und neurophysiologischen Prozesse, die diesen Funktionen zugrunde liegen, werden in diesem Kapitel erläutert. Des Weiteren sollen emotionale und motivationale Faktoren betrachtet werden, die durch die Umwelt des Lerners entscheidend mitbestimmt werden und ebenfalls wesentliche Lernvoraussetzungen darstellen.

2.1 | Lernen und Gedächtnis

Lernen wurde in Kapitel 1 als die Fähigkeit definiert, auf Erfahrungen mit Veränderungen des Verhaltens zu reagieren. Erfahrungs- und Lernprozesse führen zu einem Zuwachs an Wissen oder Können. Damit ein Lebewesen Informationen speichern und wieder abrufen kann, benötigt es eine geeignete Speicherstruktur: das Gedächtnis. Verschiedene Arten von Erfahrungen und Informationen werden in unterschiedlichen Komponenten des Gedächtnisses gespeichert. Bevor die Funktionen der Gedächtniskomponenten dargestellt werden, soll kurz erläutert werden, in welchem Verhältnis die Begriffe Lernen, Gedächtnis, Wissen und Können zueinander stehen.

Gedächtnis als Speicherstruktur

Erklärung

- *Lernen:* Lernen bedeutet den Prozess der *Aneignung* von Wissen oder Fertigkeiten und führt zu relativ dauerhaften Veränderungen im Verhalten.
- *Gedächtnis:* Das Gedächtnis stellt die Struktur dar, die der *Speicherung* und dem Abruf von Informationen dient.

- *Wissen und Können:* Wissen und Können bilden die *Ergebnisse* des Lernprozesses und damit die Inhalte des Gedächtnisses. Wissen bezieht sich auf Fakten, Können auf Fertigkeiten.

Gedächtnisfunktionen

Aus psychologischer Sicht muss ein Lebewesen über informationsverarbeitende Strukturen verfügen, um lernen zu können. Das Gedächtnis ist die kognitive Struktur, mit der Informationen aufgenommen, enkodiert (repräsentiert), gespeichert, modifiziert (verarbeitet) und bei Bedarf wieder abgerufen werden können. Diese Gedächtnisfunktionen stellen grundlegende Voraussetzungen für das Lernvermögen dar. Dabei sind verschiedene Gehirnregionen beteiligt (vgl. Birbaumer & Schmidt, 2006). Das limbische System mit Hippocampus und Amygdala spielt beispielsweise eine wesentliche Rolle bei der Enkodierung und beim Abruf von Informationen. In der Hirnrinde (*Kortex*) können Informationen über sehr lange Zeiträume gespeichert werden. Das Kleinhirn (*Cerebellum*) hat eine zentrale Bedeutung für das Erlernen motorischer Reaktionen.

Funktionen

Neuronale Grundlagen

> **Merksatz**
>
> Das Gedächtnis dient der Aufnahme, Enkodierung, Speicherung, Modifikation und dem Abruf von Informationen. Seine vielfältigen Funktionen erfordern die Beteiligung verschiedener Regionen des Gehirns.

Informationsaufnahme. Die Aufnahme von Informationen kann durch bestimmte Faktoren erleichtert werden. Viele kürzere Lerneinheiten (*verteiltes Lernen*) sind effektiver als wenige lange Lerneinheiten (*massiertes Lernen*). Dies ist damit zu erklären, dass die beteiligten neuronalen Strukturen während der Lernpausen weiterhin aktiv sind und die Informationen weiterverarbeiten. Auf diese Weise können sich Erinnerungen festigen (*Konsolidierung*). Außerdem stehen bei verteiltem Lernen mit größerer Wahrscheinlichkeit viele unterschiedliche Kontexte zur Verfügung, die später beim Abruf der gelernten Inhalte helfen (Buchner, 2006).

Informationsaufnahme

Enkodierung. Informationen können im Gedächtnis auf verschiedene Weisen enkodiert (repräsentiert) werden: verbal, bildlich und/oder handlungsbezogen. Der spätere Abruf von Gedächtnisinhalten wird erleichtert, wenn das Lernen und der Abruf von Inhalten in einer ähnlichen Umgebung stattfinden, weil die Merkmale des Kontextes als Hinweise für den Abruf der Gedächtnisinhalte die-

Enkodierung

nen können. Dieser Effekt wird als *Enkodierspezifität* bezeichnet. Godden und Baddeley (1975) untersuchten diesen Effekt in einem Experiment mit Tauchern. Die Taucher lernten Wortlisten entweder an Land oder unter Wasser und wurden später entweder an Land oder unter Wasser abgefragt. Wenn Lernort und Testort übereinstimmten, wurde eine bessere Leistung erzielt.

Lern- und Gedächtnisstrategien

Der Prozess der Enkodierung kann darüber hinaus durch den gezielten Einsatz von *Lern- und Gedächtnisstrategien* gefördert werden. Dazu gehören Strategien der Wiederholung, der Kategorisierung und der Elaboration (Schneider & Büttner, 2002). Unter *Kategorisierung* versteht man die Ordnung von Lerninhalten nach Oberbegriffen. Beim späteren Abruf dient die Kategorisierung als Orientierungshilfe. *Elaboration* bedeutet, dass neue Begriffe durch inhaltliche, sprachliche oder bildliche Assoziationen mit bereits bekannten Begriffen in Zusammenhang gebracht werden (Bildung von „Eselsbrücken"). Weitere elaborative Techniken bestehen darin, sich selbst Fragen zum Lernstoff zu stellen oder Lerninhalte durch die Anfertigung von Schaubildern oder Tabellen zu strukturieren und zu visualisieren. Einen sehr guten Überblick über verschiedene Lern- und Gedächtnisstrategien und praktische Anwendungsmöglichkeiten bietet Lukesch (2001).

Beispiel

Die Funktion von Lernstrategien lässt sich gut am Beispiel des Vokabellernens verdeutlichen. Vokabeln müssen meistens durch mehrfaches Lesen und Aufsagen gelernt werden, damit sie sich einprägen. Vokabeln wie cat, bread, cloud, cheese, mouse, sun und dog können leichter gelernt werden, wenn sie nach Kategorien (z.B. „Tiere", „Essen", „Wetter") geordnet werden. Ähnlichkeiten zwischen Wörtern ermöglichen die Bildung von Eselsbrücken. Das englische Wort dog für Hund zum Beispiel klingt so ähnlich wie das deutsche Wort „Dogge", so dass sich ein Schüler die Vokabel mithilfe des Satzes: „Die Dogge ist ein Hund (dog)!" merken könnte. Als weitere elaborative Merkhilfe könnte der Schüler zum Beispiel die genannten Objekte zeichnen und mit den englischen Wörtern beschriften.

Erinnern ist ein aktiver Prozess

Speicherung und Modifikation. Gedächtnisleistungen umfassen mehr als die passive „Aufbewahrung" von Informationen. Beim Abruf werden Erinnerungen nicht passiv abgelesen wie etwa ein fertiger Text, sondern aktiv rekonstruiert, wobei sich die spezifische Erinnerung an eine Situation, nachträglich gegebene Informationen und allgemeines Wissen einer Person vermischen können. Der Einfluss dieser aktiven Prozesse lässt sich experimentell durch die Gabe nachträglicher Informationen nachweisen, die Erinnerungen stark verzerren können. Dies ist in vielen Bereichen von großer Bedeutung, zum Beispiel für die Beurteilung von Zeugenaussagen vor Gericht.

Beispiel

In einer Studie zeigten Loftus und Palmer (1974) Personen das Video eines Autounfalls. Anschließend befragten sie die Teilnehmer nach ihren Beobachtungen und verwendeten dabei die Formulierung „die Autos krachten ineinander" oder „die Autos kollidierten". Bei der Formulierung „krachten ineinander" glaubten viel mehr Teilnehmer als in der anderen Bedingung, Glassplitter am Boden gesehen zu haben, obwohl tatsächlich überhaupt keine Splitter zu sehen waren.

Abruf und Vergessen. Das Vergessen gelernter Inhalte ist meist nicht auf ein Versagen des Speichers, sondern auf Schwierigkeiten beim Abruf der gespeicherten Informationen zurückzuführen. Dies zeigt sich daran, dass es viel einfacher ist, bereits bekannte Objekte oder Wörter wiederzuerkennen, als diese Objekte oder Wörter in freiem Abruf zu erinnern. Beim Vergessen werden *proaktive* und *retroaktive Interferenz* (Hemmung) unterschieden. Bei der proaktiven Interferenz behindert das Lernen bestimmter Inhalte den nachfolgenden Erwerb ähnlicher Inhalte. Retroaktive Interferenz bedeutet, dass neu gelernte Inhalte den Zugriff auf früher gelernte Informationen stören.

Beispiel

Wenn ein Schüler eine Liste mit 20 italienischen Vokabeln gelernt hat und direkt im Anschluss eine Liste mit 20 spanischen Vokabeln lernen soll, so wird ihm das Erlernen der spanischen Vokabeln schwerer fallen, weil die bereits gelernten italienischen Wörter den spanischen sehr ähnlich sind und mit dem neuen Lernstoff interferieren (proaktive Interferenz). Wenn man nach dem mühsamen Erwerb der spanischen Vokabeln bei diesem Schüler nun die italienischen Vokabeln abfragt, wird man feststellen, dass er einen großen Teil der Wörter wieder vergessen hat (retroaktive Interferenz).

Aus diesen Erfahrungen lässt sich schließen, dass sehr ähnliche Inhalte nicht kurz nacheinander gelernt werden sollten, sondern Pausen oder die zeitweilige Beschäftigung mit ganz anderen Inhalten sinnvoll sind. Dies ist zum Beispiel für die Gestaltung von Stundenplänen in der Schule von großer praktischer Bedeutung.

2.1.2 | Gedächtnismodelle

Manche Menschen klagen darüber, sich Namen oder Gesichter nicht merken zu können, während andere immer wieder ihre Schlüssel oder andere Gegenstände verlegen oder eigentlich gut bekannte Orte nicht wiederfinden. Diese Alltagsbeobachtungen weisen darauf hin, dass es nicht „ein Gedächtnis für alles" zu geben scheint, sondern sich verschiedene Gedächtnisformen unterscheiden lassen. Es wurde auf verschiedene Weise versucht, diese Formen im Rahmen von Gedächtnismodellen zu beschreiben.

Sensorisches Gedächtnis, Kurzzeitgedächtnis und Langzeitgedächtnis

Dreispeichermodell. Atkinson und Shiffrin (1968) unterteilten das Gedächtnis in drei Komponenten: das sensorische Gedächtnis oder Ultrakurzzeitgedächtnis, das Kurzzeit- und das Langzeitgedächtnis. Diese Gedächtnisformen unterscheiden sich hinsichtlich der Speicherdauer und der Speicherkapazität. Das *sensorische Gedächtnis* repräsentiert sensorische Eindrücke aus den verschiedenen Sinnesmodalitäten im jeweiligen reizspezifischen Format (visuell, auditiv, haptisch, olfaktorisch oder gustatorisch). Es hat eine geringe Speicherkapazität und eine sehr kurze Speicherdauer im Bereich von wenigen hundert Millisekunden. Informationen im Bereich des sensorischen Gedächtnisses sind dem Bewusstsein nicht unbedingt zugänglich.

Das *Kurzzeitgedächtnis* (KZG) dagegen beinhaltet die aktuellen Bewusstseinsinhalte. Die Speicherdauer des Kurzzeitgedächtnisses ist mit einigen Sekunden ebenfalls vergleichsweise kurz. Im Kurzzeitgedächtnis kann nur eine begrenzte Anzahl von ungefähr sieben Informationseinheiten gespeichert werden. Die Kombination einzelner Informationen zu größeren Informationseinheiten (*Chunking*) stellt eine Möglichkeit dar, die Speicherkapazität des KZG zu erweitern. Zum Beispiel kann man sich die Zahlenreihe 27011756 (acht Einheiten) in Form eines Datums leichter merken („27.01.1756", drei Einheiten) oder noch kürzer als „Geburtsdatum Mozarts" (eine Einheit). Das Beispiel veranschaulicht, dass Chunking Vorkenntnisse über das zu lernende Material voraussetzt.

Chunking

Durch Wiederholung (*rehearsal*) können gerade aufgenommene Informationseinheiten im Kurzzeitgedächtnis gehalten werden (etwa wenn man flüsternd eine Telefonnummer wiederholt, die man nachgeschlagen hat, um sie gleich darauf zu wählen). Eine häufig wiederholte Aktivität festigt die Gedächtnisinhalte (*Konsolidierung*) und führt auf neurophysiologischer Ebene zu dauerhaften strukturellen Veränderungen. Diese stellen das neurologische Korrelat des *Langzeitgedächtnis*ses (LZG) dar. Das LZG besitzt eine praktisch unbegrenzte Speicherkapazität und eine sehr lange Speicherdauer (über mehrere Jahrzehnte). Das LZG besteht aus deklarativen (bewussten) und nondeklarativen (unbewussten) Anteilen, die weiter unten noch detaillierter beschrieben werden.

Das Dreispeichermodell ist anschaulich und in seinem Grundprinzip weithin anerkannt. Aus heutiger Sicht ist das Modell allerdings zu stark vereinfachend, da es den komplexen Aufbau der einzelnen Untereinheiten nicht berücksichtigt.

Mehrspeichermodell. Baddeley (1986) konzipierte eine komplexe Modellvorstellung zur Funktionsweise des Kurzzeitgedächtnisses, das er analog zum Arbeitsspeicher eines Computers als „Arbeitsgedächtnis" bezeichnete. Das Arbeitsgedächtnis besteht nach Baddeley (1986) aus mehreren Modulen, die unterschiedliche Aufgaben übernehmen: die phonologische Schleife, der visuell-räumliche Notizblock und die zentrale Exekutive. In der *phonologischen Schleife* werden akustische und verbale Informationen verarbeitet. Durch *subvokales Wiederholen* (eine Art geistiges Nachsprechen) werden die Inhalte im Bewusstsein gehalten. Der *visuell-räumliche Notizblock* dient der Verarbeitung und Erinnerung räumlicher und bildlicher Informationen.

Die Funktionen dieser Speicher werden durch den Mechanismus der *zentralen Exekutive* koordiniert, die Prioritäten bei der Verarbeitung von Informationen setzt, Routineprozesse überwacht und Handlungsergebnisse überprüft. Die Kapazität der zentralen Exekutive ist beschränkt. Darum kann zu einem bestimmten Zeitpunkt nur einem Reiz die bewusste Aufmerksamkeit zugewendet werden. Die Teilung in phonologische Schleife und visuell-räumlichen Notizblock lässt sich auch auf neuronaler Ebene belegen, da visuelle Aufmerksamkeitsaufgaben vorwiegend in rechtshemisphärischen Bereichen bearbeitet werden, verbale Aufgaben dagegen in linkshemisphärischen Bereichen (Smith & Jonides, 1997).

Modell der Verarbeitungstiefe. Das Modell der Verarbeitungstiefe nach Craik und Lockhart (1972) postuliert im Gegensatz zu den beiden beschriebenen Modellen nur einen einzigen Speicher. Die

Phonologische Schleife

Visuell-räumlicher Notizblock

Zentrale Exekutive

Elaboration

Dauer der Informationsspeicherung hängt bei diesem Modell von der Tiefe der Informationsverarbeitung (Elaboration) ab. Bei oberflächlicher Verarbeitung werden Informationen schnell vergessen. Je intensiver eine Information verarbeitet wird bzw. je elaborierter die Gedächtnisrepräsentation ist, desto länger wird die Information behalten und umso leichter kann sie wieder abgerufen werden.

Vergleich der Gedächtnismodelle. Die drei beschriebenen Gedächtnismodelle haben ganz unterschiedliche Ansätze und erklären verschiedene Teilphänomene des Gedächtnisses. Aus einer übergeordneten Perspektive lassen sich alle drei Modelle jedoch recht gut miteinander kombinieren (Buchner, 2006; vgl. Abb. 1). Das Dreispeichermodell kann als anschauliches Grundmodell der Gedächtnisfunktionen angesehen werden. Der Mehrspeicheransatz ergänzt und erweitert dieses Modell. Demnach existieren innerhalb des Kurzzeit- oder Arbeitsgedächtnisses mehrere spezialisierte Speichermodule, die unterschiedliche Inhalte verarbeiten. Das Modell der Verarbeitungstiefe schließlich erklärt, wie Gedächtnisinhalte vom sensorischen über das Kurzzeitgedächtnis ins Langzeitgedächtnis gelangen. Je elaborierter die Verarbeitung ist, desto dauerhafter ist auch die Speicherung und desto höher ist auch die Gedächtnisstufe, die dabei erreicht wird.

Abb. 1

Erweitertes
Dreispeichermodell
des Gedächtnisses

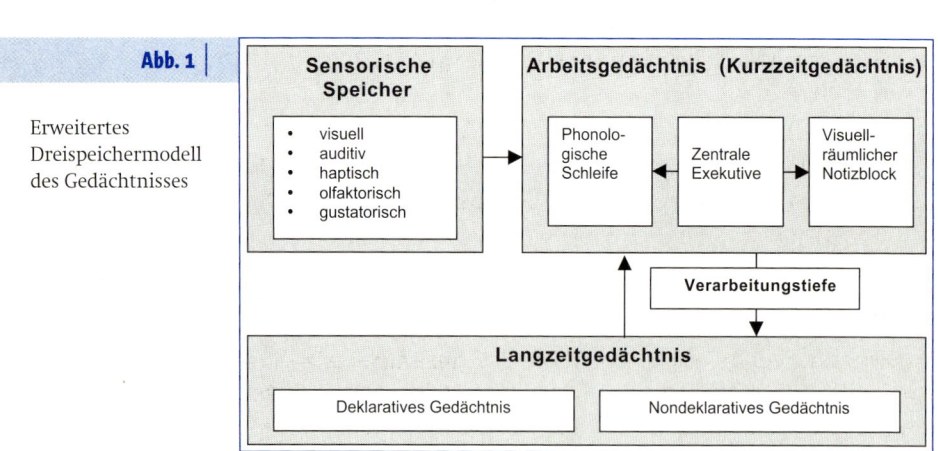

2.1.3 | Explizites und implizites Gedächtnis

Wie bereits erwähnt wurde, sind nicht alle Lernprozesse und Lernergebnisse dem Bewusstsein zugänglich. Man unterscheidet daher beim Langzeitgedächtnis zwischen einem *expliziten* (dem Bewusstsein zugänglichen) und einem *impliziten* (dem Bewusstsein schwer oder nicht zugänglichen) Gedächtnis (Schacter, 1987). Squire (1987) verwendet die etwas weiter gefassten Begriffe des *deklarativen* und *nondeklarativen* Gedächtnisses.

Explizites (deklaratives) Gedächtnis. Das explizite oder deklarative Gedächtnis umfasst alle Inhalte, die dem Bewusstsein direkt zugänglich sind und sprachlich berichtet werden können (Terry, 2003). Es handelt sich um Wissen über Fakten, Namen, Daten, Gesichter und Orte, über Begriffe und Symbole sowie über persönliche Erinnerungen aus der eigenen Lebensgeschichte. Das explizite Gedächtnis kann in einen *semantischen* und einen *episodischen* Teil untergliedert werden (Tulving, 1972). Das semantische Gedächtnisses enthält allgemeines, sozial geteiltes Wissen über die Welt. Im episodischen Gedächtnis sind spezifische Erinnerungen aus dem eigenen Leben gespeichert. Die Inhalte des expliziten Gedächtnisses können durch *direkte Gedächtnistests* überprüft werden, die eine bewusste Erinnerung an die gelernten Inhalte verlangen (z.B. Befragung).

Semantisches und episodisches Gedächtnis

Implizites (nondeklaratives) Gedächtnis. Das implizite oder nondeklarative Gedächtnis beinhaltet alle Gedächtnisinhalte, die nicht deklarativer Natur sind (Squire, 1987). Dazu gehören die Ergebnisse zahlreicher Lernvorgänge, die dem Bewusstsein nur schwer oder gar nicht zugänglich sind (*implizites Lernen*, vgl. Kap. 7).

Von implizitem Gedächtnis spricht man, wenn Verhalten durch frühere Erfahrungen beeinflusst wird, ohne dass bewusste Erinnerungen an diese Erfahrungen vorhanden sind (Perrig, 1996).

Unter anderem handelt es sich dabei um den Erwerb von motorischen oder kognitiven Fertigkeiten (*prozedurales Lernen*). Kinder im Kindergartenalter haben beispielsweise noch große Schwierigkeiten damit, sich selbständig anzuziehen. Später gelingt es ihnen mühelos, beispielsweise eine Schleife zu binden, aber es fällt sehr schwer, die zugehörigen Bewegungen verbal zu beschreiben. Andere Beispiele für motorische Fertigkeiten sind das Maschineschreiben, Rad- oder Autofahren; zu den kognitiven Fertigkeiten zählt zum Beispiel das Kopfrechnen. Neben dem prozeduralen Lernen gehören das Phänomen des *Primings* (eine Art Bahnung, die die Wiedererkennung von Reizen erleichtert), die *Konditionierung* (assoziative Verknüp-

Priming, Konditionierung, implizites Regelwissen und Fertigkeiten sind Inhalte des impliziten Gedächtnisses

fungen zwischen Reizen und Reaktionen) und das implizite Erlernen von *Regeln* zum Bereich des nondeklarativen bzw. impliziten Gedächtnisses. Abbildung 2 veranschaulicht schematisch die Unterteilung des Langzeitgedächtnisses anhand der Gedächtnisinhalte.

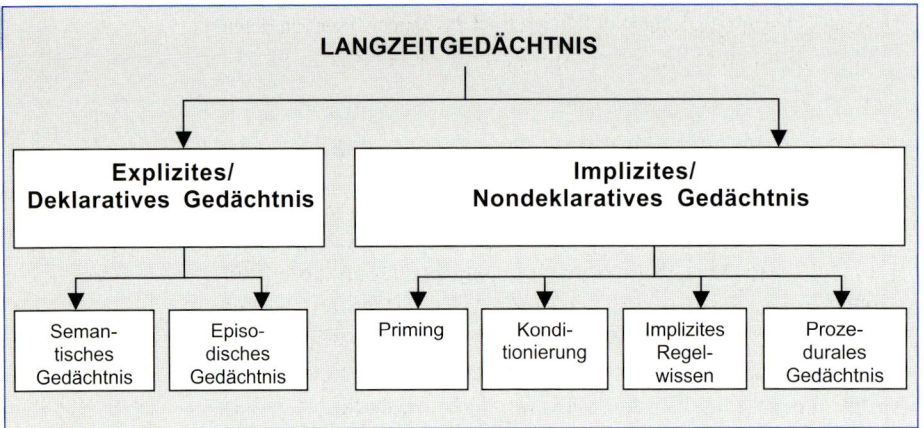

Abb. 2 ▶ Unterteilung des Langzeitgedächtnisses nach Inhalten

Die Inhalte des impliziten Gedächtnisses können durch *indirekte Gedächtnistests* erschlossen werden, die erfahrungsbedingte Veränderungen im Verhalten erfassen, ohne dass eine bewusste Erinnerung oder Erklärung dieser Erfahrungen verlangt wird (vgl. Kap. 7). Zahlreiche empirische Befunde und Beobachtungen aus dem Alltag weisen darauf hin, dass diese Unterteilung in ein bewusstes, explizites Wissenssystem und ein implizites Wissenssystem sinnvoll ist (Neuweg, 1999).

Beispiel

- In manchen Fällen sind Personen nicht in der Lage, aufgabenbezogenes Wissen zu verbalisieren, obwohl sie die Aufgaben erfolgreich bewältigen. So erzielt jemand zum Beispiel hervorragende Leistungen in einem Computerspiel, kann jedoch nicht erklären, wie er dabei vorgeht.
- Das verbalisierbare Wissen kann deutlich größer sein als die praktischen Leistungen. Beispielsweise kann jemand immer wieder vom Pferd fallen, obwohl er ein Buch über das Reiten auswendig gelernt hat.

Beispiel

- Maße für explizites Wissen und Leistungsmaße korrelieren häufig nicht, nur schwach oder negativ. Ein Fahrschüler kann zum Beispiel eine hohe Punktzahl in der theoretischen Führerscheinprüfung erzielen, dann aber in der Fahrprobe durchfallen.
- Ein Zuwachs im verbalisierbaren Wissen führt nicht unbedingt zu einer Verbesserung der Leistung und umgekehrt. So resultiert das häufige Lesen von Notenheften nicht zwingend in einer Verbesserung des Klavierspiels.

Zusammenfassung

Das Gedächtnis dient der Speicherung und dem Abruf von Informationen. An diesen Prozessen sind verschiedene Gehirnstrukturen beteiligt. Gedächtnismodelle versuchen, den Aufbau und die funktionelle Struktur des Gedächtnisses zu erklären. Das Dreispeichermodell differenziert Ultrakurzzeit-, Kurzzeit- und Langzeitgedächtnis. Diese Gedächtnisformen unterscheiden sich nach ihrer Speicherkapazität und -dauer. Das Mehrspeichermodell postuliert einen differenzierten Aufbau des Arbeitsgedächtnisses mit Teilstrukturen, die für bestimmte Inhalte zuständig sind (verbales vs. bildhaftes Material) und durch eine zentrale Exekutive koordiniert werden. Das Modell der Verarbeitungstiefe macht die Stabilität der Gedächtnisinhalte von der Intensität oder Tiefe der kognitiven Verarbeitung abhängig. Je nach Art der zu verarbeitenden Informationen unterscheidet man zwischen einem deklarativen und einem nondeklarativen Gedächtnis. Im deklarativen oder expliziten Gedächtnis werden semantische und episodische Inhalte gespeichert, das nondeklarative Gedächtnis umfasst unbewusste Prozesse wie Priming, Konditionierung und prozedurales Lernen.

Literatur

Atkinson, R.C. & Shiffrin, R.M. (1968). Human memory: a proposed system and its control processes. In K.W. Spence & J.T. Spence (Eds.), The psychology of learning and motivation (Vol. 2, pp. 89-195). New York: Academic Press.

Baddeley, A.D. (1986). So denkt der Mensch: unser Gedächtnis und wie es funktioniert. München: Droemer Knaur.

Birbaumer, N. & Schmidt, R.F. (2006). Biologische Psychologie (6. Aufl.) Berlin: Springer.

Buchner, A. (2006). Funktionen und Modelle des Gedächtnisses. In H.-O. Karnath & P. Thier (Hrsg.), Neuropsychologie (2., akt. u. erw. Aufl., S. 437-447). Berlin: Springer.

Literatur

Craik, F.I.M. & Lockhart, R.S. (1972). Levels of processing: A framework for memory research. Journal of Verbal Learning and Verbal Behavior, 11, 671-684.

Godden, D.R. & Baddeley, A.D. (1975) Context-dependent memory in two natural environments: On land and underwater. British Journal of Psychology, 66, 325-331.

Loftus, E.F. & Palmer, J.C. (1974). Reconstruction of automobile destruction: An example of the interaction between language and memory. Journal of Verbal Learning and Verbal Behavior, 13, 585-589.

Lukesch, H. (2001). Psychologie des Lernens und Lehrens. Regensburg: Roderer.

Neuweg, G.H. (1999). Könnerschaft und implizites Wissen. Zur lehr-lerntheoretischen Bedeutung der Erkenntnis- und Wissenschaftstheorie Michael Polanyis. Münster: Waxmann.

Perrig, W.J. (1996). Implizites Lernen. In J. Hoffmann & W. Kintsch (Hrsg.), Kognition, Band 7: Lernen (S. 203-234). Göttingen: Hogrefe.

Schacter, D.L. (1987). Implicit memory. History and current status. Journal of Experimental Psychology: Learning, Memory and Cognition, 13, 501-518.

Schneider, W. & Büttner, G. (2002). Entwicklung des Gedächtnisses bei Kindern und Jugendlichen. In R. Oerter & L. Montada (Hrsg.), Entwicklungspsychologie (5., vollst. überarb. Aufl., S. 495-516). Weinheim: Beltz PVU.

Smith, E.E. & Jonides, J. (1997). Working memory: A view from neuroimaging. Cognitive Psychology, 33, 5-42.

Squire, L.R. (1987). Memory and brain. New York: Oxford University Press.

Terry, W.S. (2003). Learning and memory. Basic principles, processes, and procedures (2nd ed.). Boston: Allyn & Bacon.

Tulving, E. (1972). Episodic and semantic memory. In E. Tulving & W. Donaldson (Eds.), Organization of memory (pp. 381-403). New York: Academic Press.

Testfragen

16. Welche Bedeutung hat das Kleinhirn für das Gedächtnis?

17. Was versteht man unter Chunking?

18. Welche Inhalte umfasst das explizite Gedächtnis?

2.2 | Neurowissenschaftliche Grundlagen

Das Lernvermögen höherer Lebewesen beruht auf den komplexen Strukturen und Funktionen des Nervensystems und seiner Bestandteile. Um die vielfältigen Mechanismen, die weitreichenden Möglichkeiten, aber auch die Grenzen des Lernens verstehen zu können, sind Grundkenntnisse der neurophysiologischen und neuropsychologischen Prozesse notwendig.

Lernen als neuronaler Prozess

2.2.1

Das Nervensystem. Die Neurowissenschaften beschäftigen sich mit den biologischen und physiologischen Strukturen und Prozessen, die neuronaler Aktivität und damit auch dem Lernen zugrunde liegen. Im Zentrum der Betrachtungen steht das Zentralnervensystem (ZNS), das Informationen von den Sinnesorganen aufnimmt, diese verarbeitet, modifiziert, speichert, abruft und je nach den Anforderungen der Situation in Verhalten umsetzt. Neben dem ZNS mit seinen sensorischen und motorischen „Außenstellen" verfügt der Organismus über das so genannte autonome oder vegetative Nervensystem. Dabei handelt es sich um die Nervenbahnen des Sympathikus und Parasympathikus und zwei Nervenzellgeflechte, die im Bauchraum liegen (so genanntes Bauchhirn). Das autonome Nervensystem kontrolliert eigenständig, jedoch in Verbindung mit dem ZNS, vegetative Funktionen des Körpers (z.B. Verdauung). Es wird vermutet, dass das „Bauchhirn" darüber hinaus zu komplexeren Formen der Informationsverarbeitung in der Lage ist, die dem Bewusstsein nicht zugänglich sind und sich lediglich in einem intuitiven „Bauchgefühl" äußern. Möglicherweise kommt diesen Anteilen des Nervensystems eine Funktion bei einigen unbewussten (impliziten) Lernformen zu.

Zentralnervensystem

Autonomes Nervensystem

Neuronale Korrelate des Lernens. Mit Hilfe der Neurowissenschaften konnte die Gültigkeit zahlreicher lerntheoretischer Annahmen auf physiologischer Ebene nachgewiesen werden. So wurde beispielsweise gezeigt, dass Lernergebnisse in Form von assoziativen Verknüpfungen (vgl. Kap. 3) neuronale Korrelate in Gestalt spezifischer Veränderungen der neuronalen Erregungsübertragung besitzen (Kandel, 1996).

Merksatz

Lernprozesse führen zu strukturellen und funktionalen Veränderungen im ZNS.

Ein weiterer Hinweis auf die Bedeutung der neuronalen Grundlagen des Lernens ergibt sich aus der räumlichen Spezialisierung neuronaler Strukturen. Unterschiedliche Formen des Lernens finden in verschiedenen Gehirnarealen statt. So ist beim expliziten Lernen, das heißt beim Erwerb von Wissen über die Welt, über Men-

Räumliche Spezialisierung neuronaler Strukturen

schen und Dinge der mediale Teil des Temporallappens beteiligt. Implizites Lernen, also das Lernen motorischer oder sensorischer Fähigkeiten, erfolgt in den entsprechenden motorischen und sensorischen Systemen, unter anderem im Kleinhirn (Birbaumer & Schmidt, 2006; Kolb & Whishaw, 1996).

2.2.2 | Aufbau und Funktionen der Nervenzelle

Aufbau der Nervenzelle. Ein erwachsener Mensch besteht aus 80 bis 100 Billionen unterschiedlicher, hoch spezialisierter Zellen, darunter Haut- und Knochenzellen, Blut- und Bindegewebszellen, Sinnes- und Nervenzellen (Neurone). Trotz zahlreicher Spezialisierungen sind die Zellen des Organismus im Prinzip einheitlich aufgebaut (vgl. Birbaumer & Schmidt, 2006): Sie besitzen einen Zellkörper (*Soma* oder *Perikaryon*) und sind von einer schützenden Zellmembran umgeben, verfügen über einen Zellkern mit genetischem Material und über Strukturen, die der Energieversorgung der Zelle sowie ihren spezifischen physiologischen Aufgaben dienen (*Zellorganellen*). Die äußere Umhüllung der Zelle (*Zellmembran*) dient nicht nur der Abgrenzung der Zelle nach außen, sondern auch der Kommunikation mit Nachbarzellen.

Funktionen der Zellmembran

Kommunikation zwischen Zellen erfolgt über chemische und elektrische Signale. Bei Nervenzellen, die auf die Informationsverarbeitung und -weiterleitung spezialisiert sind, ist die Zellmembran an ihre besonderen Aufgaben durch spezielle Veränderungen angepasst (Birbaumer & Schmidt, 2006; Kappel, 2000; vgl. Abb. 3). Ihre Oberfläche ist durch astartige Erweiterungen (*Dendriten*) stark vergrößert, so dass eintreffende Informationen von vielen Seiten her aufgenommen werden können. Über lange, dünne Zellfortsätze (*Axone*, auch als *Nervenfasern* oder *Neuriten* bezeichnet) können Impulse innerhalb des ZNS über weite Strecken schnell und zielgenau übermittelt werden. Die Axone sind von einer isolierenden Schicht umgeben (*Myelinschicht*), die in kurzen Abständen unterbrochen ist (*Ranvier-Schnürring*). Dieser Aufbau ermöglicht eine „springende" (*saltatorische*) Erregungsleitung von Schnürring zu Schnürring. Dadurch wird der Informationsfluss im Vergleich zur kontinuierlichen Erregungsleitung um ein Vielfaches beschleunigt.

Dendriten und Axon

Erregungsübertragung. Nervenzellen sind auf hoch komplexe Weise miteinander verschaltet (Birbaumer & Schmidt, 2006). Jedes Neuron erhält Informationen von ca. 10 000 anderen Neuronen und

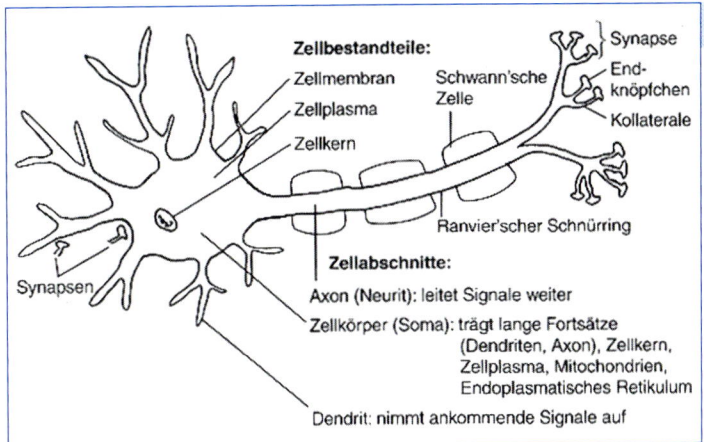

Abb. 3

Aufbau der Nervenzelle

(Mit freundlicher Genehmigung entnommen aus Thomas Kappel (2000). Abitur-Wissen Biologie – Neurobiologie. Freising: Stark Verlag, S. 39. © Stark Verlagsgesellschaft mbH & Co. KG)

gibt selbst Informationen an Tausende anderer Zellen weiter. Wie funktioniert diese komplexe Signalübermittlung? Entlang der Membran eines Neurons erfolgt die Übertragung von Erregung durch elektrische Potentiale. Zwischen dem Äußeren und dem Inneren einer Zelle besteht normalerweise ein Ladungsunterschied von -80 mV, der durch die Konzentrationsdifferenz geladener Moleküle entsteht (*Ruhepotential* der Zelle). Dieser Ladungsunterschied kann durch molekulare Veränderungen in der Zellmembran für einen kurzen Zeitraum aufgehoben werden (*Aktionspotential*). Ein Aktionspotential breitet sich auf elektrischem Wege entlang der Zellmembran aus.

Übertragung an Synapsen. Die Verbindungsstelle zwischen zwei Neuronen heißt *Synapse.* Das Axon einer Nervenzelle endet in mehreren Verdickungen, den *Axonendknöpfchen.* Zwischen dem Axonendknöpfchen einer Nervenzelle und der Dendritenmembran der folgenden Nervenzelle liegt ein kleiner Spalt (*synaptischer Spalt*). Die Membran des vor dem synaptischen Spalt liegenden Neurons wird *präsynaptische Membran* genannt, die Membran der anderen Nervenzelle *postsynaptische Membran.* An dieser Schaltstelle, der Synapse, findet die Signalübermittlung durch elektrische oder chemische Vermittlung statt. Im Folgenden soll jedoch nur die häufiger vorkommende chemische Übertragung betrachtet werden (vgl. Abb. 4).

Neben aktivierenden synaptischen Verbindungen existieren im Nervensystem auch *hemmende Synapsen.* Sie dämpfen überstarke

Abb. 4

Schematische Darstellung einer chemischen Synapse

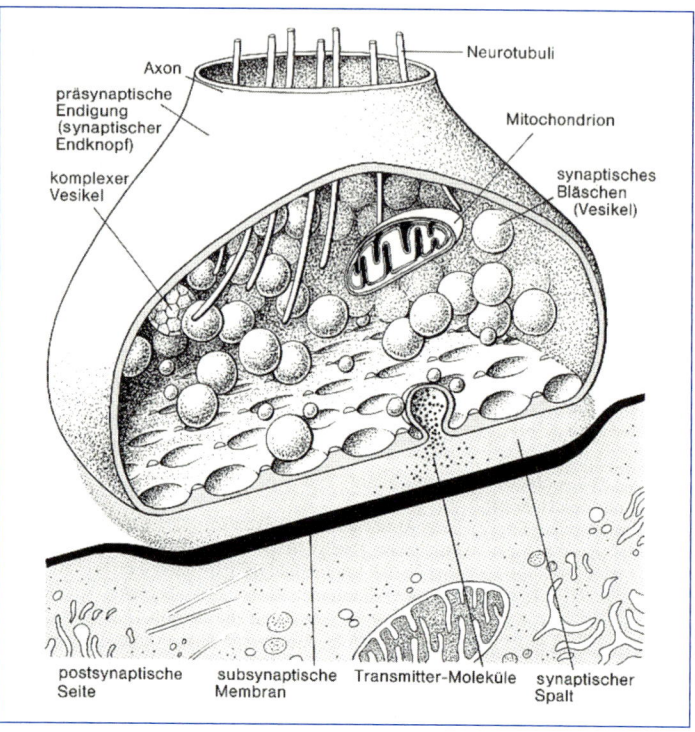

Axon
präsynaptische Endigung (synaptischer Endknopf)
komplexer Vesikel
Neurotubuli
Mitochondrion
synaptisches Bläschen (Vesikel)
postsynaptische Seite
subsynaptische Membran
Transmitter-Moleküle
synaptischer Spalt

(Mit freundlicher Genehmigung entnommen aus Niels Birbaumer & Robert F. Schmidt (2001): Biopsychologie. Berlin: Springer, S. 218. © Springer-Verlag)

Erklärung

An der präsynaptischen Membran des Axonendknöpfchens wird durch die elektrische Erregung ein komplexer Prozess in Gang gesetzt. Als Resultat des präsynaptischen Potentials werden chemische Botenstoffe (Neurotransmitter oder Transmitter) in den synaptischen Spalt freigesetzt. An der postsynaptischen Membran werden die Transmittermoleküle aufgenommen und lösen hier – wiederum über mehrere Zwischenschritte – eine elektrische Erregung aus (postsynaptisches Potential). Wenn dieses Potential groß genug ist oder durch weitere Impulse verstärkt wird, kann es zu einer Weiterleitung der Erregung kommen. Durch aktive Stoffwechselprozesse werden Neurotransmitter aus dem synaptischen Spalt zurückgewonnen und wieder ins Zellinnere transportiert.

Impulse oder hemmen Verhalten (z.B. bei Gefahr). Ob eine Synapse aktivierende oder hemmende Funktionen besitzt, hängt im Wesentlichen von den beteiligten Neurotransmittern ab. Mit der Weiterleitung oder Hemmung elektrischer Impulse sind die Fähigkeiten der Synapsen jedoch nicht erschöpft. Durch die Einschaltung von Zwischenneuronen (*Interneurone*) sind komplexere Formen der Informationsverarbeitung möglich. So können elektrische Potentiale miteinander verrechnet werden, um beispielsweise vorgegebene Schwellenwerte zu überschreiten.

Komplexere Informationsverarbeitung durch Zwischenneurone

Das Zentralnervensystem

2.2.3

Erregungsleitung im Nervensystem. Das Nervensystem des Menschen setzt sich aus dem peripheren Nervensystem (z.B. Sinneszellen) und dem Zentralnervensystem (ZNS) zusammen. Die Erregungsleitung im gesamten Nervensystem beruht auf synaptischen Verbindungen. Die Rezeptorzellen der Sinnesorgane stehen durch synaptische Verbindungen in Kontakt mit Zwischenneuronen, die die Information über mehrere Zwischenstationen (Ausnahme: Reflexe) zum jeweiligen Verarbeitungszentrum im ZNS leiten (*afferente Bahn*). Vom ZNS aus werden Impulse an *Effektororgane* (z.B. Muskeln oder Drüsenzellen) geschickt (*efferente Bahn*). Meistens werden Impulse in einem ganzen Bündel von Nervenbahnen (*Nerv*) weitergeleitet.

Afferente und efferente Bahn

Aufbau und Funktionen des ZNS. Das ZNS besteht aus dem Gehirn und dem Rückenmark und setzt sich beim Menschen aus ungefähr 100 Milliarden Neuronen zusammen, die komplexe Strukturen bilden. Das Großhirn allein beinhaltet 20 Milliarden Neurone. Die zahlreichen Aufgaben des Zentralnervensystems (vgl. Tab. 1) lassen sich zwei grundlegenden Funktionsbereichen zuordnen:

1. Das ZNS reguliert in übergeordneter Funktion Stoffwechsel-, Wachstums- und andere Körperfunktionen (Steuerung der organischen Funktionen). Das autonome Nervensystem und das hormonelle System vermitteln die Signale des ZNS an die Organe und Drüsen des Körpers.
2. Das ZNS steuert die Interaktionen zwischen dem Lebewesen und seiner Umwelt (Verhaltenssteuerung). Hierzu steht das ZNS mit den sensorischen und motorischen Systemen in Verbindung.

Merksatz

Das Zentralnervensystem übernimmt für den Organismus die übergeordnete Steuerung der organischen Funktionen und die Steuerung des Verhaltens.

► **Tabelle 1: Wichtige Strukturen des ZNS und ihre Funktionen**

Struktur	Wichtige Funktionen
Großhirnrinde (*Kortex*)	In der 2 bis 5 mm dünnen Großhirnrinde (*Kortex*) werden sensorische Informationen verarbeitet. Sie ist zuständig für höhere kognitive Leistungen wie Denken und Sprechen, für Lernen und Gedächtnis sowie für die Handlungsplanung.
Großhirn (*Telencephalon*)	Das Großhirn ist der größte Teil des menschlichen Gehirns. In verschiedenen Zentren des Großhirns, vor allem im limbischen System, werden Emotionen und Motivation generiert und gesteuert.
Zwischenhirn (*Diencephalon*)	Thalamus und Hypothalamus sind wichtige Strukturen des Zwischenhirns. Der Thalamus stellt eine wesentliche Schaltstelle für die Kommunikation zwischen kortikalen und subkortikalen Strukturen dar. Der Hypothalamus koordiniert die Funktionen des vegetativen Nervensystems und durch seine Verbindung mit der Hirnanhangsdrüse (*Hypophyse*), der wichtigsten Hormondrüse des Menschen, das gesamte Hormonsystem.
Kleinhirn (*Cerebellum*)	Das Kleinhirn unterstützt und koordiniert die Tätigkeit der anderen motorischen Zentren.
Hirnstamm (*Mesencephalon, Pons, Medulla oblongata*)	Im Hirnstamm befinden sich vor allem Reflexzentren für unbewusste Bewegungen (z.B. der Atemmuskulatur). Hier werden lebenswichtige vegetative Funktionen wie Atmung, Herzfrequenz und Blutkreislauf gesteuert. In dieser Region befindet sich auch das Schlaf-Wach-Zentrum.
Rückenmark (*Medulla spinalis*)	Das Rückenmark, das sich an den Hirnstamm anschließt, koordiniert einfache Reflexe (z.B. Zurückzucken der Hand bei einer schmerzhaften Berührung).

Funktionen der Gliazellen

Gliazellen. Im Querschnitt erscheinen die äußeren Hirnregionen grau und die inneren weiß. Die graue Substanz besteht aus Nerven- und Gliazellen, die weiße Substanz aus markhaltigen Nervenfasern. Verschiedene Typen von Gliazellen oder *Neuroglia* stützen die empfindlichen Nervenzellen, spielen eine Rolle bei der Immunabwehr, versorgen die Neurone mit Nährstoffen und sorgen für ein konstantes inneres Milieu im ZNS (Kahle, 1991; Rohen, 2001). Gliazellen haben neben ihrer Stütz-, Schutz- und Ernährungsfunktion möglicherweise auch eine Aufgabe bei der Informationsverarbeitung, die jedoch noch nicht vollständig geklärt ist.

Von der Neuralplatte zum Neuralrohr

Neurogenese

Entwicklung des ZNS. Die ontogenetische Entwicklung des ZNS lässt sich in mehrere Phasen gliedern (Birbaumer & Schmidt, 2006). In der dritten Schwangerschaftswoche entsteht das Gewebe des zukünftigen ZNS in Form der so genannten *Neuralplatte*, die sich zum *Neuralrohr* umformt. An der Innenwand des Neuralrohrs entstehen durch Zellteilung die Neurone. Am Kopfende des Neuralrohrs bildet

sich in mehreren Schritten das Gehirn. Zu Beginn wird durch Zellteilung eine sehr große Anzahl von Nervenzellen gebildet (*Neurogenese*). Diese Zellen wandern entlang eines Netzwerks von Gliazellen an ihren Bestimmungsort, wobei sie durch chemische Signale
gesteuert werden (*Zellmigration*). Während dieser Zeit differenzieren sich die Neurone in verschiedene Subtypen, die später unterschiedliche Aufgaben erfüllen (*Differenzierung*). Die Nervenzellen
ordnen sich am Zielort in Schichten übereinander an, vernetzen sich
und bilden so die typische Struktur des Gehirns (*Aggregation*). Die
Migration der meisten Nervenzellen ist nach dem zweiten Schwan-
gerschaftsdrittel abgeschlossen.

> Zellmigration und Differenzierung

> Aggregation

Der nächste Entwicklungsschritt besteht in der Entwicklung von
Zellfortsätzen (Dendriten, Axone) und der Bildung von Synapsen für
die spätere Signalübertragung (*Synaptogenese*). Ein bedeutender
Anteil der Neurone geht bereits in einem frühen Stadium, noch vor
der Geburt, wieder zugrunde (*Apoptose*). Durch diese Selektion wird
gewährleistet, dass nur funktionsfähige Zellen erhalten bleiben.
Dendriten und Synapsen werden noch bis zu zwei Jahre nach der
Geburt in großer Zahl gebildet. Der letzte Schritt der Entwicklung
des Nervensystems, der Prozess der Myelinisierung (d.h. die Bildung
der isolierenden Myelinschicht um die Axone) erstreckt sich noch
über viele Jahre bis ins Jugendalter.

> Synaptogenese und Apoptose

> Entwicklung nach der Geburt

*Lern- und gedächtnisrelevante Mechanismen und Strukturen des
ZNS.* Wie in Kapitel 2.1 dargestellt wurde, differenziert man unterschiedliche Gedächtnisformen. Es ist anzunehmen, dass den einzelnen Gedächtniskomponenten (Kurzzeit- und Langzeitgedächtnis,
deklaratives und nondeklaratives Gedächtnis usw.) unterschiedliche
neuronale Mechanismen zugrunde liegen. So wurde vermutet, dass
für die Funktionen des Kurzzeitgedächtnisses elektrische Impulse
verantwortlich sind, die in Neuronenschleifen wiederholt kreisen
und für den Zeitraum einiger Sekunden *dynamische Engramme* (Ge-
dächtnisspuren) bilden (Hebb, 1949; Lashley, 1950). Für das Langzeitgedächtnis werden dauerhafte, strukturelle Veränderungen angenommen, wobei insbesondere synaptische Modifikationen von
Bedeutung sind (Lashley, 1950). Dauerhafte neuronale Gedächtnis-
spuren in Form räumlich-zeitlicher Muster werden als *strukturelle
Engramme* bezeichnet. Das Gedächtnis selbst ist im ZNS nicht eindeutig lokalisierbar. Es ist über den gesamten Kortex und über subkortikale Strukturen verteilt.

> Dynamische Engramme

> Strukturelle Engramme

Das Gedächtnis hat keinen festen Platz im Gehirn, sondern ist Ergebnis der Zusammenarbeit verschiedener neuronaler Strukturen.

Jedoch gibt es Bereiche innerhalb des Gehirns, die für bestimmte Formen des Lernens und bestimmte Gedächtnisformen jeweils eine besondere Rolle spielen. So spielen sich Prozesse des motorischen Lernens und des prozeduralen Gedächtnisses zu großen Teilen im Kleinhirn ab.

Funktionen des Hippocampus

Für die Einspeicherung und den Abruf von deklarativen Informationen ist der *Hippocampus*, eine bogenförmige Struktur im Temporallappen (Hirnregion an beiden Seiten des Kopfes), von besonderer Bedeutung (Squire, 1992). Der linke Hippocampus ist für die Konsolidierung verbaler Informationen verantwortlich, der rechte Hippocampus für bildliche und räumliche Informationen. Menschen, denen aus medizinischen Gründen der Hippocampus entfernt werden musste, weisen in der Folge schwere Gedächtnisstörungen auf. Sie sind nach der Operation nicht mehr fähig, neue Informationen über längere Zeit im Gedächtnis zu behalten. Sie können sich jedoch an lange zurückliegende Fakten und Ereignisse erinnern und sind in der Lage, einfache motorische Fertigkeiten zu erwerben.

Milner (1965) belegte dies am Beispiel des Patienten Henry M., dem aufgrund einer nicht anders behandelbaren Epilepsie im Alter von 27 Jahren der Hippocampus beidseitig entfernt werden musste. Der Patient zeigte nach der Operation massive Gedächtnisstörungen. Er hatte Schwierigkeiten bei der räumlichen Orientierung und war trotz intensiver Übung nicht in der Lage, den Weg durch ein einfaches Labyrinth zu lernen (Milner, Corkin & Teuber, 1968). Es gelang ihm jedoch, bestimmte motorische Fertigkeiten zu erwerben (z.B. Schreiben in Spiegelschrift; Corkin, 1968).

Diese und andere Befunde aus Patientenstudien zeigen, dass

- der Hippocampus für das deklarative, nicht aber für das nondeklarative Gedächtnis von besonderer Bedeutung ist und dass
- der Hippocampus für die Konsolidierung und den Abruf von Gedächtnisinhalten zuständig ist, selbst aber nicht den Sitz des Langzeitgedächtnisses darstellt.

Plastizität und Lernen

Die flexible Anpassung des Verhaltens an wechselnde Umweltbedingungen setzt eine gewisse Veränderbarkeit oder *Plastizität* des Nervensystems und seiner Funktionen voraus. Die Plastizität des Nervensystems und seiner Teile stellt die physiologische Grundlage dafür dar, dass die Reaktionen und Verhaltensmuster eines Lebewesens nicht gleichförmig und starr ablaufen, sondern durch Erfahrungen modifizierbar sind. Für das Lernen ist die Plastizität der Verbindungen zwischen Neuronen, der Synapsen, besonders bedeutsam. Aber auch auf Zellebene finden erfahrungsbedingte Veränderungen statt. Darüber hinaus ermöglicht die Plastizität des ZNS in einem gewissen Grad die Kompensation gestörter Funktionen, beispielsweise wenn Nervengewebe durch einen Unfall oder eine Erkrankung geschädigt wurde.

Bedeutung der Plastizität

Neuronale Plastizität. Unter neuronaler Plastizität versteht man die Fähigkeit des Nervensystems, mit strukturellen und funktionalen Veränderungen auf Einflüsse der Umwelt zu reagieren (Birbaumer & Schmidt, 2006). Diese adaptive Fähigkeit spielt bereits bei der frühen Gehirnentwicklung eine wesentliche Rolle, denn durch genetische Informationen allein kann nicht festgelegt werden, welche der vielen Neuronen sich miteinander verbinden (Chialvo & Bak, 1999). Zu Beginn seiner Entwicklung ist das Gehirn noch relativ strukturarm und muss daher in der Lage sein, Verbindungen so aufzubauen, dass es den Anforderungen der Umwelt genügen kann und trotzdem flexibel genug bleibt, um auf zukünftige Veränderungen reagieren zu können. Die Umwelt hat daher einen bedeutsamen Einfluss auf das sich entwickelnde Gehirn. Dies wurde in Versuchen mit Ratten nachgewiesen, die in unterschiedlich komplex strukturierten Umwelten aufwuchsen. In einer Umgebung mit reichen Strukturen (*enriched environment*; d.h. mit vielen Artgenossen, Spiel- und Klettermöglichkeiten) entwickelten Ratten im Vergleich zu Kontrolltieren aus einfacher ausgestatteten Standardkäfigen schwerere Gehirne und mehr Nervenzellverbindungen. Bei Lernaufgaben zeigten die Ratten aus *enriched*-Käfigen bessere Leistungen als Ratten aus Standardkäfigen (Greenough & Black, 1992).

Der entscheidende Einfluss der Umwelt

Auch menschliche Säuglinge benötigen kognitive Stimulation (Sinnesreize und Handlungsanregungen) durch die Umwelt, um ihr volles Lernpotential entfalten zu können. Sie müssen genügend Gelegenheiten bekommen, ihre Umwelt mit allen Sinnen zu erfor-

Das Gehirn entwickelt sich nicht von allein, sondern benötigt zu seiner optimalen Entwicklung ein angemessenes Maß an Stimulation durch die Umwelt.

schen und neue, auch komplexe Erfahrungen zu machen (Schäfer, 1999). Zu starke oder zu schnell wechselnde Reize wirken sich jedoch nachteilig aus, weil sich das kleine Kind noch nicht ausreichend gegen Überforderung und Reizüberflutung schützen kann. Zwischen Überbeanspruchung und Unterforderung muss daher das rechte Maß gefunden werden (vgl. Kap. 8).

Prinzipien und Mechanismen der Plastizität. Umweltbedingte Anpassungen des Nervensystems können über eine Zunahme der Dendritenlänge und Neuronengröße, über eine erhöhte Synapsenbildung und Aktivität der Gliazellen und über Veränderungen im Stoffwechsel erfolgen. Auch Neubildungen in bestimmten Hirnregionen sind möglich: Bei häufiger Nutzung einer neuronalen Verbindung bilden sich dornenähnliche Auswüchse an den Dendriten (*Spines*), an denen sich bevorzugt neue Synapsen bilden. Die neuronale Plastizität folgt dabei bestimmten Grundprinzipien (Ward, 2001): Die Nichtbenutzung kortikaler Bereiche führt zum Beispiel dazu, dass benachbarte Neurone diese Bereiche übernehmen. Bei Blinden werden beispielsweise die kortikalen Felder, die bei Gesunden für das Sehen zuständig sind, von Neuronen übernommen, die andere Sinnesreize verarbeiten (z.B. Tastsinn). Erhöhte Benutzung führt dagegen zur Ausdehnung kortikaler Bereiche. Bei Taxifahrern ist beispielsweise der Bereich des Hippocampus vergrößert, der für die Verarbeitung räumlicher Repräsentationen der Umgebung verantwortlich ist (Maguire et al., 2000).

Konsequenzen erhöhter und verringerter Nutzung kortikaler Bereiche

Die Plastizität des Gehirns ist während des Kindesalters am größten und nimmt mit zunehmendem Alter ab. Doch auch im erwachsenen Gehirn erfolgen noch Anpassungen und Veränderungen, deren Mechanismen den adaptiven Prozessen in der Phase der neuronalen Entwicklung ähneln und die dem Lernen und dem Gedächtnis zugrunde liegen. Einige dieser Mechanismen (synaptische Plastizität, Langzeitpotenzierung und -depression, Plastizität auf Zellebene) werden in den folgenden Abschnitten dargestellt.

Entwicklung der Plastizität im Verlauf des Lebens

Synaptische Plastizität. Die Informationsübertragung an synaptischen Verbindungen kann durch Erfahrungen modifiziert werden. Dies ermöglicht die Enkodierung, die Verarbeitung, die Speicherung und den Abruf neuer Informationen. Man spricht von der Plastizität der synaptischen Verbindungen oder von *synaptischer Plastizität*.

Zur Erklärung der synaptischen Plastizität wurden verschiedene Modelle entwickelt. Manche Forscher (Hebb, 1949; Lashley, 1950) nahmen an, dass Erregungspotentiale in Neuronenschleifen zu kreisen beginnen, sobald ein bestimmter Schwellenwert überschritten ist (*reverberatorische Kreise*). Die synaptischen Verbindungen innerhalb dieser Kreise sollen sich durch die Wiederholung verstärken oder durch den Einfluss innerer oder äußerer Prozesse abschwächen. In jedem Fall soll die wiederholte Nutzung zu Änderungen in der Struktur und Funktion der Synapsen führen. Diese dauerhaften Veränderungen können als neurologische Substrate von Gedächtnisinhalten (*strukturelle Engramme*) interpretiert werden. Mit zunehmender Stabilisierung des Engramms (*Konsolidierung*) wird der zugehörige Gedächtnisinhalt immer leichter abrufbar. Diese Form der nutzungsbedingten Veränderung findet sich jedoch nur bei einem bestimmten Synapsentyp (so genannte *Hebb-Synapsen*).

Modell der Neuronen-schleifen

Bildung struktureller Engramme

Hebb-Synapsen

Langzeitpotenzierung und Langzeitdepression. Zentrale Mechanismen der synaptischen Plastizität bestehen in der Langzeitpotenzierung (*long term potentiation*, LTP) und in der Langzeitdepression (*long term depression*, LTD; vgl. Birbaumer & Schmidt, 2006). Bei schneller, hochfrequenter Reizung präsynaptischer Bereiche an kortikalen Zellen kommt es zu einer Verstärkung des postsynaptischen Potentials, das über Tage und Wochen erhalten bleibt (LTP). Dies wurde insbesondere im Bereich des Hippocampus beobachtet, der für Gedächtnisprozesse große Bedeutung hat. Durch Prozesse der Langzeitpotenzierung können spezifische und lang andauernde Verstärkungen einer synaptischen Verbindung entstehen, welche als Grundlage für assoziative Verknüpfungen angenommen werden können. Diese stellen möglicherweise die Grundelemente des Langzeitgedächtnisses dar.

Langzeitpotenzierung

Bei der Langzeitdepression handelt es sich um einen komplementären Vorgang, bei dem durch die wiederholte Erregung hemmender Synapsen eine dauerhafte Verminderung des postsynaptischen Potentials besteht. Dieser Vorgang ist vermutlich für das Vergessen und die Löschung von Verhalten von Bedeutung (Birbaumer & Schmidt, 2006).

Langzeitdepression

Plastizität auf Zellebene. Lernprozesse haben zur Folge, dass in Zellen unterschiedliche oder veränderte Proteine hergestellt werden (Kiebler & DesGroseillers, 2000). Diese Proteine können als Gedächtnisspur oder Engramm angesehen werden (*molekulares Gedächtnis*). Sie verändern den Aufbau, die Dendriten- oder Membraneigen-

Molekulares Gedächtnis

schaften der beteiligten Neurone dauerhaft. In diesem Prozess ist daher möglicherweise ein weiteres physiologisches Korrelat des Langzeitgedächtnisses zu sehen. Es handelt sich dabei jedoch nicht um isolierte „Gedächtnismoleküle", die beispielsweise aus der Zelle herausgelöst und in andere Zellen übertragen werden könnten, um auf diese Weise etwa Lerninhalte zu vermitteln. Entsprechende Versuche mit Ratten scheiterten (Ungar, 1970). Vielmehr handelt es sich um strukturelle Veränderungen auf Zellebene, die sich nur innerhalb der betroffenen Zelle und im Bereich ihrer Verschaltungen auswirken können.

Läsionen

Kompensation durch Plastizität. Neben normalen Entwicklungs- und Anpassungsprozessen ermöglicht die neuronale Plastizität (zumindest innerhalb gewisser Grenzen) die Kompensation gestörter Hirnfunktionen, zum Beispiel nach Schädigungen des Gehirns durch Verletzungen, Entzündungen oder Schlaganfälle (*Läsionen*). Plastizität bedeutet in diesem Zusammenhang, dass andere Gehirnregionen die Funktionen der geschädigten Region übernehmen. Diese funktionellen Veränderungen gehen mit der Bildung und Stärkung neuer synaptischer Verbindungen einher. Im Rahmen der neuropsychologischen Rehabilitation wird versucht, diese Form der Wiederherstellung psychischer Funktionen durch gezielte Trainings anzuregen und zu fördern. Entgegen früherer Annahmen liefern neuere Studien Hinweise, dass im Erwachsenenalter nicht nur synaptische Verbindungen, sondern auch Nervenzellen neu gebildet werden könnten. Die Bedeutung dieser Befunde für die Plastizität des menschlichen Gehirns ist jedoch noch sehr umstritten.

Nutzung der neuronalen Plastizität in der Rehabilitation

2.2.5 | Die Bedeutung sensibler Phasen

Die Plastizität des menschlichen Gehirns ist erstaunlich groß und ermöglicht vielfältige Lern- und Anpassungsleistungen. Dennoch ist das Nervensystem nicht uneingeschränkt modifizierbar. Entwicklungs- und erfahrungsbezogene Faktoren beschränken die Möglichkeiten der neuronalen Plastizität. In diesem Zusammenhang ist der Begriff der *sensiblen Phasen* zentral.

Sensible Phasen

Sensible Phasen. Unter sensiblen Phasen versteht man umgrenzte Zeiträume in der Entwicklung, in denen ein Lebewesen bereit dafür ist, bestimmte Reize wahrzunehmen, zu verarbeiten und mit Änderungen seines Verhaltens zu beantworten (also: zu lernen). Es handelt sich um biologisch bedingte Voreinstellungen, die universell vorhandene, meist überlebenswichtige Lernerfahrungen ermöglichen. Beispielsweise existieren sensible Phasen für den Aufbau der Bindung zwischen Mutter und Kind oder für das Erlernen der Muttersprache (vgl. Grimm, 2003).

Das Nervensystem wird auf die Lernerfahrungen in der sensiblen Phase vorbereitet, indem für einen begrenzten Zeitraum ein besonders starkes Synapsenwachstum (*Blooming*) stattfindet. Durch den Einfluss der konkreten Lernerfahrungen in der sensiblen Phase werden nicht gebrauchte Synapsen eliminiert (*Pruning*). Nach dem Abschluss der sensiblen Phase existiert die biologische Bereitschaft für die entsprechenden Lernerfahrungen nicht im gleichen Maße weiter, so dass versäumte Lernprozesse nicht vollständig nachgeholt werden können (Schandry, 2003; Scheunpflug, 2001). Aufgrund der zeitlichen Begrenztheit der Lernbereitschaft in sensiblen Phasen spricht man daher auch von *Zeitfenstern*, die nur für eine kurze Zeit geöffnet sind.

Blooming und Pruning

Erfahrungserwartende und erfahrungsabhängige Prozesse. Aus den Befunden zur Bedeutung der sensiblen Phasen wurde gefolgert, dass bei der neuronalen Plastizität so genannte erfahrungserwartende und erfahrungsabhängige Prozesse unterschieden werden müssen (Greenough, 1984). *Erfahrungserwartende Prozesse* finden zumeist in einem sehr frühen Lebensalter während des zeitlich begrenzten Rahmens der sensiblen Phasen statt. Sie beruhen auf der spezifischen Bereitschaft des Nervensystems, während dieses Zeitfensters bestimmte Reize zu verarbeiten, die normalerweise allen Angehörigen der Spezies begegnen (z.B. Hören der Muttersprache). Grundlage ist eine Überproduktion an Zellen und Synapsen, die vom Nervensystem gleichsam „vorausschauend" entwickelt worden sind und auf ihren Einsatz warten.

Erfahrungserwartende Prozesse

Erfahrungsabhängige Prozesse sind dagegen nicht an ein bestimmtes Zeitfenster gebunden und finden daher auch noch in späteren Lebensphasen statt. Synaptische Verbindungen zwischen Zellen oder andere strukturelle Veränderungen bilden sich im Rahmen erfahrungsabhängiger Prozesse nach dem aktuellen Bedarf. Dieser Bedarf wird durch spezifische Lernerfahrungen bestimmt (z.B. individuelle Erlebnisse oder Lernerfordernisse im Leben eines Menschen). Durch erfahrungsabhängige Prozesse wird die Plastizität des Nervensystems während des gesamten Lebens gewährleistet.

Erfahrungsabhängige Prozesse

Schlussfolgerungen für die Praxis. Für die Anwendung in pädagogischen oder klinisch-psychologischen Feldern ist aus den Befun-

Merksatz

Aufgrund der zeitlichen Begrenzung der sensiblen Phasen können in der frühen Kindheit versäumte Lernerfahrungen nicht in jedem Fall vollständig nachgeholt werden.

den zu sensiblen Phasen und erfahrungsabhängigen Prozessen der wichtige Schluss zu ziehen, dass nicht in jedem Alter und in jeder Entwicklungsstufe alles gleich gut gelernt werden kann.

Je nach der Art der zu lernenden Fertigkeiten oder Wissensinhalte muss davon ausgegangen werden, dass nach dem Überschreiten des Zeitfensters keine optimalen Lernergebnisse mehr erzielt werden können. Defizite durch versäumte Erfahrungen können auch bei intensiver Förderung nicht mehr vollständig aufgeholt werden, weil sich die entsprechenden Gehirnstrukturen nicht mehr in ihrem optimalen Bereitschaftszustand befinden, um diese Lernleistung zu erbringen. Dies gilt zum Beispiel für den Erwerb der Muttersprache (Grimm, 2003; vgl. Kap. 8.1.1).

Zusammenfassung

Das Nervensystem besteht aus dem peripheren, dem autonomen und dem Zentralnervensystem. Mit seiner Hilfe werden Informationen von den Sinnesorganen aufgenommen, verarbeitet, modifiziert, gespeichert und wieder abgerufen. Darüber hinaus reguliert es die hormonellen Prozesse und Stoffwechselfunktionen des Organismus. Für Lernprozesse ist insbesondere das Zentralnervensystem verantwortlich. Lernprozesse führen zu nachweisbaren, funktionellen und strukturellen Veränderungen im ZNS.

Grundbaustein des ZNS ist die Nervenzelle (Neuron). Dieser Zelltyp verfügt über eine spezialisierte Zellmembran, welche die Zelle zur schnellen und zielgerichteten Kommunikation mit Hilfe von elektrischen und chemischen Signalen befähigt. Elektrische Signale werden über spezielle Auswüchse (Dendriten, Axone) aufgenommen und weitergeleitet. An den Synapsen, der Verbindungsstelle zwischen Neuronen, erfolgt die Erregungsübertragung durch chemische Überträgerstoffe (Neurotransmitter). Synapsen können erregende oder hemmende Wirkung haben. Die Impulse aus mehreren Synapsen können verrechnet werden, um komplexere Prozesse der Informationsverarbeitung durchzuführen.

Im Verlauf der Embryonalentwicklung entwickelt sich das ZNS in mehreren Schritten. Aus der Neuralplatte entsteht das Neuralrohr, in dem die Neurone gebildet werden (Neurogenese). Diese wandern an ihren Bestimmungsort (Zellmigration) und bilden eine Struktur (Aggregation). Durch den strategischen Zelltod (Apoptose) wird ein großer Teil der Neurone noch vor der Geburt vernichtet. Die Prozesse der Dendriten- und Synapsenbildung sowie der Myelinisierung werden noch lange nach der Geburt fortgesetzt.

Das sich entwickelnde ZNS bildet die neuronale Basis für Lern- und Gedächtnisprozesse. Die neuronale Grundlage des Kurzzeitgedächtnisses besteht in elektrischen Impulsen, die in Neuronenschleifen kreisen (*dynamische Engramme*). Das Langzeitgedächtnis beruht dagegen auf dauerhaften, strukturellen Veränderungen (z.B. synaptische Modifikationen). Der gesamte Kortex und subkortikale Strukturen sind an den Gedächtnisfunktionen beteiligt. Der Hippocampus ist von besonderer Bedeutung für die Einspeicherung und den Abruf von deklarativen Informationen. Personen mit Läsionen des Hippocampus können keine neuen deklarativen Inhalte erlernen, wohl aber motorische Fertigkeiten.

Die adaptive Fähigkeit des ZNS zur funktionellen und strukturellen Modifizierung, auf der alle Lern- und Gedächtnisprozesse beruhen, wird als neuronale Plastizität bezeichnet. Plastizität lässt sich auf der Zellebene, auf der Ebene der synaptischen Verbindungen und auf der Ebene ganzer Hirnregionen beobachten. Wichtige Mechanismen der synaptischen Plastizität bestehen in der Stärkung von Verbindungen durch Wiederholungen, strukturellen Veränderungen (z.B. Bildung von Proteinen) und dauerhaften Veränderungen der Erregbarkeit (Langzeitpotenzierung und Langzeitdepression). Durch neuronale Plastizität können in einem gewissen Rahmen Funktionsstörungen durch Krankheiten oder Läsionen kompensiert werden. Biologische Voreinstellungen (Zeitfenster, sensible Phasen) begrenzen die Plastizität des ZNS in bestimmten Entwicklungsphasen. Während so genannte erfahrungserwartende Prozesse nur während des biologisch vorgegebenen Zeitfensters stattfinden können, laufen so genannte erfahrungsabhängige Prozesse während des ganzen Lebens ab. Daraus folgt, dass Menschen nicht in jedem Alter alles gleich gut lernen können (z.B. die Muttersprache nur in den ersten Lebensjahren).

Literatur

Birbaumer, N. & Schmidt, R.F. (2006). Biologische Psychologie (6. Aufl.) Berlin: Springer.

Chialvo, R.D. & Bak, P. (1999). Learning from mistakes. Neuroscience, 90, 1137-1148.

Corkin, S. (1968). Acquisition of motor skill after bilateral medial temporal lobe excision. Neuropsychologia, 6, 255-265.

Greenough, W.T. (1984). Structural correlates of information storage in the mammalian brain: A review and hypothesis. Trends in Neuroscience, 7, 229-233.

Greenough, W.T. & Black, J. E. (1992). Induction of brain structure by experience: Substrates for cognitive development. In M.R. Gunnar & C.A. Nelson (Eds.), The Minnesota Symposia on Child Psychology. Vol. 24 (pp. 155-200). Hillsdale: Erlbaum.

Grimm, H. (2003). Störungen der Sprachentwicklung (2., überarb. Aufl.). Göttingen: Hogrefe.

Hebb, D.O. (1949). The organization of behavior: A neuropsychological theory. New York: Wiley.

Kahle, W. (1991). Taschenatlas der Anatomie. Band 3: Nervensystem und Sinnesorgane (6. überarb. Aufl.). Stuttgart: Thieme.

Kandel, E.R. (1996). Zelluläre Grundlagen von Lernen und Gedächtnis. In E.R. Kandel, J.H. Schwartz & T.H. Jessell (Hrsg.), Neurowissenschaften. Eine Einführung (S. 685-714). Heidelberg: Spektrum.

Kappel, T. (2000). Abiturwissen Biologie – Neurobiologie. Freising: Stark.

Kiebler M.A. & DesGroseillers, L. (2000). Molecular insights into mRNA transport and local translation in the mammalian nervous system. Neuron, 25, 19-28.

Kolb, B. & Whishaw, I.Q. (1996). Neuropsychologie (2., erw. Aufl.). Heidelberg: Spektrum.

Lashley, K.S. (1950). In search of the engram. Symposia of the Society for Experimental Biology, 4, 454-482.

Maguire, E.A., Gadian, D.G., Johnsrude, I.S., Good, C.D., Ashburner, J., Frackowiak, R.S.J. & Frith, C.D. (2000). Navigation-related structural change in the hippocampi of taxi drivers. Proceedings of the Natural Academy of Science, 97, 4398-4403.

Milner, B. (1965). Visually-guided maze-learning in man: effects of bilateral hippocampal, bilateral frontal, unilateral cerebral lesion. Neuropsychologia, 3, 317-338.

Milner, B., Corkin, S. & Teuber, H.L. (1968). Further analysis of the hippocampal amnesic syndrome: 14 years follow up study of H.M. Neuropsychologia, 6, 215-234.

Rohen, J.W. (2001). Funktionelle Neuroanatomie. Stuttgart: Schattauer.

Schäfer, G. (1999). Frühkindliche Bildungsprozesse. Herausforderungen einer Pädagogik der Frühen Kindheit. Neue Sammlung, 39, 213-226.

Schandry, R. (2003). Biologische Psychologie. Weinheim: Beltz PVU.

Scheunpflug, A. (2001). Biologische Grundlagen des Lernens. Berlin: Cornelsen Scriptor.

Squire, L.R. (1992). Memory and the hippocampus: A synthesis from findings with rats, monkeys, and humans. Psychological Review, 99, 195-231.

Ungar, G. (Ed.) (1970). Molecular mechanisms in memory and learning. New York: Plenum Press.

Ward, L.M. (2001). Human neural plasticity. Trends in Cognitive Sciences, 5, 325-327.

19. Welche grundlegenden Funktionen hat das Zentralnervensystem?
20. Wie nennt man die Auswüchse der Zellmembran von Neuronen, die zur Kommunikation dienen?
21. Wie wird bei der Erregungsleitung der synaptische Spalt überbrückt?
22. Welche Funktionen haben Gliazellen?
23. Welchen Vorteil bietet die Apoptose?
24. Welche Folgen sind mit Läsionen des Hippocampus verbunden?
25. Wie wirkt sich der Prozess der Langzeitpotenzierung aus?
26. Worin bestehen die Besonderheiten erfahrungserwartender Lernprozesse?

Motivationale und emotionale Grundlagen | 2.3

Motivation und Lernen | 2.3.1

Die Motivationspsychologie untersucht, welche Beweggründe menschlichem Verhalten und Handeln zugrunde liegen. Unter *Motivation* versteht man einen aktuellen Erregungszustand, der die Richtung, Ausdauer und Intensität von Verhalten beeinflusst (Heckhausen, 2003). Dagegen handelt es sich bei *Motiven* um stabile, überdauernde Persönlichkeitseigenschaften, die das Verhalten immer dann beeinflussen, wenn sie durch situative Gegebenheiten angeregt werden (Rheinberg, 2004).

Motivation und Motive

Bedeutung der Motivation für das Lernen. Im Rahmen der Lernpsychologie ist die Frage der Motivation insbesondere beim absichtsvollen und zielgerichteten Lernen wichtig. Ein Schulkind, dem beispielsweise das Zählen und Rechnen Spaß macht, wird im Mathematikunterricht mehr Einsatzbereitschaft zeigen als ein Mitschüler, der weder Freude am Umgang mit Zahlen hat noch einsieht, wozu das Ganze eigentlich gut sein soll. Im Prinzip setzen jedoch die meisten Formen von Lernen ein Minimum an Motivation voraus (sehr einfache Lernformen wie die Habituation ausgenommen; vgl. Kap. 3.1). Eine hungrige Ratte zum Beispiel lernt schneller den Weg zum Futter als eine Artgenossin, die kurz zuvor eine reichliche

Motivation beeinflusst die Auswahl von Lerninhalten und die Effektivität des Lernens

Mahlzeit erhalten hat. Die Motivationslage stellt daher einen wesentlichen Faktor dar, der die Auswahl von Lerninhalten und die Effektivität von Lernprozessen wesentlich beeinflusst.

Mithilfe verschiedener Ansätze wurde versucht zu erklären, warum einige Menschen zum Lernen generell motivierter sind als andere und warum dieselben Menschen in einigen Bereichen eine größere und in anderen Bereichen eine geringere Lernbereitschaft zeigen. Wichtige Konzepte in diesem Zusammenhang sind intrinsische und extrinsische Motivation, Neugier, Interessen, Leistungsmotivation und das Bedürfnis nach sozialem Kontakt.

Intrinsische und extrinsische Motivation. Bei der Lernmotivation wird häufig zwischen intrinsischer und extrinsischer Motivation unterschieden (Deci & Ryan, 1985). Intrinsische Motivation beruht auf der Freude an der Tätigkeit (d.h. am Lernen) selbst, aber auch auf dem positiven Gefühl der Autonomie, wenn das Ziel der eigenen Bemühungen selbst bestimmt werden kann (vgl. DeCharms, 1979). Neugier und individuelle Interessen stellen Dispositionen dar, die intrinsische Lernmotivation hervorrufen können. Man lernt, weil man ein Bedürfnis nach Wissen befriedigen möchte (Neugier) oder weil die Beschäftigung mit einem bestimmten Gegenstand Freude bereitet (Interessen). Extrinsische Motivation hängt dagegen von äußeren Verstärkungen ab (z.B. Belohnung oder Bestrafung durch andere Personen). Von extrinsischer Motivation spricht man auch dann, wenn ein Verhalten nicht durch Freude an der Tätigkeit selbst motiviert ist, sondern durch angenehme Nebeneffekte, die mit dem Verhalten verbunden sind (z.B. sozialer Kontakt durch das Zusammensein mit Gleichaltrigen beim Lernen in einer Gruppe).

Neugier. Intrinsische Lernmotivation kann durch Neugier erzeugt werden. Neugier bedeutet die Bereitschaft, neuen Reizen in der Umgebung aktiv Aufmerksamkeit zuzuwenden und durch exploratives Verhalten (z.B. Betrachten, Manipulieren) ihre Eigenschaften zu erkunden. Sie stellt ein biologisches Grundbedürfnis dar (Berlyne, 1960). Es wird angenommen, dass die Wahrnehmung eines unbekannten Objektes zu einer gewissen affektiven Erregung führt, die das Neugiermotiv anregt. Bei zu geringer Erregung ist die resultierende Neugiermotivation nur schwach, bei sehr hoher affektiver Erregung entsteht Angst und die Reaktion schlägt in Flucht- oder Vermeidungsverhalten um. Nur bei mittlerem Anregungsgrad entsteht das Bedürfnis, Informationen über den unbekannten Gegenstand zu erhalten.

Intrinsische Motivation

Extrinsische Motivation

Neugier ist ein biologisches Grundbedürfnis

Berlyne (1974) unterscheidet verschiedene Formen der Neugier: diversives Explorationsverhalten, spezifisches Explorationsverhalten und epistemische Neugier. *Diversives Explorationsverhalten* bezieht sich nicht auf ein bestimmtes Objekt, sondern verläuft ungerichtet und dient dem Zweck, neue Reize oder Anregungen zu entdecken. *Spezifisches Explorationsverhalten* bezieht sich hingegen auf ein bestimmtes, unbekanntes Objekt, dessen Merkmale erkundet werden. Beide Formen des Neugierverhaltens können bei Menschen und auch bei Tieren beobachtet werden. Ratten zeigen dieses Verhalten beispielsweise, wenn sie in einen neuen Käfig gesetzt werden oder wenn ein unbekanntes Objekt in ihren Käfig eingebracht wird; Menschen zum Beispiel dann, wenn sie die Funktionen eines neuen technischen Gerätes spielerisch erkunden.

Diversives und spezifisches Explorationsverhalten

Der Mensch zeichnet sich darüber hinaus durch *epistemische Neugier* aus (Berlyne, 1974). Dabei handelt es sich um das bewusste Bedürfnis, neue Erkenntnisse über einen Gegenstandsbereich zu erlangen und seine Wissensstruktur zu erweitern. Es entsteht aus der Erkenntnis, dass die verfügbaren Wissensstrukturen nicht ausreichen, um neue Erfahrungen erklären zu können. Bei der Neugiermotivation handelt es sich also um eine wichtige Antriebskraft des Lernens, die von der frühesten Kindheit an wirksam ist (vgl. Kap. 8.1.1).

Epistemische Neugier

Die Entwicklung von Neugier- und Explorationsverhalten bei Kindern wird durch die Ausbildung einer sicheren Bindung zu den Bezugspersonen gefördert (Schölmerich & Lengning, 2004). Eine zuverlässige und liebevolle Beziehung zwischen Kind und Bezugsperson schafft in den ersten Lebensmonaten und -jahren die Basis für eine sichere Bindung, so dass sich Vertrauen und Sicherheit entwickeln können. Ein sicher gebundenes Kind vertraut auf die Unterstützung seiner Bezugspersonen und verfügt über die notwendige Sicherheit. Freie kognitive Ressourcen werden genutzt, um die Umgebung zu erkunden und spielerisch-entdeckend zu lernen. Unsicher gebundene Kinder dagegen investieren einen großen Teil ihrer kognitiven Kapazität in die Aufgabe, sich der Anwesenheit ihrer Eltern zu versichern, und können sich weniger mit der Erforschung ihrer Umgebung befassen.

Bedeutung einer sicheren Bindung für die Entwicklung von Neugier

Interessen. Neugier oder das Bedürfnis nach Wissen ist bei Menschen meist nicht ungerichtet, sondern auf einige Inhaltsbereiche beschränkt. Ein Schüler liest beispielsweise freiwillig zusätzliche Bücher über Biologie, während er die Hausaufgaben für den Geschichtsunterricht nur widerwillig erledigt. Sein Interesse liegt mehr im Bereich der Biologie.

Definition

Die überdauernde Vorliebe für die Beschäftigung mit einem bestimmten Thema, die mit positiven Bewertungen und/oder Gefühlen einhergeht, wird als Interesse bezeichnet (Todt, 1978).

Bei Interessen handelt es sich um relativ stabile Persönlichkeitsdispositionen, die von zentraler Bedeutung für schulische Leistungen und den schulischen und beruflichen Werdegang sind (Krapp & Prenzel, 1992).

Einflüsse auf die Entstehung von Interessen

Die Entstehung persönlicher Interessen im Verlauf der individuellen Entwicklung stellt einen langfristigen und komplexen Prozess dar, der in früher Kindheit beginnt und durch genetische Faktoren, spätere individuelle Erfahrungen sowie kulturelle Faktoren beeinflusst wird (Holodynski & Oerter, 2002). Die Ausbildung von Interessen lässt sich nur indirekt steuern, zum Beispiel durch die Vermittlung positiver Kontakte mit unterschiedlichsten Gegenstandsbereichen. Es gibt jedoch Möglichkeiten, den Anreiz von Lerngegenständen durch didaktische Mittel zu beeinflussen (z.B. durch Überraschungseffekte, Aufzeigen der persönlichen Betroffenheit; vgl. Meyer, 1987). Auf diese Weise kann zumindest ein vorübergehendes Interesse der Lernenden am Lerninhalt geschaffen werden, das sich auf den Lernprozess günstig auswirkt und unter Umständen in dauerhaftes Interesse überführt werden kann. Anwendungsmöglichkeiten ergeben sich vor allem im Kontext der Schule, aber auch für das Lernen im Erwachsenenalter, zum Beispiel im Rahmen beruflicher Fort- und Weiterbildung (Krapp, 2000; vgl. Kap. 8).

Ausrichtung des eigenen Handelns an Gütemaßstäben

Leistungsmotivation. Unter Leistungsmotivation wird im Allgemeinen die Bereitschaft oder das Bestreben verstanden, das eigene Handeln und die Resultate des eigenen Handelns an Gütemaßstäben zu messen und das eigene Verhalten so auszurichten, dass diese Gütemaßstäbe erreicht oder übertroffen werden (McClelland, Atkinson, Clark & Lowell, 1953; Rheinberg, 2000). Ein wesentlicher Aspekt ist dabei die Selbstbewertung der eigenen Tüchtigkeit und die damit verbundenen Gefühle von Stolz und Zufriedenheit. Besonders in strukturierten Lernumgebungen wie Schule und Hochschule ist das Konzept der Leistungsmotivation daher von zentraler Bedeutung, um Unterschiede im Lernverhalten und in der Lernleistung verschiedener Personen zu begründen. Eine wichtige Modellvorstellung zur Leistungsmotivation besteht in der Differenzierung von Erfolgs- und Misserfolgsmotivation (Heckhausen, 1963). Daneben haben kognitive Faktoren wie Zielsetzungen, Bezugsnormorientierungen, Erwartungen und Kontrollüberzeugungen einen wesentlichen Einfluss auf die Leistungsmotivation.

Erfolgs- und Misserfolgsmotivation. Heckhausen (1963) unterteilte Leistungsmotivation in die Konzepte der „Erfolgs-" und „Misserfolgsmotivation". Unter Erfolgsmotivation oder *Hoffnung auf Erfolg* wird die Fähigkeit verstanden, Stolz auf die eigenen Leistungen zu empfinden. Menschen hingegen, die bei Misserfolgen Scham empfinden, streben nach der Vermeidung von Misserfolgssituationen (Misserfolgsmotivation oder *Furcht vor Misserfolg*). Für die Lernpsychologie ist wichtig, dass erfolgsmotivierte Menschen sich höhere und realistischere (Lern-)Ziele setzen und sich mehr anstrengen als misserfolgsmotivierte Personen. Diese wählen in der Regel nur ganz leichte Lernaufgaben, um auf jeden Fall einen Erfolg zu erzielen, oder aber extrem schwierige Aufgaben, um mögliche Misserfolge später mit der äußeren Ursache der Aufgabenschwierigkeit erklären zu können und nicht mit der eigenen (Un-)Fähigkeit. Nur bei einem günstigen Verhältnis von Erfolgs- und Misserfolgsmotivation kann das Lernpotential einer Person ausgeschöpft werden. Lehrer und Eltern können durch die Gestaltung des Unterrichts und ihr Verhalten gegenüber den Schülern deren Hoffnung auf Erfolg steigern und die Furcht vor Misserfolgen verringern (Rheinberg, 1980).

Zielorientierung und Bezugsnormorientierung. Neben der Erfolgs- oder Misserfolgsorientierung wirken sich Zielorientierungen und Bezugsnormorientierungen auf das Ausmaß und die Richtung der Lern- und Leistungsmotivation aus. *Zielorientierungen* sind Wertvorstellungen in Bezug auf Lern- und Leistungsverhalten. Strebt eine Person nach Lernmöglichkeiten und der Erweiterung der eigenen Kompetenzen, so spricht man von *Lernzielorientierung*; strebt sie danach, eigene Kompetenzen nach außen zu demonstrieren, spricht man von *Leistungszielorientierung* (Dweck, 1986). Zielorientierungen stehen in engem Zusammenhang mit der so genannten Bezugsnormorientierung, das heißt mit den Kritierien, an denen das eigene Handeln gemessen wird (Schöne, Dickhäuser, Spinath & Stiensmeier-Pelster, 2004). Es werden individuelle, soziale und sachbezogene Bezugsnormen unterschieden. Bei individuellen

Marginalien:
Erfolgsmotivation oder Hoffnung auf Erfolg

Misserfolgsmotivation oder Furcht vor Misserfolg

Zielorientierungen

Bezugsnormorientierung

Bezugsnormorientierungen wird die eigene Leistung an früheren Leistungen gemessen, bei der sozialen Bezugsnormorientierung an der Leistung einer Bezugsgruppe und bei der sachbezogenen Bezugsnormorientierung an der Aufgabe selbst (z.B. gelöst oder nicht gelöst). Individuelle Bezugsnormen wirken sich auf die Lernmotivation günstig aus, da sie Hinweise auf eigene Lernfortschritte geben und damit eine Lernzielorientierung fördern (Dickhäuser & Rheinberg, 2003). Soziale Bezugsnormen fördern dagegen eher eine Leistungszielorientierung und können dazu führen, dass Leistungssituationen vermieden werden, wenn Leistungsziele nicht erreicht werden können. Lehrende sollten daher nach Möglichkeit Rückmeldungen geben, die sich auf die individuelle Bezugsnorm beziehen (vgl. Kap. 8).

Kontrollüberzeugungen und Kausalattributionen. Die Leistungs- und Lernmotivation von Menschen wird wesentlich durch kognitive Faktoren wie Kontrollüberzeugungen und durch Prozesse der Ursachenzuschreibung (Kausalattribution) beeinflusst. Diese Aspekte wurden in den sozial-kognitiven Lerntheorien in besonderem Maße berücksichtigt (vgl. Kap. 6). Nur Lerner, die überzeugt sind, den Lernerfolg durch ihre eigene Anstrengung und/oder ihre eigenen Fähigkeiten selbst bewirken und den Lernverlauf kontrollieren zu können, können zum Lernen motiviert werden. Für die Anwendung auf den schulischen Kontext gilt auch hier wieder, dass Lehrer und Eltern die Kontrollüberzeugungen und Attributionsmuster der Schüler in günstiger Weise beeinflussen können, um den Lernerfolg zu erhöhen (Skinner, Zimmer-Gembeck & Connell, 1998; Ziegler & Schober, 2001).

Motivation durch sozialen Kontakt. Allen Menschen ist das Zusammensein und die Herstellung positiver Beziehungen zu anderen Menschen ein wichtiges Bedürfnis. Dieses grundlegende Bedürfnis nach Kontakt wird auch als Affiliationsbedürfnis bezeichnet (Stroebe, 2003). Dieses Motiv ist auch im Bereich des Lernens von zentraler Bedeutung: Kinder zum Beispiel spielen und arbeiten gerne in kleinen Gruppen mit Gleichaltrigen zusammen. Sie lernen während dieser gemeinsamen, aktiven Auseinandersetzung mit dem Thema nicht nur etwas über die Inhalte, die sie bearbeiten, sondern auch viel über sich selbst und die anderen Gruppenmitglieder. Der positive Kontakt und Austausch mit anderen im Rahmen einer produktiven Tätigkeit schafft Freude und Befriedigung. Zugleich werden wichtige soziale Kompetenzen erworben. Bruner (1966) hebt diese soziale Seite des Lernens besonders hervor und regt an, diese als Motivationsquelle zu nutzen, beispielsweise im schulischen Unterricht (kooperatives Lernen in Gruppenarbeit; vgl. Kap. 8).

Emotionen und Lernen

2.3.2

Motivationale und emotionale Grundlagen des Lernens sind eng miteinander verknüpft, denn emotionale Faktoren wie Überraschung, Freude, Stolz und Angst wirken sich bedeutsam auf die Lernmotivation aus. Durch überraschende Effekte – zum Beispiel bei einem spannenden Experiment im Chemieunterricht – kann die Neugier der Lernenden auf ein unbekanntes Wissensgebiet ausgelöst werden (vgl. Kap. 8). Die selbstbestimmte Beschäftigung mit einem interessanten Gegenstandsbereich bewirkt eine positive Gefühlslage, die sich durch Freude am Lernen und das Erleben von *Flow* (Aufgehen in der Beschäftigung) auszeichnet. Mit der leistungsförderlichen Motivationslage „Hoffnung auf Erfolg" sind ebenfalls positive Gefühle wie Stolz auf die eigene Leistung verbunden, mit der eher negativ zu bewertenden „Misserfolgsmotivation" dagegen das hemmende Gefühl der Angst. Die Gefühle Flow und Angst sollen aufgrund ihrer besonders großen Bedeutung für das Lernen etwas näher betrachtet werden.

Motivation und Emotion hängen eng zusammen

Flow. Das Konzept Flow wurde erstmals von Csikszentmihalyi (2003, 2005) beschrieben und hat inzwischen einen großen Bekanntheitsgrad erreicht.

Definition

Der Begriff „Flow" bezeichnet einen besonderen emotionalen und kognitiven Zustand des völligen Aufgehens in einer anspruchsvollen Tätigkeit.

Der Flow-Zustand wird bei der aktiven und ungestörten Beschäftigung mit Aufgaben erreicht, deren Anforderungsniveau genau mit dem Fähigkeitsniveau der Person übereinstimmt. Die Person ist dabei weder unter- noch überfordert, sie weiß genau, was sie zu tun hat und kann sich vollkommen auf ihre Tätigkeit einlassen. Im Zustand des Flow scheint die Zeit schneller zu vergehen, der Mensch ist hoch konzentriert, ablenkende innere und äußere Reize (z.B. Hungergefühl oder Kälte) werden kaum wahrgenommen. Die handelnde Person fühlt sich dabei positiv gestimmt und völlig im Ein-

Auswirkungen von Flow

klang mit ihrem Tun. Menschen sind in diesem hoch aktiven Zustand glücklicher als bei der Beschäftigung mit weniger herausfordernden Aktivitäten (z.B. Fernsehen).

Flow fördert die Leistungsfähigkeit

Es wird angenommen, dass sich der Flow-Zustand generell positiv auf die Leistungsfähigkeit einer Person auswirkt (Csikszentmihalyi, 2003, 2005). Für die Lernpsychologie leitet sich daraus die Folgerung ab, Lernprozesse nach Möglichkeit so zu gestalten, dass die Lernenden möglichst häufig von Flow-Erleben profitieren können. Dies gilt insbesondere für erwachsene Lerner, die zu selbstbestimmtem und selbständigem Arbeiten in der Lage sind (vgl. Kap. 8.1.2).

Angst als Persönlichkeitszug und als aktueller Zustand

Angst und Ängstlichkeit. Menschen unterscheiden sich in ihrer Neigung, in potentiell gefährlichen Situationen mit Angst zu reagieren. Daher wird in der Literatur zwischen der stabilen, individuell unterschiedlichen Disposition zum ängstlichen Reagieren (Ängstlichkeit, *trait-anxiety*) und dem aktuellen, vorübergehenden Zustand der Angst (*state-anxiety*) unterschieden (Spielberger, 1972). Bei ausgeprägter Ängstlichkeit steigt die Wahrscheinlichkeit, bei konkreten Anlässen mit Angst zu reagieren. Angst als aktueller Zustand entsteht in bedrohlich erscheinenden Situationen, zum Beispiel wenn das Leben oder die Gesundheit gefährdet sind, aber auch in Situationen, in denen der Selbstwert einer Person bedroht ist (z.B. bei Misserfolgen). Soziale Auslöser sind von besonderer Bedeutung für das menschliche Lernen, das zumeist in sozialen Kontexten stattfindet. Angst ist eine komplexe Reaktion und umfasst
- physiologische Komponenten (z.B. erhöhter Puls, Händezittern, trockener Mund),
- emotionale Komponenten (Aufgeregtheit, Panik),
- kognitive Komponenten (Besorgtheit, Einschränkung der Aufmerksamkeit und Wahrnehmung) und
- verhaltensbezogene Komponenten (hastige Bewegungen, gesteigerte Aktivität oder Erstarrung und Lähmung; vgl. von Grone & Petersen, 2002).

Angst ist eine adaptive Schutzreaktion

Aus biologischer Sicht handelt es sich bei der Angst um eine Schutzreaktion, die ein Lebewesen in einer Gefahrensituation auf die Möglichkeiten des Kampfes, der Flucht oder des Totstellens vorbereitet. Im Kontext des schulischen Lernens (und in vielen anderen menschlichen Lebensbereichen) sind diese Reaktionen überwiegend – aber nicht ausschließlich – ungünstig, wie im Folgenden gezeigt werden soll.

Angst und Lernen. Lernen wird insbesondere durch die kognitive und die emotionale Komponente der Angst beeinflusst. Aus den Erkenntnissen zur „Furcht vor Misserfolg" (Heckhausen, 1963, vgl. Kap. 2.3.1) lässt sich bereits die Vermutung ableiten, dass Gefühle von Angst und Furcht sich auf das Lernen eher negativ auswirken. Angst behindert das Lernen, weil die Angst einen großen Teil der Aufmerksamkeit fesselt. Dies gilt insbesondere für die kognitive Komponente der Angst, die Besorgtheit. Ängstliche Lerner lernen vermutlich deshalb weniger effektiv, weil ihre sorgenvollen Gedanken sie ablenken und von einer konzentrierten Bearbeitung der zu lernenden Inhalte abhalten. In Prüfungssituationen stören die sorgenvollen Gedanken den Abruf von Erinnerungen und die Lösung von Aufgaben. Durch diese Misserfolgserfahrungen verstärken sich das Gefühl der Angst und die damit verbundenen Sorgen noch mehr (von Grone & Petersen, 2002). Zahlreiche Studien bestätigen den engen Zusammenhang zwischen der kognitiven Komponente von Angst und schulischen und akademischen Leistungen (z.B. Seipp & Schwarzer, 1991).

> Besorgtheit wirkt sich auf Lernprozesse nachteilig aus

Die Wirkung der emotionalen Komponente der Angst (Aufgeregtheit) auf das Lernen hängt dagegen von ihrem Ausprägungsgrad und von der Aufgabenschwierigkeit ab: Übermäßige Aufgeregtheit wirkt sich negativ auf das Lernen aus, weil sie häufig mit starken physiologischen Reaktionen (z.B. Bauchschmerzen, Atemnot) einhergeht und der Lerner sich nicht mehr konzentrieren kann. Aber auch eine zu geringe emotionale Erregung ist besonders bei einfachen Aufgaben ebenfalls ungünstig, weil die Motivation zur Anstrengung in diesem Fall zu gering sein kann. Ein gewisses Maß an emotionaler Erregung ist daher geeignet, um die Lernmotivation einer Person optimal anzuregen (von Grone & Petersen, 2002).

> Maßvolle Aufgeregtheit steigert die Leistungsfähigkeit

Beispiel

Ein Schüler kann sich beispielsweise zum Lernen für ein Fach motiviert fühlen, weil er weiß, dass der Lehrer den Stoff später gründlich abfragen wird. Diese Vorstellung erzeugt ein gewisses Maß an Aufgeregtheit. Die Hausaufgaben für ein anderes Fach dagegen erledigt der Schüler nur oberflächlich, weil er davon ausgeht, dass er in der nächsten Stunde nicht „drankommen" wird.

Für die Gestaltung von Lernumgebungen und Lernprozessen in Schule, Ausbildung und Beruf ist daher zu folgern, dass das Erleben von Angst oder Aufregung in strukturierten Lernkontexten kontrol-

Lernkontexte sollten
weitgehend angstfrei ge-
staltet werden

liert, aber nicht vollkommen vermieden werden sollte. Durch Prüfungs- und Bewertungsprozeduren sollte in jedem Fall nicht so viel Angst bei den Lernenden erzeugt werden, dass der Lernerfolg dadurch beeinträchtigt wird. Lerner, die sehr zur Besorgtheit neigen, müssen in besonderem Maße unterstützt und ermutigt werden. Einige Möglichkeiten, diese Forderungen praktisch umzusetzen, werden an anderer Stelle (Kap. 8) vorgestellt.

Zusammenfassung

Ein Minimum an Motivation stellt eine Grundvoraussetzung für Lernen dar. Lernen kann intrinsisch oder extrinsisch motiviert sein. Intrinsische Motivation beruht auf der Freude an der Tätigkeit selbst, aber auch auf dem Gefühl der Selbstbestimmung oder Autonomie. Extrinsische Motivation hängt dagegen von äußeren Konsequenzen (Belohnungen, Strafen) ab. Intrinsische Lernmotivation entsteht vor allem aus Neugier, das heißt der Neigung, neue Reize in der Umgebung aktiv zu erkunden (exploratives Verhalten). Neugierverhalten wird von Menschen wie Tieren gezeigt. Seine Entwicklung setzt eine sichere Bindung zu den Bezugspersonen voraus. Verwandt mit dem Begriff der Neugier ist das Konzept der Interessen. Darunter versteht man die überdauernde Vorliebe für die Beschäftigung mit einem bestimmten Thema, die mit positiven Bewertungen und/oder Gefühlen einhergeht. Das Lernverhalten einer Person kann weiterhin durch das Ausmaß ihrer Leistungsmotivation beeinflusst werden. Dabei handelt es sich um das Bestreben, das eigene Handeln und die Resultate des eigenen Handelns an Gütemaßstäben zu messen. Erfolgsmotivierte Menschen setzen sich höhere und realistischere Lernziele als Personen, die nach der Vermeidung von Misserfolgen streben. Die Leistungsmotivation wird durch Kontrollüberzeugungen und Prozesse der Kausalattribuierung wesentlich beeinflusst. Daraus ergeben sich Interventionsmöglichkeiten zur Förderung der Lernmotivation. Schließlich kann der soziale Kontext des Lernens eine entscheidende motivationale Variable darstellen. Motivationale und emotionale Variablen sind eng miteinander verknüpft. Positive Gefühle wie Flow fördern die Lern- und Leistungsmotivation, während Angstgefühle eher nachteilig wirken. Bei der Angst sollte zwischen den Komponenten Besorgtheit und Aufgeregtheit unterschieden werden. Während Besorgtheit sich auf Lernleistungen negativ auswirkt, kann ein gewisses Maß an Aufgeregtheit die Leistungsfähigkeit steigern.

Berlyne, D.E. (1960). Conflict, arousal, and curiosity. New York: McGraw-Hill.

Berlyne, D.E. (1974). Konflikt, Erregung, Neugier. Stuttgart: Klett (Original: 1960).

Bruner, J.S. (1966). Toward a theory of instruction. Cambridge, Mass.: Belkapp Press.

Csikszentmihalyi, C. (2003). Flow: das Geheimnis des Glücks (11. Aufl.) Stuttgart: Klett-Cotta.

Csikszentmihalyi, C. (2005). Das Flow-Erlebnis. Jenseits von Angst und Langeweile im Tun aufgehen (9. Aufl.) Stuttgart: Klett-Cotta.

DeCharms, R. (1979). Motivation in der Klasse. München: Moderne Verlags-GmbH.

Deci, E.L. & Ryan, R.M. (1985). Intrinsic motivation and self-determination in human behavior. New York: Plenum.

Dickhäuser, O. & Rheinberg, F. (2003). Bezugsnormorientierung: Erfassung, Probleme, Perspektiven. In J. Stiensmeier-Pelster & F. Rheinberg (Hrsg.), Diagnostik von Motivation und Selbstkonzept (S. 41-55). Göttingen: Hogrefe.

Dweck, C.S. (1986). Motivational processes affecting learning. American Psychologist, 41,1040-1048.

Heckhausen, H. (1963). Hoffnung und Furcht in der Leistungsmotivation. Meisenheim: Hain.

Heckhausen, H. (2003). Motivation und Handeln (2., völlig überarb. u. erg. Aufl., Nachdr.). Berlin: Springer.

Holodynski, M. & Oerter, R. (2002). Motivation, Emotion und Handlungsregulation. In R. Oerter & L. Montada (Hrsg.), Entwicklungspsychologie (5., vollst. überarb. Aufl., S. 551-589). Weinheim: Beltz PVU.

Krapp, A. (2000). Individuelle Interessen als Bedingung lebenslangen Lernens. In F. Achtenhagen & W. Lempert (Hrsg.), Lebenslanges Lernen im Beruf – seine Grundlegung im Kindes- und Jugendalter. Band 3. Psychologische Theorie, Empirie und Therapie (S. 54-75). Opladen: Leske + Budrich.

Krapp, A. & Prenzel, M. (Hrsg.) (1992). Interesse, Lernen, Leistung. Neuere Ansätze einer pädagogisch-psychologischen Interessenforschung. Münster: Aschendorff.

McClelland, D.C., Atkinson, J.W., Clark, R.A. & Lowell, E.L. (1953). The achievement motive. New York: Appleton-Century-Crofts.

Meyer, H. (1987). Unterrichtsmethoden II. Praxisband (4. Aufl.). Frankfurt a. M.: Cornelsen Scriptor.

Rheinberg, F. (1980). Leistungsbewertung und Lernmotivation. Göttingen: Hogrefe.

Rheinberg, F. (2000). Motivation (3., überarb. und erw. Aufl.). Stuttgart: Kohlhammer.

Rheinberg, F. (2004). Motivationsdiagnostik. Göttingen: Hogrefe.

Schölmerich, A. & Lengning, A. (2004). Neugier, Exploration und Bindungsentwicklung. In L. Ahnert (Hrsg.), Frühe Bindung. Entstehung und Entwicklung (S. 198-210). München: Reinhardt.

Schöne, C. Dickhäuser, O., Spinath, B. & Stiensmeier-Pelster, J. (2004). Zielorientierung und Bezugsnormorientierung: Zum Zusammenhang zweier Konzepte. Zeitschrift für Pädagogische Psychologie, 18, 93-99.

Seipp, B. & Schwarzer, C. (1991). Angst und Leistung – Eine Meta-Analyse empirischer Befunde. Zeitschrift für Pädagogische Psychologie, 5, 85-97.

Skinner, E.A., Zimmer-Gembeck, M.J. & Connell, J.P. (1998). Individual differences and the development of perceived control. Monographs of the Society for Research in Child Development, 31, Nr. 3.

Literatur

Spielberger, C.D. (1972). Anxiety as an emotional state. In C.D. Spielberger (Ed.), Anxiety: Current trends in theory and research. Vol. 1. (pp. 23-49). New York: Academic Press.

Stroebe, W. (2003). Sozialpsychologie: eine Einführung (4., überarb. und erw. Aufl.). Berlin: Springer.

Todt, E. (1978). Das Interesse. Empirische Untersuchungen zu einem Motivationskonzept. Bern: Huber.

von Grone, W. & Petersen, J. (2002). Zum Lernen anregen. Motivation in Theorie und Praxis. Donauwörth: Auer.

Ziegler, A. & Schober, B. (2001). Theoretische Grundlagen und praktische Anwendung von Reattributionstrainings. Regensburg: Roderer.

Testfragen

27. Was bedeuten die Begriffe „Motiv" und „Motivation"?
28. Welche Formen der Neugier gibt es bei Tier und Mensch?
29. Wie kann die Entwicklung von Neugier bei kleinen Kindern gefördert werden?
30. Welche Komponente der Angstreaktion behindert das Lernen und warum?

Nicht-assoziatives Lernen 3.

Inhalt

Das Konzept des nicht-assoziativen Lernens umfasst verschiedene, relativ einfache und ursprüngliche Formen des Lernens. Ihnen ist gemeinsam, dass lediglich durch den wiederholten Kontakt mit einem Reiz Verhaltensänderungen entstehen, ohne dass im eigentlichen Sinne Verbindungen zu anderen Reizen oder Reaktionen aufgebaut werden. In diesem Kapitel werden Habituation, Sensitivierung, der Mere-exposure-Effekt, perzeptuelles Lernen und Priming als Formen des nicht-assoziativen Lernens vorgestellt.

Habituation 3.1

Unter Habituation versteht man das Nachlassen einer Reaktion auf einen Reiz, der wiederholt dargeboten wird. Es handelt sich dabei um einen einfachen, aber wichtigen Lernmechanismus, der bereits bei niederen Tierarten zu finden ist.

Habituation als Lernprozess 3.1.1

Um Habituation systematisch untersuchen zu können, benötigt man als Grundlage eine Reaktion, die zuverlässig auftritt und exakt gemessen werden kann. Diese Bedingungen sind in besonderem Maße für *Reflexe* erfüllt.

Erklärung

Unter einem Reflex versteht man eine biologisch sinnvolle, automatisch und unwillkürlich ablaufende Reaktion auf bestimmte Reize. Husten oder Niesen beim Eindringen von Fremdkörpern in die Atemwege sind Beispiele für Reflexe, ebenso das Zurückziehen der Hand bei der Berührung einer heißen Herdplatte oder der Speichelfluss beim Anblick von leckerem Essen. An einem Reflex sind Nervenfasern beteiligt, die vom Sinnesorgan zum Zentralnervensystem führen, eine oder mehrere zwischengeschaltete Nervenzellen (Interneurone) sowie Nervenfasern, die zum Muskel oder zur Drüse führen. Die Gesamtheit der an einem Reflex beteiligten Nervenzellen und ihrer Verbindungen wird als *Reflexbogen* bezeichnet.

Habituation wurde insbesondere am Beispiel der *Orientierungsreaktion* untersucht. Dabei handelt es sich um einen komplexen Reflex, der universell als Reaktion auf neue Reize hin erfolgt.

Orientierungsreaktion *Orientierungsreaktion.* Auf die unerwartete Präsentation eines Reizes (z. B. eines Geräusches oder eines Lichtsignals) reagieren Tiere und Menschen mit der so genannten *Orientierungsreaktion.* Dieser Reflex dient der Identifikation neuer Reize, die möglicherweise bedeutsam sind, und setzt den Organismus in Bereitschaft zu handeln. Die Orientierungsreaktion besteht aus mehreren Komponenten. Dazu gehören

- die orientierende Zuwendung der Sinnesorgane, die Erniedrigung der Wahrnehmungsschwellen für auditive und visuelle Reize und die Erhöhung der Fähigkeit, zwischen Reizen zu unterscheiden (Steigerung der Sensibilität),
- Veränderungen der Muskulatur (Anstieg des Muskeltonus) oder Zusammenzucken und
- der Anstieg der physiologischen Erregung, der sich in Veränderungen der elektrischen Hirnaktivität, Veränderungen der Blutgefäße (Verengung von peripheren Blutgefäßen und Erweiterung der Gefäße in Kopf und Gehirn), Veränderungen des Hautwiderstands, Vertiefung der Atmung und Herabsetzung der Herzfrequenz ausdrückt.

Habituation ist die Folge von Reizwiederholung *Habituation.* Wiederholt man die Darbietung eines Reizes mehrfach, ohne dass eine für das Lebewesen bedeutsame Konsequenz erfolgt, so wird die Reaktion auf den Reiz immer schwächer und unterbleibt schließlich.

Auf einen neuen Reiz hin wird wieder eine vollständige Orientierungsreaktion gezeigt.

> **Merksatz**
>
> Das Nachlassen der Orientierungsreaktion auf wiederholte bedeutungslose Reize hin wird als Habituation bezeichnet.

> **Beispiel**
>
> Eine Person, die zu Hause mit einer Arbeit beschäftigt ist, wird bei plötzlichen oder ungewohnten Geräuschen aus der Nachbarwohnung (z.B. leises Kratzen und Klopfen) aufhorchen, die Arbeit niederlegen und sich umsehen. Möglicherweise wird sie auch zur Nachbarwohnung hinübergehen und sich erkundigen, was die Geräusche zu bedeuten haben. Wenn die Geräusche häufiger auftreten – zum Beispiel, weil der Nachbar ein Hobbybastler ist – und mit keiner weiteren Konsequenz für die Person verbunden sind, wird die Orientierungsreaktion nach einer Weile

nachlassen. Die Person wird sich bei ihrer Arbeit von diesen Geräuschen nicht mehr stören lassen. Wenn jedoch aus der Nachbarwohnung ein ganz neues Geräusch ertönt (z.B. lautes Rauschen von Wasser), wird die Person wieder mit einer Orientierungsreaktion reagieren. Sie wird aufhorchen, vielleicht hinübergehen und sich erkundigen und dabei erfahren, dass beim Nachbarn gerade ein Wasserrohrbruch stattgefunden hat.

Die vollständige Wiedererscheinung der Orientierungsreaktion bei neuen Reizen belegt, dass die allgemeine Reaktionsfähigkeit durch Habituation nicht abgeschwächt wird. Es verändert sich lediglich die Reaktionsbereitschaft auf den wiederholt präsentierten Reiz. *(Reaktionsfähigkeit und Reaktionsbereitschaft)*

Dabei handelt es sich um einen biologisch sinnvollen Vorgang, der es Lebewesen ermöglicht, konstante und weniger bedeutsame Umweltbedingungen von potentiell lebenswichtigen Umweltveränderungen zu unterscheiden. Habituation kommt bei allen Lebewesen vor und lässt sich in allen Teilen des Nervensystems nachweisen. Eine Reihe von Methoden steht zur Verfügung, um Habituation bei verschiedenen Organismen zu untersuchen (vgl. Kasten 1). *(Vorteile der Habituation)*

> Habituation bedeutet nicht die Abschwächung der allgemeinen Reaktionsfähigkeit, sondern eine spezifische Veränderung der Reaktionsbereitschaft auf den wiederholt dargebotenen Reiz.

▶ **Kasten 1: Methoden zur Untersuchung der Habituation**

- Beobachtung/Messung von Veränderungen der Muskulatur
- Messung der Erweiterung oder Verengung von Blutgefäßen
- Messung von Veränderungen des Blutflusses
- Feststellung von Veränderungen der Hautleitfähigkeit
- Messung von Veränderungen der Herzschlagrate
- Beobachtung des Lidschlags
- Aufzeichnung der elektrischen Aktivität des Gehirns
- Aufzeichnung der visuellen Fixation (Beobachtung des Reizes mit den Augen)

Merkmale der Habituation. Thompson und Spencer (1966) beschreiben einige Aspekte, die für die Lernform „Habituation" charakteristisch sind. Mithilfe dieser Beschreibung kann man auch die Frage beantworten, ob beobachtete Verhaltensänderungen bei einem Lebewesen wahrscheinlich auf Habituation zurückzuführen sind oder ob eher andere Ursachen zugrunde liegen.

Reizintensität

- *Reizintensität.* Lebewesen habituieren schneller auf Reize von geringer Intensität als auf stärkere Reize. Bei sehr starken Reizen findet unter Umständen überhaupt keine Habituation statt.

Häufigkeit der Reizwiederholungen

- *Häufigkeit der Wiederholungen.* Es ist von Spezies zu Spezies und je nach Art des Reizes unterschiedlich, wie häufig eine Reizpräsentation wiederholt werden muss, damit Habituation erfolgt. Menschen habituieren beispielsweise bereits nach einigen wenigen Wiederholungen auf einen leisen Ton.

Spontanerholung

- *Spontanerholung.* Wenn ein Lebewesen dem habituierten Reiz für eine Zeit lang nicht ausgesetzt ist, so kommt es zur so genannten Spontanerholung. Das heißt, dass die Orientierungsreaktion bei der nächsten Präsentation des Reizes wieder stärker oder sogar wieder komplett gezeigt wird. Ein einziger Prozess der Habituation führt daher nicht unbedingt zu einer dauerhaften Verhaltensänderung.

Wiederholte Habituation

- *Wiederholte Habituation.* Wenn derselbe Reiz jedoch ein zweites Mal oder mehrere Male habituiert wird, so zeigt sich, dass die Anzahl der dazu notwendigen Wiederholungen von Mal zu Mal geringer wird. Zugleich fällt die Spontanerholung mit jedem Durchgang schwächer aus. Insofern ist mit Habituation nicht nur eine vorübergehende, sondern eine dauerhafte Veränderung im Verhalten verbunden, das heißt es findet Lernen statt.

Massierte und verteilte Reizdarbietung

- *Zeitlicher Abstand der Wiederholungen.* Wiederholte Darbietungen des Reizes in kurzen zeitlichen Abständen (*massierte Präsentation*) bewirken eine schnellere und effektivere Habituation, das heißt, die Orientierungsreaktion lässt schneller nach. Längere zeitliche Abstände (*verteilte Präsentation*) zwischen den Darbietungen dagegen bewirken, dass die Wirkung der Habituation länger anhält, das heißt, die Spontanerholung fällt geringer aus.

Dishabituation

- *Dishabituation.* Habituation kann vorübergehend unterdrückt werden, indem nach einigen Durchgängen ein neuer unbekannter Reiz gezeigt wird. Nach der Präsentation des neuen Reizes fällt die Reaktion auf den ersten Reiz wieder stärker aus als bei der letzten Präsentation. Dieses Phänomen wird als Dishabituation bezeichnet. Es handelt sich um eine zeitlich begrenzte Erscheinung: Bei der nächsten Präsentation des ersten Reizes verringert sich die Reaktion wieder auf das Niveau vor der Dishabituation.

- *Generalisierung.* Der Effekt der Habituation auf einen bestimmten Reiz (z.B. ein Tonsignal) kann auf andere, ähnliche Reize generalisieren, so dass auch sie keine Orientierungsreaktion mehr auslösen. Je ähnlicher die neuen Reize dem habituierten Reiz sind, desto stärker wirkt sich die Generalisierung aus.

Generalisierung

Abgrenzung von anderen Phänomenen. Das Nachlassen der Reaktion auf wiederholt oder anhaltend präsentierte Reize kann auch durch andere Mechanismen entstehen, von denen Habituation als eine Form des Lernens abgegrenzt werden muss. In diesem Zusammenhang sind insbesondere *Muskelermüdung* und *sensorische Adaptation* zu erwähnen. Von Muskelermüdung spricht man, wenn ein Organismus nach intensiver Beanspruchung nicht mehr über genügend Energie verfügt, um eine Reaktion auszuführen. Sensorische Adaptation bedeutet, dass Sinneszellen bei dauerhafter Präsentation desselben Reizes weniger sensitiv auf diesen Reiz reagieren; die Wahrnehmungsschwelle für diesen Reiz erhöht sich. Die Sinneszellen bleiben jedoch empfänglich für Reizänderungen.

Muskelermüdung

Sensorische Adaptation

Beispiel

Wenn man beispielsweise eine Küche betritt, nimmt man die dort herrschenden Gerüche nach Speisen und Gewürzen am Anfang intensiv wahr. Nach einer Weile werden diese Gerüche nicht mehr bemerkt. Ein neuer Geruch – zum Beispiel nach Gas – wird dagegen sofort wahrgenommen.

Der Prozess der Habituation unterscheidet sich durch bestimmte Merkmale von Muskelermüdung und sensorischer Adaptation. Präsentiert man beispielsweise nach einigen Habituationsdurchgängen (d.h. Wiederholungen desselben Reizes) einen neuen Reiz, so stellt sich die Reaktion vollständig wieder ein. Dies belegt, dass eine ermüdete Muskulatur nicht die Ursache für das Nachlassen der Reaktion darstellt. Die Möglichkeit der sensorischen Adaptation als Erklärung wird durch diese Beobachtung allerdings noch nicht ausgeschlossen, da der Reiz ja nun ein anderer ist. Präsentiert man nun jedoch wieder den ersten Reiz, so zeigt sich hierauf eine Reaktion, die stärker ist als die letzte Reaktion in der Reihe der Habituationsdurchgänge (*Dishabituation*). Der habituierte Reiz wird also weiterhin sensorisch wahrgenommen. Damit ist belegt, dass das Nachlassen der Reaktion bei Habituation nicht auf eine Adaptation der Sinneszellen zurückzuführen ist, sondern auf einen Lernvorgang.

Vollständige Reaktion bei neuen Reizen

Dishabituation spricht gegen sensorische Adaptation

Eine Person reagiert im Labor auf einen mäßig lauten, hellen Ton mit Zusammen-zucken. Bei wiederholter Darbietung des Tons wird diese Reaktion schwächer und verschwindet schließlich vollständig (Habituation). Präsentiert man plötzlich einen tiefen Ton, so zuckt die Person wieder stark zusammen. Daraus lässt sich folgern, dass ihre Muskulatur nicht ermüdet ist. Wird im Anschluss daran wieder der helle Ton präsentiert, reagiert die Person immerhin mit einem leichten Zusammenzucken (Dishabituation). Dies belegt, dass die Person den hellen Ton weiter-hin sensorisch wahrnimmt, auch wenn ihre Reaktionen darauf schwächer geworden sind.

3.1.2 | Erklärungsmodelle

Im Folgenden sollen kognitive und physiologische Theorien vorge-stellt werden, die Habituation als Lernform betrachten und erklä-ren (vgl. Terry, 2003).

Kognitive Erklärungen. Da die Konzepte der Ermüdung und der Adaptation der Sinneszellen das Phänomen der Habituation nicht zufriedenstellend erklären konnten, wurden kognitive Erklärungs-ansätze entwickelt. Diese Ansätze stellen das Gedächtnis ins Zent-rum der Erklärung. Die Grundannahme lautet, dass alle wahr-genommenen Reize mit im Gedächtnis gespeicherten Reizrepräsen-tationen abgeglichen werden (Whitlow & Wagner, 1984). Unbekann-te Reize lösen eine Orientierungsreaktion aus, weil sie nicht im Gedächtnis gespei-chert sind. Bekannte, gespeicherte Reize blockieren diese Reaktion. Voraussetzung ist die Bildung einer kognitiven Repräsen-tation, die durch wiederholte Reizdarbie-tung entsteht. Diese Repräsentationen können sich im Kurzzeitgedächtnis oder im Langzeitgedächtnis befinden.

Vergleich neuer Reize mit kognitiven Repräsen-tationen

Nach dem kognitiven Erklärungsmodell der Habituation führen wiederholte Reiz-darbietungen zur Bildung von kognitiven Repräsentationen, die mit nachfolgen-den Reizen verglichen werden und bei Übereinstimmung die Orientierungsre-aktion blockieren.

Betrachten wir noch einmal das Beispiel der Person, die zu Hause arbeitet und cha-rakteristische Geräusche (Klopfen und Kratzen) aus ihrer Nachbarwohnung hört. Nach einigen Wiederholungen bildet die Person eine genaue kognitive Repräsen-tation dieser Geräusche aus. Wenn nun wiederum Geräusche aus der Nachbarwoh-nung dringen, werden diese mit dem gespeicherten Modell verglichen. Stimmen

Beispiel

Geräusche und Modell in ausreichendem Maß überein, erfolgt keine Orientierungs-reaktion. Stimmen die Geräusche (z.B. Wasserrauschen) mit der kognitiven Repräsentation nicht überein, so erfolgt die vollständige Orientierungsreaktion.

Die kognitive Repräsentation enthält nicht nur Informationen über den Reiz selbst (z.B. optischer oder akustischer Reiz, Intensität, Tonhöhe oder Farbton), sondern auch über den Kontext des Reizes. Lebewesen bilden bestimmte Erwartungen darüber aus, unter welchen Umständen welcher Reiz auftreten wird. Ein eigentlich bekannter Reiz, der jedoch in einem völlig anderen Kontext auftritt, verletzt diese Erwartungen und führt zu einer erneuten Orientierungsreaktion. Diese Reaktion erfolgt auch dann, wenn ein aufgrund des Kontextes erwarteter Reiz plötzlich ausbleibt (Siddle & Lipp, 1997).

Informationen über den Reizkontext

Beispiel

Die Person aus dem Beispiel hat die Erfahrung gemacht, dass der Nachbar jeden Nachmittag von 16 bis 18 Uhr bastelt und die entsprechenden Geräusche erzeugt. Dieser zeitliche Kontext ist Teil der kognitiven Repräsentation. Wenn der Nachbar eines Nachmittags nicht zu Hause ist, bleiben die gewohnten Geräusche aus. Die Person reagiert darauf mit einer Orientierungsreaktion (Aufhorchen und Versuch herauszufinden, was der Nachbar wohl treibt).

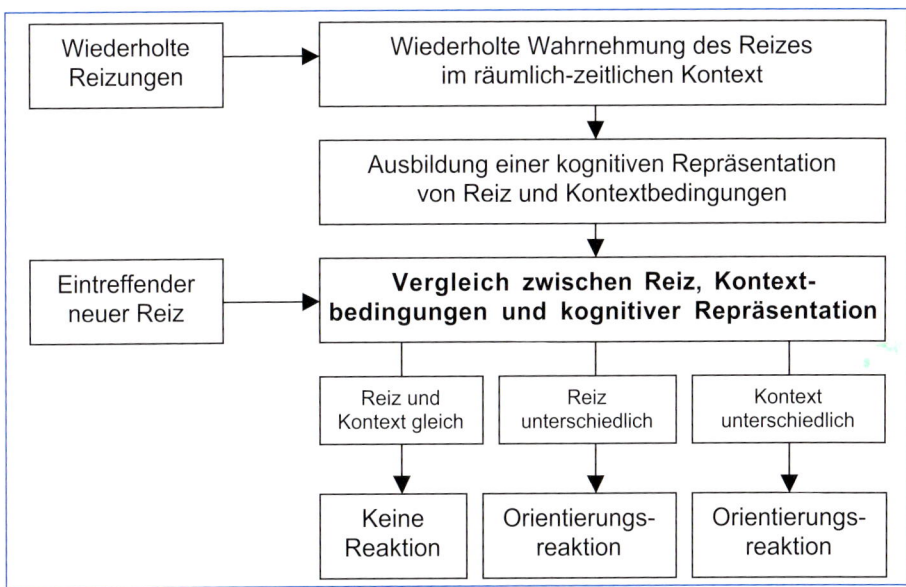

Kognitive Erklärung der Habituation

▶ **Abb. 5**

Der Prozess der Bildung einer kognitiven Repräsentation und ihre Wirkungen auf die Verarbeitung von Reizen lässt sich schematisch darstellen (Abb. 5).

Die kognitive Erklärung der Habituation erscheint plausibel und lässt sich auf viele Alltagsbereiche anwenden. Sie setzt jedoch ein relativ komplexes Nervensystem mit der Fähigkeit zu Gedächtnis- und Vergleichsprozessen voraus und erklärt daher nicht, warum Habituationseffekte beispielsweise in isolierten Neuronenpräparaten auftreten können. Die Interpretation dieser Befunde ist neurophysiologisch orientierten Forschern vorbehalten.

Einschränkungen der kognitiven Erklärung

Neurophysiologische Erklärung. Kandel (1996) untersuchte die neurophysiologischen Vorgänge, die der Habituation zugrunde liegen, bei der Meeresschnecke Aplysia californica. Das Weichtier besitzt ein einfaches Nervensystem mit wenigen, relativ großen Nervenzellen und eignet sich daher besonders gut für neurophysiologische Studien. Als Reaktion auf Reize (z.B. Berührung) zieht die Schnecke ihre Atemröhre (Siphon) ein. Dieser Reflex wird durch wenige, identifizierte Neurone kontrolliert und kann systematisch habituiert und dishabituiert werden. Kandel und seine Kollegen maßen während dieser Versuche die elektrische Aktivität der beteiligten sensorischen und motorischen Nervenzellen der Schnecke.

Habituation findet an Synapsen statt

Dabei zeigte sich, dass Habituation an den Synapsen zwischen Nervenzellen stattfindet (vgl. Abb. 6). Wiederholte, identische Reizungen bedeuten, dass das Motoneuron der Atemröhre immer denselben Impuls vom sensorischen Neuron erhält. Daraufhin vermindert sich die Bereitschaft des Motoneurons, auf Impulse dieses sensorischen Neurons zu reagieren.

Das Motoneuron kann jedoch weiterhin auf die Impulse anderer sensorischer Neurone reagieren, und das sensorische Neuron reagiert weiterhin unverändert auf die eintreffenden Reize. Damit bestätigt sich auch auf physiologischer Ebene, dass sensorische Adaptation oder Ermüdung des motorischen Systems als Erklärungen für die Habituation keine Rolle spielen.

Merksatz

Die neuronale Grundlage der Habituation besteht in der verringerten Reaktionsbereitschaft von Neuronen, die durch Veränderungen an den Synapsen entsteht.

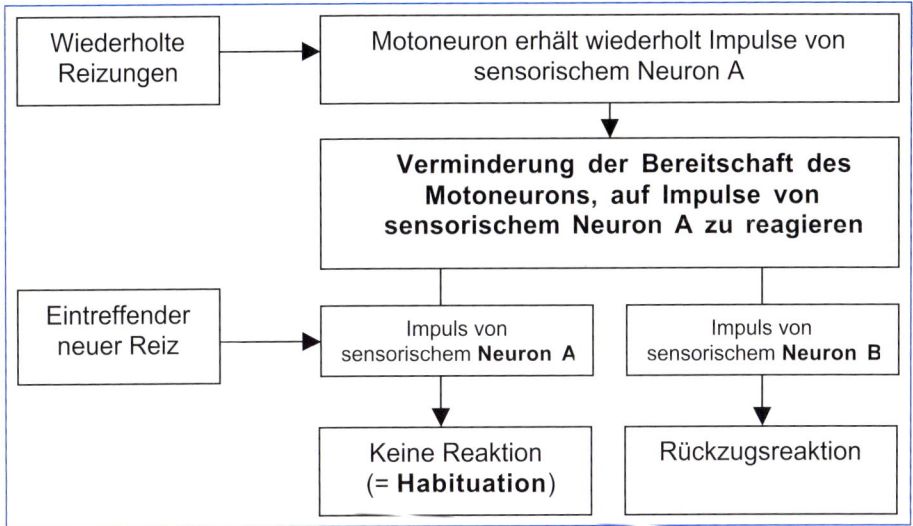

Neurophysiologische Erklärung der Habituation bei der Meeresschnecke Aplysia ▶ **Abb. 6**
californica

Zusammenfassung

Zum nicht-assoziativen Lernen gehören die Lernformen Habituation, Sensitivierung, der Mere-exposure-Effekt, perzeptuelles Lernen
und Priming. Habituation bedeutet das Nachlassen einer Reaktion
auf einen Reiz, der wiederholt präsentiert wird. Habituationsprozes-
se werden häufig auf der Basis von Veränderungen bei der Orientierungsreaktion untersucht. Diese Reaktion erfolgt zuverlässig auf
neue Reize hin und lässt sich mit verschiedenen Methoden messen.
Wiederholte Darbietungen desselben Reizes führen zum Nachlassen der Orientierungsreaktion. Auf einen neuen Reiz folgt wieder
eine vollständige Orientierungsreaktion. Habituation geht nicht mit
einer Abschwächung der allgemeinen Reaktionsfähigkeit einher,
sondern bedeutet eine spezifische Veränderung der Reaktionsbereitschaft auf einen wiederholt dargebotenen Reiz.
Habituation erfordert ein bestimmtes Maß an Wiederholungen.
Kurze Reizabstände beschleunigen die Habituation, längere Abstände erhöhen die Stabilität des Effekts. Eine langfristige Unterbrechung des Reizkontakts führt zur Spontanerholung, das heißt, die
ursprüngliche Reaktion wird wieder gezeigt. Eine erneute Habitua-

tion erfolgt jedoch schneller als beim ersten Mal. Nach der Präsentation eines neuen Reizes fällt die Reaktion auf den ersten Reiz wieder stärker aus als bei der letzten Präsentation (Dishabituation). Habituation auf einen bestimmten Reiz kann auf andere, ähnliche Reize generalisieren.

Habituation ist nicht auf sensorische Adaptation oder eine Ermüdung der Muskulatur zurückzuführen. Kognitive Modelle erklären Habituation damit, dass neue Reize mit einer gespeicherten kognitiven Repräsentation verglichen werden. Bei Übereinstimmung wird die Orientierungsreaktion blockiert. Neurophysiologische Modelle der Habituation gehen davon aus, dass die wiederholte Stimulation eines Motoneurons durch ein sensorisches Neuron zu einer spezifisch verminderten Reaktionsbereitschaft des Motoneurons führt.

Literatur

Kandel, E.R. (1996). Zelluläre Grundlagen von Lernen und Gedächtnis. In E.R. Kandel, J.H. Schwartz & T.H. Jessell (Hrsg.), Neurowissenschaften. Eine Einführung (S. 685-714). Heidelberg: Spektrum.

Siddle, D.A.T. & Lipp, O.V. (1997). Orienting, habituation, and information processing: The effects of omission, the role of expectancy, and the problem of dishabituation. In P.J. Lang, R.F. Simons & M.T. Balaban (Eds.), Attention and orienting: Sensory and motivational processes (pp. 23-40). Mahwah, N.J.: Erlbaum.

Terry, W.S. (2003). Learning and memory. Basic principles, processes, and procedures (2 nd ed.). Boston: Allyn & Bacon.

Thompson, R.F. & Spencer, W.A. (1966). Habituation: a model phenomenon for the study of neuronal substrates of behavior. Psychological Review, 73, 16-43.

Whitlow, J.W. & Wagner, A.R. (1984). Memory and habituation. In H.V. S. Peeke & L. Petrinovich (Eds.), Habituation, sensitization, and behavior (pp. 103-153). New York: Academic Press.

Testfragen

31. *Welche Funktionen hat die Orientierungsreaktion?*
32. *Was versteht man unter Spontanerholung?*
33. *Welches Phänomen spricht gegen eine sensorische Erklärung der Habituation?*
34. *Wann kommt es nach dem kognitiven Modell zu einer Orientierungsreaktion?*
35. *Nach welchem Prinzip wird Habituation aus neurophysiologischer Sicht erklärt?*

Sensitivierung | 3.2

Bei einer wiederholten Reizpräsentation kommt es nicht in jedem Fall zu einer Verringerung der Reaktion (Habituation). Wenn im Organismus während der Reizdarbietung eine hohe physiologische Aktivierung vorliegt, wird die ursprüngliche Reaktion intensiver. Dieser Vorgang wird als *Sensitivierung* bezeichnet.

Bedeutung physiologischer Aktivierung

Definition

Unter Sensitivierung versteht man die Verstärkung einer Reaktion auf einen Reiz als Folge der wiederholten Präsentation des Reizes, die während eines Zustandes erhöhter physiologischer Aktivierung erfolgt.

Höhere physiologische Aktivierung kann bei Ratten zum Beispiel durch laute Hintergrundgeräusche erreicht werden. Auf die zusätzliche Präsentation einzelner lauter Geräusche zucken die Ratten bei jeder Wiederholung stärker zusammen, statt zu habituieren (Davis, 1974).

Erklärung

Greifen wir wieder auf das Beispiel der Person zurück, die zu Hause arbeitet. Die Person hat eines Tages große Schwierigkeiten, mit der Arbeit voranzukommen, obwohl der Abgabetermin bevorsteht. Die Person ist nervös und fühlt sich stark unter Druck. Auf die neuen Geräusche aus der Nachbarwohnung (z.B. Sägen) reagiert die Person zunächst irritiert und – je länger die Geräusche andauern – zunehmend gereizt. Schließlich läuft die Person wütend zur Nachbarwohnung hinüber und beschwert sich.

Thompson und Glanzman (1976) erklären die Wirkung der Sensitivierung auf neurophysiologischer Basis mit der *Dual-Process-Theorie*. Die Forscher stellten in Studien an Rückenmarkspräparaten fest, dass zwei verschiedene Arten von Nervenzellen an der Verarbeitung wiederholter Reize beteiligt sind. Nervenzellen, die direkt in den Reflexbogen eingebunden sind (sensorische Neurone, Interneurone und Motoneurone), weisen Habituation auf (Typ H-Neurone). Bestimmte Neurone außerhalb des Reflexbogens zeigen das allgemeine Aktivierungsniveau des Zentralnervensystems an (Typ S-Neurone). Diese Neurone erhöhen die Reaktionsbereitschaft der Motoneurone, wenn insgesamt ein höheres Aktivierungsniveau vorliegt (vgl. Abb. 7).

Dual-Process-Theorie

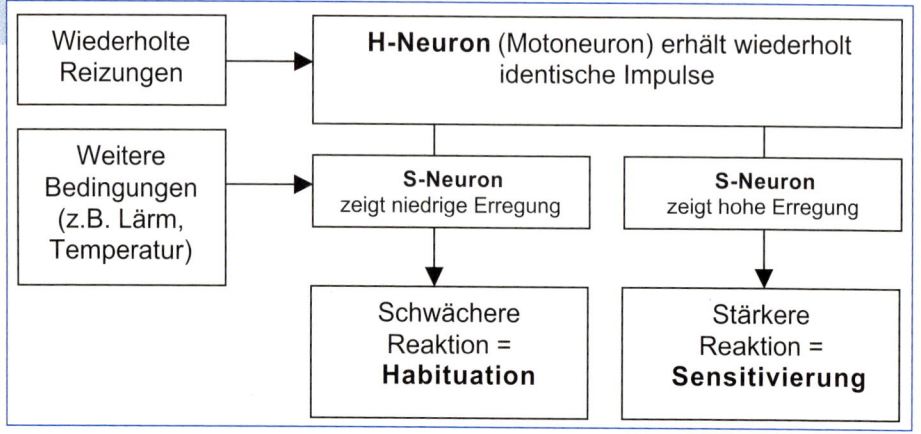

Abb. 7 ▶ Erklärung der Sensitivierung durch die Dual-Process-Theorie

Handelt es sich bei Sensitivierung um Lernen? Es ist bislang unklar, ob der Prozess der Sensitivierung selbst als regelrechter Lernvorgang angesehen werden kann (Terry, 2003). Zumindest handelt es sich jedoch um einen Prozess, der Habituation und vermutlich auch andere Lernvorgänge ganz wesentlich beeinflussen kann. Es ist beispielsweise anzunehmen, dass Sensitivierung eine wichtige Rolle bei der Entwicklung von Angst und Phobien einnimmt. So führen wiederholte Begegnungen mit einem unbekannten Objekt zu unterschiedlichen Konsequenzen, je nachdem, ob sich die Person in einer entspannten oder in einer ängstlich-angespannten Grundstimmung befindet.

Entwicklung von Angststörungen

Beispiel

Ein Kind verbringt die Ferien zum ersten Mal bei seiner Großmutter auf dem Lande. Dort gefällt es ihm gut, denn es hat viele Freiheiten und die Schule ist weit weg. Die Großmutter verlangt jedoch, dass das Kind auf dem Hof kleinere Aufgaben übernimmt. Unter anderem soll es den großen Hofhund füttern und spazieren führen. Zuerst ist das große Tier dem Kind ein wenig unheimlich, doch nach einigen Tagen sind beide unzertrennlich. Am liebsten würde das Kind den Hund nach Hause mitnehmen.

Einem anderen Kind ergeht es ganz anders. Auf dem täglichen Weg zur Schule muss dieses Kind stets eine lange, enge Gasse durchqueren. Hinter einem Zaun wartet dort immer ein großer Hund und knurrt das Kind an. Das Kind fühlt sich bedroht und wird jeden Morgen unruhiger bei dem Gedanken, dass es wieder an

Beispiel

dieser Stelle vorbeigehen muss. Als eines Tages ein Freund der Eltern mit seinem Hund zu Besuch kommt, schließt sich das Kind zum Erstaunen der Eltern in seinem Zimmer ein.

Zusammenfassung

Befindet sich jemand in einem Zustand erhöhter Erregung, während Reize wiederholt dargeboten werden, so kommt es nicht zur Habituation, sondern zu einer intensiveren Reaktion auf den Reiz (Sensitivierung). Die Dual-Process-Theorie erklärt die Sensitivierung mit zwei verschiedenen Neuronentypen. Typ H-Neurone können habituieren, während Typ S-Neurone die allgemeine physiologische Aktivierung anzeigen. Bei hoher physiologischer Aktivierung erhöhen die Typ S-Neurone die Reaktionsbereitschaft der Motoneurone. Sensitivierung spielt wahrscheinlich eine wichtige Rolle bei der Entwicklung von Angst und Phobien.

Literatur

Davis, M. (1974). Sensitization of the rat startle response by noise. Journal of Comparative and Physiological Psychology, 87, 571-581.

Terry, W.S. (2003). Learning and memory. Basic principles, processes, and procedures (2nd ed.). Boston: Allyn & Bacon.

Thompson, R.F. & Glanzman, D.L. (1976). Neural and behavioral mechanisms of habituation and sensitization. In T.J. Tighe & R.N. Leaton (Eds.), Habituation: Perspectives from child development, animal behavior, and neurophysiology (pp. 49-93). Hillsdale, N.J.: Erlbaum.

Testfragen

36. Welche Funktion haben Typ S-Neurone nach der Dual-Process-Theorie?
37. Welche Bedeutung hat der Prozess der Sensitivierung für die Psychotherapie?
38. Handelt es sich bei der Sensitivierung um einen Lernprozess?

3.3 | Weitere Effekte von Reizkontakt

Affektive, perzeptive und verhaltensbezogene Effekte

Abgesehen von Habituation und Sensitivierung kann der einmalige oder wiederholte Kontakt mit einem Reiz zu verschiedenen weiteren Konsequenzen führen, die affektiver, perzeptiver und verhaltensbezogener Art sein können. Beispielhaft sollen der Mere-exposure-Effekt, perzeptuelles Lernen und Priming erläutert werden.

3.3.1 | Der Mere-exposure-Effekt

Wiederholter Kontakt mit bestimmten Objekten (z.B. Nahrungsmittel, Kleidungstücke, menschliche Gesichter) führt dazu, dass diesen Objekten gegenüber eine Vorliebe ausgebildet wird (verglichen mit unbekannten Objekten der gleichen Kategorie). Dieser Effekt wurde als Mere-exposure-Effekt oder auch *Kontakt-Affekt-Phänomen* bekannt (Zajonc, 1968). Zajonc (1968) zeigte Personen verschiedene chinesische Schriftzeichen und zwar unterschiedlich häufig. Anschließend sollten die Teilnehmer für jedes der Zeichen einschätzen, ob das Schriftzeichen wohl eher eine positive oder eine negative Bedeutung habe. Dabei stellte sich heraus, dass die Bedeutung umso positiver eingeschätzt wurde, je häufiger die Teilnehmer ein Schriftzeichen gesehen hatten. Durch die wiederholte Präsentation eines Reizes bildete sich also ein positiver Affekt gegenüber dem Reiz, verglichen mit weniger bekannten Reizen derselben Reizklasse. Dieser Effekt konnte in zahlreichen Experimenten bei Menschen und Tieren nachgewiesen werden (Bornstein, 1989; Kunst-Wilson & Zajonc, 1980). Dabei wurde nachgewiesen, dass

* durch die bloße Konfrontation mit einem Reiz Lernprozesse stattfinden können,
* diese mit affektiven Reaktionen verbunden sein können und
* die Lernprozesse der betroffenen Person nicht bewusst sein müssen.

Voraussetzungen des Mere-exposure-Effekts

Positive affektive Reaktionen werden vor allem dann erzielt, wenn die Reize nur kurz und zeitlich verteilt dargeboten werden. Massierte und lange andauernde Reizpräsentation kann dagegen zu negativen affektiven Reaktionen führen (Bornstein, 1989). Diese Befunde sind für viele Anwendungsbereiche relevant, beispielsweise in der Werbepsychologie.

Die Frage, warum der bloße Kontakt mit einem Objekt ausreichen kann, um positive Reaktionen zu erzeugen, ist noch nicht endgültig geklärt. Eine Vermutung beruht auf der Beobachtung, dass Lebewesen im Allgemeinen ein optimales (mittleres) Erregungsniveau bevorzugen. Während sehr vertraute Reize ein zu geringes Erregungsniveau bewirken („Langeweile"), wirken völlig fremde Reize zu stark erregend und damit bedrohlich. Auf Reize, die bereits einige Male, aber nicht zu oft präsentiert worden sind, beginnt der Organismus zu habituieren. Diese Reize erzeugen ein optimales Erregungsniveau und werden daher bevorzugt (Berlyne, 1969). Alternativ könnte man vermuten, dass Organismen solche Reize bevorzugen, die leichter wahrgenommen werden können (z.B. Reber, Winkielman & Schwarz, 1998). Diese Bedingung trifft für vertraute Reize eher zu als für unvertraute.

Theorie des optimalen Erregungsniveaus

Theorie der Wahrnehmungserleichterung

Perzeptuelles Lernen

3.3.2

Perzeptuelles Lernen umfasst zwei Aspekte: die Veränderung von Wahrnehmungsleistungen durch wiederholten Kontakt mit einem Objekt und die Erleichterung zukünftiger Lernprozesse in Zusammenhang mit einem Objekt.

Veränderung von Wahrnehmungsleistungen. Die Forschung zum perzeptuellen Lernen stellt einen relativ neuen Zweig der Lernforschung dar.

Veränderung von Wahrnehmungsleistungen

Definition

Beim perzeptuellen Lernen handelt es sich um eine Verbesserung der Leistung in Wahrnehmungsaufgaben durch wiederholten Kontakt mit spezifischen Reizen (Fahle, 2006).

Ein Beispiel für perzeptuelles Lernen ist die Leistungssteigerung bei so genannten Noniusdiskriminationsaufgaben (der Begriff „Nonius" stammt aus der Messtechnik und bezeichnet ein Verfahren zur Steigerung der Ablesegenauigkeit auf Winkel- und Längenmessgeräten). Bei Aufgaben zur Noniusdiskrimination geht es darum zu entscheiden, ob ein Punkt links oder rechts von einer gedachten Linie liegt, die durch zwei weitere Punkte bestimmt wird (vgl. Abb. 8).

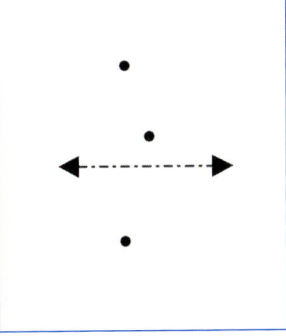

Abb. 8

Noniusdiskriminationsaufgabe. Es soll entschieden werden, ob der mittlere Punkt auf, links oder rechts von einer gedachten Linie liegt, die durch die beiden äußeren Punkte bestimmt wird.

Die Leistung bei dieser Art von Aufgaben verbessert sich durch Erfahrung. Das Lernen verläuft automatisch, also ohne bewusste Absicht. Diese Art des Lernens führt zu sehr spezifischen Leistungssteigerungen, die nicht generalisiert werden können (Fahle, 2006). Wird beispielsweise nur ein Auge in solchen Aufgaben trainiert, indem während der Übungsphase das andere Auge abgedeckt wird, verbessert sich die Leistung des abgedeckten Auges bei diesen Aufgaben nicht. Aus solchen Befunden kann geschlossen werden, dass sich diese Art des Lernens auf der Ebene der Wahrnehmung vollzieht und nur umgrenzte kortikale Regionen an dem Lernprozess beteiligt sind (z.B. primärer visueller Kortex bei visuellen Wahrnehmungsleistungen).

Merksatz

Perzeptuelles Lernen verläuft automatisch, findet auf sensorischer Ebene statt und führt zu spezifischen Veränderungen der Wahrnehmungsleistung.

Erleichterung von Lernprozessen

Erleichterung von Lernprozessen. Wiederholter Kontakt mit einem Objekt kann den zukünftigen Erwerb von Wissen über dieses Objekt erleichtern (Gibson, 1969). Wenn ein Lebewesen gelernt hat, einen bestimmten Reiz schnell wahrzunehmen und zu identifizieren, können weitere Informationen im Zusammenhang mit diesem Reiz leichter erlernt werden. Auch dabei handelt es sich um einen Effekt des perzeptuellen Lernens.

Merksatz

Perzeptuelles Lernen durch Erfahrungen mit der Wahrnehmung und Identifikation von Merkmalen eines Objekts erleichtert den Erwerb von neuem Wissen über dieses Objekt.

So ist es beispielsweise leichter, ein neues Wort in der uns vertrauten Schrift zu lernen, als ein neues Wort in einer unbekannten Schrift. Perzeptuelles Lernen ist ein universelles Phänomen, das bei Menschen und Tieren und in jeder möglichen Reizmodalität nachgewiesen werden konnte. Der wiederholte Kontakt mit dem Reiz allein reicht jedoch nicht aus, um Reize unterscheiden zu lernen. Zusätzlich muss die Aufmerksamkeit des Lernenden auf die relevanten Merkmale der Objekte gelenkt werden (Goldstone, 1998). Die Prinzipien des perzeptuellen Lernens sollen anhand von zwei Beispielen verdeutlicht werden.

Rolle der Aufmerksamkeit

Beispiel

Gibson und Walk (1956) untersuchten perzeptuelles Lernen bei Ratten, indem sie Jungtieren in ihrem Käfig über längere Zeit dreieckige und runde Formen zeigten. Später wurden diese Formen in einem Labyrinthversuch verwendet, wobei eine Form den Weg zum Futter anzeigte. Die Ratten mit vorhergehender Reizexposition lernten den richtigen Weg schneller als Ratten, die die Formen nie zuvor gesehen hatten. Letztere mussten zuerst lernen, die Formen überhaupt wahrzunehmen und zu unterscheiden, bevor sie die Verknüpfung zur Futterbelohnung herstellen konnten.

Wichtig ist bei diesem Beispiel, dass die Darbietung der Formen während der ersten Phase in einem anderen Kontext (Käfig) stattfand als der spätere Lernversuch (Labyrinth). Bei identischem Kontext hätte der wiederholte Kontakt mit diesem Reiz zu Habituation geführt und das Lernen sogar behindert (Terry, 2003). Ein anderer wichtiger Aspekt besteht darin, dass die Unterscheidung von Reizen durch perzeptuelles Lernen nicht nur gelernt, sondern auch verlernt werden kann.

Verringerung der Fähigkeit zur Reizunterscheidung durch perzeptuelles Lernen

Menschliche Babys sind in den ersten Lebensmonaten noch in der Lage, die Laute aller menschlichen Sprachen zu differenzieren. Durch die Wahrnehmung ihrer Muttersprache verlieren sie jedoch diese Fähigkeit und unterscheiden mit acht bis zwölf Monaten nur noch die Laute, die in ihrer eigenen Sprache gesprochen werden (Werker, 1994).

Priming

3.3.3

Der Nachweis von Lernaktivitäten bei niederen Tieren und sogar bei isolierten Zellpräparaten lässt darauf schließen, dass nicht alle Formen des Lernens ein Bewusstsein voraussetzen. Auch beim Menschen laufen viele Lernprozesse unterhalb der Schwelle der bewussten Wahrnehmung (*subliminal*) ab, wie der Mere-exposure-Effekt belegt. Obwohl diese Vorgänge dem Bewusstsein nicht zugänglich sind, können sie deutliche Auswirkungen auf Einstellungen und Verhalten haben. Mit dem Priming soll eine wichtige Form subliminalen Lernens vorgestellt werden.

Unterschwellige Lernprozesse

Priming bedeutet, dass die einmalige Präsentation eines Reizes die nachfolgende Verarbeitung desselben oder eines assoziierten Reizes erleichtert.

Werden einer Person beispielsweise Fotos von verschiedenen Objekten für einen kurzen Moment gezeigt, so genügt die einmalige Darbietung eines bestimmten Bildes (z.B. einer Katze), damit dieses Bild bei der nächsten Präsentation schneller erkannt wird. Auch Bilder mit verwandten Inhalten (z.B. Maus; Hund) werden nachfolgend schneller identifiziert.

Priming aktiviert kognitive Netzwerke

Aus kognitivistischer Sicht kann Priming damit erklärt werden, dass durch den ersten Kontakt mit einem Reiz kognitive Netzwerke aktiviert werden, die der Wahrnehmung, Identifikation und Verarbeitung der zugehörigen Begriffe dienen (vgl. Kap. 5). Durch Priming können auch verzerrte Reize oder Reizfragmente – zum Beispiel undeutliche Abbildungen oder unvollständige Wörter – leichter erkannt werden (Terry, 2003; vgl. Abb. 9).

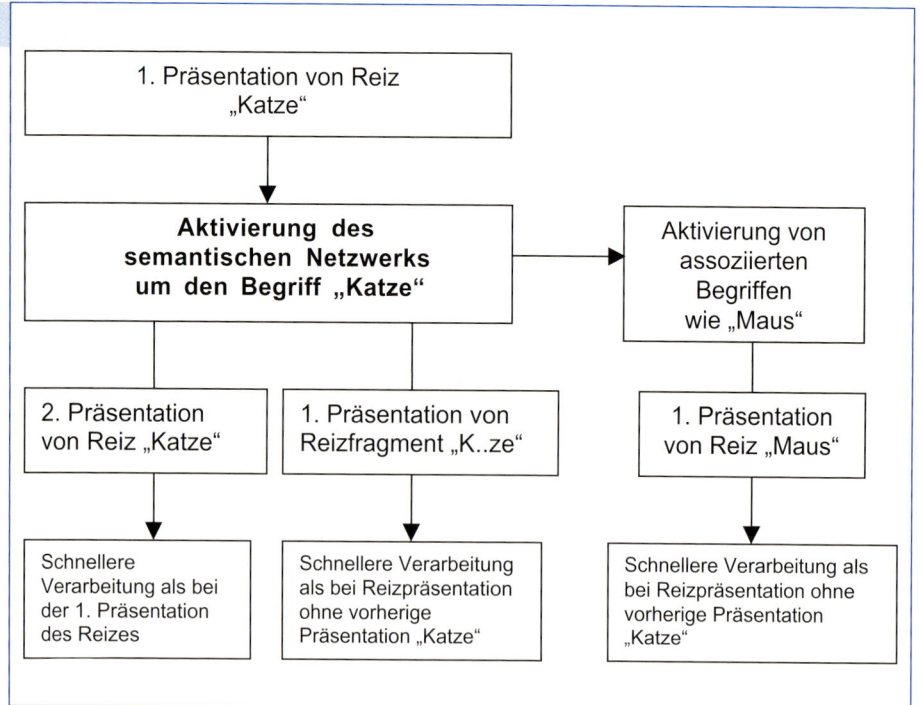

Abb. 9 ▶ Effekte von Priming auf semantische Netzwerke und informationsverarbeitende Prozesse

Zusammenfassung

Der Mere-exposure-Effekt bedeutet, dass der einmalige oder seltene Kontakt mit einem Reiz dazu führt, dass dieser Reiz später (verglichen mit anderen Reizen derselben Klasse) bevorzugt wird. Die Gründe für diesen Effekt sind nicht vollständig geklärt. Man nimmt an, dass der erste Kontakt zu einer Erleichterung der Wahrnehmung führt. Eine andere Erklärung lautet, dass seltener Kontakt zu einem mittleren Erregungsniveau führt, das als angenehm empfunden wird. Perzeptuelles Lernen bedeutet, dass Informationen über einen Reiz leichter erlernt werden können, wenn man bereits gelernt hat, diesen Reiz wahrzunehmen und zu identifizieren. Unter Priming schließlich versteht man die Erleichterung der Verarbeitung von Reizen, die durch die Präsentation eines assoziierten Reizes bewirkt wird. Es wird angenommen, dass die Präsentation des ersten Reizes ein semantisches Netzwerk aktiviert, so dass nachfolgende Reize schneller verarbeitet werden können.

Literatur

Berlyne, D.E. (1969). The reward value of indifferent stimuli. In T.J. Tapp (Ed.), Reinforcement and behavior (pp. 179-214). New York: Academic Press.

Bornstein, R.F. (1989). Exposure and affect: Overview and meta-analysis of research, 1968-1987. Psychological Bulletin, 106, 265-289.

Fahle, M. (2006). Perzeptuelles Lernen. In H.-O. Karnath & P. Thier (Hrsg.), Neuropsychologie (2., akt. u. erw. Aufl., S. 624-631). Berlin: Springer.

Gibson, E.J. (1969). Principles of perceptual learning and development. New York: Appleton-Century-Crofts.

Gibson, E.J. & Walk, R.D. (1956). The effect of prolonged exposure to visually presented patterns on learning to discriminate them. Journal of Comparative and Physiological Psychology, 49, 239-242.

Goldstone, R.L. (1998). Perceptual learning. Annual Review of Psychology, 49, 585-612.

Kunst-Wilson, W.R. & Zajonc, R.B. (1980). Affective discrimination of stimuli that cannot be recognized. Science, 207, 557-558.

Reber, R., Winkielman, P. & Schwarz, N. (1998). Effects of perceptual fluency on affective judgements. Psychological Science, 9, 45-48.

Terry, W.S. (2003). Learning and memory. Basic principles, processes, and procedures (2nd ed.) Boston: Allyn & Bacon.

Werker, J.F. (1994). Becoming a native listener: A developmental perspective on human speech perception. In J.S. DeLoache (Ed.), Current readings in child development (2nd ed., pp. 91-106). Boston: Allyn & Bacon.

Zajonc, R.B. (1968). Attitudinal effects of mere exposure. Journal of Personality and Social Psychology Monograph, 9 (Part 2), 1-28.

39. Unter welchen Bedingungen führt der bloße Kontakt mit einem Reiz zu einer Bevorzugung?
40. Was versteht man unter perzeptuellem Lernen?
41. Wie wird das Phänomen des Priming kognitionspsychologisch erklärt?

Assoziatives Lernen 4.

Inhalt

Beim assoziativen Lernen werden einzelne Komponenten einer Situation (z.B. Reize, Verhaltensweisen, Verhaltenskonsequenzen) nach bestimmten Regeln miteinander verknüpft. Lernen wird in diesem Zusammenhang als Prozess der Bildung von Assoziationen aufgefasst. Zu den assoziativen Lernformen gehören klassisches Konditionieren, Lernen am Erfolg, operantes Konditionieren, Generalisierungs- und Diskriminationslernen. Diese Lernarten und ihre wichtigsten Vertreter sollen im Folgenden vorgestellt werden.

Klassisches Konditionieren 4.1

Bei der klassischen Konditionierung besteht der Lernprozess in einer Verknüpfung von unterschiedlichen Reizen. Ivan P. Pawlow (1849-1936, s. Abb. 10), einer der bekanntesten Forscher auf diesem Gebiet, kam durch systematische Experimente mit Hunden zu wesentlichen Ergebnissen, die die Lernpsychologie bis heute beeinflussen.

Pawlow

Pawlows Experimente 4.1.1

Wesentliche Erkenntnisse über die Grundlagen des Lernens sind den Arbeiten des russischen Physiologen Pawlow zu verdanken. Pawlow beschäftigte sich ursprünglich mit der Physiologie der Verdauung und forschte an Hunden. Hunde produzieren beim Anblick von Futter sichtbar und messbar Speichel. Bei seinen Forschungsarbeiten fiel Pawlow auf, dass die Hunde nach einiger Zeit im Labor nicht erst angesichts des Futter zu speicheln begannen, sondern bereits beim bloßen Anblick des Tierpflegers, der sie gewöhnlich fütterte.

Beobachtungen an
Hunden im Labor

Abb. 10

Ivan P. Pawlow
(1849-1936)

Auf der Grundlage dieser Beobachtung wurde eine Standardversuchsanordnung entwickelt, bei der einem Hund gleichzeitig zwei Reize dargeboten werden. Der eine, so genannte *unkonditionierte Reiz* (z.B. Futter) führt zu einer unbedingten oder *unkonditionierten Reaktion* (z.B. Produktion von Speichel). Der andere, so genannte *neutrale Reiz* (z. B. Glockenton, Lichtreiz) bewirkt keine Reaktion. Nach wiederholter gleichzeitiger Darbietung der beiden Reize löst der ehemals neutrale Reiz allein die Reaktion aus, er wird zum *konditionierten Reiz* (Ehlers, 2000). Diese konditionierte Reaktion kann auch wieder gelöscht werden, wenn der konditionierte Reize überhaupt nicht mehr gemeinsam mit dem unkonditionierten Reiz präsentiert wird. Die Konditionierbarkeit und Löschbarkeit von Reflexen führt zu einer größeren Flexibilität des Verhaltens, die dem Organismus die ständige Anpassung an wechselnde Umweltbedingungen ermöglicht (Wazuro, 1975).

> **Merksatz**
>
> Die Grundbegriffe des klassischen Konditionierens lauten unkonditionierter Reiz, unkonditionierte Reaktion, neutraler Reiz, konditionierter Reiz und konditionierte Reaktion.

Die von Pawlow geprägten Begriffe werden bis heute in der Lernpsychologie verwendet (Petermann & Petermann, 2006a). Lernen durch klassische Konditionierung lässt sich als vierstufiger Prozess beschreiben (vgl. Abb. 11):

- Ein unkonditionierter Reiz löst eine unkonditionierte Reaktion aus.
- Ein anfangs neutraler, später konditionierter Reiz (CS) wird mit dem unkonditionierten Reiz gekoppelt, welcher weiterhin die UCR auslöst.
- Der zweite Versuchsdurchgang (CS + UCS → UCR) wird mehrfach wiederholt.
- Sobald der konditionierte Reiz allein die Reaktion auslösen kann, hat sie sich zur konditionierten Reaktion (CR) gewandelt.

Das Schema in Abbildung 11 entspricht zugleich der Standardversuchsanordnung zum klassischen Konditionieren nach Pawlow (1972). Die Abläufe innerhalb der vier Stufen sollen noch etwas näher erläutert und die Begriffe genauer erklärt werden.

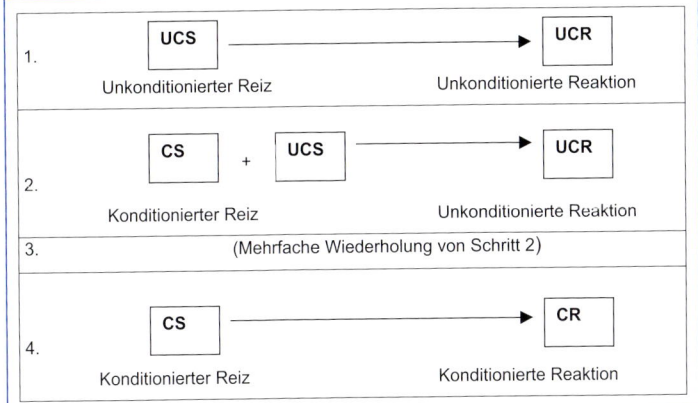

Abb. 11

Schema des Lernprozesses bei der klassischen Konditionierung (nach Petermann & Petermann, 2006a)

Erklärung

1. Biologisch bedeutsame Reize führen „automatisch", das heißt ohne vorhergehenden Lernprozess, zu bestimmten Reaktionen. Diese Reize werden als *unkonditionierte Reize*, die Reaktionen als *unkonditionierte Reaktionen* bezeichnet. Es handelt sich dabei um adaptive körperliche Reaktionen auf lebenswichtige Veränderungen in den Gegebenheiten der Umwelt (Reflexe). Die Speichelbildung als Reaktion auf die Fütterung beim Hund ist ein Beispiel dafür, denn die im Speichel enthaltenen Enzyme werden für die Aufnahme und Verdauung der Nahrung benötigt. Weitere Beispiele für unkonditionierte Stimuli und unkonditionierte Reaktionen sind sexuelle Reaktionen beim Anblick eines attraktiven Geschlechtspartners oder Rückzugs- und Fluchtreaktionen in gefährlichen Situationen.

2. Auf biologisch nicht bedeutsame, aber wahrnehmbare Reize wie einen Ton oder ein Lichtsignal zeigen Lebewesen keine Reaktion oder höchstens eine unspezifische Orientierungsreaktion (z.B. Zuwenden zum Reiz, Hinschauen, Horchen). Solche *neutralen Reize* können in zeitlicher Nähe zu einem unkonditionierten Reiz dargeboten werden. Der unkonditionierte Reiz löst dabei die unkonditionierte Reaktion aus.

3. Die wiederholte gleichzeitige Darbietung von unkonditioniertem und konditioniertem Reiz führt zu einer assoziativen Verknüpfung zwischen beiden Reizen. Wenn beispielsweise der Fütterung eines Tieres regelmäßig der Anblick des Tierpflegers vorausgeht, so werden diese beiden Reize allmählich miteinander verbunden.

4. Der vormals neutrale Reiz (Tierpfleger) wird schließlich zu einem *konditionierten Reiz*, der dieselben Reaktionen auslösen kann wie der un-

konditionierte Reiz. Sobald die ursprünglich unkonditionierte Reaktion (z. B. Speicheln) auf einen konditionierten Reiz erfolgt, spricht man von einer *konditionierten Reaktion*.

Konditionierung beim Menschen

Beim Menschen gelang es unter anderem, Reflexe wie Blinzeln, Speichelfluss, Atemreaktion, Übelkeit oder den elektrischen Hautwiderstand zu konditionieren. Blinzeln als Reaktion auf beispielsweise einen Glockenton kann konditioniert werden, indem man den Glockenton zeitgleich mit einem Luftstrom (UCS) in Richtung Auge verabreicht, der unkonditioniert Blinzeln auslöst (UCR). Nach einiger Zeit genügt der Glockenton (CS) allein als Auslöser des Blinzelns (CR). Darüber hinaus ist es möglich, emotionale Reaktionen wie Schreck und Angst oder Wut zu konditionieren, was noch genauer dargestellt werden soll. Auch primäre und sekundäre Bedürfnisse wie Hunger, Durst, Sexualität, Schlafbedürfnis, das Bedürfnis nach Nähe, Anerkennung oder Geborgenheit können konditioniert (d.h. durch konditionierte Reize hervorgerufen) werden (Watson, 1930/1968).

4.1.2 | Voraussetzungen der klassischen Konditionierung

Die bei der klassischen Konditionierung verwendeten Reize müssen von angemessener Intensität und Qualität sein, damit ein Lerneffekt erzielt werden kann. Häufig müssen biologische Voreinstellungen (*preparedness*) der lernenden Organismen berücksichtigt werden. Schließlich ist die zeitliche Abstimmung der Reizdarbietung von großer Bedeutung für den erfolgreichen Verlauf der Konditionierung.

Annahme der Äquipotentialität

Intensität und Qualität von Reizen. Ursprünglich wurde angenommen, dass praktisch jeder beliebige neutrale Reiz zu einem konditionierten Reiz werden kann (*Äquipotentialität*). So konditionierte Pawlow beispielsweise die Speichelreaktion von Hunden auf ganz unterschiedliche Reize wie Lichtsignale, Gongschläge oder Glockentöne. Nicht alle Reize eignen sich jedoch im gleichen Maße zur Konditionierung. Nur scheinbar simpel ist die Voraussetzung, dass das

Wahrnehmbarkeit von Reizen

lernende Lebewesen den Signalreiz zunächst einmal wahrnehmen können muss. Je nach der Artzugehörigkeit unterscheidet sich die Wahrnehmungs- und Differenzierungsfähigkeit von Tönen, Geräuschen, optischen Signalen und Gerüchen immens. Hunde können beispielsweise Gerüche und Geräusche ausgezeichnet unterscheiden. Ihre Farbwahrnehmung ist dagegen schwächer ausgeprägt. Vögel vermögen Farben und Formen sehr gut zu unterscheiden, verfügen jedoch über einen nur schwach entwickelten Geruchssinn. Bei der Konditionierung von Menschen müssen individuelle Besonderheiten wie Farbfehlsichtigkeit oder Schwerhörigkeit berücksichtigt werden.

Preparedness. In Abhängigkeit von der Artzugehörigkeit des Lebewesens und von der Art der zu lernenden Reaktion bewirken biologische Beschränkungen, dass manche Zusammenhänge leichter gelernt werden können als andere. Es bestehen angeborene Lernbereitschaften für bestimmte Reaktionen auf bestimmte Reize, die sich in der Phylogenese der Art entwickelt haben (= *angeborene Lernbereitschaft*). Bienen beispielsweise können besonders gut auf Duftstoffe konditioniert werden, was in ihrer natürlichen Umwelt einen Vorteil darstellt.

Preparedness

Beispiel

Manche Reize können besonders schnell mit einer Angst- und Fluchtreaktion verknüpft werden. Kleine, kriechende oder krabbelnde Tiere (Schlangen, Spinnen) eignen sich beispielsweise viel besser dazu, beim Menschen eine Angstreaktion zu konditionieren, als objektiv viel gefährlichere Objekte (z.B. Autos). Aus evolutionspsychologischer Sicht handelt es sich bei Schlangen und Spinnen um Reize, die eine gefährliche Situation signalisieren können. Diese angeborene Lernbereitschaft ermöglicht in einer entsprechenden Umwelt (z.B. Urwald mit vielen giftigen Tieren) die schnelle Ausbildung konditionierter Fluchtreaktionen, was langfristig einen Selektionsvorteil darstellt.

Es wird angenommen, dass diese angeborene Lernbereitschaft auf spezifischen neuronalen Verbahnungen beruht, die biologisch angelegt sind (Petermann, Essau & Petermann, 2002). Gefährliche Objekte wie Autos oder Hochspannungsleitungen existieren aus evolutionspsychologischer Perspektive einfach noch nicht lange genug, als dass sich eine angeborene Lernbereitschaft zur Ausbildung von Angst vor diesen Gefahren hätte entwickeln können.

Zeitliche Aspekte. Neben der Wahrnehmbarkeit und biologischen Bedeutsamkeit des neutralen Reizes ist die zeitliche Nähe zum unkonditionierten Reiz (*Kontiguität*) von Bedeutung für den Lernerfolg. Der zeitliche Abstand zwischen den Reizen sollte nicht mehr

Kontiguität

als 1,5 Sekunden betragen (Gagné, 1980). Die gemeinsame Darbietung von unkonditioniertem und konditioniertem Reiz muss mit mehrfacher Wiederholung erfolgen, wobei die Anzahl der für einen Lernerfolg notwendigen Durchgänge von verschiedenen Faktoren abhängt (z.B. Intensität des unkonditionierten Stimulus, *preparedness*, individuelle Eigenschaften wie Ängstlichkeit). Für die Reihenfolge der Präsentation von unkonditioniertem und konditioniertem Reiz gelten folgende Regeln:

- Am effektivsten wird gelernt, wenn der konditionierte Reiz (CS) kurz vor dem unkonditionierten Reiz (UCS) gezeigt wird und die Darbietung des CS mit Beginn des UCS endet oder während der Darbietung des UCS anhält (kurz CS, dann CS und UCS; *verzögerte Konditionierung*).
- Wirksam ist auch das Vorgehen, den unkonditionierten Reiz nach dem vollständig beendeten konditionierten Reiz darzubieten (erst CS, dann UCS; *Spurenkonditionierung*).
- Beide Reize können auch von Anfang bis Ende gleichzeitig dargeboten werden (CS und UCS; *simultane Konditionierung*).
- Die Präsentation des konditionierten Reizes *nach* dem unkonditionierten Reiz hat sich als wenig effektiv bis unwirksam erwiesen (erst UCS, dann CS; *rückwirkende Konditionierung*).

4.1.3 | Konditionierung emotionaler Reaktionen

Konditionierung emotionaler Reaktionen bei Menschen

Wie bereits erwähnt wurde, können beim Menschen neben einfachen physiologischen Reflexen wie der Speichelproduktion auch höhere Funktionen (z. B. emotionale Reaktionen) konditioniert werden. Einer der Begründer des amerikanischen Behaviorismus, der sich mit Möglichkeiten der klassischen Konditionierung beim Menschen beschäftigte, war John B. Watson (1878-1958; s. Abb. 12).

Abb. 12

John B. Watson
(1878-1958)

Watson betrachtete emotionale Reaktionen als Verhaltensweisen, die wie anderes Verhalten auch durch Konditionierung erworben werden. Dazu ist nach Watsons Auffassung lediglich die wiederholte Darbietung unkonditionierter Reize, die eine emotionale Reaktion (z.B.

Freude oder Angst) auslösen, gemeinsam mit neutralen Reizen notwendig. Nach einigen Wiederholungen bildet sich eine Assoziation zwischen den Reizen, und der ehemals neutrale Reiz kann als konditionierter Reiz die emotionale Reaktion auslösen. In ihrem umstrittenen Versuch mit dem „kleinen Albert" wiesen Watson und Kollegen nach, dass es tatsächlich möglich ist, emotionale Reaktionen bei Menschen zu konditionieren (vgl. Watson, 1930/1968).

Albert, ein knapp einjähriger Junge, reagierte zunächst positiv auf eine weiße Ratte (Anfassen und Streicheln). Albert wurde nun über einen Zeitraum von fünf Monaten immer dann, wenn ihm die Ratte gezeigt wurde, zugleich mit einem lauten Geräusch konfrontiert. Dieses Geräusch löste als unkonditionierter Reiz bei Albert Angst aus. Nach einiger Zeit führte schon der bloße Anblick der Ratte dazu, dass Albert Anzeichen von Angst, Distress und Fluchtverhalten zeigte (Weinen; Versuch, sich krabbelnd zu entfernen). Auch andere Objekte, die eine gewisse Ähnlichkeit mit dem konditionierten Reiz besaßen, konnten in Abhängigkeit vom Grad dieser Ähnlichkeit die konditionierte Reaktion auslösen (z.B. ein Kaninchen in größerem Maße als ein Stück Fell). Es hatte also eine Verallgemeinerung oder Generalisierung der Angstreaktion auf pelzige Objekte stattgefunden (Watson, 1930/1968).

Emotionale Reaktionen können durch ein entsprechendes Vorgehen bei der Konditionierung auch wieder „verlernt" werden (*Gegenkonditionierung*). Dazu muss der konditionierte Reiz (bei Albert die weiße Ratte und andere pelzige Dinge) gemeinsam mit unkonditionierten, angenehmen Reizen (z.B. leckeres Essen, attraktives Spielzeug) dargeboten werden. Durch die Gegenkonditionierung wird die negative emotionale Reaktion durch eine positive Reaktion ersetzt. Nach diesem Prinzip wurde Peter, ein Junge, der sich vor Kaninchen fürchtete, durch klassische Konditionierung von seiner Angst befreit (Jones, 1924a, b). Das Vorgehen ist von großer Bedeutung für die Behandlung von Angststörungen in der Kinderpsychotherapie (vgl. Kap. 8).

Gegenkonditionierung

Guthries Kontiguitätstheorie | 4.1.4

Edwin Guthrie (1886-1959, s. Abb. 13) widersprach der Annahme Watsons, dass Wiederholen und Üben den Lernprozess fördern kann. Seiner Ansicht nach folgt auf einen bestimmten Reiz eine bestimmte Art von Bewegung oder Reaktion, die genau dann wiederholt wird, wenn der Reiz wieder auftritt (Kontiguität). Auf diese Weise bilden sich Gewohnheiten aus. Der Lernprozess ist jedoch schon beim ersten Auftreten der Reaktion abgeschlossen – deshalb wird Guthries Modell auch als *One-Trial*-Theorie des Lernens bezeichnet.

One-Trial-Theorie

Guthrie glaubte weiterhin, dass einmal gelernte Reaktionen oder Gewohnheiten niemals vergessen werden, aber durch alternative Reaktionen ersetzt werden können. Um unerwünschte Gewohnheiten zu verändern, existieren nach Guthrie (1952) drei Möglichkeiten: die Ermüdungsmethode, die Methode der inkompatiblen Reize und die Schwellenmethode.

Abb. 13

Edwin Guthrie
(1886-1959)

Ermüdungsmethode

Ermüdungsmethode. Bei dieser Methode wird ein Reiz, der die unerwünschte Reaktion auslöst, wiederholt oder dauerhaft dargeboten. Durch das wiederholte Auslösen der Reaktion ist der Organismus irgendwann so erschöpft oder gelangweilt, dass ein anderes oder gar kein Verhalten erfolgt. Diese neue Reaktion (auch gar kein Verhalten ist eine Form von Reaktion) wird als zuletzt gelernte Reaktion beibehalten. Ein Beispiel für dieses Vorgehen wäre ein Jugendlicher, der zu viel Zeit mit Computerspielen verbringt. Durch den Auftrag, ein bestimmtes Spiel jeden Tag stundenlang zu spielen, sollte der Jugendliche dieser Beschäftigung irgendwann müde werden und sich freiwillig anderen Tätigkeiten zuwenden.

Methode der inkompatiblen Reize

Methode der inkompatiblen Reize. Bei dieser Methode wird der auslösende Reiz dargeboten, das unerwünschte Verhalten jedoch aktiv verhindert. Dadurch bildet sich eine neue Gewohnheit aus. Wenn ein Kind zum Beispiel beim Anblick einer Flamme versucht, danach zu greifen, aber regelmäßig von den Eltern festgehalten wird, wird es diese Versuche irgendwann einstellen und zum Beispiel nur noch schauen (neue Gewohnheit).

Schwellenmethode

Schwellenmethode. Bei der Schwellenmethode werden abgeschwächte Vorstufen des Reizes dargeboten, der die unerwünschte Reaktion auslöst. Diese Vorstufen werden schrittweise jeweils gerade so weit intensiviert, dass sie das unerwünschte Verhalten nicht auslösen. Stattdessen wird entweder ein alternatives oder kein Verhalten gezeigt. Die unerwünschte Reaktion wird dadurch abgebaut. Schließlich wird der Reiz in seiner ursprünglichen Intensität dargeboten, aber er löst nicht mehr dasselbe Verhalten aus, da inzwischen eine neue Gewohnheit entstanden ist.

Beispielsweise wird ein kleines Kind, das sich weigert, eine neue Art Babynahrung zu verzehren, weiterhin mit seiner gewohnten Sorte gefüttert. Dabei werden aber kleine Mengen der neuen Sorte beigemischt. Von Mahlzeit zu Mahlzeit wird der Anteil der neuen Sorte etwas erhöht, bis die neue Nahrung in reiner Form gegeben werden kann.

Die Schwellenmethode produziert am wenigsten Unbehagen und kann daher als die „sanfteste" Methode der Umgewöhnung angesehen werden. Sie gilt als Vorläufer der systematischen Desensibilisierung, die zur Therapie von Angststörungen eingesetzt wird (vgl. Kap. 8)

Eine sanfte Methode der Umgewöhnung

Aktuelle Bedeutung von Guthries Theorie. Guthries Vorstellung, dass Üben und Wiederholen das Lernergebnis nicht beeinflussen, kann nach heutigem Wissen als überholt gelten. Es wird allgemein anerkannt, dass Lernprozesse Zeit benötigen und Lernen sich in vielen kleinen Schritten vollziehen kann. Von praktischer Bedeutung sind jedoch Guthries Vorschläge zur Änderung von Gewohnheiten. In der modernen Verhaltenstherapie finden sich Guthries Vorschläge teilweise wieder. So besitzt das Verfahren der systematischen Desensibilisierung zur Therapie von Angststörungen große Ähnlichkeit mit Guthries Schwellenmethode, und die Methode der Reaktionsverhinderung wird beispielsweise bei Zwangsstörungen erfolgreich angewendet.

Heutige Bedeutung von Guthries Theorie

Problematisch bei all diesen Formen der Umgewöhnung ist, dass zwar ein unerwünschtes Verhalten abtrainiert, dabei aber keine Kontrolle darüber ausgeübt werden kann, welche neue Gewohnheit an die Stelle der alten tritt. Damit besteht bei diesem Vorgehen immer die Gefahr, dass das neue Verhalten ebenso unerwünscht oder sogar noch ungünstiger ist als das frühere (z.B. wenn der Jugendliche nun nicht mehr so viel vor dem Computer sitzt, stattdessen aber regelmäßig mit einer Gang durch die Stadt zieht und Autos beschädigt). Bei Guthries Ansatz fehlt noch die Betrachtung der Konsequenzen von Verhalten – ein wichtiger Aspekt, der von nachfolgenden Behavioristen wie Thorndike und Skinner ins Zentrum ihrer Überlegungen gestellt wurde.

Problem: Fehlende Kontrolle über die Bildung neuer Gewohnheiten

Zusammenfassung

Pawlow entwickelte die Standardprozedur zur Untersuchung des klassischen Konditionierens. Ein neutraler Reiz und ein so genannter unkonditionierter Reiz, der eine bestimmte Reaktion auslöst (unkonditionierte Reaktion), werden gleichzeitig dargeboten. Nach wiederholter gleichzeitiger Darbietung der beiden Reize löst der ehemals neutrale Reiz allein die Reaktion aus (konditionierte Reaktion). Der neutrale Reiz wird zum so genannten konditionierten Reiz. Lernen bedeutet also die Bildung einer Assoziation zwischen zwei Reizen. Beim Menschen können einfache Reflexe, aber auch emotionale Reaktionen konditioniert werden.

Die angemessene Intensität und Qualität der verwendeten Reize bildet eine wichtige Voraussetzung für den Erfolg der klassischen Konditionierung. Angeborene Lernbereitschaften (*preparedness*) bewirken, dass manche Assoziationen leichter gelernt werden können als andere. Der zeitliche Abstand zwischen beiden Reizen sollte nicht mehr als 1,5 Sekunden betragen, und der konditionierte Reiz sollte idealerweise kurz vor oder während des unkonditionierten Reiz dargeboten werden. Es sind mehrere Wiederholungen erforderlich, bis Konditionierung eintritt. Innere vermittelnde Prozesse werden in diesem Modell nicht berücksichtigt.

Die Konditionierung emotionaler Reaktionen wiesen Watson und Mitarbeiter erstmalig nach, indem sie bei einem Jungen („kleiner Albert") eine Angstreaktion vor einer weißen Ratte konditionierten. Durch Gegenkonditionierung kann dieser Effekt rückgängig gemacht werden. Nach Guthrie hängen Konditionierungsprozesse nicht von Wiederholungen ab, sondern finden gleich bei der ersten Lerngelegenheit statt (One-Trial-Lerntheorie). Guthrie zufolge werden einmal gebildete Gewohnheiten nicht vergessen, können aber durch verschiedene Methoden verändert werden. Dazu gehören die Ermüdungsmethode, die Methode der inkompatiblen Reize und die Schwellenmethode.

Literatur

Ehlers, A. (2000). Psychologische Grundlagen der Verhaltenstherapie. In J. Margraf (Hrsg.), Lehrbuch der Verhaltenstherapie. Band 1 (2., vollst. überarb. u. erw. Aufl.; S. 69-87). Berlin: Springer.

Gagné, R.M. (1980). Die Bedingungen des menschlichen Lernens (5., neu bearb. Aufl.). Hannover: Schrödel.

Literatur

Guthrie, E.R. (1952). The psychology of learning (rev. ed.). New York: Harper & Row.

Jones, M.C. (1924a). A laboratory study of fear: The case of Peter. Pedagogical Seminary, 31, 308-316.

Jones, M.C. (1924b). Conditioning and reconditioning – an experimental study in child behavior. Proceedings and Addresses of the National Educational Association, 62, 585-590.

Pawlow, I.P. (1972). Die bedingten Reflexe. München: Kindler.

Petermann, U., Essau, C.A. & Petermann, F. (2002). Angststörungen. In F. Petermann (Hrsg.), Lehrbuch der Klinischen Kinderpsychologie und -psychotherapie (5., korr. Aufl.; S. 227-270). Göttingen: Hogrefe.

Petermann, U. & Petermann, F. (2006a). Lernpsychologische Grundlagen. In F. Petermann (Hrsg.), Kinderverhaltenstherapie (3., völlig veränd. Aufl., S. 15-66). Baltmannsweiler: Schneider-Verlag Hohengehren.

Watson, J.B. (1968). Behaviorismus. Köln: Kiepenheuer & Witsch (Original 1930).

Wazuro, E.G. (1975). Die Lehre Pawlows von der höheren Nerventätigkeit (4. Aufl.). Berlin: Volk und Wissen.

Testfragen

42. *Nennen Sie die fünf zentralen Begriffe der klassischen Konditionierung!*
43. *Was versteht man unter preparedness?*
44. *Was bedeutet Kontiguität?*
45. *Welche Formen der Reizpräsentation bei der klassischen Konditionierung sind besonders wirksam?*
46. *Wie wurde erklärt, dass der „kleine Albert" auch gegenüber anderen Objekten als der weißen Ratte Angst zeigte?*

Lernen am Erfolg | 4.2

Pawlow, Watson und Guthrie befassten sich ausschließlich mit den Zusammenhängen zwischen Reizen und Reaktionen. Die Konsequenzen des gezeigten Verhaltens und deren Bedeutung für das Lernen interessierten nicht. Dieser Aspekt des Lernens wurde von Skinner unter dem Begriff des *operanten Konditionierens* vorwiegend an Tieren untersucht. Als Übergangsmodell zwischen klassischem und operantem Konditionieren wird die Konzeption des „Lernens am Erfolg" von Edward L. Thorndike (1874-1949, s. Abb. 14) angesehen.

Thorndike: Übergang zum operanten Konditionieren

Edward L. Thorndi-
ke (1874-1949)

Thorndike widmete sich wie die Vertreter des klassischen Konditionierens der
Erforschung von Reiz-Reaktions-Zusam-
menhängen (Thorndike, 1930/1970,
1932). Wie seine Vorgänger nutzte er die
Möglichkeiten der experimentellen Forschung mit Tieren, um grundlegende
Prinzipien des Lernens zu ermitteln. Er
verband jedoch wichtige Aspekte aus
den Theorien von Watson und Guthrie
mit seiner eigenen Überzeugung von der
Bedeutung der *Verstärkung*, das heißt
der Konsequenzen von Verhaltensweisen. Wichtig ist dabei, dass Thorndike keine Verbindung zwischen Reaktion und
Konsequenz annahm, sondern das Entstehen einer Verbindung zwischen Reiz und
Reaktion, wenn die Reaktion zu positiven
Konsequenzen führt.

Merksatz

Thorndike postulierte eine Verbindung
zwischen Reiz und Reaktion unter der Voraussetzung positiver Konsequenzen.

Seine Vorgänger dagegen hatten Assoziationen zwischen unkonditionierten und konditionierten Reizen angenommen. Thorndike
formulierte seine Überlegungen zum Lernen in Form von „Lerngesetzen", die sich nach Haupt- und Nebengesetzen gliedern lassen.

4.2.1 | Thorndikes Lernmodell: Die Hauptgesetze

Die zentralen Aussagen seines Lernmodells formulierte Thorndike
in drei Hauptgesetzen, die Lernen und Vergessen erklären. Es handelt sich um
- das Gesetz der Übung,
- das Gesetz der Wirkung und
- das Gesetz der Bereitschaft.

Gesetz der Übung   *Gesetz der Übung.* Hierzu fasste Thorndike (1930/1970) die Resultate der Forschung seiner Vorgänger zu zeitlichen Parametern, Fre-
quenz und Kontiguität zusammen. Das Gesetz besagt, dass Verbindungen zwischen Reizen und Reaktionen intensiviert werden, wenn
Neuronale Bahnen als   sie häufig und in kurzen Abständen geübt werden. Thorndike nahm
Grundlage des Lernens   an, dass diese Verbindungen zwischen Reizen und Reaktionen die
Form neuronaler Bahnen annehmen, die durch Wiederholungen

stärker werden. In diesen Bahnen vermutete Thorndike die neuronale Grundlage des Lernens. Insofern ist Thorndikes Ansatz bereits als recht modern anzusehen.

Gesetz der Wirkung. Reaktionen, die kurz vor einem befriedigenden Zustand gezeigt werden, werden mit größerer Wahrscheinlichkeit wiederholt. Umgekehrt werden Reaktionen, die kurz vor einem unbefriedigenden Zustand auftreten, mit großer Wahrscheinlichkeit nicht wiederholt. So lernt eine Katze schnell, eine Klappe, die zum Futternapf führt, durch Hebeldruck zu öffnen. Diese Art des Lernens, wie Thorndike sie beschreibt, wird als Lernen am Erfolg oder auch als *instrumentelles Lernen* bezeichnet.

Gesetz der Wirkung

Definition

Unter instrumentellem Lernen versteht man die Erhöhung der Auftretenswahrscheinlichkeit von Reaktionen, die kurz vor einem befriedigenden Zustand gezeigt werden.

Einen „befriedigenden Zustand" erkennt man daran, dass ein Tier oder eine Person in diesem Zustand nichts tut, um den Zustand zu verändern, oder aktiv etwas tut, um den Zustand beizubehalten. Einen unbefriedigenden Zustand versucht das Lebewesen zu verlassen oder zu beenden oder es versucht nicht, den Zustand beizubehalten.

Befriedigender und unbefriedigender Zustand

Gesetz der Bereitschaft. Ein Lebewesen lernt nur dann etwas, wenn in ihm eine Bereitschaft zum Lernen vorhanden ist. Eine solche Lernbereitschaft liegt dann vor, wenn ein Bedürfnis existiert (z.B. Hunger). Allgemein bedeutet das Vorliegen eines Bedürfnisses, dass ein Lebewesen einen angenehmen Zustand herstellen oder aufrechterhalten oder einen unangenehmen Zustand beseitigen, vermeiden oder beenden will. Wenn man sich in einem gänzlich angenehmen Zustand befindet und es keiner Anstrengungen bedarf, um diesen Zustand aufrechtzuerhalten, so wird dieser Regel zufolge kein Lernfortschritt stattfinden.

Gesetz der Bereitschaft

Die Nebengesetze

4.2.2

Neben den drei Hauptgesetzen wird Thorndikes Lernmodell durch fünf Nebengesetze charakterisiert:
- das Gesetz der multiplen Reaktionen,
- das Gesetz der Einstellungen,

- das Gesetz der Vorherrschaft von wichtigen Elementen,
- das Gesetz der analogen Reaktionen und
- das Gesetz des assoziativen Wechselns.

Multiple Reaktionen

Multiple Reaktionen. Ein Lebewesen wird in einer unbefriedigenden Situation so lange verschiedene Verhaltensweisen ausprobieren, bis ein Verhalten erfolgreich ist und die Situation sich verändert. Lebewesen handeln und lernen also nach dem Prinzip „Versuch und Irrtum". Diese Annahme konnte Thorndike in seinen Tierversuchen bestätigen. Den schrittweisen Verlauf des Lernprozesses betrachtete Thorndike als Hinweis auf den allmählichen Aufbau einer neuronalen Verbindung.

Beispiel

Eine hungrige Katze wurde in eine Lattenkiste („Problemkiste") gesetzt, während sich außerhalb der Kiste – für die Katze sichtbar – Futter befand. Innerhalb der Kiste gab es verschiedene Hebel und Schlaufen, durch die die Kiste geöffnet werden konnte. Die hungrige Katze lief in der Kiste umher, miaute, kratzte an den Wänden und führte viele weitere Bewegungen aus. Berührte sie dabei durch Zufall die richtigen Hebel oder zog zufällig an der richtigen Schlaufe, so öffnete sich die Kiste und die Katze konnte zum Futter gelangen. In nachfolgenden Durchgängen zeigte sich, dass die Katze immer weniger Versuche benötigte, um die Kiste zu öffnen, bis es ihr schließlich sofort gelang, sobald sie in die Kiste gesetzt wurde.

Einstellungen

Einstellungen. Lernen hängt nicht nur von den Konsequenzen, sondern auch von den so genannten Einstellungen des Lerners ab. Darunter versteht Thorndike die Dispositionen,

- in konkreten Situationen auf eine bestimmte Art und Weise zu reagieren und
- bestimmte Konsequenzen als eher befriedigend oder unbefriedigend zu erleben.

Beispiel

Eine Katze wird mithilfe ihrer Pfoten versuchen, aus der Problemkiste zu entkommen; ein Hund dagegen wird vielleicht eher versuchen, seine Zähne zu benutzen. Die Konsequenz, aus der Kiste zu hinauszukommen, dafür aber beispielsweise in einem Wasserbecken zu landen, wird die Katze eher als unbefriedigend erleben, während ein schwimmfreudiger Hund diese Situation als befriedigend empfinden kann.

Einstellungen beim Menschen sind nicht nur biologisch, sondern auch sozial und kulturell determiniert. So hängt die Bereitschaft von Frauen, sich in technischen Berufen ausbilden zu lassen, sehr stark von der Bewertung einer solchen Entscheidung in ihrem Kulturkreis ab. Auch die Bewertung von Konsequenzen als erwünscht oder unerwünscht hängt sehr von den kulturellen Werten und sozialen Normen einer Gesellschaft ab. So kann etwa die frühe Selbständigkeit eines Kindes als positiv angesehen werden, wenn persönliche Autonomie in einer Gesellschaft hoch geschätzt wird, hingegen als negativ, wenn starker Gemeinsinn oder die Fähigkeit zur Unterordnung gefordert werden.

Soziale und kulturelle Einflussfaktoren

Vorherrschaft von wichtigen Elementen. Um ein Problem erfolgreich zu lösen, kann sich der Lerner auf die wichtigen Elemente einer Problemsituation konzentrieren und unwesentliche Aspekte ausblenden. Wenn jemand beispielsweise einen Gegenstand reparieren möchte und sieben verschiedene Schraubenschlüssel zur Auswahl hat, so wird er sich auf die Form und Größe der Werkzeuge konzentrieren und andere Merkmale, wie die Farbe der Griffe, nicht beachten. Wichtige und unwichtige Reize können also unterschieden werden.

Vorherrschaft von wichtigen Elementen

Analoge Reaktionen. Eine Person zeigt in einer neuen Situation Reaktionen, die sie in anderen Situationen mit einigen ähnlichen Merkmalen gezeigt hat und die sich dort als erfolgreich erwiesen haben. Ein Reisender, der zum ersten Mal einen orientalischen Basar besucht, wird dort vielleicht ähnliche Verhandlungsstrategien anwenden wie auf dem heimischen Trödelmarkt. Je ähnlicher Situationen sich sind, desto höher ist die Wahrscheinlichkeit, dass auch eine ähnliche Reaktion gezeigt wird. Es handelt sich hierbei also um eine Transfertheorie, die auch als *Theorie der identischen Elemente* bezeichnet wird.

Analoge Reaktionen

Assoziatives Wechseln. Diese Regel bezieht sich darauf, dass eine Reaktion ihre assoziativen Verbindungen von einem Reiz zum anderen verlagern kann, wenn die beiden Reize zusammen dargeboten werden. Dieser Prozess wird als Reizsubstitution bezeichnet. So kann man ein Kind durch Übung dazu bringen, an einer roten Ampel (neuer Reiz) stehen zu bleiben, auch wenn kein ermahnender Erwachsener (ursprünglicher Reiz) mehr dabei ist. Im Prinzip beschreibt dieses Gesetz den Prozess des klassischen Konditionierens.

Assoziatives Wechseln

Zusammenfassung

Die Konzeption des „Lernens am Erfolg" von Thorndike kann als Übergangsmodell zwischen klassischem und operantem Konditionieren betrachtet werden. Thorndike untersuchte Reiz-Reaktions-Zusammenhänge, bezog aber auch die Konsequenzen des Verhaltens mit ein. Nach dieser Auffassung bedeutet Lernen die Bildung einer Assoziation zwischen Reiz und Verhalten unter der Bedingung positiver Konsequenzen. Thorndike formulierte seine Beobachtungen in Form von Lerngesetzen. Nach dem Gesetz der Übung bilden sich durch häufige Wiederholungen stärkere Verbindungen zwischen Reiz und Reaktion. Das Gesetz der Wirkung besagt, dass solche Verhaltensweisen häufiger gezeigt werden, die zu einem befriedigenden Zustand führen. Nach dem Gesetz der Bereitschaft kann Lernen nur stattfinden, wenn sich der Lerner im Zustand der Bereitschaft befindet, das heißt, wenn in ihm das Bedüfnis nach der Herstellung eines anderen Zustands vorliegt. Thorndike ergänzte diese Grundkonzeption des Lernens durch mehrere Nebengesetze, darunter das Gesetz der multiplen Reaktionen, das Gesetz der Einstellung, das Gesetz der Vorherrschaft von wichtigen Elementen, das Gesetz der analogen Reaktionen und das Gesetz des assoziativen Wechselns.

Literatur

Thorndike, E.L. (1970). Psychologie der Erziehung (3., unveränd. Aufl.). Darmstadt: Wissenschaftliche Buchgesellschaft (Original 1930).
Thorndike, E.L. (1932). Reward and punishment in animal learning. Comparative Psychology Monographs, 8, No. 39.

Testfragen

47. *Welchen wichtigen neuen Aspekt berücksichtigte Thorndike in seiner Theorie des „Lernens am Erfolg"?*
48. *Warum hielt Thorndike Übung für wichtig?*
49. *Wie definiert Thorndike einen „befriedigenden Zustand"?*
50. *Was besagt das Gesetz der multiplen Reaktionen?*

Mau tut nichts um den Zustand zu beän
dern, oder aktiv um Zustand beizubehalten

Operantes Konditionieren: Grundlagen | 4.3

Im Gegensatz zur klassischen Konditionierung stehen bei der operanten Konditionierung die *Konsequenzen* von Verhaltensweisen im Zentrum der Betrachtung. Dieser Auffassung zufolge bestimmen Konsequenzen, ob ein Verhalten zukünftig wieder auftritt, das heißt, ob es gelernt wird. Zugleich wird der Einfluss *situativer Hinweisreize* berücksichtigt, die eventuelle Konsequenzen von Verhalten anzeigen.

> **Merksatz**
>
> Operante Konditionierung bezieht sich auf den Einfluss von Verhaltenskonsequenzen und situativen Hinweisreizen auf Verhalten.

Führender Vertreter dieser Richtung war Burrhus F. Skinner (1904-1990, s. Abb. 15). Als überzeugter Behaviorist interessierte sich Skinner lediglich für beobachtbares Verhalten und kontrollierbare Aspekte der Umwelt (z.B. Anzahl von Pickbewegungen einer Taube oder die Helligkeit von Lichtreizen). Der Forscher beschränkte sich darauf, beobachtete Zusammenhänge exakt zu beschreiben. Auf weiterführende Schlussfolgerungen, Erklärungen und übergreifende Modellvorstellungen wurde verzichtet (vgl. Nye, 1992). Die wichtigsten Erkenntnisse aus Skinners Studien und seinem umfangreichem Werk sollen im Folgenden dargestellt werden. Um die Zusammenhänge verstehen zu können, ist es notwendig, zunächst einige zentrale Begriffe einzuführen und zu erklären.

Skinner

| **Abb. 15**

Burrhus F. Skinner
(1904-1990)

Einflüsse von Verhaltenskonsequenzen | 4.3.1

Verhaltensweisen ziehen je nach der Situation ganz bestimmte Konsequenzen nach sich. Aus Alltagserfahrungen weiß man: Wenn auf ein Verhalten eine angenehme Konsequenz folgt, so erhöht dies die Wahrscheinlichkeit, dass dieses Verhalten später in vergleichbaren Situationen wieder gezeigt wird.

> **Beispiel**
>
> Ein Kind, das mit seinen Malstiften ein buntes Bild auf dem Zeichenblock anfertigt, wird von seinen Eltern gelobt. Bemalt das Kind aber stattdessen die Tapete des Wohnzimmers, wird es vermutlich eine negative Reaktion seitens der Eltern

provozieren. Diese unterschiedlichen Konsequenzen haben Einfluss darauf, ob und wie häufig das Verhalten in der Zukunft wieder gezeigt wird. Als angenehm empfundene oder „belohnende" Verhaltenskonsequenzen erhöhen die Wahrscheinlichkeit, dass ein Verhalten zukünftig wieder auftritt. Unangenehme oder „bestrafende" Konsequenzen bewirken, dass die Verhaltenshäufigkeit abnimmt. Es wäre daher zu erwarten, dass das Kind künftig das Bemalen der Tapete unterlässt, aber häufiger als vorher auf dem Zeichenblock malt.

Wenn eine Konsequenz die Auftretenshäufigkeit von Verhalten erhöht, spricht man von Verstärkung. Reduziert eine Konsequenz die Auftretenswahrscheinlichkeit eines Verhaltens, wird dies als Bestrafung bezeichnet. Beide Formen der Beeinflussung von Verhalten stellen die zentralen Methoden des operanten Konditionierens nach Skinner dar.

Unter *operantem Konditionieren* versteht man die Veränderung der Auftretenshäufigkeit von Verhalten in Abhängigkeit von verstärkenden oder bestrafenden Verhaltenskonsequenzen.

Die Bezeichnung „Verstärkung" oder „Bestrafung" beruht jedoch nicht auf den objektiven Eigenschaften der Verhaltenskonsequenz, sondern nur auf ihrer Wirkung auf das Verhalten. Denn es hängt von individuellen und situationsspezifischen Faktoren ab, ob Reize belohnend oder bestrafend wirken.

Individuelle und situationsspezifische Faktoren

Für einen passionierten Reiter kann die Aussicht auf kostenlose Reitstunden einen großen Anreiz darstellen, regelmäßig auf dem Reiterhof auszuhelfen und die Ställe auszumisten. Jemand, der Pferde nicht mag oder sich sogar vor ihnen fürchtet, wird durch diesen Anreiz dagegen nicht zur Stallarbeit zu motivieren sein – stattdessen könnte die Aufgabe für diese Person eine Bestrafung darstellen. Bei der Aussicht auf überdurchschnittliche Bezahlung oder die Möglichkeit, eine attraktive Person des anderen Geschlechts zu beeindrucken, ließe sich jedoch vielleicht sogar ein Pferdefeind zu der unangenehmen Tätigkeit des Ausmistens herab.

Bei der Auswahl von Reizen für die Verhaltenssteuerung müssen daher individuelle Unterschiede berücksichtigt werden. Im Einzelfall kann jedoch nicht vorhergesagt werden, welche Wirkung eine bestimmte Konsequenz erzielt wird. Die Wirkung kann nur im Nachhinein aus der Entwicklung der Verhaltenshäufigkeit erschlossen werden. Um die Wirkung von Konsequenzen einschätzen zu können, muss der Verlauf des Verhaltens unter Einwirkung der Konsequenzen über einen längeren Zeitraum verfolgt werden. Skinner erforschte den Einfluss von Verhaltenskonsequenzen vorwiegend im Tierversuch. Er folgerte aus seinen Befunden jedoch, dass Verhaltenskonsequenzen auch beim Menschen gezielt zur Herstellung von Lernmotivation eingesetzt werden können, zum Beispiel im schulischen Bereich (Skinner, 1971).

> Die Wirkung von Verhaltenskonsequenzen kann erst im Nachhinein erschlossen werden

Lernen durch Verstärkung

> 4.3.2

Wenn die Konsequenzen eines Verhaltens dazu führen, dass die Auftretenshäufigkeit des Verhaltens erhöht wird, spricht man von *Verstärkung.* Je nach Art der Konsequenz unterscheidet man positive und negative Verstärkung.

Positive Verstärkung. Ein Versuchstier kann durch die Gabe von Futter dazu gebracht werden, bestimmte Bewegungen (z.B. Picken, Sich-Drehen) wiederholt durchzuführen. In diesem Fall wird von *positiver Verstärkung* gesprochen, weil der Situation ein Reiz *hinzugefügt* wird. Mit der Hilfe von positiver Verstärkung lernten Skinners Tiere (vorwiegend Ratten und Tauben) in einer Versuchseinrichtung, der so genannten *Skinner-Box,* auf Lichtsignale hin bestimmte Hebel oder Tasten zu drücken, um Futterportionen zu erhalten. Lernen durch positive Verstärkung findet man auch beim Menschen, wobei als positive Verstärker insbesondere Lob und soziale Zuwen-

> Positive Verstärkung

▶ Tabelle 2: Einteilung der Verstärker nach Bijou und Sturges (1959)

Verstärkerart	Beispiele
Essbare Verstärker	Süßigkeiten
Manipulierbare Verstärker	Spielzeug
Soziale Verstärker (Verstärkung durch zwischenmenschlichen Kontakt)	Loben, Lächeln, Beifall, Zärtlichkeit
Token (symbolische Verstärkung)	Münzen oder Wertmarken, die man gegen andere Verstärker einlösen kann
Visuelle und akustische Reize (symbolische Verstärkung)	Stempel, Noten, Signalgeräusche, z.B. bei einem Computerspiel

dung, aber auch materielle Anreize (z.B. Geld) von großer Bedeutung sind. Bijou und Sturges (1959) teilten Verstärker nach ihren Eigenschaften in mehrere Gruppen ein (vgl. Tab. 2).

Verhaltensverstärker: Das Premack-Prinzip

Verhaltensweisen als Verstärker. Neben sozialen Verstärkern können auch Verhaltensweisen als immaterielle Verstärker dienen (Premack, 1959). Angenehme Tätigkeiten, die eine Person häufig spontan zeigt, können als Verstärker für erwünschte, aber unbeliebte Tätigkeiten eingesetzt werden. Wenn ein Kind zum Beispiel ungern seine Hausaufgaben erledigt, so kann man ihm erlauben, nach dem Erledigen der Aufgaben etwas Angenehmes zu tun, zum Beispiel eine Kassette zu hören oder fernzusehen.

> **Merksatz**
>
> Das Premack-Prinzip besagt, dass Verhaltensweisen mit einer hohen Auftretenswahrscheinlichkeit Verhaltensweisen mit einer geringen Auftretenswahrscheinlichkeit verstärken können.

Gewohnheiten als Verstärker

Neben angenehmen Tätigkeiten können auch Verhaltensweisen, die feste Gewohnheiten darstellen, für andere Handlungen als Verstärker wirken.

> **Beispiel**
>
> Betrachten wir den Fall eines chronisch kranken Patienten, der lernen soll, jeden Morgen ein Medikament einzunehmen. Um die regelmäßige Einnahme zu unterstützen, kann man die Gabe des Medikaments an eine bereits bestehende Gewohnheit koppeln – in diesem Fall zum Beispiel an die Gewohnheit des Patienten, sich jeden Morgen zu rasieren. Während des Lernvorgangs darf sich der Patient erst rasieren, nachdem er das Medikament eingenommen hat, bis auch diese Handlung zur Gewohnheit geworden ist.

Entscheidend für den Premack-Effekt ist also nicht die positive Erlebensqualität der Tätigkeit, sondern ihre Auftretenswahrscheinlichkeit, die sowohl bei beliebten Tätigkeiten als auch bei festen Gewohnheiten besonders hoch ist.

Negative Verstärkung

Negative Verstärkung. Verhaltensweisen können auf der anderen Seite auch dadurch verstärkt werden, dass ein unangenehmer Reiz *beendigt* oder *entfernt* wird. In diesem Fall spricht man von *negativer Verstärkung.* So lernt ein Versuchstier in der Skinner-Box beispielsweise, eine Taste zu drücken, um den Strom abzustellen und damit einem leichten Stromschlag zu entgehen. Ein Mensch kann durch negative Verstärkung zum Beispiel lernen, morgens einen Umweg zur Arbeit zu fahren, um den Verkehrsstau in der Innenstadt zu vermeiden.

Lernen durch Bestrafung

4.3.3

Wirkt sich eine Verhaltenskonsequenz so aus, dass ein Verhalten unterdrückt oder beendigt wird, spricht man von *Bestrafung*. Bestrafung stellt in erzieherischen und pädagogischen Kontexten ein alltägliches Phänomen dar. Eltern wenden im Alltag intuitiv eine Vielzahl von Erziehungspraktiken an, die dem Bereich der Bestrafung zuzuordnen sind.

Bestrafung unterdrückt oder beendigt Verhalten

Beispiel

Eine Mutter, die beim Telefonieren von ihrem Kind ständig gestört wird und ihm beibringen will, dies zu unterlassen, könnte unter anderem
- das Kind für einige Minuten aus dem Zimmer schicken,
- das Kind tadeln oder schimpfen,
- den Zugang zu begehrten Objekten wie Spielzeug, Süßigkeiten oder Taschengeld verwehren,
- wenig angenehme Tätigkeiten in Aussicht stellen (z.B. Abspülen) usw.

Bestrafung kann wie Verstärkung in unterschiedlicher Weise erfolgen. Erfolgt ein unangenehmer Reiz (z. B. Schimpfen; Stromstoß), wird von *direkter Bestrafung* gesprochen. Der Entzug von angenehmen Reizen (z.B. Wegnahme eines attraktiven Spielzeugs) kann ebenfalls zur Verhaltenskontrolle eingesetzt werden und wird als *indirekte Bestrafung* bezeichnet (Bower & Hilgard, 1983). Auch hier ist wieder zu beachten, dass es individuelle Unterschiede dabei gibt, was als Bestrafung empfunden wird.

Direkte und indirekte Bestrafung

Beispiel

Ein Schüler, der wegen seines störenden Verhaltens aus dem Klassenzimmer geschickt wird, sieht diese Konsequenz möglicherweise nicht als Bestrafung, sondern eher als Vorteil an, da er den Unterricht vermeiden kann. Ein anderer Schüler fühlt sich dagegen durch diese Maßnahme von der Gruppe ausgeschlossen, so dass er sein störendes Verhalten zukünftig reduziert.

Probleme des Lernens durch Bestrafung. Wie aus dem Schüler-Beispiel deutlich wird, wird Verhalten durch Bestrafungslernen nicht vergessen, sondern allenfalls unterdrückt (Parke, 1974). Bestrafung als Methode der Verhaltenssteuerung und Erziehung ist aus diesem und anderen Gründen sehr stark umstritten (Reinecker, 2005). Mit

Bestrafung ist problematisch

der Anwendung von Bestrafung als Lernmethode sind nachweislich verschiedene Probleme verbunden, darunter eine vergleichsweise geringe Wirksamkeit, unerwünschte Nebenwirkungen und mangelnde Kontrolle über die Konsequenzen.

Geringe oder gegenteilige Wirkung

Geringe Wirksamkeit. Mit Verstärkung kann man Verhalten viel effektiver aufbauen als durch Bestrafung reduzieren (Thorndike, 1932). Sobald die Bestrafung ausgesetzt wird, kann das unerwünschte Verhalten wieder auftreten. In manchen Fällen wirkt Bestrafung überhaupt nicht oder bewirkt sogar das Gegenteil (z.B. beim Bettnässen oder bei aggressivem Verhalten; Sears, Maccoby & Lewin, 1957). Maßnahmen mit dem Ziel der Bestrafung sind also nicht nur weniger wirksam als Verstärkung, sondern erhöhen sogar in manchen Fällen die Auftretenshäufigkeit eines Verhaltens, anstatt sie zu senken. – In Skinners Terminologie stellen solche Maßnahmen entsprechend keine Bestrafung, sondern im Gegenteil eine Verstärkung dar. – Diese unbeabsichtigte Wirkung kann eintreten, wenn die vermeintliche Bestrafung als eine Form der Aufmerksamkeitszuwendung erlebt wird – etwa bei einem Kind, das in der Schulklasse nur dann Beachtung erhält, wenn es Lärm erzeugt oder sehr zappelig ist. Reaktionen wie Lachen, aber auch Kritik und Ermahnungen werden völliger Nichtbeachtung in manchen Fällen vorgezogen.

Strafen können als Zuwendung von Aufmerksamkeit erlebt werden

Ungünstige Auswirkungen auf Emotionen und Interaktion

Unerwünschte Nebenwirkungen. Strafreize lösen aversive Gefühle wie Angst und Aggressionen aus, die sich auf die Person übertragen können, die die Bestrafung ausübt (z.B. Eltern, Lehrer, Vorgesetzte) oder auch auf den gesamten Kontext, in dem die Bestrafung stattfand (z.B. Klassenzimmer). Zukünftiges Lernen in diesem Kontext kann durch diese negativen Emotionen behindert werden, weil Angst von den Lerninhalten ablenkt. Durch manche Formen der Bestrafung kann der Lerner langfristige körperliche und/oder psychische Verletzungen davontragen (z.B. bei körperlichen Strafen, Entzug von Nahrung und Wasser oder langer Isolation). Bestrafung kann auch dazu führen, dass das unerwünschte Verhalten weiterhin durchgeführt wird, aber nun heimlich und im Verborgenen – die Vertrauensbasis zum Beispiel zwischen Eltern und Kind wird dadurch nachhaltig geschädigt. Zu häufige, zu starke und unkontrollierbare Bestrafungen können schließlich dazu führen, dass die bestrafte Person jede Aktivität einstellt und die Reize apathisch erduldet. In diesem Fall spricht man von erlernter Hilflosigkeit (Seligman, 2004). Im Zustand der erlernten Hilflosigkeit bestehen kognitive, motivationale und verhaltensbezogene Defizite, welche das Lernen stark beeinträchtigen (vgl. Kap. 6.3).

Mangelnde Kontrolle über die Konsequenzen. Durch Bestrafung kann ein Verhalten beendet werden, aber es besteht keine Kontrolle darüber, welches Verhalten stattdessen gezeigt wird. Es besteht also die Gefahr, dass das unerwünschte Verhalten durch ein anderes unerwünschtes Verhalten ersetzt wird (vgl. das Abtrainieren von Gewohnheiten nach Guthrie). Verstärkungsansätze, die alternative, erwünschte Verhaltensweisen fördern, wirken gezielter. Darum sollte Bestrafung immer mit Methoden kombiniert werden, die den Verhaltensaufbau fördern (Petermann & Petermann, 2005).

Gezielter Aufbau von alternativem Verhalten ist wichtig

Trotz dieser Probleme und Risiken, die mit der Methode der Bestrafung verbunden sind, kann in pädagogischen Kontexten nicht immer auf den Einsatz von Bestrafung verzichtet werden. Für den Einsatz von Bestrafung spricht eine Reihe wichtiger Argumente.

Mangel an Alternativen. Bestimmte Formen von unerwünschtem Verhalten können auf keinen Fall ignoriert werden. Dies gilt zum Beispiel für aggressives Verhalten, das sich gegen Menschen, Tiere oder Gegenstände richtet. Falls andere Maßnahmen nicht zum Erfolg führen und Bestrafung dazu geeignet ist, das Verhalten zumindest zu unterdrücken, muss diese Methode genutzt werden.

Aggressive Verhaltensweisen dürfen nicht geduldet werden

Angemessene Formen der Bestrafung. Es besteht inzwischen Einigkeit darüber, dass die körperliche Züchtigung kein geeignetes Erziehungsmittel darstellt. Auch lange währender Hausarrest oder der Entzug von Nahrung sind unakzeptable Strafen. Es gibt jedoch Formen von Bestrafung, die weniger gravierend und dennoch effektiv sind (z.B. verbale und nonverbale Verweise, Verstärkerentzug und Auszeit-Verfahren). Ermahnungen und Verweise wirken am besten, wenn sie dem Kind diskret – ohne dass andere Kinder es hören können – übermittelt werden. Verstärkerentzug bedeutet, dass dem Kind bestimmte Vergünstigungen (z.B. Zugang zu Süßigkeiten, dem Fernsehgerät oder Spielzeug) für einen bestimmten Zeitraum entzogen werden. Bei schwereren Störungen des Verhaltens können zusätzlich Auszeit-Verfahren eingesetzt werden.

Angemessene Formen der Bestrafung

Erklärung

Bei der Auszeit (engl. *time-out*) wird das Kind für einige Zeit aus der Situation genommen, in der unerwünschtes Verhalten ausgelöst und verstärkt wird. Das Kind muss darüber informiert sein, was die Auszeit bedeutet; es muss in einem sicheren, reizarmen Raum untergebracht werden können und die Dauer der Auszeit muss sich auf einige Minuten beschränken. Beispielsweise wird ein Kind aus dem gemeinsamen Spielzimmer in den Flur geschickt, wenn es die Geschwister aggressiv behandelt und sich auf diese Weise beliebtes Spielzeug aneignet. Reize, die zur Eskalation der Situation beitragen, werden auf diese Weise ebenso ausgeschaltet wie die verstärkenden Bedingungen. Das Verfahren sollte eher selten, etwa bei stark oppositionellem oder aggressivem Verhalten eingesetzt werden. Richtig angewendet, stellt die Auszeit-Technik gerade bei schwerwiegenderen Verhaltensstörungen eine erfolgreiche Methode dar (Petermann, Natzke, Gerken & Walter, 2006).

Natürliche Konsequenzen

Effektives Lernen durch natürliche Konsequenzen. Bestrafung ist wirkungsvoller, wenn der Zusammenhang zwischen unerwünschtem Verhalten und Bestrafung für das Kind unmittelbar einsichtig ist. So genannte *natürliche Konsequenzen* wirken sich daher sehr effektiv auf Fehlverhalten aus. Einige Beispiele sollen das Prinzip natürlicher Konsequenzen verdeutlichen. Wenn ein Kind beispielsweise mutwillig seine Lieblingskleidung verschmutzt oder beschädigt, muss es eine Zeitlang weniger bevorzugte Kleidungsstücke tragen; wenn ein Kind seine Bastelsachen nicht aufräumt, werden diese für eine Zeitlang in den Schrank geschlossen. Auf diese Weise verbindet das Kind die Konsequenz eher mit seinem eigenen Verhalten, als wenn die Bestrafung für den Regelverstoß in einem ganz anderem Bereich stattfindet (z.B. Fernsehverbot, weil die Haare nicht ordentlich gekämmt sind).

Verhaltenssteuerung durch Bestrafung im Alltag

Nicht nur in der Erziehung von Kindern, sondern auch im Alltag ist der Einsatz von Bestrafung als Mittel zur Verhaltenssteuerung durchaus allgemein akzeptiert, vor allem wenn es sich um den Entzug von Vergünstigungen handelt (z.B. Entzug des Führerscheins bei Trunkenheit am Steuer; Entzug des Sorgerechts bei Vernachlässigung des Kindes). In vielen Fällen können jedoch die Probleme und Kosten, die durch Strafen entstehen, den durch sie erzielten Gewinn übersteigen. Als Beispiel sollen Haftstrafen als Folge von kriminellen Vergehen genannt werden. Durch den Verlust von Arbeitsplatz und sozialem Netzwerk und durch die Konfrontation mit destruktiven Vorbildern während der Haft kann es geschehen, dass die negativen Folgen die erwünschte „resozialisierende" Wirkung des Strafvollzugs deutlich überwiegen und eine kriminelle Karriere erst in Gang gesetzt wird. Aufgrund der mit Bestrafung verbundenen Probleme und Risiken sollte diese Strategie nur als letztes Mittel eingesetzt werden, wenn alle positiven Möglichkeiten der Verhaltensmodifikation versagen. Wenn Bestrafung als Mittel der Kindererziehung eingesetzt werden muss, sollten bestimmte Regeln eingehalten werden (Petermann & Petermann, 2006a).

Hinweis

1. Strafen sollten sinnvoll und für das Kind nachvollziehbar sein (natürliche Konsequenzen, s.o.).
2. Wichtig ist die Einhaltung des Prinzips der Kontiguität; eine Bestrafung sollte sofort auf das Fehlverhalten folgen und nicht aufgeschoben werden. Wenn sich beispielsweise ein Kind weigert, seine Hausaufgaben zu machen, so ist es wenig sinnvoll, erst einen Tag später mit einer Konsequenz zu reagieren.
3. Die Person, die das Fehlverhalten beobachtet, sollte auch diejenige sein, die die Bestrafung vornimmt. Auf unerwünschtes Verhalten in der Schulklasse zum Beispiel muss der anwesende Lehrer unverzüglich reagieren, statt Mitteilung an den Klassenlehrer oder die Eltern zu machen. Eine Delegation der Bestrafung auf andere Personen vermittelt dem Kind den Eindruck von mangelnder Kompetenz und Durchsetzungsfähigkeit.
4. Bestrafungen sollten in ihrer Höhe angemessen und zeitlich begrenzt sein. Tagelanger Hausarrest oder stundenlanger Entzug von Zuwendung sind weder ethisch vertretbar, noch wirksamer als zeitlich befristete Strafen. Das Kind sollte darüber informiert werden, wie lange die Bestrafung anhält.

Skinner (1948/1980, 1973b) selbst sprach sich stets für eine überwiegende Verwendung von positiver Verstärkung aus, um menschliches Verhalten zu steuern. Diese Methode dient jedoch hauptsächlich dazu, erwünschtes Verhalten aufzubauen. Um unerwünschtes Verhalten zu reduzieren, bietet sich als vorteilhafte Alternative zur Bestrafung die Methode der Löschung an, die im Folgenden beschrieben werden soll.

Löschung | 4.3.4

Löschung. Bei der *Löschung* oder *Extinktion* werden die Konsequenzen entzogen, die ein Verhalten aufrechterhalten, so dass sich die

Löschung

Wahrscheinlichkeit des Auftretens dieses Verhaltens verändert. Eine Ratte in der Skinner-Box erhält beispielsweise nach einer Lernphase plötzlich kein Futter mehr, wenn sie den Hebel drückt. Die Häufigkeit des Hebeldrückens wird daraufhin bald nachlassen. Es handelt sich dabei nicht um ein passives Vergessen, sondern um einen aktiven Prozess des *Umlernens*: Anfänglich wird das Verhalten zwar häufig intensiviert, um den gewohnten Effekt doch noch zu erzeugen, sehr bald wird es aber immer seltener und schließlich gar nicht mehr gezeigt.

Löschen ist nicht gleich Vergessen

Von *Vergessen* würde man hingegen dann sprechen, wenn der Lerner über längere Zeit hinweg nicht mehr in die Situation kommt, in der das Verhalten gezeigt werden könnte. Beispielhaft könnte man sich vorstellen, dass ein Schüler lernt, seinen Lehrer durch interessante Gespräche über Fußball vom Unterrichtsstoff abzulenken. Wenn der Schüler diesen Lehrer wegen eines Auslandsaufenthalts einige Monate lang nicht sieht, kann es sein, dass er seine Strategie wieder vergisst und sie bei einem späteren Wiedersehen nicht mehr anwendet. Löschung hingegen würde bedeuten, dass der Lehrer sein Verhalten ändert und die Ablenkungsmanöver des Schülers ignoriert. In der Folge würde der Schüler diese Strategie als erfolglos aufgeben. Die wesentlichen Unterschiede zwischen Löschung und Vergessen verdeutlicht Tabelle 3.

▶ **Tabelle 3: Löschung und Vergessen im Vergleich**

	Löschung	**Vergessen**
Situative Bedingungen	Verhalten kann durchgeführt werden, aber die aufrechterhaltenden Konsequenzen fehlen	Keine Gelegenheit mehr, das Verhalten durchzuführen (unabhängig von Konsequenzen)
Art des Prozesses	Aktives Umlernen	Passiver „Verfall"
Zeitlicher Verlauf	Relativ schnelle Verhaltensänderung	Relativ langsamer Verlauf der Verhaltensänderung
Rolle des Versuchsleiters	Meist geplantes Vorgehen zur gezielten Verhaltensänderung	Meist natürlicher Prozess

Praktische Anwendung

Praktische Anwendung. Löschung wird in der Kinderpsychotherapie gezielt eingesetzt, wenn unerwünschtes Verhalten abgebaut werden soll. Wenn ein Kind beispielsweise jedes Mal seinen Willen erhält, sobald es laut schreit und sich strampelnd auf den Boden wirft, so hat man sein Verhalten bislang unbeabsichtigt verstärkt. Wenn man das unerwünschte Verhalten zukünftig konsequent ignoriert, fehlt der Verstärkereffekt und das Verhalten normalisiert sich langfristig. Obwohl dieses Prinzip sehr einfach erscheint, ist die Methode in der Praxis äußerst schwierig zu bewältigen und erfordert ein hohes Maß an Disziplin bei der gesamten sozialen Umwelt der Zielperson. Richtig angewendet, handelt es sich bei der Löschung jedoch um eines der wirksamsten Mittel, um unerwünschtes Verhalten zu reduzieren.

Löschung: Eine anspruchsvolle, aber effektive Methode

Löschung von aggressivem Verhalten. Die Grenzen der Methode liegen bei der Beeinflussung von aggressivem Verhalten. Bei leichteren Formen aggressiven Verhaltens kann Löschung durchaus effektiv angewendet werden. Es muss jedoch besonders darauf geachtet werden, dass tatsächlich die aufrechterhaltenden Verstärker entzogen werden (z.B. die Möglichkeit, Aufmerksamkeit zu erhalten oder den eigenen Willen durchzusetzen). Reines Ignorieren des aggressiven Verhaltens kann als Duldung oder als Hinweis auf die Unterlegenheit der Erziehungspersonen aufgefasst werden und das Verhalten verstärken (vgl. Petermann & Petermann, 2005).

Grenzen der Methode

Beispiel

In einer Kindergartengruppe befindet sich ein Junge, der die anderen Kinder häufiger ärgert, sie herumschubst oder ihnen Malstifte und Spielsachen wegnimmt. Die Erzieherinnen unternehmen nichts dagegen, weil sie glauben, dass Kinder ihre Angelegenheiten untereinander regeln können und dass zu viel Aufhebens um solche „Kleinigkeiten" alles nur noch schlimmer machen würde. Einige Jahre später in der Schule fällt dieser Junge dadurch auf, dass er Mitschülern wertvolle Gegenstände entwendet und Geld von ihnen erpresst.

Hochgradig aggressives Verhalten, das mit der Gefährdung von Menschen, Tieren oder der Beschädigung von Gegenständen einhergeht, muss in jedem Fall durch angemessene Formen der Bestrafung unterbrochen und konsequent unterdrückt werden. Tabelle 4 gibt abschließend noch einmal einen Überblick über die verschiedenen Strategien der Verhaltensmodifikation.

Merksatz

Löschung reicht zur Beeinflussung von aggressivem Verhalten nicht immer aus und muss insbesondere in schweren Fällen durch angemessene Methoden der Bestrafung ergänzt werden.

▶ Tabelle 4: Verstärkung, Bestrafung und Löschung als Lernbedingungen[1]

	Reiz	
	angenehm	unangenehm
Darbietung eines Reizes als Folge auf eine Reaktion in einer Situation	*Positive Verstärkung* (z.B. Lob für angemessenes Verhalten)	Direkte Bestrafung (z.B. Kritik bei unangemessenem Verhalten)
Entfernung des vorhandenen Reizes als Folge auf eine Reaktion in einer Situation	Indirekte Bestrafung (z.B. Ausschalten des Fernsehers, sobald Kinder um die Fernbedienung streiten)	*Negative Verstärkung* (z.B. Verkürzung der Haftzeit bei „guter Führung")
Nicht-Darbieten des gewohnten Reizes als Folge auf eine Reaktion in einer Situation	Löschung (z.B. Ignorieren eines Wutanfalls im Supermarkt)	

[1] Bedingungen, die die nachfolgende Auftretenshäufigkeit eines Verhaltens *erhöhen*, sind kursiv gedruckt.

Zusammenfassung

Skinner untersuchte die Auswirkungen von Verhaltenskonsequenzen auf Lernprozesse systematisch. Er berücksichtigte dabei lediglich beobachtbares Verhalten und kontrollierbare Aspekte der Umwelt. Die Konsequenzen von Verhalten bestimmen nach diesem Modell, ob und wie häufig ein Verhalten in der Zukunft wieder gezeigt wird. Konsequenzen, die die Auftretenswahrscheinlichkeit eines Verhaltens erhöhen, werden als Verstärker bezeichnet, Konsequenzen, die das Auftreten des Verhaltens reduzieren, als Bestrafung. Man unterscheidet positive und negative Verstärkung sowie direkte und indirekte Bestrafung. Von Löschung spricht man, wenn die Konsequenzen entzogen werden, die ein Verhalten aufrechterhalten.

Mit Lernen durch Bestrafung sind verschiedene Probleme verbunden. Unter anderem wird das unerwünschte Verhalten nicht vergessen, sondern lediglich unterdrückt. Bestrafungslernen ist nicht so effektiv wie Verstärkungslernen und häufig mit unerwünschten Nebenwirkungen verbunden. Dennoch kann in pädagogischen Situationen nicht immer auf Bestrafung verzichtet werden. Verhaltenstherapeutische Methoden wie Verstärkerentzug oder Auszeitverfahren stellen Möglichkeiten dar, Bestrafung in angemessener und kontrollierter Form durchzuführen.

Literatur

Bijou, S.W. & Sturges, P.S. (1959). Positive reinforcers for experimental studies with children – consumables and manipulatables. Child Development, 30, 151-170.

Bower, G.H. & Hilgard, E.R. (1983). Theorien des Lernens. Band 1 (5., veränd. Aufl.). Stuttgart: Klett-Cotta.

Nye, R.D. (1992). The legacy of B.F. Skinner. Concepts and perspectives, controversies and misunderstandings. Belmont: Brooks/Cole.

Parke, R.D. (1974). Rules, roles and resistance to deviation: Recent advances in punishment, discipline, and self-control. In A. Pick (Ed.), Minnesota Symposia on child Psychology (Vol. 8). Minneapolis: University of Minnesota Press.

Petermann, F., Natzke, H., Gerken, N. & Walter, H.-J. (2006). Verhaltenstraining für Schulanfänger (2., veränd. Aufl.). Göttingen: Hogrefe.

Petermann, F. & Petermann, U. (2005). Training mit aggressiven Kindern (11., vollst. überarb. Aufl.). Weinheim: Beltz PVU.

Petermann, U. & Petermann, F. (2006a). Lernpsychologische Grundlagen. In F. Petermann (Hrsg.), Kinderverhaltenstherapie (3., völlig veränd. Aufl., S. 15-66). Baltmannsweiler: Schneider-Verlag Hohengehren.

Premack, D. (1959). Toward empirical behavior laws: 1. Positive reinforcement. Psychological Review, 66, 219-233.

Reinecker, H. (2005). Bestrafung. In M. Linden & M. Hautzinger (Hrsg.), Verhaltenstherapiemanual (5., vollst. überarb. Aufl.; S. 113-117). Heidelberg: Springer.

Sears, R.R., Maccoby, E.P. & Lewin, H. (1957). Patterns of child rearing. Evanston, ll.: Row, Peterson.

Seligman, M.E.P. (2004). Erlernte Hilflosigkeit (3. Aufl.). Weinheim: Beltz (Original 1975).

Skinner, B.F. (1971). Erziehung als Verhaltensformung. München-Neubiberg: Keimer.

Skinner, B.F. (1973b). Wissenschaft und menschliches Verhalten. München: Kindler.

Skinner, B.F. (1980). Futurum Zwei : „Walden two". Die Vision einer aggressionsfreien Gesellschaft. Reinbek: Rowohlt (Original 1948).

Thorndike, E.L. (1932). Reward and punishment in animal learning. Comparative Psychology Monographs, 8, No. 39.

Testfragen

51. *Welche Wirkung hat die Verstärkung von Verhalten?*
52. *Welche Gruppen von Verstärkern gibt es?*
53. *Was versteht man unter negativer Verstärkung?*

54. Welche unerwünschten Nebenwirkungen können mit Bestrafung verbunden sein?
55. Welche Methoden können zur Bestrafung eingesetzt werden, falls dies unumgänglich ist?
56. Welcher wichtige Unterschied besteht zwischen Löschung und Vergessen?

4.4 | Operantes Konditionieren: Vertiefung

4.4.1 | Voraussetzungen für die Wirksamkeit operanter Konditionierung

Wie bei der klassischen Konditionierung müssen auch bei der operanten Konditionierung bestimmte Voraussetzungen gegeben sein, damit sich die Verhaltenskonsequenzen optimal auswirken können. Fünf Aspekte sind besonders zu berücksichtigen (Bower & Hilgard, 1983; Gagné, 1980):

- Kontingenz,
- Kontiguität,
- Wiederholung,
- Reihenfolge und
- Folgerichtigkeit.

Kontingenz *Kontingenz.* Damit ein Lernprozess stattfinden kann, muss die Verstärkung oder Bestrafung als Folge auf das zu lernende Verhalten auftreten und unter *keinen anderen Bedingungen.* Beispiel: Ein Kind soll lernen, sich vor dem Essen die Hände zu waschen. Dies bedeutet nicht, dass das Kind nach jedem Händewaschen etwas zu essen bekommt und auf diese Weise beliebig viele Zwischenmahlzeiten erlangen kann. Kontingenz erfordert hingegen, dass das Kind bei den festen Mahlzeiten nichts bekommt, solange es sich *nicht* die Hände gewaschen hat.

Kontiguität *Kontiguität.* Der Begriff der Kontiguität bezieht sich auf das zeitliche Intervall zwischen Verhalten und Verstärkung. Je kürzer dieses Intervall, desto wirksamer ist die Konditionierung. Ein Kind, dass sich beispielsweise unter der Woche gut benimmt oder seinen Eltern hilft, sollte dafür sofort verstärkt werden (z.B. durch Lob oder materielle Belohnung) und nicht erst am Wochenende, wenn es Taschengeld gibt. Bei einem zu großen Abstand zwischen Verhalten und Verhaltenskonsequenz wird nicht das erwünschte Verhalten verstärkt, sondern irgendein anderes Verhalten, das kurz zuvor stattgefunden hat. Nur wenn die Aufrechterhaltung eines Verhaltens über längere Zeit gefordert wird, kann das Intervall zwischen Verhalten und Verstärkung allmählich ausgedehnt werden.

Beispiel

Ein Hund, der tagsüber alleine bleiben muss, zernagt immer wieder Herrchens Pantoffeln. Soll der Hund damit aufhören, muss er auf frischer Tat ertappt und das Verhalten unterbrochen werden. Bereits wenige Sekunden nach der Ausführung des Verhaltens kann der Hund den Zusammenhang zwischen Verhalten und Konsequenz nicht mehr herstellen. Wenn der Hund nun seinen Herrn freudig an der Tür begrüßt, aber sogleich wegen der zernagten Schuhe ausgescholten wird, bezieht der Hund dies nicht auf seine Beschäftigung vor vielleicht zwei Stunden, sondern auf das direkt vorangegangene Verhalten (Begrüßen). Zukünftig wird der Hund seinen Besitzer nicht mehr an der Tür erwarten, sondern sich verstecken, sobald der unberechenbare Mensch in Erscheinung tritt. Dies interpretiert der Besitzer dann als „schlechtes Gewissen" – scheinbar zu Recht, denn natürlich zernagt der Hund auch weiterhin alles herumliegende Schuhwerk.

Wiederholung. Häufige Wiederholungen des Lernvorgangs führen dazu, dass sich das Lernergebnis – das heißt das neu gelernte Verhalten – stabilisiert. Die Wiederholung von Verstärkungen kann kontinuierlich erfolgen oder nach bestimmten Regeln unterbrochen werden (*intermittierende Verstärkungspläne*).

Wiederholung

Beispiel

Wenn eine Ratte lernen soll, einen bestimmten Weg durch ein Labyrinth zu nehmen, um Futter als Belohnung zu erhalten, so muss man ihr häufig genug die Gelegenheit bieten, im Labyrinth zu laufen, und sie regelmäßig belohnen. Aus dem menschlichen Lebensbereich wäre die Übung musikalischer oder sportlicher Fertigkeiten ein naheliegendes Beispiel, wobei insbesondere die Rückmeldungen des Lehrers oder Trainers verstärkende Wirkung haben.

Reihenfolge. Um den richtigen Zusammenhang zwischen Verhalten und Konsequenz erkennen zu können, muss die Verstärkung *nach* dem erwünschten Verhalten gegeben werden und *niemals vorher.*

Reihefolge

Andernfalls würde nicht das gewünschte Verhalten verstärkt, sondern irgendein anderes, irrelevantes oder sogar unerwünschtes Verhalten, das gerade vor der Gabe der Belohnung durchgeführt wurde.

Beispiel

Ein Kind weigert sich, seine Medizin einzunehmen. Die Mutter schlägt vor, dass das Kind nach der Medizin ein Bonbon bekommen könne. Das Kind möchte das Bonbon am liebsten sofort haben und verspricht, die Medizin gleich nach dem Verzehr des Bonbons einzunehmen. Schließlich gibt die Mutter nach und das Kind erhält die Süßigkeit. Als diese verspeist ist, zeigt sich das Kind jedoch keineswegs willig, wie versprochen die Medizin zu nehmen, sondern verlangt stattdessen erst ein weiteres Bonbon! Unbeabsichtigt hat die Mutter statt des erwünschten kooperativen Verhaltens das Verweigern und Feilschen des Kindes verstärkt.

Folgerichtigkeit. Die Verbindung zwischen erwünschtem Verhalten und Konsequenz muss jederzeit eindeutig erkennbar sein. Die Konsequenz muss einsetzen, wenn das erwünschte Verhalten gezeigt wird, sie muss jedoch wieder ausgesetzt werden, sobald das erwünschte Verhalten abnimmt, nicht auftritt oder unerwünschtes Verhalten auftritt.

Beispiel

Zwei Geschwisterkinder sollen lernen, ruhig und verträglich miteinander zu spielen. Solange sie dies tun, erhalten sie Zugang zu besonders begehrtem Spielzeug. Sobald sie jedoch beginnen, sich lautstark um das Spielzeug zu zanken, wird dieses wieder weggeschlossen.

4.4.2 | Verstärkungspläne

Wie bereits erwähnt wurde, hängt die Wirksamkeit von Verhaltenskonsequenzen davon ab, wie schnell, wie häufig und wie regelmäßig die Konsequenzen auf das Verhalten folgen. Verstärkungspläne legen Regeln über diese Aspekte der Verstärkungsprozedur fest und erlauben auf diese Weise eine systematische Überprüfung der Bedingungen, unter denen Verstärkung besonders wirksam ist. Im Folgenden sollen mehrere wichtige Verstärkungspläne vorgestellt werden.

Funktion von Verstärkungsplänen

Unmittelbare und episodische Verstärkung. Zunächst lassen sich die unmittelbare und die episodische Verstärkung differenzieren.

Bei der *unmittelbaren* Verstärkung erfolgt die Verstärkung sofort auf das erwünschte Verhalten. Wenn beispielsweise ein Hund das Apportieren lernen soll, so muss er unverzüglich gelobt werden, sobald er den richtigen Gegenstand herbeigebracht hat. Bei der *episodischen* oder verzögerten Verstärkung hingegen ist es erforderlich, dass ein Verhalten über eine bestimmte Zeit hinweg oder bis zum Erreichen eines festgesetzten Ziels aufrechterhalten werden muss, bevor eine Verstärkung erfolgt. So muss beispielsweise ein Arbeitnehmer mehrere Stunden am Tag und mehrere Tage im Monat arbeiten, um schließlich die Verstärkung in Form des Monatsgehalts zu erhalten. Dieses Beispiel verdeutlicht, dass die Wirksamkeit der episodischen Verstärkung von der Fähigkeit einer Person abhängt, zukünftige Verstärkungen vorwegzunehmen und das eigene Verhalten entsprechend auszurichten.

Kontinuierliche und intermittierende Verstärkung. Weiterhin kann zwischen kontinuierlicher und intermittierender Verstärkung unterschieden werden. Bei der *kontinuierlichen* Verstärkung wird ausnahmslos jede richtige Reaktion verstärkt. Bei der *intermittierenden* Verstärkung werden nicht alle korrekten Reaktionen verstärkt, sondern immer nur eine Auswahl nach einem bestimmten System. Intermittierende Verstärkung kann einerseits erfolgen, indem nicht alle, sondern nur ein festgelegter Anteil der richtigen Reaktionen verstärkt wird (*Quotenverstärkung*). Diese Quotenverstärkung kann *fest* sein, das heißt, dass bei einer geplanten Quote von 1:10 genau jede zehnte richtige Reaktion verstärkt wird. Bei einer *variablen* Quotenverstärkung mit einer Quote von 1:10 wird durchschnittlich jede zehnte Reaktion verstärkt, aber auf welche der einzelnen Reaktion die Verstärkung folgt, ist für den Lernenden nicht vorhersehbar.

Die andere Möglichkeit, das Prinzip der intermittierenden Verstärkung zu realisieren, beruht auf der Vorgabe von Zeitintervallen (*Intervallverstärkung*). Wie bei der Quotenverstärkung kann die Intervallverstärkung fest oder variabel sein. Bei einer geplanten Quote von 1:10 wird bei fester Verstärkung in jedem 10-Minuten-Intervall die erste richtige Reaktion verstärkt. Bei variabler Verstärkung wird im Durchschnitt alle zehn Minuten eine richtige Reaktion verstärkt, aber die jeweils betroffene Reaktion kann nicht vorhergesagt werden. Variable Verstärkungspläne lassen sich am einfachsten realisieren, wenn die Verteilung der Verstärker von einem entsprechend programmierten Computer kontrolliert wird. Abbildung 16

Unmittelbare Verstärkung

Episodische oder verzögerte Verstärkung

Kontinuierliche Verstärkung
Intermittierende Verstärkung

Feste und variable Quotenverstärkung

Feste und variable Intervallverstärkung

gibt die verschiedenen möglichen Verstärkungspläne schematisch wieder.

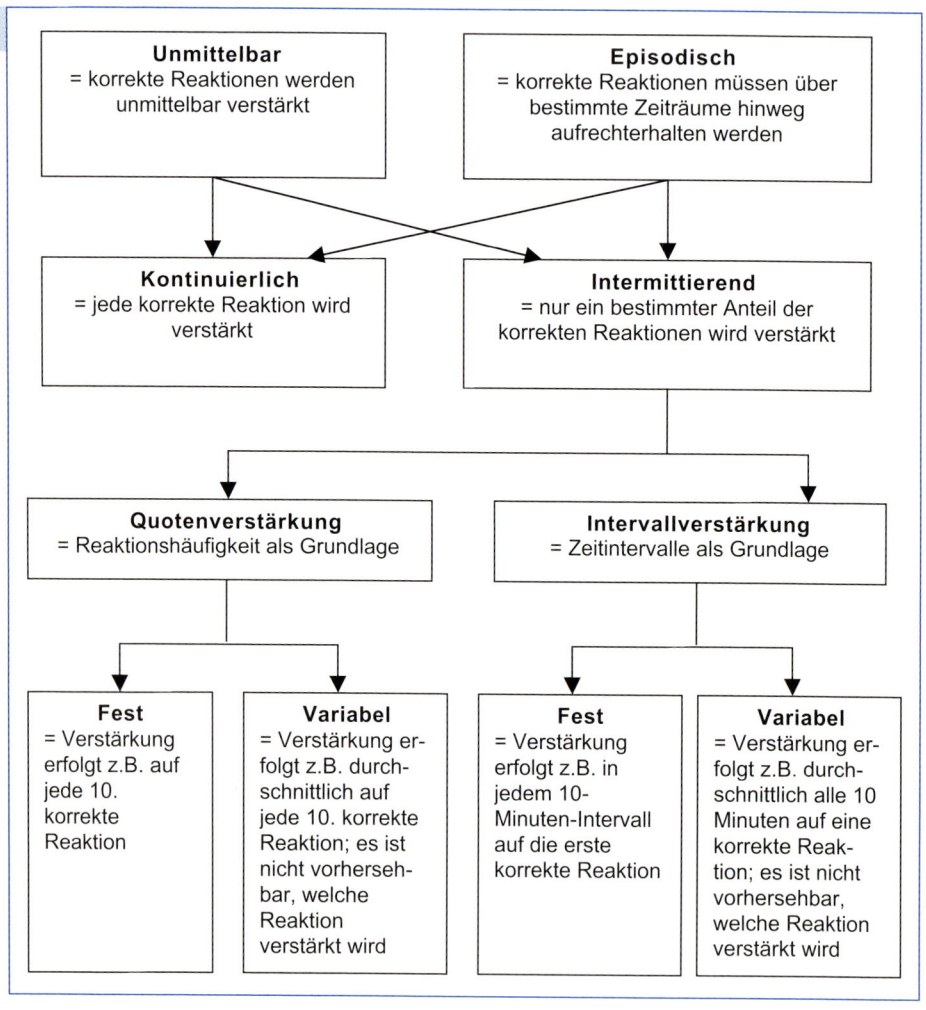

Abb. 16 ▶ Schematische Übersicht über verschiedene Verstärkungspläne (modifiziert nach Lefrancois, 2003, S. 39)

Effekte von Verstärkungsplänen. Mit den unterschiedlichen Verstärkungsplänen sind spezifische Auswirkungen auf das Lernen verbunden. Skinner untersuchte die Wirkung von Verstärkungsplänen insbesondere auf drei abhängige Variablen: die *Aneignungsrate* (Akquisitionsrate), die *Reaktionsrate* und die *Löschungsrate* (Extinktionsrate). Die Aneignung, also das Neu-Lernen von Verhalten, erfolgt am schnellsten, wenn jede richtige Reaktion belohnt wird (kontinuierliche Verstärkung). Ein intermittierendes Vorgehen behindert den Erwerb von Verhalten. Dafür bewirkt intermittierende Verstärkung jedoch, dass ein Verhalten häufiger gezeigt wird (hohe Reaktionsrate) und gegen Löschung deutlich resistenter ist (Skinner, 1973b).

Intermittierende Verstärkung kann eingesetzt werden, um ein neu gelerntes Verhalten zu stabilisieren und sicherzustellen,

Effekte von Verstärkungsplänen auf die Akquisitionsrate, Reaktionsrate und Löschungsrate von Verhalten

> **Merksatz**
>
> Kontinuierliche Verstärkung bewirkt eine schnelle Aneignung von neuem Verhalten, intermittierende Verstärkung bewirkt eine hohe Reaktionsrate und eine erschwerte Extinktion von Verhalten.

dass es im Alltag aufrechterhalten wird, auch wenn nicht jedes Mal eine Verstärkung erfolgt. Die Strategie, zunächst gelegentlich und später häufiger die Verstärkung *nicht* zu geben (d.h. der Übergang von der kontinuierlichen zur intermittierenden Verstärkung) wird als *Ausblenden* (*Fading*) der Verstärkung bezeichnet. Variable Verstärkungspläne führen darüber hinaus zu einer höheren Verhaltensfrequenz (Reaktionsrate) und zu löschungsresistenteren Lernergebnissen als feste Verstärkungspläne. Das wirksamste Vorgehen zum Erwerb eines neuen Verhaltens besteht also darin, mit einem kontinuierlichen Verstärkungsplan zu beginnen und das Training nach der Akquisitionsphase mit einem variablen Quotenplan fortzusetzen.

Folgerungen für die Anwendung im Alltag

Erklärung durch kognitive Variablen. Als Behaviorist versuchte Skinner nicht, die beobachteten Zusammenhänge zwischen Verstärkerplänen und der Akquisitions-, Reaktions- und Extinktionsrate psychologisch zu erklären. Er beschränkte sich auf eine genaue Beschreibung der beobachtbaren Fakten. Skinners Beobachtungen lassen sich jedoch erklären, indem man kognitive Parameter als intervenierende Prozesse mit einbezieht und postuliert, dass beim Lerner (auch bei Tieren) während des Lernprozesses *Erwartungen* oder Annahmen über *Regeln* gebildet werden, die das zukünftige Verhalten bestimmen. Diese Regeln müssen nicht in verbaler Form vorliegen, sondern können als unbewusstes Regelwissen im Gedächtnis repräsentiert sein (vgl. auch Kap. 7). Zur besseren Veranschaulichung sollen jedoch einige Regeln, die aus Verstärkerplänen abgeleitet werden könnten, in Gestalt von Wenn-Dann-Sätzen formuliert werden.

Der Einfluss von Erwartungen

- Bei kontinuierlicher Verstärkung bildet sich eine Erwartung in Form der Regel, dass auf ein bestimmtes Verhalten in jedem Fall eine Verstärkung erfolgen wird: „Wenn ich dieses Verhalten zeige, dann erhalte ich immer eine Belohnung." Wenn die erwartete Verstärkung plötzlich nicht mehr erfolgt, so wird dies als Verstoß gegen die Regel wahrgenommen. Dadurch verliert die Regel ihre Gültigkeit. Die Erwartung wird revidiert und das Verhalten wird aufgegeben (Löschung).

- Bei intermittierender und ganz besonders bei variabler Verstärkung kann keine eindeutige Regel darüber aufgestellt werden, ob und wann das Verhalten verstärkt wird. Die Regel muss unscharf formuliert werden: „Wenn ich dieses Verhalten zeige, dann folgt manchmal eine Belohnung." Je weniger aber das Resultat des Verhaltens vorhergesagt werden kann, desto weniger kann ein Ausbleiben der Verstärkung als Regelverstoß gedeutet werden und desto geringer ist daher die Gefahr der Löschung.

- Besonders bei variablen Quotenplänen führt dies zu sehr hohen und einheitlichen Reaktionsraten – die Lerner versuchen gleichsam, jede Chance auf eine Verstärkung auszunutzen: „Je häufiger ich das Verhalten zeige, desto größer ist meine Chance, eine Belohnung zu erhalten." Bei festen Intervallplänen wird nur zu Beginn des Intervalls eine höhere Reaktionshäufigkeit gezeigt, die nach der ersten Verstärkung abfällt. Die zugehörige Regel könnte lauten: „Nur wenn ich das Verhalten in einem ganz bestimmten Zeitraum zeige, erhalte ich eine Belohnung."

Die beschriebenen Verhaltensmuster konnten bei Versuchstieren (Ratten, Tauben) beobachtet werden, wenn die entsprechenden Verstärkerpläne angewendet wurden. Aus Befunden dieser Art lässt sich schließen, dass Tiere nicht nur Erwartungen ausbilden und Regeln befolgen können, sondern auch über einen recht genauen Zeitsinn verfügen. Tabelle 5 zeigt den Zusammenhang zwischen Verstärkungsplänen, Verhaltensmustern und den zugrunde liegenden Regeln noch einmal im Überblick.

Verstärkerpläne und abergläubisches Verhalten. Bestimmte Verstärkerpläne können ein überraschendes Phänomen erzeugen: abergläubisches Verhalten bei Tieren (Lefrancois, 2003). Dabei handelt es sich um Verhaltensweisen, die in Erwartung einer Verstärkung ausgeführt werden, obwohl kein kausaler Zusammenhang zwischen

► Tabelle 5: Verstärkungspläne, typische Verhaltensmuster und zugrunde liegende Regeln

Verstärkungsplan	Typische Verhaltensmuster	Gelernte Regel
Kontinuierliche Verstärkung	– schnelle Aneignung – geringe Reaktionsrate – leichte Löschbarkeit	„Wenn ich dieses Verhalten zeige, dann folgt immer eine Belohnung."
Intermittierende Verstärkung	– langsame Aneignung – hohe Reaktionsrate – erschwerte Löschbarkeit	„Wenn ich dieses Verhalten zeige, dann folgt manchmal eine Belohnung."
Variable Quotenverstärkung	– sehr hohe Reaktionsrate	„Je häufiger ich das Verhalten zeige, desto größer ist meine Chance, eine Belohnung zu erhalten."
Feste Intervallverstärkung	– hohe Reaktionsrate jeweils zu Beginn eines neuen Intervalls	„Nur wenn ich das Verhalten in einem ganz bestimmten Zeitraum zeige, erhalte ich eine Belohnung."

Verhalten und Verstärkung besteht. Um die Ausbildung einer solchen Erwartung hervorzurufen, ist kein kausaler Zusammenhang zwischen operantem Verhalten und der Verhaltenskonsequenz erforderlich. Entscheidend ist allein das zeitliche Zusammentreffen (*Kontiguität*) und die Zuverlässigkeit dieses Zusammentreffens (*Kontingenz*). Eine Variation des festen Intervallplans eignet sich dazu, abergläubisches Verhalten hervorzurufen. Verstärkungen werden dabei zu bestimmten Zeitpunkten verabreicht, aber unabhängig davon, ob vorher die richtige Reaktion gezeigt wird (z.B. Hebeldrücken) oder irgendeine andere Reaktion (z.B. Laufen, Kratzen).

Der „abergläubische Intervallverstärkungsplan"

Wenn sich eine Ratte kurz vor der Verstärkung zum Beispiel gerade den Kopf kratzt, wird dieses Verhalten zukünftig häufiger gezeigt, obwohl es in keinem kausalen Zusammenhang mit dem Erhalt der Belohnung steht. Entscheidend ist allein die zeitliche Nähe zum Ereignis der Verstärkung. Da der Intervallplan auch weiterhin regelmäßige Verstärkung unabhängig vom Verhalten vorsieht, wird die Erwartung („Wenn ich mich nur oft genug kratze, erhalte ich vielleicht eine Beloh-

Merksatz

Feste Intervallpläne, bei denen die Verstärkung unabhängig von der Art der Reaktion erfolgt, führen zur Ausbildung von schwer löschbaren abergläubischen Verhaltensweisen.

nung!") irgendwann auf jeden Fall bestätigt und das abergläubische Verhalten wieder verstärkt. Da die Verstärkung nicht in jedem Fall erfolgt, wird das abergläubische Verhalten sehr resistent gegen Löschung.

Beispiel

Auch beim Menschen lässt sich eine Vielzahl abergläubischer Verhaltensweisen beobachten, zum Beispiel das Mitnehmen von „Glücksbringern" auf Reisen oder die Verwendung alter Hausmittelchen zur Linderung diverser Leiden, auch wenn deren Wirksamkeit sich nicht nachweisen lässt. Kehrt eine Person dann unbeschadet von der Reise zurück oder gesundet ein Kranker nach Anwendung des Hausmittels, so scheint sich die Wirkung von Glücksbringer oder Kräutertee zu bestätigen – auch wenn die Person ohne die zusätzliche Last im Gepäck ebenso sicher hätte reisen können und auch wenn der Kranke ohne die Einnahme des Mittels ebenso schnell wieder genesen wäre.

4.4.3 | Verzögerte Verstärkung

In Kapitel 4.4.1 wurde erläutert, dass Verstärkung dann am wirksamsten zum Verhaltensaufbau beiträgt, wenn die verstärkenden Reize möglichst zeitnah zum gewünschten Verhalten verabreicht werden. Die zeitnahe Gabe von Belohnungen kann jedoch mit großem Aufwand und hohen Kosten verbunden sein, sobald das erwünschte Verhalten häufiger auftritt. Wenn man erreichen möchte, dass ein erwünschtes Verhalten über längere Zeiträume aufrechterhalten wird, ohne dass man ständig Belohnungen verabreichen muss, kann das Intervall zwischen der Ausführung des Verhaltens und der Verabreichung der Verstärkung schrittweise ausgedehnt werden. Verstärkungspläne mit verzögerter Belohnung werden daher vor allem dann eingesetzt, wenn ein Verhalten aufgebaut werden muss, das eigentlich als selbstverständlich erwartet wird und langfristig nicht bei jedem Auftreten belohnt werden kann. Dies gilt beispielsweise für ruhiges Sitzen während einer Schulstunde.

Regelmäßige Verstärkung ist mit hohem Aufwand verbunden

Merksatz

Verstärkungspläne mit verzögerter Verstärkung verwendet man, wenn erwünschtes Verhalten nicht bei jedem Auftreten verstärkt werden soll oder kann.

Ein Kind, das dazu neigt, während des Unterrichts häufig vom Platz aufzuspringen oder mit Händen und Füßen zu zappeln, kann mit Hilfe der Methode der verzögerten Belohnung für immer längere Zeiträume des Ruhigbleibens belohnt werden. Zunächst erfolgt die Verstärkung (z.B. ein Pluspunkt auf einer Punktekarte), wenn das Kind nur wenige Minuten am Stück ruhig geblieben ist. Allmählich werden diese Intervalle ausgedehnt, bis das Kind in der Lage ist, sich eine ganze Schulstunde hindurch ruhig zu verhalten, ohne die anderen Kinder zu stören und ohne zwischendurch eine Belohnung einzufordern.

Primäre, sekundäre und generalisierte Verstärker | 4.4.4

Skinner (1973b) unterschied neben positiven und negativen Verstärkern auch primäre, sekundäre und generalisierte Verstärker. Diese Unterscheidung bezieht sich auf die Abhängigkeit der verstärkenden Wirkung von vorangegangenen Lernerfahrungen. *Primäre Verstärker* wirken gleichsam automatisch, ohne dass vorher jemals ein Lernprozess stattgefunden hat. Für die meisten Lebewesen zählen beispielsweise Nahrung, Wasser und Zugang zu Geschlechtspartnern zu den primären Verstärkern. Damit handelt es sich also um solche Reize, die für die Befriedigung grundlegender biologischer Bedürfnisse eine wesentliche Rolle spielen. Umgekehrt gilt dasselbe für Bestrafungen: Bestimmte Bedingungen wie extreme Temperaturen oder Schmerzen sind für die meisten Organismen aversiv und verringern die Auftretenshäufigkeit von Verhalten. Biologische Unterschiede bestimmen weitgehend, welche Reize primäre Verstärker oder primäre Bestrafungen darstellen.

Primäre Verstärker

Dagegen versteht man unter einem *sekundären* Verstärker einen Reiz, der ursprünglich neutral war, aber durch das regelmäßige gemeinsame Auftreten mit primären Verstärkern selbst zum Verstärker wird. In der Skinner-Box kann beispielsweise ein Lichtreiz als sekundärer Verstärker eingesetzt werden, wenn die Futtergabe regelmäßig mit dem Lichtreiz gemeinsam auftritt. Schließlich drückt die Ratte den Hebel auch dann, wenn nur noch das Licht aufleuchtet: Das Licht hat selbst eine verstärkende Wirkung angenommen. Bei Lernprozessen spielen sekundäre Verstärker eine ganz wesentliche Rolle. Insbesondere soziale Anreize (z.B. schriftliche Leistungsbeurteilungen, Schulnoten) sind beim Menschen wichtige und wirksame sekundäre Verstärker.

Sekundäre Verstärker

Die Entwicklung sekundärer Verstärker lässt sich am Beispiel der Schulnoten sehr gut verdeutlichen. Zu Beginn des Schülerlebens stellen die Zahlen von eins bis sechs und die zugehörigen verbalen Umschreibungen „sehr gut" bis „ungenügend" lediglich unterschiedliche Ziffern und Wörter dar. Die wiederholte Verknüpfung bestimmter „guter" Noten mit entsprechenden Konsequenzen (z.B. bunter Stempel des Lehrers, Belohnung durch die Eltern) und die Verbindung „schlechter" Noten mit unangenehmen Konsequenzen (z.B. Nachsitzen) führt dazu, dass die ursprünglich neutralen Zahlen eine eigene verstärkende oder bestrafende Wirkung erwerben.

Generalisierte Verstärker

Durch die Kopplung mit einer Vielzahl unterschiedlicher primärer Verstärker werden sekundäre Verstärker zu *generalisierten Verstärkern*. Generalisierte Verstärker können das Auftreten von vielen verschiedenen Verhaltensweisen beeinflussen. Geld ist ein typischer generalisierter Verstärker, da es fast beliebig gegen primäre Verstärker eingetauscht werden kann und Menschen zu vielen (sogar kriminellen) Aktivitäten motiviert. Die Bedeutung vieler generalisierter Verstärker hängt von kulturellen Einflüssen ab. In unserer Kultur werden die Eigenschaften Reichtum, Berühmtheit, Macht und Intelligenz besonders geschätzt. Die wahrnehmbaren äußeren Symbole dieser Eigenschaften (z.B. wertvolle Besitztümer, öffentliche Bekanntheit, Titel) dienen als hoch wirksame generalisierte Verstärker (Lefrancois, 2003).

4.4.5 | Shaping und Chaining

Shaping oder differentielle Verstärkung

Shaping. Manche Verhaltensweisen sind zu schwierig oder ungewöhnlich, als dass ein Lebewesen sie von selbst zeigen würde. Durch eine spezielle Technik, das Shaping, können erwünschte Verhaltensweisen gezielt herausgebildet werden.

Beim Shaping (engl. für „Verhaltensformung") handelt es sich um eine Methode, bei der schrittweise alle Verhaltensansätze verstärkt werden, die in die Richtung des erwünschten Verhaltens weisen (Skinner, 1951).

Durch Shaping werden falsche Verhaltensmuster gelöscht und das gewünschte Verhalten schließlich in perfekter Form herausgebildet. Diese Technik wird daher auch als *differentielle Verstärkung* bezeichnet. Auf diese Weise können Tieren Verhaltensweisen beigebracht werden, die in ihrem natürlichen Verhaltensrepertoire nicht vorkommen.

Beispiel

Soll eine Taube in der Skinner-Box beispielsweise lernen, auf ein Plättchen zu picken, so wird sie zunächst schon verstärkt, wenn sie nur den Kopf in die Richtung des Plättchens dreht. Sodann wird sie nur noch verstärkt, wenn sie sich zu dem Plättchen hinbewegt. Ist auch dies gelernt, können Verstärkungen für erste zaghafte Pickversuche gegeben werden, auch wenn die Taube die Platte nicht genau trifft. Schließlich wird die Taube nur noch dann verstärkt, wenn sie kräftig und gezielt auf das Plättchen pickt.

Auch beim Menschen kann Shaping dazu eingesetzt werden, um schrittweise ein gewünschtes Verhalten herauszubilden. Diese Methode kann auch dann angewendet werden, wenn beispielsweise Behinderungen andere Lernformen ausschließen.

Shaping beim Menschen

Beispiel

Wenn zum Beispiel ein geistig behindertes Kind lernen soll, sich selbständig die Zähne zu putzen, wird es anfänglich für alle Versuche des Zähneputzens belohnt, auch wenn diese noch nicht so systematisch und gründlich ausfallen wie gewünscht. Allmählich werden die Anforderungen erhöht und das Kind wird nicht mehr für alle Versuche verstärkt, sondern nur noch dann, wenn es die gesamte Handlung des Zähneputzens richtig ausführt.

Chaining. Wie das Chaining dient auch das Shaping dem Erwerb komplexerer Verhaltensweisen. Chaining wird eingesetzt, wenn eine Verhaltenskette gelernt werden soll, die sich aus mehreren Teilschritten zusammensetzt. Dabei wird jeweils das zuletzt gelernte Verhalten in der Kette als *sekundärer Verstärker* verwendet, um das nächstfolgende Verhalten zu verstärken. Das letzte Verhalten in der angestrebten Kette wird also als erstes durch Verstärkung gelernt.

Chaining

Definition

Beim Chaining (engl. für „Verkettung") wird schrittweise eine Verhaltenskette aufgebaut, wobei das jeweils letzte Glied der Verhaltenskette als sekundärer Verstärker für den Erwerb der anderen Verhaltensweisen dient.

Sobald beispielsweise eine Ratte gelernt hat, dass auf das Drücken eines Hebels eine Futterkugel als Verstärkung folgt, erhält die Handlung des Hebeldrückens einen verstärkenden Charakter. Die Ratte kann nun beispielsweise lernen, über eine Barriere zu springen, um auf diese Weise zum Hebel zu gelangen. Wenn dieses Verhalten gelernt ist, kann es wiederum als sekundärer Verstärker für ein neues Verhalten eingesetzt werden. So könnte man der Ratte zum Beispiel beibringen, eine Tür aufzudrücken, um zu der Barriere zu gelangen, hinter der sich der Hebel befindet (vgl. Abb. 17).

Abb. 17

Erwerb einer Abfolge von Verhaltensweisen durch Chaining

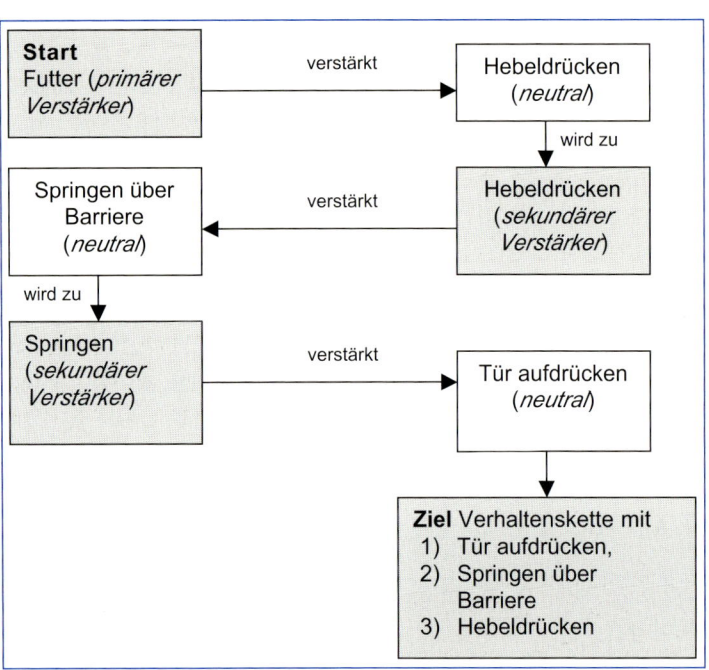

Kombination von Shaping und Chaining

Shaping und Chaining können natürlich auch kombiniert werden. Zunächst werden durch Shaping die einzelnen Verhaltensweisen ausgeformt, die anschließend durch Chaining miteinander verbunden werden können. Durch die Verbindung von Shaping und Chaining können Tieren sehr lange und eindrucksvolle Ketten von Verhaltensweisen antrainiert werden – die Grundlage der erstaunlichen Leistungen von Zirkustieren oder tierischen Filmstars wie „Lassie" und „Schweinchen Babe".

Beim Lernen spielt Chaining eine große Rolle, denn oft müssen im Alltag komplexe Handlungsfolgen gelernt und eingehalten werden. Ein Beispiel für Chaining wäre die Handlungssequenz einer Bürokraft, die eine bestimmte Abfolge von Befehlen und Passwörtern eingeben muss, um den Computer hochzufahren und die benötigten Dateien zu öffnen. Jeder Schritt in dieser Handlungskette wird durch den Zugang zum nächsten Handlungsschritt verstärkt, bis die letztendliche Verstärkung erfolgt (der Zugriff auf die gewünschte Datei). Das schrittweise Vorgehen des Chaining ermöglicht auch bei geistig behinderten Kindern den Erwerb komplexer Handlungsroutinen (Ehlers, 2000; Schmidt, 2002).

Chaining im Alltag

Beispiel

Dazu soll wieder das Beispiel eines Kindes betrachtet werden, das lernen soll, sich selbständig auf das Schlafengehen vorzubereiten. Die Eltern wünschen, dass sich das Kind vor dem Schlafen wäscht, die Zähne putzt, den Schlafanzug anzieht und sich ins Bett legt. Die letzte Handlung (Hinlegen) wird verstärkt, beispielsweise indem die Eltern eine Gute-Nacht-Geschichte vorlesen. Sobald das Hinlegen die Qualität eines sekundären Verstärkers angenommen hat, kann es genutzt werden, um den vorherigen Handlungsschritt zu verstärken. Das Kind darf demnach erst ins Bett gehen, wenn es den Schlafanzug angezogen hat, diesen darf es aber erst anziehen, nachdem es sich die Zähne geputzt hat und so fort. Auf diese Weise entstehen stabile Gewohnheiten, die nach einiger Zeit keiner äußeren Verstärkung mehr bedürfen.

Zusammenfassung

Die Wirksamkeit der operanten Konditionierung hängt von verschiedenen Voraussetzungen ab, darunter Kontingenz (Darbietung von Verstärkung/Bestrafung ausschließlich als Folge des Verhaltens, das beeinflusst werden soll), Kontiguität (zeitliche Nähe zwischen Verhalten und Konsequenz), häufige Wiederholungen, Einhaltung der Reihenfolge (erst Verhalten, dann Konsequenz) und Folgerichtigkeit (Herstellung eines klaren Zusammenhangs; z.B. Entzug der Verstärkung, wenn erwünschtes Verhalten wieder eingestellt wird). In Verstärkungsplänen wird festgelegt, wie schnell, wie häufig und wie regelmäßig die Konsequenzen auf das Verhalten folgen. Bei der unmittelbaren Verstärkung folgt die Verstärkung sofort auf das erwünschte Verhalten, während bei der episodischen Verstärkung das Verhalten über eine bestimmte Zeit hinweg aufrechterhalten werden muss.

Bei kontinuierlicher Verstärkung wird jede richtige Reaktion verstärkt. Bei der intermittierenden Verstärkung werden nicht alle korrekten Reaktionen verstärkt, sondern nur eine Auswahl nach einem bestimmten System (Quoten- oder Intervallverstärkung). Die Verstärkung nach Quoten und Intervallen kann fest (planmäßig festgelegt) oder variabel (zufallsbedingt) sein. Die Aneignung von Verhalten erfolgt am schnellsten bei kontinuierlicher Verstärkung, das intermittierende Vorgehen bewirkt eine höhere Reaktionsrate und eine geringere Extinktionsrate. Variable Verstärkungspläne führen zu einer höheren Verhaltensfrequenz und zu löschungsresistenteren Lernergebnissen als feste Verstärkungspläne. Aus kognitiver Sicht kann die Wirkung unterschiedlicher Verstärkungspläne jedoch damit erklärt werden, dass der Lerner Erwartungen über zukünftige Ereignisse bzw. Annahmen über Regeln bildet. Durch zufällige Verstärkungen von Verhaltensweisen kann es zur Ausbildung von abergläubischem Verhalten kommen.

Weitere Variationen des operanten Konditionierens bestehen in den Verfahren der verzögerten Verstärkung, der Nutzung sekundärer Verstärker, dem Shaping und Chaining und der Generalisierung von Reizen. Unter verzögerter Verstärkung versteht man die Einführung eines immer längeren Intervalls zwischen der Ausführung des Verhaltens und der Verabreichung der Verstärkung. Bei sekundären Verstärkern handelt es sich um ursprünglich neutrale Reize, die durch das regelmäßige gemeinsame Auftreten mit primärer Verstärkung selbst zum Verstärker werden. Generalisierte Verstärker sind mit einer Vielzahl von primären Verstärkern verknüpft. Shaping bedeutet die schrittweise Ausformung eines erwünschten Verhaltens durch die Verstärkung von kleinsten Zwischenschritten in die richtige Richtung. Beim Chaining werden lange Verkettungen von Verhaltensweisen gebildet, wobei das letzte Verhalten in der Kette als erstes durch Verstärkung erlernt und zum sekundären Verstärker für das nächste Verhalten wird.

Literatur

Bower, G.H. & Hilgard, E.R. (1983). Theorien des Lernens. Band 1 (5., veränd. Aufl.). Stuttgart: Klett-Cotta.

Ehlers, A. (2000). Psychologische Grundlagen der Verhaltenstherapie. In J. Margraf (Hrsg.), Lehrbuch der Verhaltenstherapie. Band 1 (2., vollst. überarb. u. erw. Aufl.; S. 69-87). Berlin: Springer.

Literatur

Gagné, R.M. (1980). Die Bedingungen des menschlichen Lernens (5., neu bearb. Aufl.). Hannover: Schrödel.

Lefrancois, G.R. (2003). Psychologie des Lernens (3., unveränd. Aufl.). Berlin: Springer.

Schmidt, M.H. (2002). Psychische Störungen infolge von Intelligenzminderungen. In F. Petermann (Hrsg.), Lehrbuch der Klinischen Kinderpsychologie und -psychotherapie (5., korr. Aufl.; S. 351-379). Göttingen: Hogrefe.

Skinner, B.F. (1951). How to teach animals. Scientific American, 185, 26-29.

Skinner, B.F. (1973b). Wissenschaft und menschliches Verhalten. München: Kindler.

Testfragen

57. Welche Voraussetzungen müssen für die Wirksamkeit der operanten Konditionierung gegeben sein?
58. Worin besteht der Vorteil der episodischen Verstärkung?
59. Auf welche Weisen kann das Prinzip der intermittierenden Verstärkung realisiert werden?
60. Welche Effekte hat intermittierende Verstärkung?
61. Wann werden Verstärkungspläne mit verzögerter Verstärkung eingesetzt?
62. Was versteht man unter einem generalisierten Verstärker?
63. Welches Verhalten muss beim Chaining zuerst verstärkt werden?

Generalisierungs- und Diskriminationslernen | 4.5

Skinner (1973b) berücksichtigte beim Verhalten von Tieren nicht nur die Wirkung von Verhaltenskonsequenzen, sondern auch die Bedeutung der vorangehenden situativen Reize. Diese Reize, die auch als *diskriminative Reize* bezeichnet werden (S^D), geben dem Organismus Hinweise darauf, welche Konsequenzen ein Verhalten wahrscheinlich haben wird. Dadurch können diese Reize Verhalten auslösen oder hemmen.

Bedeutung von Hinweisreizen

Einmal erworben, können situative Reize generalisiert werden, das heißt, ihre Bedeutung wird auf ähnliche Reize übertragen (*Generalisierungslernen*).

Generalisierungslernen ermöglicht die Übertragung von gelernten Zusammenhängen auf vergleichbare Situationen. Beim Diskriminationslernen wird gelernt, zwischen situativen Hinweisreizen zu unterscheiden und Verhaltensweisen nur dann auszuführen, wenn diese erforderlich oder situationsangemessen sind.

Auf der anderen Seite können feine Unterschiede zwischen Reizen erworben werden, die Hinweise auf unterschiedliche Verhaltenskonsequenzen darstellen (*Diskriminationslernen*).

Diskriminationslernen stellt damit das Gegenstück zur Generalisierung dar. Man unterscheidet zwischen Reiz- und Reaktionsdiskrimination und zwischen simultanem und sukzessivem Diskriminationslernen. Generalisierung und Diskrimination bilden bedeutende Mechanismen für das Lernen im Alltag (vgl. Petermann, 2005).

4.5.1 | Generalisierung von Reizen und Lerntransfer

Sobald ein Tier in der Skinner-Box gelernt hat, beispielsweise beim Aufleuchten eines roten Lichts in der Box auf eine Taste zu drücken, um Futter zu erhalten, setzt der automatische Prozess der *Generalisierung* ein. Dies bedeutet, dass das Tier zum Beispiel auch beim Aufleuchten eines weißen, gelben oder blauen Lichts die Taste drücken wird.

Unter dem Begriff der Generalisierung versteht man, dass früher erlernte Verhaltensweisen auf neue, mehr oder weniger ähnliche Situationen übertragen werden.

Um von einer echten Generalisierung sprechen zu können, besteht die Voraussetzung, dass das Tier oder der Mensch die dargebotenen Reize sensorisch unterscheiden kann.

Ein einfaches Beispiel für Generalisierung bezieht sich auf Tischsitten. Sobald ein Kind gelernt hat, dass flüssige Speisen wie Hühnersuppe mit Hilfe eines Löffels verspeist werden, wird es dieselbe Methode auch bei unbekannten Suppen anwenden, die es vorgesetzt bekommt. Eine exotische Thai-Suppe im Restaurant zum Beispiel riecht völlig anders und sieht anders aus als alle Suppen, die das Kind bislang kennengelernt hat. Sie besitzt jedoch genügend Ähnlichkeit mit bekannten

Beispiel

Suppen (z.B. flüssige Konsistenz), um Generalisierung stattfinden zu lassen. Das Kind kann folglich zum richtigen Esswerkzeug greifen, ohne die Eltern fragen zu müssen.

Lernen durch Generalisierung ist im Alltag von höchster Bedeutung: Ständig ergibt sich die Notwendigkeit, zum Beispiel neue Wege zu gehen oder zu fahren, mit fremden Personen zu sprechen oder in einem neuen Geschäft einzukaufen. Es kommt fast nie vor, dass sich zwei Situationen vollkommen gleichen, und es wäre daher eine nicht zu bewältigende Aufgabe, für jede denkbare Situation ein neues Verhalten zu lernen. Generalisierung stellt eine ökonomische Lösung dieses Problems dar. In pädagogischen Kontexten spricht man in diesem Zusammenhang auch von Lernübertragung oder Transfer. Ein Grundproblem des institutionalisierten Lernens (z.B. Schule, Ausbildung, Universität) besteht darin, dass die gelernten Inhalte und Fertigkeiten zu wenig auf Situationen außerhalb des Lernkontextes generalisiert werden – es findet also meistens zu wenig Transfer statt.

Generalisierungslernen im Alltag

Reizdiskrimination

4.5.2

Generalisierungslernen führt häufig, aber nicht immer dazu, dass in einer neuen Situation die richtigen Reaktionen gezeigt werden. Manche Situationen verlangen eine Anpassung des Verhaltens. Reizdiskrimination ermöglicht, spezifische Situationen anhand von Hinweisreizen zu erkennen und von anderen Situationen abzugrenzen.

Definition

Das Lernen von *Unterschieden* zwischen Reizen und Reizkonstellationen, die Hinweise auf unterschiedliche Verhaltenskonsequenzen geben, wird als Reizdiskrimination bezeichnet.

So kann eine Taube in der Skinner-Box zum Beispiel lernen, dass das Picken auf eine Scheibe nur bei grünem Licht von einer Futterbelohnung gefolgt wird, während ein blaues Licht anzeigt, dass es keine Belohnung gibt.

Diskriminative Reize. Diskriminative Reize liefern Informationen darüber, welche Konsequenzen (Belohnung, Bestrafung oder keine Folgen) ein Verhalten haben wird und werden daher auch *Hin-*

Diskriminative Reize

weisreize genannt. Sie können indirekt die Auftretensrate des Verhaltens beeinflussen. Es kann zwischen *förderlichen* und *hinderlichen* Reizen unterschieden werden.

Beispiel

Eine Ratte in der Skinner-Box kann zum Beispiel lernen, dass das Drücken des Hebels nur beim Aufleuchten des grünen Lichts zu einer Futtergabe führt (grünes Licht = förderlicher Reiz), während das Hebeldrücken bei rotem Licht zu einem leichten Stromstoß führt (rotes Licht = hinderlicher Reiz). Ganz analog dazu lernen Menschen, wie sie sich als Teilnehmer im Straßenverkehr zu verhalten haben. Ampeln und Verkehrsschilder dienen als Hinweisreize, die Handlungen wie „Fahren", „Abbiegen" oder „Parken" wirksam steuern.

Durch Diskriminationslernen können sehr feine Differenzierungen zwischen Reizen erworben werden (vgl. die Unterscheidung äußerlich sehr ähnlicher Buchstaben beim Lesenlernen). Nicht nur äußere Reize, sondern auch körperliche Zustände, Emotionen und Kognitionen können Hinweisreize darstellen (Petermann & Petermann, 2006a). Die Wirksamkeit diskriminativer Reize hängt von verschiedenen Bedingungen ab (vgl. Kasten 2).

Voraussetzungen für die Wirksamkeit von Hinweisreizen

▶ **Kasten 2: Voraussetzungen für die Wirksamkeit diskriminativer Reize**

- **Bekanntheit des Reizes:** Die Bedeutung eines Signals muss bekannt sein. Beispielsweise müssen einem Verkehrsteilnehmer die Bedeutungen der Verkehrsschilder vertraut sein, so dass er die symbolisch dargestellten Anweisungen und Regeln befolgen kann.
- **Eindeutigkeit des Reizes:** Der Reiz muss von anderen Reizen unterscheidbar sein. Zwei Signallampen von fast derselben Farbe, aber unterschiedlicher Bedeutung können verhältnismäßig leicht verwechselt werden, ein Licht und ein Ton als Signale dagegen nicht.
- **Wahrnehmbarkeit des Reizes:** Der Reiz muss im Verhältnis zu anderen Reizen in der Umgebung gut wahrnehmbar sein. Eine rote Ampel zum Beispiel ist unter normalen Bedingungen auffällig, kann aber bei tief stehender Sonne übersehen werden.
- **Subjektiver Bekräftigungswert des Reizes:** Individuelle Lernerfahrungen bestimmen, ob ein Hinweisreiz auf eine subjektive Belohnung oder Bestrafung hinweist. Die Ankündigung von reichlichem Schneefall beispielsweise kann einem Skifahrer viel Vergnügen in Aussicht stellen, auf einen Autofahrer jedoch bedrohlich wirken.

▶ Fortsetzung Kasten 2

- **Sättigung und Deprivation:** Ein Hinweisreiz verliert seinen Aufforderungscharakter, wenn das Verhalten und die Verstärkung bereits erfolgt sind (*Sättigung*). Auf der anderen Seite ist der Aufforderungscharakter stärker, wenn schon über längere Zeit keine Verstärkung erfolgt ist (*Deprivation*). Ein einfaches Beispiel wäre die Situation einer Person, die gerade gut gegessen hat und völlig satt ist. Selbst deutliche Hinweisreize, wie das große Schild eines Restaurants, würden die Person nicht dazu motivieren, wieder etwas zu essen. Hätte sie jedoch großen Hunger, so würden schon geringfügige Hinweisreize ausreichen, um den Erwerb von etwas Essbarem auszulösen.

Soziale Bedeutung. Diskriminationslernen ist von ebenso hoher Bedeutung wie Generalisationslernen, denn der Alltag zeichnet sich durch eine breite Vielfalt von Situationen mit jeweils unterschiedlichen Anforderungen aus (z.B. im beruflichen Kontext, im Straßenverkehr, beim Einkaufen und in der Freizeit). Diese Form des Lernens bildet eine notwendige Voraussetzung für den Erwerb kognitiver, sozialer und motorischer Fertigkeiten und für situationsangemessenes Verhalten. Früh schon müssen Kinder beispielsweise lernen, in unterschiedlichen Kontexten jeweils angemessenes Verhalten zu zeigen. In der Schule wird ein anderes Verhalten erwartet als zu Hause; mit den Spielkameraden geht man anders um als mit den Eltern; und draußen im Garten kann man andere Spiele spielen als im Haus.

Erwerb von situationsangemessenem Verhalten durch Diskriminationslernen

Mangelnde Fähigkeiten zur Reizdiskrimination können daher insbesondere im sozialen Bereich zu Problemen führen. Gerade in der sozialen Interaktion ist die Fähigkeit zur Differenzierung von feinen Unterschieden im Ausdrucksverhalten anderer Menschen von großer Bedeutung. Dieser Zusammenhang wurde von Dodge (1986) in der Theorie der *sozial-kognitiven Informationsverarbeitung* herausgearbeitet. Kinder, die beispielsweise die durch Mimik, Gestik und Stimme ausgedrückten Emotionen anderer Menschen nicht sicher differenzieren können, verhalten sich in sozialen Situationen häufig unangemessen. Sie neigen häufig zu aggressivem Verhalten, weil sie die Motive der anderen nicht nachvollziehen und ihr Verhalten nicht vorhersagen können. Im Rahmen der Kinderpsychotherapie können Kindern die notwendigen Fertigkeiten zur Reizdifferenzierung vermittelt werden (vgl. auch Kap. 8).

Theorie der sozial-kognitiven Informationsverarbeitung

4.5.3 | Reaktionsdiskrimination

Bei der Reaktionsdiskrimination geht es um die Differenzierung von Verhalten. Dabei werden zwei Aspekte unterschieden: auf der einen Seite die Auswahl eines situationsangemessenen Verhaltens aus einer Reihe alternativer Verhaltensweisen und auf der anderen Seite die Veränderung bestimmter Verhaltensparameter (z.B. Geschwindigkeit, Dauer oder Intensität) durch Lernprozesse.

Auswahl von Verhaltensweisen *Auswahl aus alternativen Verhaltensweisen.* Reaktionsdiskrimination bedeutet, dass eine Person lernt, in unterschiedlichen Situationen jeweils angemessen zu reagieren. Ein Alltagsbeispiel bezieht sich wiederum auf Tischsitten. Die meisten festen Speisen werden in unserem Kulturkreis mit Messer und Gabel verzehrt. Manche Speisen stellen jedoch Ausnahmen dar – so werden zum Beispiel Hühnerflügel oder Maiskolben mit den Händen gehalten. Durch die Anleitung der Eltern lernen Kinder, welches Verhalten jeweils angemessen ist. Ein weiteres Beispiel betrifft die Auswahl angemessener Kleidung: Für einen Waldspaziergang im Winter werden andere Kleidungsstücke und Schuhe ausgewählt als für einen Sommertag am Meer, und im Alltag zieht man sich anders an als für einen Abend in der Oper. In diesen Fällen beeinflussen soziale und physikalische Hinweisreize (z.B. Temperatur) das Verhalten.

Ein Beispiel aus dem Bereich des kognitiven Lernens wäre ein Schüler, der bei den Hausaufgaben für verschiedene Schulfächer jeweils angemessene Lernstrategien auswählen muss, um sich den Stoff anzueignen (z.B. Wiederholen beim Vokabellernen, Elaborieren beim Thema Geographie). Seine Entscheidung wird dadurch beeinflusst, wie erfolgreich diese Strategien in früheren Lerndurchgängen gewesen sind, kann aber auch durch Hinweise des Lehrers oder der Eltern geleitet werden.

Modifizierung von Verhaltensparametern *Modifizierung von Verhaltensparametern.* Um jeweils situationsangemessene Verhaltensweisen auswählen zu können, müssen einer Person verschiedene, abgestufte Reaktionsweisen zur Verfügung stehen. Verhaltensweisen können sich in Bezug auf verschiedene Parameter wie Kraft oder Geschwindigkeit unterscheiden. So ist bei einer groben Arbeit wie Holzsägen mehr Kraft, aber weniger feinmotorisches Geschick erforderlich als bei einer filigranen Bastelarbeit. Menschen lernen durch Übung, die Variationsmöglichkeiten von Verhaltensweisen zu differenzieren und je nach den Anforderungen der Situation die passende Variante eines Verhaltens auszuwählen. Besonders beim Lernen von motorischen Fertigkeiten (z.b. sportliche oder musikalische Fertigkeiten) ist diese Lernart von großer Bedeutung. Bei der gezielten Veränderung von Verhaltensparametern können Techniken verwendet werden, die schon als Shaping und Chaining beschrieben worden sind.

Diskriminationslernen als Prozess. Reaktionsdiskrimination setzt Reizdiskrimination voraus, da zunächst die spezifischen Hinweisreize einer Situation identifiziert werden müssen, bevor das angemessene Verhalten ausgewählt werden kann. Das Ergebnis einer Handlung, die durch Diskriminationslernen entstanden ist, kann selbst wieder zum Hinweisreiz für den nächsten Handlungsschritt werden.

Reizdiskrimination als Voraussetzung für Reaktionsdiskrimination

Beispiel

Als Beispiel soll der Verlauf eines Konflikts zwischen zwei Personen betrachtet werden. Die eine Person fühlt sich gekränkt (Hinweisreiz) und reagiert darauf, indem sie die andere Person anschreit. Dieses Verhalten hat sie in früheren Auseinandersetzungen mit Familienmitgliedern gelernt und damit Erfolg gehabt: Die Familienmitglieder haben sich daraufhin stets für ihr kränkendes Verhalten entschuldigt. Die andere Person reagiert jedoch nicht wie erwartet mit einer Entschuldigung, sondern verlässt den Raum (negatives Ergebnis). Dieses Ergebnis stellt für die erste Person einen Hinweisreiz dar, zukünftig ein anderes Verhalten zu zeigen (z.B. in ruhigem Ton über ihre Gefühle zu sprechen).

Reiz- und Diskriminationslernen lassen sich in der Praxis oft nicht klar voneinander trennen. Beide Lernarten sollten daher als interaktiver Prozess betrachtet werden, der in vier Phasen verläuft (vgl. Kasten 3).

▶ **Kasten 3: Der Reiz-Reaktions-Diskriminationsprozess**

1. **Wahrnehmung:** Voraussetzung für den Diskriminationsprozess ist, dass Reize differenziert wahrgenommen werden und die charakteristischen Unterschiede für Orte, Personen, Zeiten und Situationen erkannt werden.
2. **Indikation:** Hinweisreize zeigen die Konsequenzen des Verhaltens an (Belohnung oder Bestrafung).
3. **Auswahl:** Es erfolgt die Auswahl eines situationsangemessenen Verhaltens.
4. **Neue Indikation:** Das Ergebnis der gewählten Handlung wird zum Hinweisreiz für die nächste mögliche Handlung und zeigt die Aussicht auf Verstärkung oder Bestrafung an.

4.5.4 | Simultanes und sukzessives Diskriminationslernen

Diskriminationslernen kann entweder simultan oder sukzessiv erfolgen. Beim *simultanen Diskriminationslernen* werden unterschiedliche Hinweisreize gleichzeitig präsentiert, darunter hinderliche und förderliche Reize. Vom Lerner werden zugleich Prozesse der Reiz- und Reaktionsdiskrimination verlangt. Erwünschtes Verhalten wird differentiell verstärkt. Simultanes Diskriminationslernen entspricht der Komplexität in sozialen Situationen und eignet sich daher besonders für Lernvorgänge im sozialen Bereich. Ein Beispiel wäre eine komplexe Spielsituation, bei der kooperative und destruktive Handlungen durchgeführt werden können. Wenn Kinder kooperatives Verhalten einüben sollen, können die Spielregeln so bestimmt werden, dass kooperatives Verhalten zu größeren Gewinnen führt.

Simultanes Diskriminationslernen

Sehr junge oder geistig behinderte Kinder können durch mehrere gleichzeitig gebotene Reize überfordert werden. In solchen Fällen wäre *sukzessives Diskriminationslernen* das angemessenere Vorgehen. Sukzessives Diskriminationslernen bedeutet, dass Reize nacheinander vorgegeben werden. Dabei muss auf manche Reize reagiert werden, auf andere nicht. Nach jedem Versuch erfolgt eine Rückmeldung, wobei richtige Reaktionen verstärkt werden. Auf diese Weise kann zum Beispiel geistig behinderten Kindern beigebracht werden, welche Gegenstände essbar sind und welche nicht. Der Lernprozess läuft schrittweise ab, wobei allmählich immer höhere Schwierigkeitsgrade erreicht werden – beispielsweise bis hin zur unterschiedlichen Verwendung sehr ähnlich aussehender Gartenkräuter. Auf diese Weise ist ein Lernen ohne Fehler möglich, was Frustrationen vermeidet und die Motivation erhöht. Der Lernvorgang dauert länger als beim simultanen Diskriminationslernen und erreicht zumeist nicht dieselbe Stufe der Komplexität. Dafür sind sukzessive Lernaufgaben auch bei eingeschränkten kognitiven Fähigkeiten, bei Impulsivität und mangelnder Frustrationstoleranz zu bewältigen.

Sukzessives Diskriminationslernen

Fehlerloses Lernen

Zusammenfassung

Generalisations- und Diskriminationslernen bezieht sich auf die Generalisierung bzw. Differenzierung von situativen Reizen, die Hinweise auf die Konsequenzen von Verhalten geben. Diese Hinweisreize (diskriminative Stimuli) können Verhalten auslösen oder hemmen. Generalisationslernen bewirkt, dass Verhalten auch durch Reize ausgelöst wird, die dem bekannten Hinweisreiz mehr oder weniger ähnlich sind. Im Alltag ermöglicht dies die Übertragung gelernten Verhaltens auf neue Situationen. Beim Diskriminationslernen unterscheidet man Reiz- und Reaktionsdiskrimination. Reizdiskrimination bedeutet das Lernen von Unterschieden zwischen Reizen und Reizkonstellationen, die Hinweise auf unterschiedliche Verhaltenskonsequenzen geben. Die Wirksamkeit diskriminativer Reize beruht auf der Bekanntheit, Eindeutigkeit, Wahrnehmbarkeit und dem subjektiven Bekräftigungswert des Reizes sowie auf dem Grad der Sättigung oder Deprivation beim Lerner. Diskriminationslernen ist besonders im sozialen Alltag wichtig, da häufig sehr feine Unterschiede in sozialen Situationen beachtet werden müssen.

Unter Reaktionsdiskrimination versteht man einerseits die Auswahl eines situationsangemessenen Verhaltens aus einer Reihe alternativer Verhaltensweisen und andererseits die Veränderung bestimmter Verhaltensparameter durch Lernprozesse. Zur Modifizierung von Verhaltensparametern werden Techniken wie Shaping und Chaining eingesetzt. Reaktionsdiskrimination setzt Reizdiskrimination voraus, da zunächst die spezifischen Hinweisreize einer Situation identifiziert werden müssen, bevor das angemessene Verhalten ausgewählt werden kann. Diskriminationslernen kann demzufolge als Prozess mit vier Phasen (Wahrnehmung, Indikation, Auswahl, neue Indikation) angesehen werden.

Diskriminationslernen kann simultan oder sukzessiv erfolgen. Beim simultanen Diskriminationslernen werden hinderliche und förderliche Hinweisreize gleichzeitig präsentiert, wie es natürlichen Lernvorgängen im sozialen Bereich entspricht. Beim sukzessiven Diskriminationslernen werden Reize nacheinander vorgegeben, und auf jede Reaktion erfolgt eine Rückmeldung.

Literatur

Dodge, K. A. (1986). A social information processing model of social competence in children. In M. Perlmutter (Ed.), Eighteenth Annual Minnesota Symposium on Child Psychology (pp. 77-125). Hillsdale: Erlbaum.

Petermann, U. (2005). Diskriminationslernen. In M. Linden & M. Hautzinger (Hrsg.), Verhaltenstherapiemanual (5., vollst. überarb. Aufl., S. 133-137). Heidelberg: Springer.

Petermann, U. & Petermann, F. (2006a). Lernpsychologische Grundlagen. In F. Pe-

Literatur

termann (Hrsg.), Kinderverhaltenstherapie (3., völlig veränd. Aufl., S. 15-66). Baltmannsweiler: Schneider-Verlag Hohengehren.

Skinner, B.F. (1973b). Wissenschaft und menschliches Verhalten. München: Kindler.

Testfragen

64. *Was versteht man unter Generalisierung?*
65. *Welche Funktionen haben diskriminative Reize?*
66. *Welche Bedingungen bestimmen die Wirksamkeit von Hinweis-reizen?*
67. *In welchem Lebensbereich ist Reizdiskrimination ganz beson-ders wichtig?*
68. *Welche Aspekte umfasst die Reaktionsdiskrimination?*
69. *Wie lauten die Phasen des Diskriminationslernens?*

4.6 | Formen des assoziativen Lernens im Vergleich

Zur Verdeutlichung der Grundlagen des assoziativen Lernens soll noch einmal hervorgehoben werden, worin die Gemeinsamkeiten und Unterschiede der zentralen Ansätze zum assoziativen Lernen bestehen. Allen Vertretern der behavioristischen Lerntheorie ist gemeinsam, dass sie sich auf die Erforschung von beobachtbaren Reaktionen und Verhaltensweisen beschränkt haben. Konzepte wie Erwartungen und Denken wurden in diesen Theorien grundsätzlich nicht berücksichtigt. Die lernende Person wurde als eine Art *blackbox* angesehen, zu deren Innenleben man auf keine Weise Zugang gewinnen kann. Es wurden daher nur die Parameter des Lernvorgangs erforscht, die sich direkt beobachten und messen ließen (messbare Reize als Input und beobachtbare Reaktionen als Output). Lernen wurde als der Aufbau von Verbindungen zwischen Reizen oder Reizen und Reaktionen, das heißt als assoziativer Prozess aufgefasst.

Neben diesen grundsätzlichen Gemeinsamkeiten bestehen jedoch auch wichtige Unterschiede in den Erklärungsmodellen. Die ersten Behavioristen, darunter Pawlow, Watson und Guthrie, postulierten Assoziationen zwischen unkonditionierten (UCS) und konditionierten Reizen (CS), um Lernen zu erklären. Thorndike vermutete eine Verbindung zwischen konditioniertem Reiz (CS) und Reaktion (CR) unter der Voraussetzung, dass die Konsequenzen positiv sind (C+). Skinner nahm an, dass Lernen eine Assoziation zwischen Verhalten (CR) und nachfolgenden Konsequenzen (C) darstellt. Zusätzlich berücksichtigte er in seinem Modell des Lernens spezifische Hinweisreize (S^D), die über die Konsequenzen eines operanten Verhaltens informieren. Trotz dieser Unterschiede muss nicht gefolgert werden, dass die Theorien einander direkt widersprechen. Vielmehr werden durch diese Ansätze unterschiedliche Bereiche des Lernens abgedeckt. So erklärt klassisches Konditionieren das Lernen einfacher Reaktionen und Reflexe, während Diskriminationslernen im Rahmen operanter Konditionierung sich auf komplexere Lernprozesse bezieht und beispielsweise auf soziale Kontexte angewendet werden kann. Tabelle 6 zeigt die Modellvorstellungen des assoziativen Lernens noch einmal im Überblick.

▶ Tabelle 6: Modellvorstellung zum assoziativen Lernen

Lernmodell	Vertreter	Assoziative Verknüpfung
Klassisches Konditionieren	Pawlow (1972) Watson (1930/1968) Guthrie (1952)	Verbindung von unkonditioniertem und konditiertem Reiz UCS – CS
Lernen am Erfolg	Thorndike (1930/1970, 1932)	Verbindung von Reiz und Reaktion bei positiver Konsequenz CS – CR (C+)
Operantes Konditionieren	Skinner (1948/1980, 1951, 1969, 1971, 1973a,b)	Verbindung zwischen Hinweisreiz, Verhalten und Konsequenz S^D – CR – C

Literatur

Guthrie, E.R. (1952). The psychologie of learning (rev. ed.). New York: Harper & Row.
Pawlow, I.P. (1972). Die bedingten Reflexe. München: Kindler.
Skinner, B.F. (1951). How to teach animals. Scientific American, 185, 26-29.
Skinner, B.F. (1969). Contingencies of reinforcement: A theoretical analysis. New-York: Appleton-Century-Crofts.
Skinner, B.F. (1971). Erziehung als Verhaltensformung. München-Neubiberg: Keimer.
Skinner, B.F. (1973a). Jenseits von Freiheit und Würde. Reinbek: Rowohlt.
Skinner, B.F. (1973b). Wissenschaft und menschliches Verhalten. München: Kindler.

Literatur

Skinner, B.F. (1980). Futurum Zwei: „Walden two". Die Vision einer aggressionsfreien Gesellschaft. Reinbek: Rowohlt (Original 1948).

Thorndike, E.L. (1932). Reward and punishment in animal learning. Comparative Psychology Monographs, 8, No. 39.

Thorndike, E.L. (1970). Psychologie der Erziehung (3., unveränd. Aufl.). Darmstadt:
Wissenschaftliche Buchgesellschaft (Original 1930).

Watson, J.B. (1968). Behaviorismus. Köln: Kiepenheuer & Witsch (Original 1930).

Testfragen

69. *Welche Arten von Reizen berücksichtigte Skinner in seinem Modell des operanten Konditionierens?*

Kognitives Lernen

Etwa zur gleichen Zeit wie der Behaviorismus in den USA sind – überwiegend in Europa – kognitiv orientierte Lerntheorien entstanden, die sich mit Prozessen wie Denken, Informationsverarbeitung und Erinnern befassen. In diesem Kapitel sollen die Grundgedanken kognitiver Lerntheorien und wichtige Mechanismen des kognitiven Lernens vorgestellt werden. Einige zentrale Konzepte des kognitiven Lernens stammen aus der Gestaltpsychologie. Die Theorie Tolmans, das Konzeptlernen nach Bruner und die Prototypentheorie bilden weitere wichtige Ansätze, die in diesem Kapitel besprochen werden.

Kognitive Lerntheorien | 5.1

In der kognitiv orientierten Lern- und Gedächtnisforschung stehen statt einfacher Zusammenhänge zwischen Reizen und Reaktionen – wie im Behaviorismus – komplexe Konzepte wie Wahrnehmung, Problemlösen, Entscheidungsverhalten und Informationsverarbeitung im Mittelpunkt.

Kognitive Prozesse im Mittelpunkt

„Unter Kognitionen versteht man jene Vorgänge, durch die ein Organismus Kenntnis von seiner Umwelt erlangt. Im menschlichen Bereich sind dies besonders: Wahrnehmung, Vorstellung, Denken, Urteilen, Sprache. [...] Durch Kognitionen wird Wissen erworben" (Edelmann, 2000, S. 114).

Wissenserwerb aus kognitiver Sicht. Der Auffassung kognitiver Lernforscher zufolge erwerben Lernende Wissen durch die aktive Auseinandersetzung mit ihrer Umwelt. Ein kleines Kind betrachtet beispielsweise einen unbekannten Gegenstand, befühlt ihn, steckt ihn in den Mund, schüttelt ihn und lauscht auf die dabei entstehenden Geräusche. Durch diese spielerischen Aktivitäten erwirbt das Kind Wissen über die Eigenschaften des Gegenstands und über eigene Handlungsmöglichkeiten. Die Reize des Gegenstandes (z.B.

Wissenserwerb durch aktive Auseinandersetzung mit der Umwelt

Form, Farbe, Gewicht, Beweglichkeit, Töne) werden dabei nicht nur aufgenommen, sondern auch verarbeitet und bewertet.

Verbales und nonverbales Lernen

Enkodierung. Die Verarbeitung und Einspeicherung von Informationen (*Enkodierung*) kann auf verbale oder nonverbale Weise erfolgen. Beim *verbalen Lernen* wird Sachwissen durch sprachliches Lernen aufgebaut. Dabei kann es sich um Wissen über Fertigkeiten (z.B. Rechnen und Schreiben) oder um Wissen über Sachverhalte (Bedeutung von Wörtern, Eigenschaften von Begriffen) handeln. Beim *nonverbalen Lernen* wird Wissen auf bildhafte oder handlungsbezogene Weise enkodiert. Konkrete Informationen werden eher bildhaft enkodiert, abstrakte Informationen eher auf verbalem Weg. Diese Sichtweise der *dualen Verarbeitung* (Paivio, 1986) korrespondiert mit Mehrspeichermodellen des Gedächtnisses (vgl. Kap. 2.1.2). Der Prozess des Wissenserwerbs kann nach dieser Auffassung gefördert werden, indem die Präsentation von Lerninhalten gezielt auf mehreren Wegen zugleich erfolgt.

Duale Verarbeitung

Beispiel

Im Biologieunterricht soll der Aufbau verschiedener Blütenformen behandelt werden. Der Lehrer plant für die Stunde einen Vortrag, um die Grundlagen zu vermitteln. Der Lehrervortrag (akustisch-verbale Verarbeitung) soll durch die Vorführung von Abbildungen und getrockneten Exemplaren verschiedener Blütenpflanzen (optisch-bildhafte Verarbeitung) ergänzt werden. Im Anschluss sollen die Schüler eigene Schemazeichnungen der unterschiedlichen Blütenformen anfertigen (handlungsbezogene Verarbeitung).

Kognitive Repräsentation

Kognitive Repräsentation. Durch den Prozess der Enkodierung erzeugt der Lerner eine kognitive Repräsentation des Lerngegenstandes.

Definition

Der Begriff der kognitiven Repräsentation bezieht sich auf alle Formen der kognitiven Darstellung von Objekten oder Begriffen. Im engeren Sinne handelt es sich um Vorstellungen, die durch Erinnern und Schlussfolgern vermittelt werden (Seel, 2000).

Die Art oder das *Format* einer kognitiven Repräsentation hängt ab von

- dem Inhalt der Information (z.B. bezogen auf Gegenstände, Tätigkeiten, Menschen),
- dem verwendeten Informationskanal (z.B. optisch, akustisch, taktil) und
- der Art der Information (z.B. bildhaft, sprachlich oder handlungsbezogen).

Lernen durch Schlussfolgern. Neue Wissensinhalte, also neue kognitive Repräsentationen, werden in das bestehende Wissenssystem eingegliedert. Dabei spielen schlussfolgernde Prozesse eine wesentliche Rolle. Wenn ein Kind zum Beispiel schon weiß, dass Enten schwimmen können, weil sie Schwimmhäute besitzen, so kann es beim Anblick eines Schwans auf dem Wasser schlussfolgern, dass dieser ebenfalls mit Schwimmhäuten ausgestattet sein muss.

Bedeutung schlussfolgernder Prozesse

Merksatz

Kognitive Repräsentationen ermöglichen es, Wissen über bereits bekannte Objekte auf neue Objekte zu übertragen und strukturierte Netzwerke des Wissens zu bilden.

Auswirkungen auf das Verhalten. Im Gegensatz zu behavioristisch orientierten Forschern nehmen kognitive Lernforscher an, dass Verhalten von Menschen und teilweise auch von Tieren nicht ausschließlich von äußeren Reizen abhängt, sondern durch kognitive Prozesse wie Denken, Schlussfolgern und Entscheiden gesteuert wird. Die kognitive Repräsentation bildet das Bindeglied zwischen den Reizen der Umwelt und der Reaktion (Verhalten). Menschliches Verhalten kann daher nicht als eine einfache Verkettung von Reizen und Reaktionen beschrieben werden. Wesentliche Impulse für menschliches Verhalten entstehen durch Denkprozesse und durch innere Einsicht. Dies zeigt sich zum Beispiel daran, dass kleine Kinder eigenständig Wörter und Sätze bilden, die sie bei ihrer Umwelt niemals gehört haben (vgl. Grimm, 2003).

Menschliches Verhalten wird durch kognitive Prozesse gesteuert

Merksatz

Kognitive Psychologen befassen sich insbesondere mit dem Vorgang des Wissenserwerbs, mit dem Resultat des Lernens (Wissen in Form kognitiver Repräsentationen) und mit den Auswirkungen des Wissenserwerbs auf menschliches Verhalten und Handeln.

Zusammenfassung

Kognitiv orientierte Lerntheorien befassen sich mit inneren Prozessen wie Wahrnehmung, Informationsverarbeitung, Denken, Problemlösen und Entscheiden. Lernende erwerben Wissen durch die aktive Auseinandersetzung mit ihrer Umwelt. Dabei wird eine kognitive Repräsentation des Lerngegenstandes in verbaler oder nonverbaler Form erzeugt. Durch schlussfolgernde Prozesse werden neue Begriffe und Inhalte in das bestehende Wissenssystem integriert. Die kognitive Repräsentation bildet das Bindeglied zwischen Umwelt und Verhalten und trägt zur Flexibilität menschlichen Verhaltens bei.

Literatur

Edelmann, W. (2000). Lernpsychologie (6., vollst. überarb. Aufl.). Weinheim: Beltz PVU.

Grimm, H. (2003). Störungen der Sprachentwicklung (2., überarb. Aufl.). Göttingen: Hogrefe.

Paivio, A. (1986). Mental representations. New York: Oxford University Press.

Seel, N.M. (2000). Psychologie des Lernens. München: Reinhardt.

Testfragen

70. *Was versteht man unter Kognitionen?*
71. *Welche Rolle hat der Lerner beim kognitiven Lernen?*
72. *Welche beiden Formen der kognitiven Repräsentation gibt es?*
73. *Welche Bedeutung haben schlussfolgernde Prozesse für das Lernen?*

[handschriftliche Notiz: Lerner erwirbt Wissen aktiv aus der Umwelt durch Interaktion verbale nonverbale]

5.2 | Gestaltpsychologie

Abb. 18 |

Wolfgang Köhler
(1887-1967)

Einen wesentlichen Mechanismus kognitiven Lernens beschrieb Wolfgang Köhler (1887-1967, s. Abb. 18): Das Lernen durch Problemlösen und Einsicht. Diese kognitive Auffassung vom Lernen beruht auf den Prinzipien der Gestaltpsychologie (vgl. Kap. 1.2.2).

5.2.1 | Köhlers Experimente

Der deutsche Psychologe Köhler, einer der Hauptvertreter der Gestaltpsychologie, untersuchte auf Teneriffa das Problemlösungsverhalten von Affen (Köhler, 1921). Der Forscher stellte den Affen Aufgaben, die so komplex waren, dass sie durch Versuch und Irrtum nicht gelöst werden konnten. So mussten die Tiere beispielsweise

Problemlösendes Verhalten bei Affen

Kisten aufeinander stapeln oder Stöcke ineinander stecken, um außerhalb ihrer Reichweite befindliche Nahrung zu erreichen. Köhler beobachtete, dass die Affen die Lösung häufig dann fanden, wenn sie nicht aktiv mit dem Problem beschäftigt waren, sondern etwas anderes taten – zum Beispiel ruhig dasaßen und „nachdachten". Nach Köhlers Beobachtungen sprangen die Affen nach einer solchen Denkphase plötzlich auf, wandten sich wieder der Aufgabe zu und führten sofort – ohne Probieren – das zielführende Verhalten aus.

Aus diesen Beobachtungen leitete Köhler ab, dass Affen zu *Einsicht* in die Problemstellung gelangen können.

Einsicht

Bei Einsicht handelt es sich um die plötzlich eintretende Erkenntnis des Zusammenhangs zwischen den Elementen einer Problemsituation.

Aus gestaltpsychologischer Sicht stellt Einsicht einen komplexen und ganzheitlichen Prozess dar, der nicht einfach durch die Summation von Teilreaktionen erklärt werden kann. Köhler (1921) schloss die Möglichkeit des Lernens durch Versuch und Irrtum nicht aus, nahm jedoch an, dass jeder Versuch in einer „kleinen Einsicht" resultiert, die schrittweise an die Lösung heranführt.

Lernen durch Einsicht

5.2.2

In der Gestaltpsychologie (vgl. Kap. 1.2.2) wird – den Überlegungen Köhlers folgend – Lernen als ganzheitlicher, problemlösender Prozess verstanden. Zentrale Begriffe sind daher Wahrnehmung, Einsicht und Problemlösen, mit denen sich auch menschliches Lernen beschreiben lässt. Diese Form des Lernens kann als dreistufiger Prozess beschrieben werden (vgl. Abb. 19):

Wahrnehmung, Einsicht, Problemlösen

1. Im ersten Schritt müssen alle Komponenten einer Problemsituation wahrgenommen werden. Wichtig ist, dass nicht nur die einzelnen Komponenten für sich betrachtet werden, sondern ein Überblick über die Struktur der gesamten Problemsituation geschaffen wird (*Wahrnehmung*).

2. Durch Überlegung und kognitive Umstrukturierung der Problemsituation können im zweiten Schritt Beziehungen zwischen den Komponenten hergestellt werden (*Einsicht*). Die Einsicht selbst erfolgt plötzlich (Aha-Erlebnis): Es wird verstanden, wie die verschiedenen Komponenten der Situation so in Zusammenhang

gebracht werden können, dass der gewünschte Zielzustand erreicht wird.

3. Der dritte Schritt (*Problemlösung*) besteht in der zielgerichteten Ausführung der Handlungen, die zur Lösung führen. Diese Lösung kann später auf andere, ähnlich strukturierte Problemsituationen übertragen werden.

Abb. 19

Lernen als problemlösender Prozess

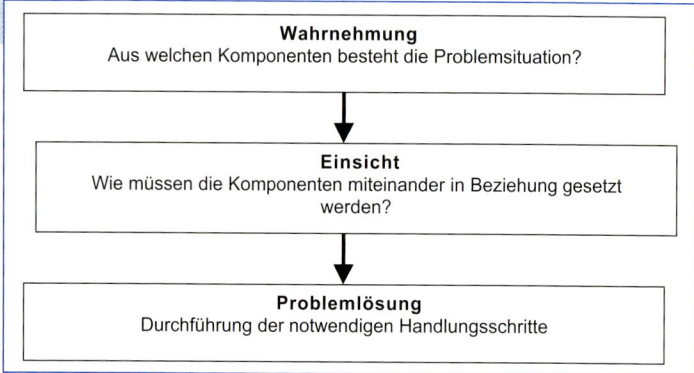

5.2.3 | Das Gesetz der guten Gestalt

Die Gestaltpsychologie formulierte verschiedene allgemeine Wahrnehmungsgesetze, die auch auf die Lernpsychologie angewendet werden können. Von besonderer Bedeutung ist das Gesetz der guten Gestalt (*Prägnanzgesetz*). Es besagt, dass alles Wahrgenommene in der kognitiven Repräsentation die bestmögliche Gestalt annimmt. Die „gute Gestalt" zeichnet sich durch bestimmte Prinzipien aus (vgl. Katz, 1969; vgl. Kasten 4).

► **Kasten 4: Prinzipien der „guten Gestalt" (Katz, 1969)**

- **Prinzip der Geschlossenheit:** Wahrnehmungselemente werden so gruppiert, dass sie geschlossene Einheiten darstellen. Unvollständige Muster werden vervollständigt (z.B. können Buchstaben und Wörter erkannt werden, auch wenn Teile fehlen).
- **Prinzip der Kontinuität:** Wahrnehmungselemente werden als Einheiten wahrgenommen, die eine kontinuierliche Form besitzen (z.B. werden sich überlappende Konturen als zwei unterschiedliche Objekte wahrgenommen).

► Fortsetzung Kasten 4

- **Prinzip der Ähnlichkeit:** Einander ähnliche Wahrnehmungselemente werden in der kognitiven Repräsentation zu Einheiten gruppiert.
- **Prinzip der Nähe:** Räumlich benachbarte Wahrnehmungselemente werden in der kognitiven Repräsentation zu Einheiten gruppiert.

Diese Prinzipien gelten nicht nur für die Wahrnehmung, sondern auch für das Lernen. Kognitive Repräsentationen können sich folglich vom ursprünglichen Lerninhalt unterscheiden, weil sie durch Wahrnehmungs- und Verarbeitungsprozesse einer „guten Gestalt" angenähert werden. Die kognitive Verarbeitung von Lerninhalten führt also zu einer Veränderung ihrer Struktur, wobei drei Strukturierungsprinzipien wirksam werden (vgl. Kasten 5).

Annäherung der „guten Gestalt" in der Erinnerung

► **Kasten 5: Strukturierungsprinzipien**

- **Prinzip der Angleichung** (*leveling*): Angleichung bedeutet, dass bildhafte Inhalte in der Erinnerung symmetrischer als die Vorlage erscheinen und entsprechend symmetrischer reproduziert werden. Ein Haus wird beispielsweise aus dem Gedächtnis mit zwei Fenstern zu jeder Seite der Tür gezeichnet, obwohl die Vorlage auf einer der Seiten nur ein Fenster aufweist. Das Streben nach Symmetrie oder Ausgewogenheit kann auch auf kognitive Inhalte angewendet werden.
- **Prinzip der Verschärfung** (*sharpening*): Bedingt durch das Prinzip der Verschärfung werden die prägnantesten Merkmale einer Gestalt bei Reproduktionsaufgaben überbetont. Eine Giraffe wird zum Beispiel mit einem übertrieben langen Hals dargestellt, ein Kaninchen mit überlangen Zähnen und Ohren.
- **Prinzip der Normalisierung** (*normalizing*): Ein konkretes Wahrnehmungsobjekt wird durch die Erinnerung an bereits bekannte, ähnliche Gestalten modifiziert und angeglichen. In der Erinnerung nimmt das Objekt stärker das Aussehen der bereits bekannten Gestalt an.

Diese wahrnehmungsbedingten Einflüsse auf das Lernen sind insbesondere dann bedeutsam, wenn unter wahrnehmungspsychologisch ungünstigen Bedingungen gelernt wird (z.B. bei Dunkelheit, Lärm, unter großem Zeitdruck, Stress oder anderen störenden Bedingungen).

Lernen unter erschwerten Bedingungen

Ein Beispiel wäre die Situation eines Bankangestellten, der während eines Überfalls für einen kurzen Augenblick das Gesicht des Bankräubers sehen kann. Die Erinnerung des Angestellten an die Merkmale des Gesichts ist durch die emotional belastende Situation mit großer Wahrscheinlichkeit verzerrt. Bei der Aufgabe, ein Phantombild herzustellen, wird der Angestellte das Aussehen des Täters daher möglicherweise symmetrischer, mit stärker ausgeprägten besonderen Merkmalen (z.B. noch stärker abstehende Ohren als in Wirklichkeit) und normalisierend (z.B. mittelgroß) darstellen.

Zusammenfassung

Lernen durch Problemlösen und Einsicht beruht auf den Prinzipien der Gestaltpsychologie. Der Gestaltpsychologe Köhler leitete aus Verhaltensbeobachtungen an Affen ab, dass die Tiere zu Einsicht in die Zusammenhänge zwischen den Elementen einer Problemsituation gelangen und ihr Verhalten entsprechend ausrichten können. Aus gestaltpsychologischer Sicht handelt es sich bei Einsicht um einen komplexen und ganzheitlichen Prozess.

Lernen durch Einsicht besteht aus drei Schritten: Erstens der Wahrnehmung aller Komponenten einer Problemsituation, zweitens der Herstellung von Beziehungen zwischen den Komponenten und drittens der zielgerichteten Ausführung der Handlungen, die zur Lösung führen. Diese Lösung kann auf andere Problemsituationen übertragen werden.

Allgemeine Wahrnehmungsgesetze der Gestaltpsychologie betreffen auch die Lernpsychologie. Nach dem Gesetz der guten Gestalt nimmt alles Wahrgenommene und alles Gelernte in der kognitiven Repräsentation die bestmögliche Gestalt an und folgt dabei den Prinzipien der Angleichung, der Verschärfung und der Normalisierung.

Literatur

Katz, D. (1969). Gestaltpsychologie. Basel: Schwabe.
Köhler, W. (1921). Intelligenzprüfungen an Menschenaffen. Berlin: Springer.

Testfragen

74. Aus welchen Beobachtungen schloss Köhler, dass Affen Einsicht in ein Problem gewonnen hatten?

Testfragen

75. Aus welchen Schritten besteht Lernen nach der Auffassung der Gestaltpsychologie?
76. Warum können sich gelernte Inhalte von der Vorlage unterscheiden?
77. Durch welchen Prinzipien zeichnet sich eine „gute Gestalt" aus?
78. Was besagt das Prinzip der Verschärfung?

Die Theorie Tolmans | 5.3

Während in Deutschland in der ersten Hälfte des 20. Jahrhunderts die Gestaltpsychologie großen Einfluss besaß, dominierte in den USA das behavioristische Paradigma die Lernforschung. Nach dem Zweiten Weltkrieg ereignete sich jedoch die so genannte *kognitive Wende* (vgl. Kap. 1): Da sich viele Beobachtungen in der Lernforschung mit radikal-behavioristischen Annahmen nicht hinreichend erklären ließen, wurden zunehmend kognitive Konzepte aufgegriffen und in die behavioristische Theorie integriert. Einer der ersten Vertreter einer kognitiv orientierten Position in den USA war Edward C. Tolman (1886-1959, s. Abb. 20).

Kognitive Wende

| Abb. 20

Edward C. Tolman (1886-1959)

Zielgerichteter Behaviorismus | 5.3.1

Wie die klassischen Behavioristen arbeiteten Tolman und seine Mitarbeiter (Tolman, 1948; Tolman & Honzik, 1930) mit Ratten, die vor allem in Umweg- und Labyrinthversuchen trainiert wurden.

Kognitive Landkarten. In vielen Versuchen konnte beobachtet werden, dass die Ratten bei Veränderungen eines ihnen bekannten Labyrinths (z.B. Versperrung bestimmter Durchgänge) nicht den gesamten Lernprozess mit Versuch und Irrtum von vorne absolvieren mussten, sondern sehr schnell einen neuen Weg zum Futter fanden (Tolman & Honzik, 1930). Mit operantem Konditionieren allein kann dies nicht erklärt werden. Tolman interpretierte die Befunde so, dass die Ratten während der Trainingsphase nicht lediglich eine Abfolge

Tolmans Labyrinthversuche

von Reaktionen lernten (z.B. zweimal links abbiegen, dann geradeaus laufen, dann dreimal rechts abbiegen), um an ihr Ziel zu kommen. Stattdessen waren die Ratten offensichtlich in der Lage, eine Vorstellung oder einen Plan von dem gesamten Labyrinth zu entwickeln, was es ihnen ermöglichte, auch auf Umwegen zum Ziel zu finden. Diese kognitiven Repräsentationen wurden von Tolman (1948) als *kognitive Landkarten* bezeichnet.

Kognitive Landkarten

Die Fähigkeit, räumliche Informationen in Gestalt kognitiver Landkarten zu repräsentieren, wurde später auch bei anderen Tierarten nachgewiesen, zum Beispiel bei Hamstern und Meisen. Auch diese Tiere nutzen kognitive Landkarten, um beispielsweise den Weg zu einem Zielort abzukürzen (Chapuis & Scardigli, 1993) oder um ihre Futterverstecke wiederzufinden (Shettleworth & Krebs, 1982). Der Begriff der kognitiven Landkarte bezieht sich jedoch nicht nur auf räumliche Gegebenheiten, sondern auch auf andere Inhalte.

Definition

Bei kognitiven Landkarten handelt es sich allgemein um kognitive Strukturen oder Pläne, die durch Erfahrungen entstehen und in bestimmten Situationen aktiviert werden.

Zielgerichteter Behaviorismus. Ratten entwickelten auch dann eine Vorstellung von räumlichen Zusammenhängen in einem Labyrinth, wenn sie keine Belohnung erhielten, sondern lediglich im Labyrinth umherlaufen durften. Diese Form des Lernens ohne Verstärkung wird als *latentes Lernen* bezeichnet. Wurde später eine Belohnung angeboten, so wählten die Ratten den kürzesten Weg durch das Labyrinth und bewiesen damit, dass sie eine kognitive Landkarte entwickelt hatten (Tolman & Honzik, 1930).

Latentes Lernen

Tolman folgerte aus seinen Beobachtungen, dass Verhalten nicht lediglich aus Verbindungen zwischen Reiz und Reaktion gelernt wird, sondern dass kognitive Prozesse (Erwartungen, Ziele) zwischengeschaltet sind. Tiere nutzen ihr erworbenes Wissen erst dann, wenn die Erwartung auf einen Verstärker dem Verhalten ein Ziel vorgibt. Tolman (1932) sprach daher auch von *zielgerichtetem Behaviorismus*. Verstärker sind demnach nicht unbedingt zum Lernen erforderlich, können aber den Anlass geben, das Gelernte anzuwenden.

Zielgerichteter Behaviorismus

Zeichen-Gestalt-Theorie

Auf der Basis seiner Beobachtungen entwickelte Tolman (1948) seine „Zeichen-Gestalt-Theorie". Mit dieser Theorie nimmt Tolman eine Übergangsposition zwischen behavioristischem und kognitivem Standpunkt ein. Er unterscheidet darin drei Ebenen des Lernens:

Drei Ebenen des Lernens

* die Ebene der bedingten Reflexe,
* die Ebene des Lernens durch Versuch und Irrtum und
* das Lernen durch Einsicht.

In der Zeichen-Gestalt-Theorie wird angenommen, dass Lernen zielgerichtet und ganzheitlich verläuft. Tolman (1948) vergleicht das Gehirn dabei mit einer zentralen Kontrollstelle, in der alle Informationen zusammengeführt und verarbeitet werden. Tolman nimmt an, dass Reize nicht lediglich reflexhafte Bewegungen auslösen, sondern als *Zeichen* mit einer bestimmten Bedeutung erfasst werden. Ihre Bedeutung erhalten Reize vor dem Hintergrund früherer Lernerfahrungen.

Das Gehirn als zentrale Kontrollstelle

Merksatz

Bei Tolman wird Lernen als Erwerb von komplexen Wissenseinheiten (Bedeutungen) aufgefasst und nicht als Erwerb von einzelnen Reaktionen (Bewegungen) wie im klassischen Behaviorismus.

Aufgrund der hier sichtbar werden Einflüsse der Gestaltpsychologie wird die Theorie als Zeichen-Gestalt-Theorie bezeichnet.

Ein weiterer wichtiger Aspekt dieser Theorie besteht in der *Differenzierung von Lernen und Ausführung* eines Verhaltens. Nach Tolman (1948) wird gelerntes Verhalten nicht immer unmittelbar nach dem Lernprozess gezeigt. Zur Ausführung von Verhalten ist Motivation erforderlich, die beispielsweise durch die Gabe von Belohnungen erzeugt werden kann. Diese wesentliche Unterscheidung und die Berücksichtigung motivationaler Variablen finden sich in den späteren sozial-kognitiven Lerntheorien wieder (vgl. Kap. 6.4).

Unterscheidung von Lernen und Ausführung eines Verhaltens

Zusammenfassung

Tolman und seine Arbeiten markieren den Übergang vom Behaviorismus zum Kognitivismus. Tolman folgerte aus Labyrinthversuchen mit Ratten, dass diese nicht nur einfache Folgen von Handlungsschritten durch operante Konditionierung erlernen, sondern eine Vorstellung oder einen kognitiven Plan des gesamten Labyrinths entwickeln können (kognitive Landkarten), um zum Ziel zu finden. Tolman sah Verhalten als zielgerichtet an und sprach daher von zielgerichtetem Behaviorismus. Er postulierte Verbindungen zwischen Reizen und Erwartungen, die auch das menschliche Handeln bestimmen.

In der Zeichen-Gestalt-Theorie unterschied Tolman verschiedene Ebenen des Lernens, darunter die Ebene der bedingten Reflexe, die Ebene des Lernens durch Versuch und Irrtum und das Lernen durch Einsicht. Lernen wird als Erwerb von komplexen Wissenseinheiten aufgefasst und nicht als Erwerb von einzelnen Reaktionen wie im klassischen Behaviorismus. Es wird zwischen dem Erwerb und der Ausführung von Verhaltensweisen unterschieden. Die Motivation zur Ausführung von Verhalten kann durch Verstärkung erzeugt werden.

Literatur

Chapuis, N. & Scardigli, P. (1993). Shortcut ability in hamsters. Animal Learning and Behaviour, 21, 255-265.

Shettleworth, S.J. & Krebs, J.R. (1982). How marsh tits find their hoards: the roles of site preference and spatial memory. Journal of Experimental Psychology: Animal Behavior Processes, 8, 354-375.

Tolman, E.C. (1932). Purposive behavior in rats and men. New York: Appleton-Century-Crofts.

Tolman, E.C. (1948). Cognitive maps in rats and men. Psychological Review, 55, 189-208.

Tolman, E.C. & Honzik, C.H. (1930). Insight in rats. University of California Publications in Psychology, 4, 215-232.

Testfragen

79. *Was versteht man unter kognitiven Landkarten?*
80. *Welche Ebenen des Lernens werden in der Zeichen-Gestalt-Theorie nach Tolman unterschieden?*

Lernen von Konzepten | 5.4

Beim kognitiven Lernen müssen komplexe Wissenseinheiten erworben und Zusammenhänge zwischen mehreren Elementen einer Situation nachvollzogen werden. Lernen als Erwerb von Wissen und Lernen durch Einsicht werden häufig auch als höhere Formen des Lernens bezeichnet. Der Erwerb von Kategorien und Konzepten des Lernens wurde zunächst in der „klassischen" Theorie von Jerome S. Bruner (*1915, s. Abb. 21) beschrieben. Später wurde mit der Prototypentheorie von Rosch (1983) ein alternativer Ansatz des Konzeptlernens entwickelt.

Abb. 21

Jerome S. Bruner (*1915)

Konzepte und Kategorien: Bruners „klassische" Theorie | 5.4.1

Bruners Theorie wird als „klassische" Theorie des Konzepterwerbs bezeichnet, weil sie vor der Prototypentheorie entwickelt wurde. Bruner (1964) interessierte sich dafür, wie Objekte der Umwelt kognitiv repräsentiert werden. Viele alltägliche Objekte (z.B. ein bestimmter grüner Apfel) werden nicht individuell repräsentiert, sondern als Vertreter einer bestimmten Gruppe von Objekten (Äpfel). Kognitive Repräsentationen von einzelnen Objekten können also verallgemeinert (generalisiert) werden. Generalisierte Repräsentationen (oder Vorstellungen) von Objekten werden als *Konzepte* bezeichnet.

Konzepte

Definition

Die klassische Theorie versteht unter Konzepten generalisierte kognitive Repräsentationen von Objekten, die durch spezifische Eigenschaften definiert werden.

Beispiel

Bei dem Begriff „Gebäck" denkt eine Person nicht an ein ganz bestimmtes Stück Marmorkuchen, das sie vor einem halben Jahr auf dem Geburtstag der Großtante verzehrt hat, sondern allgemeiner an ein süßes Nahrungsmittel, das im Ofen gebacken wird. Die Person hat also ein generalisiertes Konzept „Gebäck" entwickelt, das sich durch bestimmte Merkmale auszeichnet und von anderen Konzepten (z.B. „Pizza") unterscheidet.

Kategorien

Mithilfe von Kategorien wird erläutert, wie Konzepte aufgebaut sind und wie mit ihnen kognitiv operiert wird. Kategorien sind hierarchisch geordnete Aspekte eines Konzepts. So kann das man das Konzept „Gebäck" zum Beispiel in die Kategorien „Kuchen", „Torten" und „Teilchen" untergliedern. Diese Kategorien lassen sich wiederum in Unterkategorien aufteilen, zum Beispiel die Kategorie „Kuchen" in „Obstkuchen" und „Gewürzkuchen". Auf der anderen Seite lässt sich das Konzept „Gebäck" in die übergeordnete Kategorie „Nahrungsmittel" einordnen.

Merksatz

Kategorien können als Regeln aufgefasst werden, die es ermöglichen, die Zugehörigkeit eines Objekts zu einer Klasse gleichartiger Objekte zu bestimmen. Diese Regeln beziehen sich auf unterscheidbare Eigenschaften der Objekte (Attribute).

Attribute

Nicht alle Merkmale *(Attribute)* von Objekten sind für ihre Kategorisierung relevant. Um einen Gegenstand beispielsweise als „Stuhl" zu klassifizieren, muss er Beine, eine Sitzfläche und eine Rückenlehne aufweisen. Weitere Eigenschaften (z.b. räumliche Nähe zu einem Tisch) geben zusätzliche Hinweise darauf, dass der Gegenstand zur Kategorie „Stühle" gehört. Diese Merkmale sind jedoch nicht zwingend erforderlich, um eine Entscheidung über die Zugehörigkeit des Objekts zur Kategorie zu treffen. Entscheidungsrelevante Attribute werden als *kritische Attribute* bezeichnet. Diese Attribute müssen vorliegen, damit ein Objekt einer Kategorie zugeordnet werden kann.

Kritische und nicht-kritische Attribute

Definition

Unter *kritischen Attributen* versteht man Eigenschaften, die zwingend vorliegen müssen, damit ein Objekt einer bestimmten Kategorie zugeordnet werden kann. Attribute, die zusätzlich auf die Zugehörigkeit zu einer Kategorie hinweisen, aber nicht zwingend erforderlich sind, werden als *nicht-kritische Attribute* bezeichnet.

Weitere Informationen aus Kategorien

Aus Kategorien lassen sich jedoch noch mehr Informationen ableiten als die kritischen und nicht-kritischen Attribute eines Konzepts. Insgesamt liefern Kategorien vier Sorten von Informationen über Objekte (vgl. Kasten 6).

- Die Zugehörigkeit eines Objekts zu einer Kategorie wird durch **kritische Attribute** definiert. Zu dem Begriff „Haus" gehören beispielsweise die kritischen Attribute „hat Wände", „hat Fenster und Türen" und „hat ein Dach".
- Kategorien geben Auskunft darüber, in welcher Weise die kritischen Attribute **kombiniert** sein müssen. Wird ein Gebäude in seine Bestandteile zerlegt, so wird man diese möglicherweise als „Baumaterial", „Trümmer" oder „Schutt" klassifizieren, aber nicht mehr als Haus.
- Objekteigenschaften werden unterschiedlich **gewichtet**, um die Zugehörigkeit zur Kategorie zu bestimmen. So könnte beispielsweise ein Gebäude ohne Eingangstür immer noch als Haus klassifiziert werden, eine Konstruktion ohne Wände (z.B. ein Dach auf Stelzen) dagegen nicht.
- Kategorien bestimmen so genannte **Akzeptierungsgrenzen** für Attribute (d.h. Grenzen der Variation, innerhalb derer man ein Objekt noch zur Kategorie zuordnen kann). Bei Häusern können die Farbe, die Form, das Material und die Größe sehr stark variieren; die Akzeptierungsgrenzen für diese Attribute sind also sehr weit. Dagegen muss ein Haus zwingend von Menschen erbaut worden sein; ansonsten würde man von einer Höhle, einem Nest oder etwas anderem sprechen. Diese Akzeptierungsgrenze ist also sehr eng gefasst.

Konzepterwerb und Lernen durch Konzepte | 5.4.2

Durch die Prozesse der Konzeptbildung und des Konzepterwerbs werden Konzepte gelernt und das Wissen über die Welt erweitert. Auf der anderen Seite helfen die bereits verfügbaren Konzepte dabei, neues Wissen zu erwerben.

Konzeptbildung und Konzepterwerb. Konzepte und Kategorien beschreiben, wie Wissen über die Welt abgebildet und organisiert ist. Lernen bedeutet aus dieser Perspektive, dass Konzepte bzw. Kategorien entwickelt und differenziert werden. Neue Objekte werden entweder in bestehende Kategorien eingeordnet oder regen zur Bildung neuer Kategorien an. Wie aber werden Konzepte und Katego-

Konzeptbildung und Konzepterwerb

Definition

Konzeptbildung bedeutet die Entwicklung der Vorstellung, dass manche Objekte zu einer Kategorie gehören und andere nicht. Von Konzepterwerb spricht man dagegen, wenn die kritischen Attribute einer Kategorie bestimmt werden können.

rien erworben? Bruner (1964) unterscheidet die Prozesse *Konzept-bildung* und *Konzepterwerb*.

Die Bildung von Konzepten erfolgt bis etwa zum 15. Lebensjahr; in späteren Lebensphasen dominiert der Konzepterwerb.

Beispiel

Ein Kind im Kindergartenalter zum Beispiel verfügt bereits über das Wissen, dass alle Kinder entweder Jungen oder Mädchen sind. Er hat also ein Konzept von „Jungen" und „Mädchen" gebildet. Das Kind ist jedoch noch nicht in der Lage, die kritischen Attribute zu erkennen, welche die Zugehörigkeit zu diesen Kategorien definieren. Das Urteil des Kindes kann daher durch nicht-kritische Attribute wie Haartracht oder Kleidung fehlgeleitet werden. Erst wenn die kritischen Attribute (z.B. anatomische Unterschiede) sicher bestimmt werden können, ist das Konzept erworben worden.

Strategien des
Konzepterwerbs

Strategien des Konzepterwerbs. Um Konzepte zu erwerben – das heißt, um die kritischen Attribute einer Objektgruppe und ihre Relationen zueinander zu bestimmen – geht der Lerner so vor, dass er anhand des ersten Beispiels einer neuen Kategorie Vermutungen über mögliche kritische Attribute aufstellt und diese Annahmen an anderen Beispielen überprüft.

Beispiel

Ein kleines Kind, dass das Konzept „Vogel" erlernt und als erstes einer Amsel begegnet, könnte zum Beispiel vermuten, dass alle Tiere Vögel sind, die Federn haben und fliegen können, oder alle schwarzen Tiere, die auf zwei Beinen hüpfen, oder alle kleinen Tiere, die singen. Die Überprüfung dieser Vermutungen an vielen unterschiedlichen Exemplaren der Kategorie „Vogel" wie Meise, Huhn, Pinguin oder Strauß wird schließlich dazu führen, dass das Merkmal „Federn" als einziges kritisches Attribut erkannt wird.

Bei der Prüfung dieser Vermutungen können vier verschiedene Strategien angewendet werden, wie Bruner, Goodnow und Austin (1956) experimentell nachwiesen (vgl. Kasten 7).

Wissenserwerb durch Konzepte. Die Verfügbarkeit von Kategorien und Konzepten bildet die Voraussetzung für den Spracherwerb und für den Erwerb von komplexem Wissen. Von den einfachsten Wörtern der Muttersprache bis zu den komplexesten kulturellen Leistungen beruht menschliches Lernen auf der Fähigkeit, Katego-

► Kasten 7: Strategien des Konzepterwerbs nach Bruner, Goodnow und Austin

- Bei der **simultanen Strategie** werden aufgrund des ersten Beispiels alle nur möglichen Annahmen gleichzeitig aufgestellt. In nachfolgenden Durchgängen werden die Annahmen ausgeschlossen, die sich als nicht haltbar erwiesen haben. Diese Strategie beansprucht jedoch sehr viel kognitive Kapazität und lässt sich daher im Alltag nur selten beobachten.
- Einfacher ist die **sukzessive Strategie**, bei der einzelne Annahmen nacheinander nach dem Prinzip von „Versuch und Irrtum" geprüft werden. Auch diese Strategie ist problematisch, da die richtige Kombination von kritischen Attributen unter Umständen niemals identifiziert wird.
- Die pragmatischste Lösung besteht in einer **konservativen Strategie**. Dabei wird angenommen, dass alle Attribute des ersten Beispiels kritische Attribute darstellen. In weiteren Durchgängen wird jeweils ein Aspekt variiert und überprüft, ob das Objekt damit noch zur Kategorie gehört. So arbeitet sich der Lerner systematisch vor und erwirbt nach und nach alle kritischen Attribute.
- Eine vierte Strategie, eine Abwandlung der konservativen Strategie, besteht in der Veränderung von mehr als einem Parameter zur gleichen Zeit. Diese Strategie wird als **Glücksspiel-Strategie** bezeichnet, weil auf diese Weise unter Umständen viele Informationen in kurzer Zeit gewonnen werden können. Auf der anderen Seite können aber auch Versuche vorkommen, die überhaupt keinen Informationszuwachs erbringen.

rien und Konzepte zu bilden und zu unterscheiden. Für den Menschen stellt diese Art des Wissenserwerbs eine der wichtigsten Lernformen überhaupt dar. Bruners Konzeption ist daher besonders bedeutsam für die Pädagogik (Bruner, 1966; vgl. Kap. 8). Das Ergebnis kognitiver Lernprozesse besteht in Wissen über die Welt und über die eigene Person, das dem Bewusstsein zugänglich ist und direkt abgerufen werden kann (*semantisches* oder *deklaratives Wissen*). Semantisches Wissen wird in Form von Begriffen und den sie verbindenden Beziehungen repräsentiert. Man kann sich die Repräsentation semantischen Wissens als Netzwerk vorstellen, bei dem die Begriffe (Konzepte) die Knoten darstellen und die Kanten die Beziehungen zwischen ihnen (vgl. Abb. 22).

Semantisches Wissen als Lernergebnis

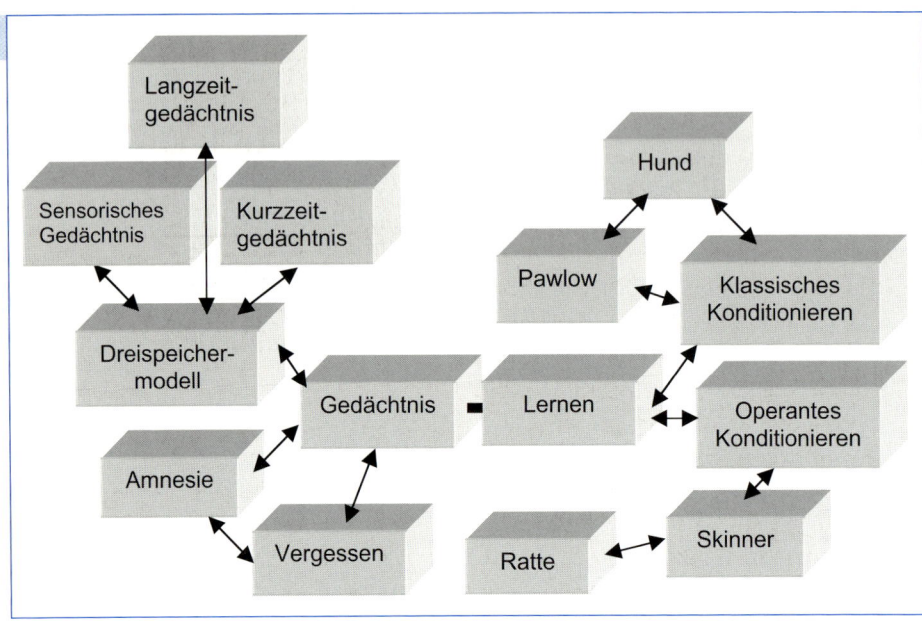

Abb. 22 ▶ Semantisches Wissen als Netzwerkmodell

Erklärung Abbildung 22 veranschaulicht in stark vereinfachter Form, wie das Wissen eines Psychologiestudenten über das Thema „Lernen und Gedächtnis" organisiert ist. Die Konzepte „Lernen" und „Gedächtnis" bilden zentrale Knoten im Netzwerk des Wissens. Sie sind mit verschiedenen Konzepten in hierarchischer Weise verbunden. Das Konzept „Lernen" umfasst unter anderem „klassisches Konditionieren" und „operantes Konditionieren". Der Begriff des klassischen Konditionierens ist eng mit dem Namen „Pawlow" und der Tiergattung „Hund" verknüpft, das operante Konditionieren mit dem Namen „Skinner" und dem Versuchstier „Ratte". Das Gedächtniskonzept in diesem Netzwerk umfasst die Konzepte „Dreispeichermodell", „Amnesie" und „Vergessen". Das Dreispeichermodell als hierarchisch übergeordnetes Konzept beinhaltet die Konzepte „sensorisches Gedächtnis", „Kurzzeitgedächtnis und „Langzeitgedächtnis".

5.4.3 Die Prototypentheorie

Bruners Theorie erläutert die grundlegenden Prinzipien des Begriffslernens. Einige Phänomene der Kategorisierung wie Unschärfe und

Kontextabhängigkeit, die noch genauer dargestellt werden, können mit dieser Theorie jedoch nicht ausreichend erklärt werden. Eleanor Rosch (* 1938; vgl. Abb. 23) entwickelte als
alternative Konzeption die Prototypentheorie,
in der diese Probleme berücksichtigt wurden.

Abb. 23

Eleanor Rosch
(*1938)

*Unschärfe und Kontextabhängigkeit von
Begriffen.* Bruners Theorie zufolge sollte für jeden Begriff eine Sammlung kritischer Attribute vorliegen, mit deren Hilfe die Zugehörigkeit
eines Objekts zu dieser Begriffskategorie eindeutig entschieden werden kann. Diese Vor-

Unterschiede zwi-
schen wissen-
schaftlichen Be-
griffen und
Alltagsbegriffen

aussetzung trifft jedoch eher auf wissenschaftliche Kontexte zu, wo
die zentralen Begriffe zumeist explizit definiert werden. Im Alltag
und in der Umgangssprache ist dies dagegen nicht immer der Fall.
Viele Konzepte sind nicht eindeutig definiert, sondern mehr oder
weniger unscharf beschrieben, so dass nicht immer eindeutig entschieden werden kann, ob ein Objekt zu einer Kategorie gehört (z.B.
McCloskey & Glucksberg, 1978). Der Ausdruck „Depressionen" hat
beispielsweise im Alltag eine andere Bedeutung und ist weit weniger klar definiert als in der Klinischen Psychologie. Auch die Anzahl
der Merkmale, die vorhanden sein müssen, um ein Objekt zu klassifizieren, ist für viele Begriffe nicht eindeutig festgelegt (Barsalou,
1989).

Begriffliche Unschärfe

Aus diesen Gründen können Objekte häufig nur in Abhängigkeit
vom Kontext einer Kategorie zugeordnet werden. Kontextabhängigkeit von Begriffen liegt vor, wenn Objekte bestimmte charakteristische Merkmale miteinander teilen und nur durch den jeweiligen
Kontext oder ihre Funktion der einen oder anderen Kategorie zugeordnet werden können. So könnte beispielsweise ein großes Gefäß
aus Metall eine Bodenvase, einen Schirmständer oder einen Mülle-
mer darstellen, je nachdem, welche Funktion es in der Wohnung erfüllt. Trotz der Unschärfe und Kontextabhängigkeit vieler Begriffe
können Menschen die meisten Objekte ihrer Umwelt sicher klassifizieren, da der Kontext stets in den Prozess der Objektwahrneh-
mung und -identifikation einbezogen wird.

Kontextabhängigkeit von
Begriffen

Beispiel

Die Unschärfe und Kontextabhängigkeit von Alltagsbegriffen zeigt sich zum Beispiel am Begriff des „Ausländers". Dieser Begriff ist auf der einen Seite kontext-

abhängig, denn ein Mann mit türkischer Staatsangehörigkeit ist in Deutschland Ausländer, nicht aber in der Türkei. Aber auch unabhängig vom Kontext ist der Begriff keineswegs eindeutig: Ist der türkische Staatsbürger immer noch ein Ausländer, wenn er seit 20 Jahren in Deutschland lebt? Auf der anderen Seite stellt sich die Frage: Ist ein Spätaussiedler deutscher Abstammung, der vor seiner Einreise aus Russland niemals in Deutschland gewesen ist und kein Wort Deutsch spricht, ein Deutscher oder ein Ausländer?

Prototypentheorie. Mit der Prototypentheorie (Rosch, 1983) existiert eine Alternative zu Bruners Modell des Konzepterwerbs, die besser erklärt, wie Menschen im Alltag Begriffe entwickeln und mit ihnen umgehen. Statt einer genau definierten Zahl von kritischen Attributen verwenden Menschen meistens wenige charakteristische Merkmale, um die Zugehörigkeit eines Objekts zu einer Kategorie zu bestimmen. Diese Merkmale müssen nicht einmal für alle Objekte der Kategorie zutreffen. Die meisten Menschen würden zum Beispiel die Kategorie „Säugetier" mit den Merkmalen „hat Fell" und „hat vier Beine" beschreiben. Diese Kennzeichen treffen auf viele Säugetiere zu, aber nicht auf alle: Elefanten und Nashörner zum Beispiel tragen kein Fell, Wale und Delfine schwimmen und Fledermäuse fliegen. Diese Tiere würden von den meisten Menschen allerdings auch nicht als besonders „typische" Vertreter der Kategorie Säugetiere angesehen und kaum als Beispiele für diese Tiergruppe genannt werden, im Gegensatz etwa zu Tieren wie Hund oder Katze. Vertreter einer Kategorie, die als besonders repräsentativ angesehen werden, bezeichnet Rosch (1983) als *Prototypen.*

Randbemerkung: Charakteristische Merkmale statt kritischer Attribute

Randbemerkung: Bedeutung typischer Vertreter einer Kategorie

Unter Prototypen versteht man besonders typische oder repräsentative Vertreter einer Kategorie, die sich durch charakteristische Merkmale dieser Kategorie auszeichnen.

Bei Hund und Katze handelt es sich um prototypische Säugetiere, wenig prototypisch sind zum Beispiel Känguru oder Stachelschwein.

Nach Rosch (1983) erfolgt der Erwerb von Konzepten, indem Begriffe in Form des besten Beispiels anschaulich gespeichert werden. Dieses repräsentative Beispiel (der Prototyp) bildet das Zentrum der Kategorie, die man sich ringförmig mit mehreren Ebenen vorstellen kann (vgl. Abb. 24). Andere, weniger typische Beispiele der Kate-

Randbemerkung: Anschauliche Begriffsbildung auf der Basis des Prototyps

gorie werden um den Prototyp herum angeordnet, wobei der Abstand zum Prototyp den Grad der Repräsentativität des Beispiels (*Typikalität*) anzeigt. Eine Katze beispielsweise besitzt hohe Typikalität für die Kategorie „Säugetier", ein Gleithörnchen dagegen nur eine geringe Typikalität.

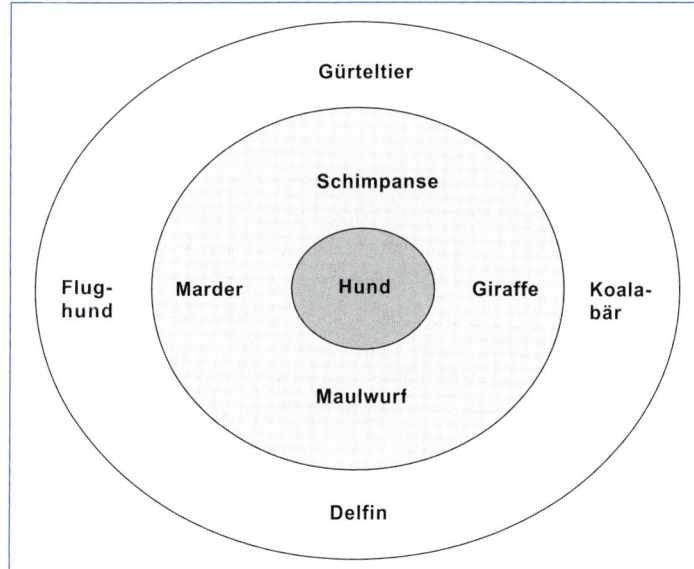

Abb. 24

Mögliche prototypische Repräsentation des Begriffs „Säugetier" mit einem prototypischen Vertreter („Hund") im Zentrum und weniger typischen Vertretern in den äußeren Ringen.

Der Prozess der Kategorisierung bedeutet nach der Prototypentheorie, dass ein neues Objekt mit den gespeicherten Prototypen verglichen und der Kategorie zugewiesen wird, dessen Prototyp es am ähnlichsten ist.

Dabei wird nicht unbedingt die „richtige" Kategorie ausgewählt, aber es wird ein Begriff gebildet, mit dem die Person im Alltag umgehen kann.

Kategorisierung anhand von Prototypen

Merksatz

Im Alltag orientiert sich die Kategorisierung neuer Objekte an der Ähnlichkeit mit gespeicherten Prototypen.

Beispiel

Ein Kind sieht zum ersten Mal in seinem Leben ein Bild eines Delfins. Es vergleicht diese neuen Tiere mit den gespeicherten Prototypen für „Säugetiere" (Prototyp: Hund), „Vögel" (Prototyp: Amsel) und „Fische" (Prototyp: Goldfisch). Die Delfine ähneln äußerlich dem Fisch-Prototyp am meisten, denn sie haben einen stromlinienförmigen Körperbau und Flossen wie diese. Der Delfin wird von dem Kind daher zunächst in die Kategorie „Fische" eingeordnet. Dies ist aus naturwissenschaftlicher Sicht zwar falsch, ermöglicht es dem Kind aber, kognitiv mit dem Objekt umzugehen und sogar einige richtige Schlussfolgerungen abzuleiten (z.B.: Delfine können gut schwimmen und leben im Wasser).

Zusammenfassung

Der Erwerb von Kategorien und Konzepten als wichtiger Bereich kognitiven Lernens wurde von Bruner (1964) beschrieben. Unter Konzepten versteht Bruner generalisierte kognitive Repräsentationen von Objekten, die durch spezifische Eigenschaften definiert werden. Kategorien stellen hierarchisch geordnete Aspekte eines Konzepts dar. Sie können als Regeln aufgefasst werden, mit denen man die Zugehörigkeit eines Objekts zu einer Objektklasse bestimmen kann. Diese Regeln beziehen sich auf unterscheidbare Eigenschaften der Objekte (Attribute). Bruner differenziert entscheidungsrelevante (kritische) und zusätzliche (nicht-kritische) Attribute. Kategorien informieren über die kritischen Attribute, die notwendige Kombination der Attribute, die Gewichtung der Attribute und über Akzeptierungsgrenzen.

Lernen bedeutet in diesem Zusammenhang, dass Konzepte und Kategorien entwickelt und differenziert werden. Bruner unterscheidet Konzeptbildung und Konzepterwerb. Konzeptbildung bedeutet, dass eine Person erkennt, dass manche Objekte zu einer Kategorie gehören und andere nicht. Konzepterwerb bedeutet, dass eine Person lernt, die kritischen Attribute einer Kategorie explizit zu bestimmen. Um die kritischen Attribute einer Objektgruppe und ihre Relationen zueinander zu bestimmen, müssen verschiedene mögliche Annahmen getestet werden. Dabei können die simultane Strategie, die sukzessive Strategie, die konservative Strategie oder die Glücksspiel-Strategie verwendet werden, wobei die konservative Strategie am effektivsten ist. Konzeptlernen führt zu einer Erweiterung des Wissens über die Welt und über die eigene Person. Es handelt sich dabei um Wissen, das dem Bewusstsein zugänglich und verbal enkodiert ist. Es wird in Form eines semantischen Netzwerks aus Begriffen und den sie verbindenden Beziehungen repräsentiert.

Bruners Theorie erklärt den Erwerb eindeutig definierter Begriffe, eignet sich aber weniger gut zur Erklärung des Erwerbs von unscharfen und kontextabhängigen Alltagsbegriffen. Rosch entwickelte mit der Prototypentheorie einen alternativen Ansatz des Konzeptlernens, der sich auf Alltagsbegriffe bezieht. Diesem Ansatz zufolge verwenden Menschen normalerweise nur einige charakteristische oder repräsentative Merkmale, um die Zugehörigkeit eines Objekts zu einer Kategorie zu bestimmen. Vertreter einer Kategorie, die als besonders repräsentativ angesehen werden, werden als Prototypen bezeichnet. Nach Rosch werden Konzepte erworben, indem Begriffe in Form des besten Beispiels anschaulich gespeichert werden. Der Prototyp bildet das Zentrum der Kategorie. Weniger typische Beispiele der Kategorie werden, abhängig vom Grad ihrer Typikalität, um den Prototyp herum angeordnet. Um ein neues Objekt zu kategorisieren, wird das Objekt mit den gespeicherten Prototypen verglichen und der Kategorie zugeordnet, dessen Prototyp es am meisten ähnelt.

Literatur

Barsalou, L.W. (1989). Intraconcept similarity and its implications for interconcept similarity. In S. Vosniadon & A. Ortony (Eds.), Similarity and analogical reasoning (pp. 76-121). New York: Cambridge University Press.

Bruner, J.S. (1964). The course of cognitive growth. American Psychologist, 19, 1-15.

Bruner, J.S. (1966). Toward a theory of instruction, Cambridge, Mass.: Belkapp Press.

Bruner, J.S., Goodnow, J.J. & Austin, G.A. (1956). A study of thinking. New York: Wiley.

McCloskey, M., & Glucksberg, S. (1978). Natural categories: Well-defined or fuzzy sets? Memory and Cognition, 6, 462-472.

Rosch, E. (1983). Prototype classification and logical classification: The two systems. In E.K. Scholnick (Ed.), New trends in conceptual representation: Challenges to Piaget's theory? (pp. 73-86). Hillsdale, N.J.: Erlbaum.

Testfragen

81. Was bedeutet „Konzept" in der klassischen Theorie des Konzepterwerbs?
82. Welche Informationen liefern Kategorien?
83. Wie funktioniert die konservative Strategie des Konzepterwerbs?
84. Wie unterscheiden sich Konzeptbildung und Konzepterwerb?
85. Wie verläuft die Konzeptbildung nach der Prototypentheorie?

6. | Sozial-kognitives Lernen

Inhalt

Bei sozial-kognitiven Lerntheorien handelt es sich um komplexe Lerntheorien, die sich auf das Lernen in sozialen Kontexten beziehen. Sie erklären, durch welche Prozesse Menschen im Verlauf ihrer Entwicklung lernen, sich in verschiedenen sozialen Situationen jeweils angemessen zu verhalten. Wichtige Mechanismen des sozial-kognitiven Lernens bestehen im Lernen durch Verstärkung und Lernen durch Beobachtung. Kognitive Elemente wie Erwartungen und subjektive Bewertungen spielen bei dieser Art des Lernens eine zentrale Rolle. Zu den Begründern des sozial-kognitiven Ansatzes gehören Julian B. Rotter, Martin E. P. Seligman und Albert Bandura, deren Ansätze in diesem Kapitel vorgestellt werden.

6.1 | Lernmechanismen

Wichtige Lernmechanismen im Rahmen sozial-kognitiver Lerntheorien sind das Lernen durch Verstärkung bzw. operante Konditionierung (vgl. Kap. 4) und das Lernen durch Beobachtung. Die Begriffe „sozial-kognitive Lerntheorie" und „Lernen durch Beobachtung" werden häufig mit den Ausdrücken „Lernen am Modell" oder „Lernen durch Imitation" synonym gebraucht, obgleich diese Konzepte nicht vollkommen übereinstimmen. Die Begriffe sollen daher kurz erläutert und voneinander abgegrenzt werden, bevor die Lernmechanismen näher vorgestellt werden.

6.1.1 | Wichtige Begriffe

Sozial-kognitive
Lerntheorie

Sozial-kognitive Lerntheorie. Verschiedene Autoren haben Lerntheorien entwickelt, die behavioristische und kognitive Elemente integrieren und die als sozial-kognitive Lerntheorien bezeichnet werden (Rotter, 1954; Seligman, 2004; Bandura, 1969, 1979). Die Theorie von Bandura wird in der Literatur manchmal auch synonym als „Lernen durch Beobachtung" bezeichnet, da Beobachtungslernen ein zentrales Element dieser Theorie darstellt.

Lernen durch Beobachtung. Beim Lernen durch Beobachtung handelt es sich um einen zentralen Begriff aus Banduras Theorie, der mehrere verschiedene Effekte umfasst. Durch Beobachtungslernen wird nicht nur neues Verhalten gelernt, sondern man erwirbt bei dieser Art des Lernens auch Wissen darüber, in welcher Situation welches Verhalten angemessen ist und zu welchen Konsequenzen ein Verhalten in einer bestimmten Situation führt. Dies gilt auch für solche Verhaltensweisen, die man bereits beherrscht. Der Lerner bildet dabei subjektive Erwartungen über die Konsequenzen von Verhalten aus. Insofern besitzt Lernen durch Beobachtung eine starke kognitive Komponente.

Lernen durch Beobachtung

Lernen am Modell. Lernen am Modell oder Modelllernen ist einer der Effekte von Lernen durch Beobachtung (Bandura, 1969, 1979). Es bedeutet, dass durch die Beobachtung eines Modells ein neues Verhalten gelernt wird, das der Beobachter zuvor noch nicht beherrscht hat. Eine wesentliche Voraussetzung des Modelllernens besteht in der Ähnlichkeit zwischen Modell und Beobachter, die eine Identifikation mit dem Modell ermöglicht und zur Nachahmung anregt. Während des Lernprozesses wird eine innere Repräsentation des gelernten Verhaltens gebildet (kognitive Komponente). Der Begriff „Lernen am Modell" sollte aufgrund seiner kognitiven Konnotation dem menschlichen Lernen vorbehalten bleiben.

Lernen am Modell

Lernen durch Imitation. Lernen durch Imitation (Nachahmung) stellt die einfachste Form des Beobachtungslernens dar. Neue Verhaltensweisen werden erworben, indem sie bei anderen Personen beobachtet und nachgeahmt werden. Diese Form des Lernens kann auch bei vielen Tieren und schon bei Säuglingen nachgewiesen werden (Gopnik, Kuhl & Meltzoff, 2004). Die Bedeutung kognitiver Prozesse bei dieser Form des Lernens ist nicht eindeutig geklärt. Möglicherweise handelt es sich beim Imitationslernen des Säuglings um eine Vorstufe, aus der sich später komplexeres sozial-kognitives Lernen entwickelt (Meltzoff & Moore, 1999).

Lernen durch Imitation

Lernen durch operante Konditionierung

6.1.2

Soziale Gemeinschaften verfügen über ein breites Repertoire an Mitteln, mit denen das Verhalten der Mitglieder durch positive und negative Verstärkung oder durch direkte und indirekte Bestrafung wirksam kontrolliert werden kann. Erwünschtes Verhalten wird durch materielle (Geld, Güter, Nahrungsmittel) oder nicht-materielle Verstärker (z.B. Status, Ruhm, Zuwendung) belohnt, während unerwünschtes Verhalten durch Bestrafung (z.B. Taschengeldentzug, Geldbußen, Zuchthaus) unterdrückt wird. Soziale Lerntheorien, die auf dem Konditionierungsansatz basieren, gehen davon aus, dass verstärkte Verhaltensweisen beibehalten und nicht verstärkte oder bestrafte Reaktionen weniger häufig gezeigt werden. Diesem Ansatz zufolge bestimmen also die Konsequenzen von Verhalten, welches Verhalten in sozialen Situationen gezeigt wird.

Kontrolle durch Verhaltenskonsequenzen

Kognitive Konzepte wie Erwartungen, Bewertungen und Entscheidungen bleiben bei diesem Ansatz unberücksichtigt. Trotz der zweifellos großen Bedeutung von operanten Konditionierungsprozessen für soziales Lernen können daher viele wichtige Aspekte menschlichen Verhaltens mit diesem Ansatz nur ungenügend erklärt werden. Dies gilt insbesondere für komplexere Formen des Lernens (z.B. Sprechen lernen). Als alternativer Lernmechanismus wird von sozialen Lerntheoretikern die Möglichkeit des Lernens durch Beobachtung und Nachahmung (Imitation) hervorgehoben.

6.1.3 | Lernen durch Beobachtung und Imitation

Imitation bei Tieren

Lernen durch Imitation im Tierreich. Lernen durch Nachahmung (Imitation) ist eine sehr erfolgreiche Strategie, die im Tierreich weit verbreitet ist. Männliche Singvögel zum Beispiel lernen das Singen, indem sie den Gesang ihrer Väter imitieren. Diese Art des Lernens ist jedoch wenig flexibel und meistens auf zeitlich begrenzte Phasen beschränkt (*Prägungslernen*). Bei hoch entwickelten Säugetieren (z.B. Affen) lassen sich flexiblere Formen des Lernens durch Imitation nachweisen. Affen sind sehr geschickt darin, die Verhaltensweisen ihrer Artgenossen, aber auch menschliches Verhalten (z.B. Grimassen der Zoobesucher) nachzuahmen. Junge Menschenaffen lernen durch Beobachtung der älteren Hordenmitglieder beispielsweise, wie man mithilfe von Steinen hartschalige Nüsse knackt oder wie sich ein dünner Zweig als Angel beim Termitenfischen verwenden lässt (z.B. Lethmate, 1994). Die Fähigkeit zur Imitation ist biologisch vorteilhaft, da es sich um eine sehr effektive Form des Lernens handelt. Lange erfolglose Phasen von Versuch und Irrtum bleiben dem Lebewesen erspart, und gefährliche Misserfolge (z.B. Verzehr giftiger Pflanzen) unterbleiben.

Vorteile des Lernens durch Imitation

Beobachtungs- und Imitationslernen beim Menschen. Beim Menschen sind soziale Lernformen wie Beobachtungs- und Imitations-

Lernen durch Beobachtung und Imitation beim Menschen

lernen von größter Bedeutung für den Erwerb von Wissen und Fertigkeiten. Ohne die Fähigkeit zur Beobachtung und Imitation wäre es nicht möglich, die menschliche Sprache zu erlernen, kulturelle Fertigkeiten und Wissensbestände zu erhalten und an folgende Generationen weiterzugeben. Manche Autoren berichten, dass Kinder bereits im Säuglingsalter zu Imitationshandlungen in der Lage sind. Säuglinge imitieren beispielsweise Gesichtsausdrücke und einfache Bewegungen erwachsener Vorbilder (Gopnik et al., 2004).

Imitation bei Säuglingen

Die Theorie von Miller und Dollard. Eine frühe Theorie des sozialen Lernens durch Imitation stammt von Miller und Dollard (1941). Die Autoren waren der Ansicht, dass menschliches Lernen in viel stärkerem Maße auf Imitationsverhalten basiert als auf operantem Konditionieren. Die Lerntheorie dieser Autoren beruhte auf der Grundannahme, dass Personen danach streben, triebbedingte Anspannung abzubauen. Es sollten demnach solche Verhaltensweisen verstärkt und gelernt werden, die zur Triebreduktion beitragen.

Die Theorie von Miller und Dollard

Verstärkung durch Triebreduktion

Definition

Aus lerntheoretischer Sicht versteht man unter einem Trieb eine Form der Handlungsmotivation, die vorwiegend durch biologische Bedürfnisse verursacht wird (Zimbardo & Gerrig, 2004).

Miller und Dollard (1941) nahmen an, dass Kinder besonders häufig dann triebreduzierend verstärkt werden, wenn sie das Verhalten Erwachsener nachahmen. Im Zuge der Generalisierung wird nachfolgend häufiger imitatives Verhalten gezeigt. Kontrovers bei diesem Erklärungsansatz ist die Grundannahme, dass Lernen durch ein Bedürfnis nach Triebreduktion bzw. nach einer Verminderung von Stimulierung motiviert wird. Die Reduzierung von Stimulation ist jedoch kein genereller Verstärker: Viele Verhaltensweisen bei Mensch und Tier werden mit dem Ziel durchgeführt, Stimulation zu erzeugen oder zu erhöhen (z.B. Neugier- und Explorationsverhalten, vgl. Kap. 2). Neuere sozial-kognitive Lerntheorien verzichten daher auf die Annahme der Triebreduktion als Motivation für Lernen.

Zusammenfassung

Sozial-kognitive Lerntheorien integrieren behavioristische und kognitive Elemente und beziehen sich auf Lernvorgänge in sozialen Kontexten. Wichtige Mechanismen des sozial-kognitiven Lernens bestehen in Verstärkungslernen und Lernen durch Beobachtung. Verstärkungslernen bedeutet, dass die Konsequenzen bestimmen, welches Verhalten in sozialen Situationen gezeigt wird. Erwünschtes Verhalten wird verstärkt, unerwünschtes Verhalten bestraft. Das Lernen von Verhaltensweisen durch Beobachtung und Nachahmung stellt eine alternative und besonders effektive Form des Lernens dar, die sowohl bei Tieren als auch bei Menschen auftritt. Bereits Säuglinge sind zu einfachen Imitationshandlungen in der Lage.

Frühe Theorien gingen davon aus, dass Kinder besonders häufig verstärkt werden, wenn sie das Verhalten Erwachsener nachahmen. Es wurde angenommen, dass diese Verstärkungen Spannung reduzieren, die durch Triebe ausgelöst wird. Diese Vorstellung wurde jedoch revidiert, da die Reduktion von Spannung nicht grundsätzlich verstärkend wirkt.

Literatur

Bandura, A. (1969). Principles of behavior modification. New York: Holt, Rhinehart & Winston.

Bandura, A. (1979). Sozial-kognitive Lerntheorie. Stuttgart: Klett-Cotta (Original: 1977).

Gopnik, A., Kuhl, P. & Meltzoff, A. (2004). Forschergeist in Windeln. Wie Ihr Kind die Welt begreift (3. Aufl.). München: Piper.

Lethmate, J. (1994). Intelligenz von Orang-Utans. Spektrum der Wissenschaft, 11, 8-89.

Meltzoff, A.N. & Moore, M.K. (1999). Persons and representations: Why infant imitation is important for theories of human development. In J. Nadel & G. Butterworth (Eds.), Imitation in infancy (pp. 9-35). Cambridge: Cambridge University Press.

Miller, N.E. & Dollard, J.C. (1941). Social learning and imitation. New Haven, Conn.: Yale University Press.

Rotter, J.B. (1954). Social learning and clinical psychology. Englewood Cliffs, N.J.: Prentice-Hall.

Seligman, M.E.P. (2004). Erlernte Hilflosigkeit (3. Aufl.). Weinheim: Beltz.

Zimbardo, P.G. & Gerrig, R.J. (2004). Psychologie (16., aktualisierte Aufl.). München: Pearson-Studium.

Testfragen

86. Nennen Sie die Hauptvertreter der sozial-kognitiven Lerntheorie!
87. Was bedeutet der Ausdruck „Lernen am Modell"?
88. Ab welchem Alter kann Imitationsverhalten beim Menschen beobachtet werden?
89. Durch welchen Effekt werden Verhaltensweisen nach der Auffassung von Miller und Dollard verstärkt?

6.2 Die Theorie von Rotter

Abb. 25

Julian B. Rotter
(*1916)

Der Psychologe Julian B. Rotter (*1916, s. Abb. 25) veröffentlichte 1954 seine soziale Lerntheorie. Geprägt von den Erfahrungen der Weltwirtschaftskrise und des Zweiten Weltkrieges, stellte Rotter die Interaktion zwischen Person und Umwelt ins Zentrum seiner Betrachtungen.

Rotters Lerntheorie kann auch als Persönlichkeitstheorie aufgefasst werden, die Erwartungen und vorausgegangene Lernerfahrungen einbezieht. Rotter betonte, dass menschliche Lernerfahrungen vorwiegend in sozialen Situationen stattfinden. Ein weiterer wichtiger Beitrag Rotters bestand in der Entwicklung des Konzepts der *Kontrollüberzeugungen* und der Integration dieses Konzepts in seine Lerntheorie.

Erwartungs-Wert-Modell des Lernens

6.2.1

Im Gegensatz zu den Behavioristen war Rotter überzeugt, dass Verhalten nicht direkt durch Verknüpfungen zwischen Reiz und Reaktion gesteuert, sondern durch kognitive Variablen vermittelt wird (Rotter, 1954). In Rotters Lerntheorie bildet daher das Konzept der *Erwartungen* ein zentrales Element.

Zentrales Element der Theorie: Erwartungen

Definition

Erwartungen sind kognitive Repräsentationen zukünftiger Ereignisse.

Erwartungen können spezifisch sein (d.h. sie beziehen sich nur auf wenige Situationen) oder auf verschiedene Situationen generalisiert werden.

Beispiel

Eine Ratte in einer Skinner-Box lernt nach Rotters Auffassung nicht lediglich einen assoziativen Zusammenhang zwischen dem Hinweisreiz „rotes Licht", dem Verhalten „Taste drücken" und dem Belohnungsreiz „Futter". Das Tier entwickelt auf der Basis seiner Erfahrungen vielmehr eine Vorstellung (Erwartung), dass unter bestimmten Bedingungen auf eine bestimmte Handlung eine bestimmte Konsequenz folgt. Diese spezifische Erwartung kann auf andere Situationen generalisieren, so dass die Ratte beispielsweise auch beim Aufleuchten eines blauen Lichts eine Belohnung erwartet und daher die Taste drückt.

Erwartungen bilden und verändern sich durch Erfahrungen

Wiederholte ähnliche Erfahrungen bestätigen die gelernte Erwartung, widersprechende Erfahrungen (z.B. kein Erhalt von Futter trotz Tastendruck bei rotem Licht) schwächen die Erwartung ab. Die Veränderung von Erwartungen bedeutet, dass Lernen stattgefunden hat.

Merksatz

Nach Rotter bedeutet Lernen die Stärkung bzw. Abschwächung von (spezifischen und generalisierten) Erwartungen auf der Grundlage von Lernerfahrungen.

Rotters soziale Lerntheorie zielte weniger auf den Erwerb, sondern mehr auf die Erklärung und Vorhersage von menschlichem Verhalten. Die Vorhersage von Verhalten basiert auf der jeweiligen Wahrscheinlichkeit, mit der bestimmte Verhaltensweisen in einer bestimmten Situation gezeigt werden (*Verhaltenspotentiale*). Die Wahrnehmung der aktuellen Situation, die die Erwartung bestimmter Verhaltenskonsequenzen (z.B. Verstärker) hervorrufen kann, aber auch die subjektive Bewertung dieser Verhaltenskonsequenzen (*Valenz*) wirken sich auf Verhaltenspotentiale aus.

Vorhersage von Verhalten

Merksatz

Die Wahrscheinlichkeit, dass ein Verhalten gezeigt wird, hängt ab von der Wahrnehmung der aktuellen Situation, der Erwartung eines Verstärkers und dem subjektiven Wert des Verstärkers.

Erwartungen, Valenzen, Situationswahrnehmung und Verhaltenspotentiale sind die zentralen Begriffe in Rotters Theorie (vgl. Kasten 8).

▶ **Kasten 8: Grundbegriffe aus Rotters sozialer Lerntheorie**

- **Verhaltenspotentiale:** Der Begriff des Verhaltenspotentials drückt die Wahrscheinlichkeit aus, dass in einer bestimmten Situation ein bestimmtes Verhalten aus der Gesamtheit alternativer Verhaltensweisen ausgeführt wird. Verhaltenspotentiale hängen ab von der Wahrnehmung der aktuellen Situation, der Erwartung eines Verstärkers und dem subjektiven Wert (*Valenz*) des Verstärkers.
- **Wahrnehmung der Situation:** Nach Rotter bestimmt die Wahrnehmung der Situation das Verhalten einer Person wesentlich mit. Im Gegensatz zu den einfachen Reizkonstellationen, die im Behaviorismus verwendet wurden, sind soziale Situationen häufig komplex und mehrdeutig. Die subjektive Wahrnehmung der Situation durch die handelnden Personen bestimmt daher, welche Erwartungen auftreten und welches Verhalten schließlich gezeigt wird. Uneindeutige Situationen rufen häufig generalisierte Erwartungen hervor.
- **Erwartungen:** Der Begriff der Erwartung bezieht sich auf die Einschätzung einer Person, dass in einer bestimmten Situation auf ein bestimmtes Verhalten eine spezifische Konsequenz (Verstärkung) erfolgt. Erwartungen entstehen durch Lerner-

fahrungen (operante Konditionierung; Rotter, Chance & Phares, 1972). Sie können auf andere Situationen generalisieren, bei denen ähnliche Bedürfnisse oder Verstärker oder strukturelle Ähnlichkeiten vorliegen. Man unterscheidet daher spezifische (z.B. „Ich kann dieses Wettrennen gewinnen!") und generalisierte Erwartungen (z.B. „Ich bin immer erfolgreich!"). Rotter befasste sich überwiegend mit generalisierten Erwartungen, da diese in einer Vielzahl von Situationen handlungsleitend sein können.

- **Valenz:** Wie im klassischen Behaviorismus versteht Rotter unter Verstärkung jedes Ereignis, das die Auftretenswahrscheinlichkeit von Verhalten beeinflusst. Die subjektive Valenz, das heißt der Wert eines Verstärkers (und damit seine Wirksamkeit) ist jedoch individuell verschieden und abhängig von weiteren Faktoren (z.B. aktuelle Bedürfnisse, Verfügbarkeit alternativer Verstärker). Die subjektive Valenz eines Verstärkers kann daran ermessen werden, welchen Verstärker ein Subjekt bei freier Wahl bevorzugt. Rotter (1954) betonte die große Bedeutung sozialer Verstärker für den Menschen (z.B. Anerkennung, Unabhängigkeit, Zugehörigkeit, Liebe).

Rotter wies darauf hin, dass Verstärkungen beim Menschen nur dann zu Lerneffekten führen können, wenn die Verstärker als persönlich wertvoll und wichtig erachtet werden (Bewertung) und wenn die Person davon überzeugt ist, durch ein bestimmtes Verhalten den Verstärker auch erhalten zu können (Erwartung). Damit stand seine Position im Gegensatz zum radikalen Behaviorismus (z.B. vertreten durch Skinner), in dem die Ansicht vertreten wurde, dass Verhalten allein durch die Konsequenzen reguliert werden kann.

Bedeutung von subjektiver Bewertung und Erwartung über die Erreichbarkeit von Verstärkern

Ein Student sitzt vor seinen Büchern, um sich auf eine Prüfung vorzubereiten. Ein Freund ruft an und fragt, ob der Student ins Kino mitkommen möchte. Ob sich der Student für das Lernen oder für das Kino entscheiden wird, hängt nach dem Erwartungs-Wert-Ansatz von den jeweiligen Verhaltenspotentialen ab. Der Kinobesuch mit dem Freund führt mit sehr großer Wahrscheinlichkeit zu einer Verstärkung (Unterhaltung), die relativ hoch bewertet wird. Das resultierende Verhaltenspotential für das Kino ist also groß. Das Lernen macht weniger Spaß und führt nur mit einer gewissen Wahrscheinlichkeit zu einer Verstärkung (gute Note). Dem Studenten sind gute Noten nicht so wichtig; es reicht ihm schon, wenn er die Prüfung besteht. Insgesamt resultiert in dieser Situation ein größeres Verhaltenspotential für das Kino als für das Lernen. Darum folgt der Student der Aufforderung des Freundes.

Erwartungs-Wert-Modell

Bei Rotters Ansatz handelt es sich um ein so genanntes *Erwartungs-Wert-Modell*. Die Wahrscheinlichkeit, dass ein bestimmtes Verhalten auftreten wird, ergibt sich demnach aus der Erwartung, dass dem Verhalten eine spezifische Verstärkung folgen wird, und aus dem subjektiven Wert des Verstärkers. Erwartungs-Wert-Modelle wurden von späteren Forschern vielfach aufgegriffen, modifiziert und erweitert. Sie sind in der Psychologie bis heute sehr bedeutsam für die Erklärung von menschlichem Verhalten.

6.2.2 | Kontrollüberzeugungen

Bei den so genannten Kontrollüberzeugungen handelt es sich um eine bestimmte Dimension generalisierter Erwartungen, mit denen sich Rotter (1966) intensiv beschäftigte. Kontrollüberzeugungen sind für das soziale Lernen von großer Bedeutung, da sie die Erwartung der Erreichbarkeit von Lernergebnissen und damit die Motivation zum Lernen sehr stark beeinflussen können.

Kontrollüberzeugungen beeinflussen die Lernmotivation

Arten von Kontrollüberzeugungen. Erwartungen können danach unterteilt werden, ob jemand die Kontrolle über zukünftige Ereignisse innerhalb oder außerhalb der eigenen Person wahrnimmt. Werden eigene Kontrollmöglichkeiten gesehen, spricht man von *internaler Kontrollüberzeugung*; wird die Kontrolle über Ereignisse Faktoren außerhalb der eigenen Person zugeschrieben, wird dies als *externale Kontrollüberzeugung* bezeichnet (Rotter, 1966). Menschen mit einer internalen Kontrollüberzeugung glauben, dass sie auf ihre Umwelt durch eigenes Handeln Einfluss nehmen können, während sich Menschen mit externaler Kontrollüberzeugung den Ereignissen ausgeliefert fühlen. Bei der externalen Kontrollüberzeugung wird noch einmal danach unterschieden, ob die Person die Kontrolle über Ereignisse mächtigen anderen Personen zuschreibt (*external-personenbezogene Kontrollüberzeugung*) oder dem Zufall oder Schicksal (*external-fatalistische Kontrollüberzeugung*).

Internale und externale Kontrollüberzeugungen

Beispiel

Wenn ein Student überzeugt ist, dass er durch Lernen eine gute Note in einer Prüfung erzielen kann, so lokalisiert er die Kontrolle über das Ereignis „Benotung" innerhalb seiner eigenen Person. Er verfügt demnach über eine internale Kontrollüberzeugung. Ein Kommilitone hingegen, der glaubt, die Benotung hänge von der Sympathie des Professors ab, lokalisiert die Kontrolle external und personenbezogen. Ein dritter Student geht davon aus, dass Prüfungsleistungen von der Tagesform abhängen und Noten daher ganz zufällig zustande kommen (external-fatalistische Kontrollüberzeugung).

Wirkung von Kontrollüberzeugungen. Die drei Formen von Kontrollüberzeugungen wirken sich auf die Lernmotivation und das Lernverhalten einer Person aus. Jemand, der überzeugt ist, durch sein eigenes Handeln etwas verändern und Dinge erreichen zu können (internale Kontrollüberzeugung), wird sich sehr anstrengen, um ein Problem zu lösen oder etwas Neues zu lernen. Wer dagegen glaubt, dass wichtige Entscheidungen oder Konsequenzen von anderen Personen abhängen (external-personenbezogene Kontrollüberzeugung), wird wenig Energie in die Veränderung seiner eigenen Situation investieren, sondern auf das Wohlwollen dieser Personen hoffen. Eine Person, die glaubt, dass alle wesentlichen Veränderungen vom Zufall abhängen (external-fatalistische Kontrollüberzeugung), wird von sich aus ebenfalls keine Initiative zum Lernen zeigen und stattdessen passiv die Entwicklung der Dinge abwarten.

Auswirkungen unterschiedlicher Kontrollüberzeugungen auf die Lernmotivation

Beispiel

Von den drei oben beschriebenen Studenten wird sich lediglich der erste durch gründliches Lernen auf eine Prüfung vorbereiten, da er glaubt, sein Lernergebnis und damit seine Note durch eigenes Handeln kontrollieren zu können. Der Student, der sich ganz der Willkür des Professors ausgeliefert fühlt, wird Lernen ebenso als vergebliche Mühe betrachten wie der Student, der zufällige Ereignisse als Ursache der Benotung ansieht.

Zusammenfassung

Rotters soziale Lerntheorie befasst sich mit den Auswirkungen von Lernerfahrungen und Erwartungen auf menschliches Verhalten. Erwartungen stellen kognitive Repräsentationen zukünftiger Ereignisse oder Handlungskonsequenzen dar. Rotter betrachtet Lernen als Prozess der Stärkung bzw. Abschwächung von Erwartungen durch Erfahrungen. Seine Theorie ermöglicht die Vorhersage von Verhalten auf der Grundlage von Verhaltenspotentialen. Darunter versteht man die Wahrscheinlichkeit, mit der ein bestimmtes Verhalten in einer bestimmten Situation gezeigt wird. Verhaltenspotentiale beruhen auf der Wahrnehmung der aktuellen Situation, der Erwartung eines Verstärkers und dem subjektiven Wert des Verstärkers. Verstärkungen führen nur dann zu Lerneffekten, wenn die Verstärker als persönlich wertvoll erachtet werden (Bewertung) und wenn die Person davon überzeugt ist, durch ein bestimmtes Verhalten den Verstärker erhalten zu können (Erfolgserwartung). Bei Rotters Ansatz handelt es sich folglich um ein so genanntes Erwartungs-Wert-Modell.

Rotter entwickelte außerdem das Konzept der Kontrollüberzeugungen. Kontrollüberzeugungen stellen generalisierte Erwartungen über die Möglichkeit dar, zukünftige Ereignisse durch eigenes Handeln zu beeinflussen. Wird die Kontrollmöglichkeit in der eigenen Person lokalisiert, spricht man von internaler Kontrollüberzeugung; wird die Kontrolle anderen Personen oder dem Zufall zugeschrieben, spricht man von externaler Kontrollüberzeugung. Internale Kontrollüberzeugungen wirken sich auf das Lernen positiver aus als externale Kontrollüberzeugungen, da sich Lerner mit internalen Kontrollüberzeugungen mehr anstrengen.

Literatur

Rotter, J.B. (1954). Social learning and clinical psychology. Englewood Cliffs, N.J.: Prentice-Hall.

Rotter, J.B. (1966). General expectancies for internal versus external control of reinforcement. Journal of Consulting and Clinical Psychology, 43, 56-67.

Rotter, J.B., Chance, J.E. & Phares, E.J. (1972). Applications of a social learning theory of personality. New York: Holt, Rinehart & Winston.

Testfragen

90. *Was versteht Rotter unter Lernen?*
91. *Worin besteht die besondere Bedeutung von generalisierten Erwartungen?*
92. *Welche Faktoren bestimmen die Stärke von Verhaltenspotentialen?*
93. *Welche beiden Bedingungen müssen Rotters Theorie zufolge erfüllt sein, damit Verstärkung wirken kann?*
94. *Zu welcher Gruppe von theoretischen Modellen gehört Rotters sozial-kognitive Lerntheorie?*
95. *Wie wirken sich internale Kontrollüberzeugungen auf das Lernen aus?*

Der Ansatz von Seligman | 6.3

Ähnlich wie in der Lerntheorie von Rotter spielt auch im Ansatz von Martin E. P. Seligman (*1942; s. Abb. 26) die Wahrnehmung der *Kontrollierbarkeit* von Ereignissen eine wesentliche Rolle. Durch die Entwicklung des Konzepts der *erlernten Hilflosigkeit* und die Berücksichtigung der Bedeutung von *Kausalattributionen* leistete Seligman wesentliche Beiträge zur Lernforschung. Neben der Kontrollierbarkeit beschäftigte sich Seligman mit der *Vorhersagbarkeit* von Ereignissen und Verhalten und trug damit zum Verständnis der Entwicklung psychischer Störungen bei.

Abb. 26

Martin E. P.
Seligman (*1942)

Kontrollierbarkeit und erlernte Hilflosigkeit | 6.3.1

Kontrollierbarkeit. Nach Seligman (2004) kann Kontrollierbarkeit *objektiv* gegeben sein oder *subjektiv* wahrgenommen werden. Beide Formen müssen nicht übereinstimmen: Eine Person kann einerseits objektiv Kontrollmöglichkeiten über die Umweltbedingungen besitzen, ohne dies zu realisieren. Zum Beispiel könnte eine Frau das gespannte Verhältnis zu ihren Eltern vielleicht durch ein klärendes Gespräch verbessern; sie hält dies jedoch für aussichtslos und versucht es nicht einmal. Auf der anderen Seite glauben Menschen manchmal, die Kontrolle über Ereignisse zu besitzen, obwohl sie objektiv keinen Einfluss auf das Geschehen ausüben können. Beispielsweise kann ein Rennfahrer glauben, dass er beim Autorennen Erfolg haben wird, wenn er einen kleinen Glücksbringer im Wagen mitnimmt.

Diese Beispiele aus dem Alltag zeigen, dass menschliches Verhalten stärker durch subjektive Vorstellungen über die Kontrollierbarkeit von Ereignissen als durch die tatsächlichen Gegebenheiten gesteuert wird. Für die Steuerung von Verhalten sind die subjektiven Einschätzungen der Kontrollierbarkeit wichtiger als die objektiven Verhältnisse. Die Auftretenswahrscheinlichkeit von Verhalten wird nach Seligman nicht durch den Erhalt von Verstärkern beeinflusst, sondern durch die Überzeugung einer Person, Kontrolle über den Erhalt der Verstärker zu besitzen.

Nicht die Verstärkung selbst, sondern das Gefühl der Kontrolle über den Erhalt der Verstärker bestimmt das Verhalten.

Unkontrollierbarkeit

Erlernte Hilflosigkeit

Diese Annahme steht im Gegensatz zum Postulat des klassischen Behaviorismus, dass Verstärker die Auftretenshäufigkeit von Verhalten bestimmen.

Erlernte Hilflosigkeit. Nach wiederholten Erfahrungen der Unkontrollierbarkeit – etwa wenn Probleme nicht gelöst werden können oder eigene Bemühungen nicht zum Ziel führen – erlebt man sich selbst als macht- und hilflos. Bei unkontrollierbaren Ereignissen existiert keine Kontingenz zwischen Verhalten und Konsequenzen, das heißt, man hat keinen Einfluss auf das Eintreten oder Ausbleiben der Ereignisse. Personen entwickeln durch wiederholte Erfahrungen mit solchen Situationen Anzeichen von Resignation, Passivität und Initiativelosigkeit. Dieser psychische Zustand wird als *erlernte Hilflosigkeit* bezeichnet.

Mit dem Begriff der erlernten Hilflosigkeit bezeichnet man einen psychischen Zustand, der durch wiederholte Erfahrungen mit unkontrollierbaren Situationen entsteht und sich in motivationalen, emotionalen und kognitiven Defiziten äußert.

Seligman untersuchte das Konzept der erlernten Hilflosigkeit zunächst an Hunden. Er entwickelte dazu eine besondere experimentelle Anordnung (*triadischer Versuchsplan*; vgl. Kasten 9).

▶ **Kasten 9: Der triadische Versuchsplan (Seligman & Maier, 1967)**

In einer bekannten Studie setzten Seligman und Kollegen drei Gruppen von jeweils acht Hunden ein. Die erste Phase des Experiments wurde als Lernphase bezeichnet. Gruppe 1 erhielt in unregelmäßigen Abständen Stromstöße, konnte diese jedoch durch Drücken einer Platte beenden. Gruppe 2 erhielt ebenfalls elektrische Schläge, konnte diese jedoch nicht abstellen (*Unkontrollierbarkeitsbedingung*). Ihre Stromstöße waren an die Stromexposition der Gruppe 1 gekoppelt, so dass beide Gruppen insgesamt der gleichen Anzahl von Schocks ausgesetzt waren (*yoked groups*). Gruppe 3 erhielt keine elektrischen Schläge. In der späteren experimentellen Phase wurden die Hunde in einen anderen Käfig gesetzt, aus dem ein Entkommen vor Stromstößen durch Überspringen einer Barriere leicht möglich war. Den Hunden aus Gruppe 1 und 3 gelang dies nach wenigen Lerndurchgängen. Der Großteil der Hunde aus Gruppe 2 hingegen reagierte mit völliger Passivität. Diese Hunde lernten selbst nach gezieltem Training nicht, der Stromexposition zu entkommen.

Durch das gut durchdachte Design mit den *yoked groups* wurde die alternative Erklärung ausgeschlossen, dass sich lediglich die aversive Erfahrung der Stromstöße negativ auf das spätere Lernvermögen der Hunde auswirkte. Die Ergebnisse wurden in Form einer Drei-Stufen-Thorie interpretiert:

Drei-Stufen-Theorie

- Die Hunde aus der Unkontrollierbarkeitsbedingung machen wiederholt die Erfahrung, dass zwischen ihrem Verhalten und den Geschehnissen in der Umwelt kein Zusammenhang (Kontingenz) besteht.
- Auf der Basis dieser Erfahrungen bildet sich die Erwartung, dass auch zukünftige Ereignisse nicht durch eigenes Handeln kontrolliert werden können.
- Die Erwartung mangelnder Kontrolle führt zu den beobachtbaren motivationalen, emotionalen und kognitiven Defiziten (Passivität, Teilnahmslosigkeit und mangelnde Lernfähigkeit).

Erlernte Hilflosigkeit beim Menschen. In späteren Studien (wobei statt Stromstößen laute Geräusche als aversive Reize verwendet wurden), bestätigten sich diese Ergebnisse auch bei Menschen (Miller & Norman, 1979). Unkontrollierbare Ereignisse führen auch bei Menschen zum Zustand der erlernten Hilflosigkeit. In diesem Zustand sind Menschen weniger motiviert, etwas an ihrer Situation zu verändern (*motivationales Defizit*), die Gefühlslage ist negativ oder verflacht (*emotionales Defizit*) und Möglichkeiten zur Veränderung der Situation werden weniger wahrgenommen (*kognitives Defizit*). Diese Merkmale der erlernten Hilflosigkeit ähneln stark den Symptomen der Depression. Seligman nimmt daher an, dass Unkontrollierbarkeitserfahrungen beim Menschen die Entwicklung depressiver Störungen begünstigen. Für die Therapie der Depression folgt daraus, dass betroffene Personen lernen müssen, wie sie selbst die Kontrolle über wichtige Konsequenzen erlangen können.

Erlernte Hilflosigkeit beim Menschen

Depression

Die Bedeutung von Kausalattributionen

6.3.2

Kausalattributionen. Die subjektive Einschätzung der Kontrollierbarkeit ist nicht nur für die Vorhersage von Konsequenzen (z.B. Erwartung, eine Situation beeinflussen zu können), sondern auch für die Erklärung vergangener Ereignisse wichtig. Beispielsweise kann ein Misserfolg im Nachhinein durch ungünstige äußere Umstände (geringe Kontrollierbarkeit) oder durch mangelhafte Planung (hohe

Kausalattributionen

Kontrollierbarkeit) erklärt werden. Diese Form der subjektiven Zuschreibung von Ursachen wird als *Kausalattribution* bezeichnet.

Definition

Kausalattributionen sind subjektive Erklärungen für die Ursachen von Ereignissen.

Der Vorteil von Kausalattributionen besteht darin, dass mit ihrer Hilfe die Gesamtmenge möglicher Erklärungen für einen Sachverhalt auf eine überschaubare Anzahl reduziert werden kann. Allerdings ist mit ihnen auch der Nachteil verbunden, dass unter Umständen falsche Erklärungen aufrechterhalten werden und sich diese ungünstig auf das Verhalten auswirken können. Seligman und Kollegen integrierten das Konzept der Kausalattributionen in die Theorie der erlernten Hilflosigkeit und erweiterten damit ihren Anwendungsbereich.

Beispiel

Ein alleinstehender älterer Herr ist mit seiner Situation unzufrieden und würde gerne eine Partnerin finden. Er glaubt jedoch, zu alt und nicht mehr attraktiv genug zu sein, um einer Frau zu gefallen. Seine Erklärung für vergangene Ereignisse lautet also: „Ich habe bisher keine Partnerin gefunden, weil ich auf Frauen nicht mehr attraktiv wirke." Diese Attribution auf eine kaum kontrollierbare Eigenschaft führt zu einem Gefühl der Hilflosigkeit. Da der Mann überzeugt ist, die vermeintlichen Voraussetzungen nicht zu erfüllen, probiert er auch keine Handlungen aus, die an seiner Lage etwas ändern könnten (z.B. sich mit einer Nachbarin verabreden; eine Kontaktanzeige in einer Zeitung aufgeben). Folglich erfährt der Mann auch nicht, dass er durchaus noch attraktiv genug wäre, um eine Partnerin zu gewinnen.

Dimensionen von Kausalattributionen: Lokation, Kontrolle, Stabilität

Dimensionen. Kausalattributionen lassen sich – abgesehen von dem wichtigen Aspekt der Kontrollierbarkeit – nach verschiedenen weiteren Dimensionen ordnen. Weiner (1986, 1988) unterschied die Dimensionen

- Lokation (Ursachen werden als innerhalb oder außerhalb der Person liegend wahrgenommen),
- Kontrolle (Ursachen werden als kontrollierbar oder unkontrollierbar wahrgenommen) und
- Stabilität (Ursachen werden als stabil oder variabel) wahrgenommen.

Ein Schüler mit einer guten Note in der Klassenarbeit kann glauben, dass die Ursachen dafür in seiner eigenen Tüchtigkeit liegen (innerhalb der eigenen Person) oder dass die Note äußere Ursachen hatte. Er kann weiterhin annehmen, dass er das Ergebnis selbst beeinflussen konnte (z.B. durch fleißiges Lernen) oder dass er keinen Anteil daran hatte, zum Beispiel weil zufällig sehr einfache Fragen gestellt wurden. Schließlich kann der Schüler die Ursache für stabil halten (z.B. wenn er seine eigene Begabung für die Ursache hält) oder für variabel (wenn er glaubt, dass die eigene Anstrengung zum Erfolg geführt hat (vgl. Tab. 7).

▶ Tabelle 7: Dimensionen der Attribution nach Weiner (1986, 1988)

Kontrollierbarkeit	Internalität	Stabilität	Beispiel: „Gute Note"
kontrollierbar	internal	stabil	Schüler hat sich immer angestrengt
kontrollierbar	internal	variabel	Schüler hat sich einmal angestrengt
unkontrollierbar	internal	stabil	Intelligenz, Begabung
unkontrollierbar	internal	variabel	Gesundheit/gute Tagesform
unkontrollierbar	external	stabil	Leichtigkeit der Aufgaben
unkontrollierbar	external	variabel	Zufall/Lehrer hat sich geirrt

Abramson, Seligman und Teasdale (1978) verwendeten darüber hinaus die Dimension der *Spezifität*, welche sich darauf bezieht, ob Ursachen eher als spezifisch oder global angesehen werden. Ein Schüler, der beispielsweise eine gute Note in Englisch intern und stabil auf seine eigene „Begabung" attribuiert, kann beispielsweise denken, dass ihm Fremdsprachen besonders liegen (*spezifische Ursache*) oder dass er insgesamt überdurchschnittlich intelligent ist (*globale Ursache*).

Spezifische und globale Ursachen

Kontrollierbarkeit, Kausalattributionen und Lernen | 6.3.3

Für die Lernpsychologie sind die Konzepte der Kontrollierbarkeit, der Kausalattributionen und der erlernten Hilflosigkeit von großer Bedeutung. Diese generalisierten Erklärungstendenzen und Erwartungen sind nicht angeboren, sondern werden im Verlauf der Sozialisation gelernt. Sie sind *Gegenstand und Resultat des sozialen Lernens*. Nach Perrez (1989) können Kontrollüberzeugungen und Kausalattributionen auf vier Wegen erworben werden:

Erwerb von Kontrollüberzeugungen und Kausalattributionen

- ab dem Säuglingsalter durch Erfahrungen mit der Umwelt (z.B. Erfolge und Misserfolge bei der Manipulation von Gegenständen),

- durch die Beobachtung und das Lernen aus den Erfahrungen anderer (z.B. von Spielkameraden),
- durch symbolische Vermittlung in Geschichten, Filmen, Märchen und
- durch die Annahmen und Erklärungen dritter Personen (z.B. Zuschreibungen von Eltern oder Lehrern).

Kontrollüberzeugungen und Kausalattributionen als Einflussfaktoren des Lernens

Einmal entstanden und gefestigt, wirken sich Kontrollüberzeugungen und Kausalattributionen auf zukünftige Lernprozesse aus. Sie werden zu *Einflussfaktoren des Lernens.* Verstärker sind nach der Auffassung der sozialen Lerntheoretiker nur dann wirksam, wenn ihre Erreichbarkeit subjektiv als kontrollierbar angesehen wird. Unkontrollierbarkeit, Hilflosigkeit und ungünstige Attributionen hemmen zukünftige Lernprozesse, während sich internale Kontrollüberzeugungen und günstige Attributionen positiv auswirken können.

Günstige und ungünstige Attributionsmuster

Sowohl bei Erfolgen als auch bei Misserfolgen beeinflussen internal-variable Attributionsmuster zukünftiges Lernen günstig, weil eigene Bemühungen als Ursache der erzielten Leistung angesehen werden und sich die Erwartung bildet, dass zukünftige eigene Anstrengungen ebenfalls zum Erfolg führen werden. Internal-stabile und externale Attributionsmuster wirken sich dagegen neutral bis ungünstig auf die zukünftige Lernmotivation aus, weil eigene aktive Bemühungen nicht als bedeutsam für das Lernergebnis angesehen werden (vgl. Tab. 8). Insbesondere stabile Attributionsmuster bei Misserfolgen („mangelnde Begabung", „Pechvogel") hemmen zukünftige Lernanstrengungen, da der Lerner glaubt, an seiner unzureichenden Leistung niemals etwas ändern zu können (Ziegler & Schober, 2001).

▶ Tabelle 8: Attributionsmuster bei Erfolg und Misserfolg und mögliche Auswirkungen auf die Lernmotivation

	Attributions-muster	Beispiel für Erklärungen	Wirkung auf die Lernmotivation
Erfolg	internal, variabel	eigene Anstrengung	positiv
	internal, stabil	Begabung	neutral bis negativ
	external, stabil	„Glückspilz"	neutral bis negativ
	external, variabel	einmaliger Zufall	neutral
Misserfolg	internal, variabel	mangelnde Anstrengung	positiv
	internal, stabil	mangelnde Begabung	negativ
	external, stabil	„Pechvogel"	negativ
	external, variabel	einmaliger Zufall	neutral

Durch gezielte Rückmeldungen über die Ursachen von Leistungsergebnissen (z.B. durch die Lehrer) können die Attributionen der Lerner und damit auch die Lernmotivation verändert werden. Bei Erfolgen sollten daher vor allem internal-variable und bei Misserfolgen internale oder externale variable Rückmeldungen gegeben werden, um günstige Attributionsmuster aufzubauen und der Entwicklung von erlernter Hilflosigkeit vorzubeugen (Ziegler & Schober, 2001). Ein Lerner im Zustand der erlernten Hilflosigkeit ist nicht nur weniger motiviert, sich anzustrengen, sondern durch die damit einhergehenden kognitiven Defizite tatsächlich weniger gut dazu in der Lage. Folglich bleiben Lernerfolge aus, und das Hilflosigkeitserleben vertieft sich. Aus diesem negativen Kreislauf können sich Menschen allein nur sehr schwer befreien. In der Psychotherapie werden Methoden wie Reattributionstrainings, Modelllernen, Selbstinstruktionen und Verstärkung eingesetzt, um günstige Attributionsmuster aufzubauen (Petermann, 1992; Petermann & Petermann, 2006b; Ziegler & Schober, 2001).

Veränderung von Attributionsmustern

Teufelskreis der erlernten Hilflosigkeit

Beispiel

Erlernte Hilflosigkeit erklärt viele Aspekte der Situation von Mädchen im technisch-naturwissenschaftlichen Unterricht. Stereotype Einstellungen von Eltern, Erziehern und Lehrern und in den Medien führen – durchaus unbeabsichtigt – dazu, dass Mädchen von Beginn an ein geringeres Interesse für diese Bereiche entwickeln als Jungen. Schulische Misserfolge in diesen Fächern werden bei Mädchen häufig durch eine geringere Begabung erklärt, bei Jungen hingegen eher durch zu geringe Anstrengung (Ryckman & Peckham, 1987). Da „Begabung" im Gegensatz zu Anstrengung nicht willentlich beeinflusst werden kann, machen Mädchen die Erfahrung der Unkontrollierbarkeit, aus der sich erlernte Hilflosigkeit entwickelt. In der Folge nimmt die Motivation der Mädchen ab, sich mit diesen Fächern weiter zu beschäftigen. Weitere Misserfolge sind die Konsequenz, so dass ein Teufelskreis in Gang gesetzt wird. Das sichtbare Resultat ist ein immer noch deutlich geringerer Anteil von Mädchen und Frauen in naturwissenschaftlichen und technischen Schulfächern, Studiengängen und Berufsfeldern.

Vorhersagbarkeit

6.3.4

Seligman (2004) konzipierte analog zur Kontrollierbarkeit das Konzept der *Vorhersagbarkeit*. Vorhersagbarkeit bezieht sich auf die Möglichkeit, zukünftige Ereignisse sicher vorherzusagen – unabhängig davon, ob diese Ereignisse kontrollierbar oder unkontrollier-

Das Konzept der Vorhersagbarkeit

bar sind. Bei Vorhersagbarkeit und Unvorhersagbarkeit handelt es sich nicht um einander ausschließende Merkmale, sondern um zwei Pole eines Kontinuums; ein Ereignis kann also mehr oder weniger vorhersagbar sein.

Beispiel

Die unterschiedliche Bedeutung der Begriffe „Kontrollierbarkeit" und „Vorhersagbarkeit" soll anhand von Beispielen aus der Natur erläutert werden. Das Wachstum von Pflanzen (z.B. Getreide) im Laufe eines Sommers ist ziemlich genau vorhersagbar und durch die gezielte Anwendung von Düngemitteln und Bewässerung auch recht gut kontrollierbar. Ein noch besser vorhersagbares, aber nicht kontrollierbares Ereignis ist der Wechsel von Ebbe und Flut. Aufgrund des festen Rhythmus der Gezeiten können zum Beispiel Fahrzeiten für Schiffe oder Badezeiten für lange Zeit völlig zuverlässig vorausgesagt werden, aber der Wasserstand selbst kann nicht beeinflusst werden. Sommerliche Waldbrände sind ein Beispiel für Ereignisse, die unvorhersagbar auftreten, durch den Einsatz von Löschflugzeugen jedoch zumindest teilweise kontrollierbar sind. Unvorhersagbar und unkontrollierbar sind dagegen Erdbeben: Trotz aller Fortschritte in der Messtechnik treten Erdbeben plötzlich und überraschend auf, und in ihren Ablauf kann in keiner Weise eingegriffen werden.

Aus der Perspektive der Lernpsychologie ist der Aspekt der Vorhersagbarkeit wichtig, weil Menschen danach streben, zukünftige Situationen vorherzusagen (Seligman, 2004). Die Vorhersage zukünftiger Ereignisse gestattet es, sich auf das Eintreten dieser Ereignisse vorzubereiten und sich zu anderen Zeitpunkten zu entspannen.

Vorhersagbarkeit und Kontrollierbarkeit   Auch wenn das Geschehen selbst nicht beeinflusst werden kann, entsteht auf diese Weise ein Gefühl der Kontrolle über die Konsequenzen des Ereignisses. Insofern besteht zwischen Vorhersagbarkeit und Kontrollierbarkeit ein Zusammenhang.

Das Bedürfnis nach Vorhersagbarkeit bezieht sich insbesondere auf unangenehme Situationen (z.B. Klassenarbeit; Operation). Wenn

Unvorhersagbarkeit führt zu Angst   Menschen die Erfahrung machen, dass unangenehme Situationen ohne Vorwarnung eintreten können, so führt dies zu einem ständigen Zustand der Anspannung und Angst. Die Person kann nicht erkennen, ob und wann die gefürchtete Situation eintreten wird, und kann sich demzufolge weder vorbereiten noch entspannen. Die Entwicklung von Angststörungen kann die Folge sein (Seligman, 2004).

Bedeutung von Sicherheitssignalen   Menschen suchen daher aktiv nach Signalen, die ihnen Hinweise darauf geben, ob ein unangenehmes Ereignis bevorsteht oder nicht (*Si-*

cherheitssignale). Ein alltägliches Sicherheitssignal bildet das grüne Licht einer Ampel, die ein gefahrloses Überqueren der Straße signalisiert. Auch die Ankündigung des Lehrers, dass die Klassenarbeit an einem bestimmten Tag geschrieben wird, ist ein zuverlässiges Sicherheitssignal: Die Schüler werden an dem angekündigten Tag zwar aufgeregt sein, an allen anderen Tagen aber können sie ruhig und entspannt zur Schule gehen. Das Erlernen von Sicherheitssignalen fördert also das Gefühl von Sicherheit und Orientierung. Gerade in sozialen Kontexten sind Sicherheitssignale von großer Bedeutung, um das Verhalten anderer Menschen vorhersagen zu können. Dies soll an einem Beispiel verdeutlicht werden.

Beispiel

Die Eltern eines vierjährigen Mädchens möchten einen Abend im Theater verbringen und haben deshalb die Nachbarin als Babysitter engagiert. In der Hoffnung, ihrem Kind (und sich selbst) einen tränenreichen Abschied ersparen zu können, verlassen sie das Haus erst, als ihre Tochter schläft und ohne sie über ihre Abwesenheit informiert zu haben. Nach einer Stunde erwacht das Mädchen zufällig und geht ins Wohnzimmer, wo es nicht wie erwartet die Eltern, sondern nur die Nachbarin vorfindet. Das Kind reagiert mit Erschrecken und Weinen und lässt sich kaum beruhigen. In den folgenden Wochen weigert sich das Mädchen zur Verwunderung seiner Eltern, ins Bett zu gehen, so dass es häufig Streit gibt. Ist das Mädchen erst im Bett, kann es lange nicht einschlafen. Es schreckt häufig aus dem Schlaf auf und kommt mitten in der Nacht ins Schlafzimmer der Eltern, um zu kontrollieren, ob sie noch da sind. Erst als die Eltern mit ihrer Tochter eine klare Regelung treffen und ihr genau ankündigen, an welchen Abenden sie zu Hause sein und wann sie ausgehen werden, bessern sich diese Probleme allmählich: Dem Mädchen fällt es zwar immer noch schwer einzuschlafen, wenn die Eltern ausgehen, aber an den anderen Abenden schläft es nun wieder gut.

Das Beispiel des Mädchens zeigt, dass Sicherheitssignale notwendig sind, um das Verhalten anderer Menschen vorhersagen und sich auf sie verlassen zu können. Klare Absprachen und explizite Vereinbarungen stellen wirksame soziale Sicherheitssignale dar, an denen Menschen ihr Verhalten orientieren können. Sicherheitssignale wirken jedoch nur, wenn sie Ereignisse zuverlässig anzeigen. Insbesondere im Umgang mit Kindern ist es daher ausgesprochen wichtig, dass Absprachen und Ankündigungen konsequent eingehalten werden.

Absprachen als soziale Sicherheitssignale

Zusammenfassung

Wie bei Rotter ist auch bei Seligman die Wahrnehmung der Kontrollierbarkeit von Ereignissen zentral für die Vorhersage von Verhalten. Kontrollierbarkeit kann objektiv gegeben sein oder subjektiv wahrgenommen werden, wobei die die subjektiven Einschätzungen der Kontrollierbarkeit für die Steuerung von Verhalten bedeutsamer sind als die objektiven Verhältnisse. Die Auftretenswahrscheinlichkeit von Verhalten hängt demnach nicht von Verstärkern ab, sondern von der Überzeugung des Lerners, selbst Kontrolle über den Erhalt der Verstärker zu besitzen.

Mangelnde Kontrollmöglichkeiten über Ereignisse bewirken einen Zustand der Resignation und Passivität, der als erlernte Hilflosigkeit bezeichnet wird. Dieses Konzept wurde mithilfe des so genannten triadischen Versuchsplans zunächst an Hunden untersucht. Aus den Befunden wurde geschlossen, dass erlernte Hilflosigkeit zu bedeutsamen motivationalen, emotionalen und kognitiven Defiziten führt, die zukünftige Lernprozesse beeinträchtigen können.

Die subjektive Einschätzung der Kontrollierbarkeit ist auch für die Erklärung vergangener Ereignisse wichtig. Kausalattributionen sind subjektive Erklärungstendenzen, die selbst wieder neue Erwartungen hervorrufen können. Bei Kausalattributionen unterscheidet man die Dimensionen der Lokation, Kontrolle, Stabilität und Spezifität. Kausalattributionen werden im Verlauf der Sozialisation durch verschiedene Mechanismen gelernt und beeinflussen wiederum zukünftige Lernprozesse. Ungünstige Attributionsmuster (vor allem internal-stabile und externale Attributionsmuster) hemmen zukünftiges Lernen, günstige Attributionsmuster (internal-variable Erklärungen) können es dagegen fördern.

Neben den Konzepten der Kontrollierbarkeit und der Kausalattributionen ist der Aspekt der Vorhersagbarkeit von Bedeutung für soziale Lernprozesse. Der Begriff der Vorhersagbarkeit bezieht sich nicht auf die Kontrolle von Konsequenzen, sondern auf die Möglichkeit, zukünftige Ereignisse sicher vorherzusagen. Menschen lernen durch Erfahrung so genannte Sicherheitssignale, die als Hinweis darauf genutzt werden, ob unangenehme Situationen eintreten werden oder nicht. In sozialen Situationen sind Sicherheitssignale wichtig, um das Verhalten anderer Menschen vorhersagen und das eigene Verhalten entsprechend anpassen zu können.

Literatur

Abramson, L.Y., Seligman, M.E.P. & Teasdale, J.O. (1978). Learned helplessness in humans: Critics and reformulation. Journal of Abnormal Psychology, 87, 49-74.

Miller, N.E. & Norman, W.H. (1979). Learned helplessness in humans: A review and attribution-theory model. Psychological Bulletin, 86, 93-118.

Perrez, M. (1989). Diagnostik von Kontingenzerfahrungen in der frühen Kindheit. In G. Krampen (Hrsg.), Diagnostik von Attributionen und Kontrollüberzeugungen (S. 172-185). Göttingen: Hogrefe.

Petermann, U. (1992). Sozialverhalten bei Grundschülern und Jugendlichen (2. Aufl.). Frankfurt: Lang.

Petermann, U. & Petermann, F. (2006b). Training mit sozial unsicheren Kindern (9., vollst. veränd. Aufl.). Weinheim: Beltz PVU.

Ryckman, D.B. & Peckham, P. (1987). Gender differences in attributions for success and failure situations across subject areas. Journal of Educational Research, 81, 120-125.

Seligman, M.E.P. (2004). Erlernte Hilflosigkeit (3. Aufl.). Weinheim: Beltz (Original: 1975).

Seligman, M.E.P. & Maier, S.F. (1967). Failure to escape traumatic shock. Journal of Experimental Psychology, 74, 1-9.

Weiner, B. (1986). An attributional theory of motivation and emotion. New York: Springer.

Weiner, B. (1988). Motivationspsychologie (2., neu ausgestattete Aufl.) München: Psychologie Verlags Union.

Ziegler, A. & Schober, B. (2001). Theoretische Grundlagen und praktische Anwendung von Reattributionstrainings. Regensburg: Roderer.

Testfragen

96. *Durch welchen Faktor wird nach der Auffassung Seligmans die Auftretenshäufigkeit von Verhalten wesentlich bestimmt?*
97. *Welche Effekte sind mit dem Zustand der erlernten Hilflosigkeit verbunden?*
98. *Wie verhinderte Seligman in seinem Experiment mit Hunden, dass die Lernschwierigkeiten der Tiere einfach mit den Elektroschocks erklärt werden können?*
99. *Was versteht man unter Kausalattributionen?*
100. *Welche Attributionsmuster sind für das Lernen günstig?*

Banduras Theorie des sozial-kognitiven Lernens | 6.4

Albert Bandura (*1925, s. Abb. 27) nahm an, dass menschliches Verhalten auf drei verschiedene Arten gelernt werden kann:

- durch direkte Erfahrungen (klassische und operante Konditionierung),

Drei Arten des Lernens

- durch symbolische Erfahrungen (Lernen durch Instruktion) und
- durch stellvertretende Erfahrungen (Lernen durch Beobachtung).

Abb. 27

Albert Bandura
(*1925)

Unter Berücksichtigung aller drei Faktoren konzipierte Bandura (1979) eine umfassende Theorie des sozialen Lernens. Darin wurde insbesondere die Rolle des Lernens durch Beobachtung hervorgehoben. Bandura nahm an, dass der größte Teil des sozialen Lernens beim Menschen durch Beobachtung und Imitation erfolgt.

6.4.1 | Grundannahmen und Grundbegriffe

Ähnlich wie Rotter nahm Bandura (1969, 1979) an, dass soziale Situationen für menschliches Lernen eine zentrale Rolle spielen. Weiterhin beruht Banduras Theorie im Prinzip ebenso wie Rotters Ansatz auf einem Erwartungs-Wert-Modell. Die Besonderheiten bestehen darin, dass nach Bandura (1979)

Besonderheiten bei Banduras Theorie

- Verhalten allein durch die Beobachtung von *Modellen* gelernt werden kann,
- zwischen *Verhaltensrepertoire* und *Verhaltensperformanz* unterschieden wird,
- der *Motivation* eine entscheidende Rolle eingeräumt wird,
- neben äußeren Verstärkern die Möglichkeit der *antizipierten Selbstbekräftigung* berücksichtigt wird und
- zusätzlich zur *Erfolgserwartung* (diese entspricht der Ergebniserwartung aus Rotters Erwartungs-Wert-Modell) die *Wirksamkeitserwartung* einbezogen wird (vgl. Kasten 10).

▶ **Kasten 10: Zentrale Begriffe aus der sozial-kognitiven Lerntheorie von Bandura (1979; 1997)**

- **Modelle:** Bandura zufolge können neue Verhaltensweisen allein durch die Beobachtung eines Modells gelernt werden, das ein bestimmtes Verhalten ausführt. Unter einem Modell versteht man jede nur mögliche Darstellung eines Verhaltensmusters. Dies bedeutet, dass nicht nur andere Menschen (*reale Modelle*), sondern auch Figuren aus Märchen und Geschichten, Zeichentrickfiguren oder Tiere, abstrakte Verhaltensanwei-

▶ Fortsetzung Kasten 10

sungen, Richtlinien oder Gesetze Modelle darstellen können (*symbolische Modelle*). Durch Modelllernen wird das Verhaltensrepertoire erweitert. Kompliziertere motorische Fertigkeiten (z.B. handwerkliche Tätigkeiten) benötigen zum Erwerb zusätzlich Rückmeldungen über den Erfolg. Ob das gelernte Verhalten auch gezeigt wird, hängt jedoch von weiteren Faktoren ab.

- **Verhaltensrepertoire:** Das Verhaltensrepertoire umfasst alle Verhaltensweisen, über die eine Person prinzipiell verfügt, und zwar unabhängig davon, wie häufig oder in welcher Situation dieses Verhalten tatsächlich gezeigt wird. Es handelt sich um die Gesamtheit der motorischen Fertigkeiten und potentiellen Reaktionsweisen eines Lebewesens. Das Verhaltensrepertoire ist nicht direkt beobachtbar, sondern kann nur anhand der gezeigten Verhaltensweisen erschlossen werden.
- **Verhaltensperformanz:** Unter Verhaltensperformanz versteht man das Verhalten, das tatsächlich ausgeführt wird und beobachtet werden kann. Die Verhaltensperformanz hängt einerseits vom Verhaltensrepertoire, andererseits von der Motivation ab.
- **Motivation:** Bandura zufolge reicht die Speicherung eines Verhaltens im Verhaltensrepertoire einer Person allein nicht aus, damit das Verhalten auch gezeigt wird. Eine Person muss motiviert sein, ein Verhalten auszuführen; das heißt, es muss ein Beweggrund zum Handeln vorliegen. Die Motivation wird von der Erwartung bestimmt, durch das Verhalten eine Belohnung zu bekommen. Diese Erwartungen werden durch Erfahrungen gelernt.
- **Antizipierte Selbstbekräftigung:** Bei Menschen spielen nicht nur externale Verstärker eine Rolle, sondern auch Selbstverstärkung und -bestrafung sind möglich. Neben materiellen Verstärkern (man gönnt sich zum Beispiel ein gutes Essen oder einen Kinobesuch – oder man zwingt sich zum Verzicht) kann auch kognitive Selbstbekräftigung erfolgen (z.B. Selbstlob oder Selbstkritik).
- **Erfolgserwartung:** Die Erfolgserwartung besteht in der Erwartung, dass ein konkretes Verhalten zu einer bestimmten erwünschten Konsequenz führen wird. Ihre Höhe ist abhängig von der Stärke des Zusammenhangs zwischen Verhalten und Ergebnis (Kontingenz). Sie wird gemeinsam mit dem neuen Verhalten gelernt.
- **Wirksamkeitserwartung:** Wirksamkeitserwartungen beziehen sich auf die Erwartung einer Person, ein Verhalten erfolgreich durchführen zu können. Diese Erwartungen werden einerseits durch die Kompetenzen bestimmt, die sich eine Person selbst zuschreibt, andererseits durch die subjektiven Erklärungen für Erfolge und Misserfolge in der Vergangenheit. Der Aspekt der Wirksamkeitserwartung weist eine inhaltliche Nähe zu Seligmans und Weiners Attributionskonzepten auf.

Beobachtungslernen und stellvertretende Verstärkung | 6.4.2

Die Vorstellung, dass Lebewesen allein durch Beobachtung neues Verhalten lernen können, scheint der Auffassung des Behaviorismus zu widersprechen. Behavioristischen Prinzipien zufolge muss Verhalten verstärkt werden, damit es erworben wird oder damit sich seine Auftretenswahrscheinlichkeit erhöht. Bandura (1971) ging davon aus, dass diese Erklärung menschlichen Verhaltens zwar richtig, aber unvollständig ist und durch kognitive Konzepte ergänzt werden muss. Durch das Konzept der *stellvertretenden Verstärkung* können Lernen durch operantes Konditionieren und Lernen durch Beobachtung gut miteinander vereinbart werden.

Stellvertretende Verstärkung

Merksatz

Stellvertretende Verstärkung bedeutet, dass die Verstärkung eines Modells einen Beobachter zur Nachahmung des Verhaltens motiviert.

Bandura und Kollegen wiesen diesen Effekt in einem bekannten Experiment nach (vgl. Kasten 11).

> **Kasten 11: Das Bobo-Doll-Experiment zum Erwerb aggressiven Verhaltens (Bandura, Ross & Ross, 1963)**
>
> 1. Zwei Gruppen von Kindern wurde ein Videofilm gezeigt, in dem ein erwachsenes Modell eine große Clownspuppe („Bobo-Doll") aggressiv behandelte, sie schlug und anschrie. In der einen Bedingung wurde der Erwachsene anschließend für sein Verhalten gelobt (verstärkt), in der anderen ausgescholten (bestraft).
> 2. Anschließend durften die Kinder in einem Spielzimmer mit der Puppe aus dem Film spielen, wobei die Häufigkeit ihrer aggressiven Verhaltensweisen der Puppe gegenüber gezählt wurden. Die Kinder aus der „Verstärkungsbedingung" zeigten in diesem Zeitraum signifikant häufiger aggressives Verhalten als die Kinder der „Bestrafungsgruppe".
> 3. Im nächsten Schritt stellte der Versuchsleiter allen Kindern für jede aggressive Verhaltensweise, die ihnen einfiel, eine Belohnung in Aussicht. Nun demonstrierten die Kinder beider Gruppen gleichermaßen aggressives Verhalten gegenüber der Puppe, und beide Gruppen imitierten Verhaltensweisen aus dem Film.

Folgerungen aus dem Bobo-Doll-Experiment

Aus diesem Experiment lassen sich mehrere Schlüsse ziehen:

- Kinder können neue Verhaltensweisen lediglich durch die *Beobachtung* eines Modells erlernen.
- Das Modell muss nicht körperlich anwesend sein; eine *filmische Darstellung* ist ausreichend.
- Eine Verstärkung des Modells ist nicht notwendig, damit das Verhalten *gelernt* wird. Die Konsequenzen des Modellverhaltens bestimmen jedoch, ob das gelernte Verhalten auch *ausgeführt* wird.

- Das gelernte Verhalten muss nicht sofort im Anschluss an die Lernphase gezeigt werden. Eine *zeitliche Verzögerung* zwischen Lernen und Ausführung des Verhaltens ist möglich.
- Die Ausführung des gelernten Verhaltens kann durch die Erwartung von *Belohnungen* hervorgerufen werden.

Folgt man dieser Auffassung von Beobachtungslernen, so hängt nicht der Lernprozess selbst, wohl aber die Ausführung des Gelernten von der Verstärkung ab, die erwartungsgemäß mit der Imitation des Verhaltens verbunden ist. Damit lässt sich Beobachtungslernen durchaus in das Paradigma des operanten Konditionierens einordnen, wobei jedoch kognitive Variablen (Erwartungen) mit einbezogen werden müssen.

Voraussetzungen und Ablauf des Beobachtungslernens | 6.4.3

Nach Bandura (1979) vollzieht sich sozial-kognitives Lernen auf der Basis von Beobachtungen in zwei Phasen (Aneignungsphase und Ausführungsphase) mit vier aufeinander aufbauenden Prozessen. Dazu gehören die Zuwendung von Aufmerksamkeit, die Speicherung der Beobachtungen im Gedächtnis, das Einüben des neuen Verhaltens und die Motivierung, vor allem durch Verstärkungsprozesse. Die Prozesse der Aufmerksamkeitszuwendung und Speicherung im Gedächtnis bilden die Aneignungsphase, Einübungs- und Motivierungsprozesse bilden gemeinsam die Ausführungsphase des Lernens (vgl. Abb. 28).

Phasen und Prozesse des Beobachtungslernens

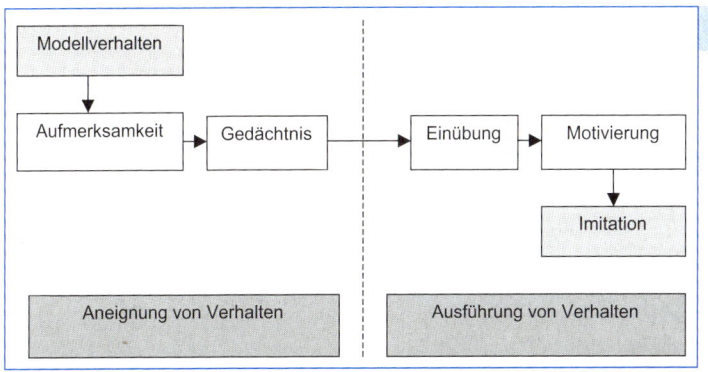

Abb. 28

Phasen und Prozesse des sozial-kognitiven Lernens nach Bandura (1979)

Jeder der vier Prozesse Aufmerksamkeit, Gedächtnis, Einübung und Motivierung beruht auf bestimmten Voraussetzungen. Diese sollen im Weiteren näher erläutert und schrittweise anhand eines Beispiels aus der Praxis veranschaulicht werden.

Mit Hilfe einer Videoserie soll den Schülern und Schülerinnen einer 10. Klasse der Realschule vermittelt werden, welche Fragen bei der Berufswahl berücksichtigt werden müssen, wie man sich über verschiedene Berufsfelder informieren kann und was bei der Bewerbung um einen Ausbildungsplatz zu berücksichtigen ist. Die Schüler sollen außerdem lernen, Initiative zu entwickeln, verschiedene Informationsquellen zu nutzen, ein rationales und realitätsangemessenes Entscheidungsverhalten zu entwickeln und Verantwortung für ihre Entscheidungen zu übernehmen.

Aufmerksamkeit

Zuwendung von Aufmerksamkeit. Sozial-kognitives Lernen kann nur dann stattfinden, wenn man dem Geschehen ein Minimum an Aufmerksamkeit widmet. In diesem Zusammenhang sind Merkmale des Modells von besonders großer Bedeutung (Bandura, 1979). Reale oder symbolische Modelle eignen sich gleichermaßen. Bandura unterscheidet *Kompetenzmodelle,* die die bestmögliche Lösung oder perfektes Verhalten in einer Situation zeigen, von *Bewältigungsmodellen.* Ein Bewältigungsmodell verfügt zu Beginn noch nicht über die „richtige" Lösung. Stattdessen führt es verschiedene Versuche der Problembewältigung vor und gestattet dem Beobachter, den schrittweisen Prozess bis zur Lösung oder zur korrekten Ausführung des Verhaltens nachzuvollziehen. Diese Modelle sind häufig wirksamer als Kompetenzmodelle. Um die Aufmerksamkeit eines Beobachters zu gewinnen, sollte ein Modell folgende Voraussetzungen erfüllen (vgl. Kasten 12).

Kompetenz- und Bewältigungsmodelle

wirksame

Voraussetzungen beim Modell

▶ **Kasten 12: Voraussetzungen für die Wirksamkeit des Modells**

- **Ähnlichkeit:** Das Modell darf sich in seinen Eigenschaften und Fähigkeiten nicht zu stark vom Beobachter unterscheiden.
- **Sozialer Status:** Der soziale Status des Modells sollte nicht niedriger sein als der des Beobachters, er sollte aber auch nicht zu hoch sein.
- **Emotionale Beziehung:** Intensive Beziehungen zwischen Beobachter und Modell fördern das Lernen durch Beobachtung.
- **Persönliche Betroffenheit:** Das Modell muss persönliche Betroffenheit auslösen und dadurch zur Nachahmung anregen.
- **Glaubhaftigkeit:** Das Modell muss glaubhaft und überzeugend wirken.

► Fortsetzung Kasten 12

- **Differenziertes Verhalten:** Das Modell muss das Verhalten differenziert demonstrieren, so dass der Beobachter die Abläufe in allen Einzelheiten erfassen kann.
- **Bewältigungsmodell:** Das Modell darf sich nicht zu perfekt verhalten.

Beispiel

In den Videofilmen zum Thema Berufswahl treten ein 17-jähriges Mädchen und ein 16-jähriger Junge in sportlicher Kleidung als Modelle auf (Ähnlichkeit; sozialer Status; Aufbau einer emotionalen Beziehung). In der Serie wird gezeigt, wie sich das Mädchen und der Junge durch Gespräche mit ihren Eltern und Lehrern, durch Recherche in Bibliotheken und im Internet und durch einen Besuch im Berufsberatungszentrum der Frage der Berufswahl annähern (differenzierte Demonstration von Verhalten). Die Modelle verhalten sich dabei überwiegend kompetent, haben aber auch mit Schwierigkeiten zu kämpfen. Zum Beispiel finden die Jugendlichen im Internet unzählige, einander widersprechende Informationen zu ihrem Traumberuf und müssen zunächst Strategien entwickeln, um diese Informationen zu sortieren und zu bewerten (Bewältigungsmodelle). Die Modelle sprechen über ihre persönlichen Gedanken und Emotionen im Verlauf der Berufsfindung und Bewerbung, zum Beispiel über ihre Hoffnungen auf beruflichen Erfolg, über ihre Frustration nach der Ablehnung einer Bewerbung und über ihre Gefühle von Stolz, als sie endlich einen Ausbildungsplatz finden (Glaubwürdigkeit, persönliche Betroffenheit).

Neben Merkmalen des Modells bestimmen auch Eigenschaften des Beobachters und der Situation, ob die Aufmerksamkeit des Beobachters geweckt und aufrechterhalten werden kann (vgl. Kasten 13).

Voraussetzungen des Beobachters und der Situation

Merksatz

Die Aufmerksamkeit eines Lerners für ein Modellverhalten wird durch Eigenschaften des Modells, des Beobachters und der Situation bestimmt.

► Kasten 13: Voraussetzungen des Beobachters und der Situation

Voraussetzungen des Beobachters

- **Aktivierung:** Es muss ein Minimum an Aktivierung (Wachheit) vorliegen.
- **Wahrnehmung:** Es müssen ausreichende Wahrnehmungs- und Diskriminationsfähigkeiten vorhanden sein.

▶ **Fortsetzung Kasten 13**

- **Interesse:** Es muss ein Minimum an Interesse an dem gezeigten Verhalten vorhanden sein.
- **Bedeutsamkeit:** Das gezeigte Verhalten muss für den Beobachter persönlich bedeutsam sein.
- **Einstellung:** Es darf keine ausschließlich negative Einstellung dem gezeigten Verhalten gegenüber bestehen.
- **Vorerfahrungen:** Frühere Lern- und Verstärkungserfahrungen können den Lernprozess fördern oder aber beeinträchtigen.

Voraussetzungen der Situation

- **Klarheit:** Die Situation muss sich durch Klarheit und Eindeutigkeit auszeichnen.
- **Komplexität:** Die Situation darf weder zu einfach noch zu komplex sein.
- **Widerspruchsfreiheit:** Handlungsabläufe müssen widerspruchsfrei sein.
- **Schwierigkeitsgrad:** Das gezeigte Verhalten darf keinen zu hohen Schwierigkeitsgrad aufweisen.
- **Zeitliche Abgrenzung:** Beginn und Ende der Situation müssen eindeutig erkennbar sein.

Beispiel

Beim Einsatz von Videofilmen zur Unterstützung der Berufswahl werden die Voraussetzungen bei den Beobachtern und der Situation berücksichtigt. Die Schüler der 10. Klasse stehen kurz vor dem Schulabschluss und sind daher für das Thema Berufswahl sensibilisiert (Interesse, persönliche Bedeutsamkeit). Den richtigen Beruf zu finden, wird allgemein als wichtig und positiv bewertet (Einstellungen). Die Schüler sollten nicht durch Aktivitäten wie etwa eine vorangegangene Klassenarbeit erschöpft sein, wenn sie die Filme sehen (Wachheit), und das Geschehen auf dem Bildschirm muss gut sichtbar und hörbar sein (Wahrnehmung). Schüler, die bereits positive Erfahrungen mit Videomodellen gemacht haben, werden besonders stark von der Maßnahme profitieren (Vorerfahrungen).

In der Serie wird die Ausgangssituation der beiden Jugendlichen detailliert dargestellt, darunter ihre Ziele, Interessen und Begabungen (Klarheit, Eindeutigkeit). Die Problematik der Berufswahl wird realistisch dargestellt, doch wird zugleich betont, dass diese Aufgabe erfolgreich bewältigt werden kann (Komplexität). Es gibt im Verlauf der Serie keine plötzlichen Wendungen, extreme Zufälle oder andere schlecht nachvollziehbare Geschehnisse (Widerspruchsfreiheit). Die Modelle zeigen überwiegend vertraute Verhaltensweisen wie Fragen, Lesen oder Recherchieren im Internet, die von den Beobachtern ohne Weiteres imitiert werden können (Schwierigkeitsgrad). Die einzelnen Teile der Serie sind in Raum und Zeit klar strukturiert (Erkennbarkeit von Beginn und Ende).

Speicherung im Gedächtnis. Nur wenn das gezeigte Verhalten aufmerksam beobachtet worden ist, **können im zweiten Schritt Informationsverarbeitungs- und Gedächtnisprozesse einsetzen.** Die Informationen müssen symbolisch kodiert und in bestehende kognitive Strukturen integriert werden. Durch Kodierungsvorgänge entstehen verbale und bildhafte kognitive Repräsentationen, die eine Speicherung der beobachteten Inhalte ermöglichen. Wiederholungen (in offener oder verdeckter Form) tragen zur Bildung und Festigung der kognitiven Repräsentationen bei.

Gedächtnisprozesse

Merksatz

Wiederholungen helfen dabei, die durch Beobachtung gelernten Verhaltensweisen dauerhaft im Gedächtnis zu speichern.

Beispiel

Damit sich die bei den Modellen beobachteten Verhaltensweisen und Einstellungen aus dem Bereich „Berufswahl" festigen können, wird das Modellverhalten im Verlauf der mehrteiligen Serie in verschiedenen Kontexten und Situationen immer wieder aufgegriffen und variiert (Wiederholung). Die Schüler wiederholen die beobachteten Inhalte und Strategien offen, indem sie beispielsweise in der Gruppe über die Filme diskutieren. Verdeckte Wiederholung erfolgt, wenn intensiv über die Inhalte der Serie nachgedacht und mögliche Konsequenzen miteinander verglichen werden.

Einüben des neuen Verhaltens. Im nächsten Schritt müssen die durch Beobachtung gelernten Verhaltensweisen eingeübt werden. **Dies geschieht durch wiederholte motorische Reproduktionen des beobachteten Verhaltens,** die jedoch noch keinen Ernstcharakter aufweisen. Ein besonders erfolgreiches Mittel besteht in der Durchführung von gelenkten Rollenspielen (Petermann & Petermann, 2005, 2006b). Weitere Voraussetzungen für den Prozess der Einübung sind grundlegende körperliche, emotionale und kognitive Fähigkeiten sowie die Verfügbarkeit von Teilreaktionen (z.B. die Fähigkeit, ein Gespräch zu führen oder einen Brief zu verfassen). Wichtig ist bei diesem Prozess, dass die Lerner eine differenzierte Rückmeldung über die Richtigkeit ihres Verhaltens erhalten.

Einüben

Merksatz

Durch Beobachtung gelerntes Verhalten muss mithilfe von praktischen Übungen und Rückmeldungen trainiert werden.

Die Schüler der 10. Klasse greifen Aspekte der Videoserie zur Berufswahl im Unterricht praktisch auf, indem sie beispielsweise eine Collage zu ihren beruflichen Zielen anfertigen, sich einen Plan für ihr persönliches Vorgehen bei der Berufswahl aufstellen, ein fiktives Bewerbungsschreiben verfassen oder im Rollenspiel ihr Verhalten in der Bewerbungssituation erproben (Einüben ohne Ernstcharakter). Dabei gibt der Lehrer den Schülern Rückmeldung über ihren Erfolg.

Motivierung

Motivierung. Nachdem das Verhalten erfolgreich eingeübt wurde, ist der eigentliche Lernvorgang beendet. Dies bedeutet jedoch nicht, dass gelerntes Verhalten auch gezeigt wird. Die praktische Umsetzung des Gelernten erfordert ein Minimum an Motivation. Diese hängt davon ab, welche Konsequenzen das beobachtete Verhalten hat. Wird das Modell für sein Verhalten verstärkt (stellvertretende Verstärkung), so steigt die Motivation des Beobachters, das Verhalten ebenfalls durchzuführen. Wird das Modell hingegen bestraft, verringert sich die Motivation, es sei denn, der Beobachter erwartet für sich andere situative Bedingungen. Eine Voraussetzung für die Durchführung des Verhaltens aufgrund von stellvertretender Verstärkung ist, dass die zu erwartende Konsequenz auch als Verstärkung empfunden wird. Es muss also ein individuelles Bedürfnis nach dieser Form von Verstärkung vorliegen.

Neben stellvertretender Verstärkung können eine emotionale Bindung an die Modellperson oder eine Identifikation mit dem Modell zur Nachahmung des Modellverhaltens motivieren. Dieser Mechanismus ist insbesondere dann bedeutsam, wenn eine enge persönliche Beziehung Modell und Beobachter verbindet (z.B. bei Elternteil und Kind) oder wenn das Modell einen besonders hohen Status besitzt (z.B. prominente Person). Die Möglichkeit, durch die Nachahmung von Verhalten die emotionale Bindung an die Modellperson zu bekräftigen oder Gemeinsamkeiten mit dem bewunderten Modell herzustellen, kann als eine Form von immaterieller Verstärkung angesehen werden. Allgemeine Vorerfahrungen (Verstärkung, Bestrafung) mit der Imitation von beobachtetem Verhalten beeinflussen zusätzlich die Bereitschaft einer Person, zukünftig durch Beobachtung zu lernen.

Prozesse der stellvertretenden Verstärkung und Identifikation, individuelle Bedürfnisse des Beobachters und Vorerfahrungen mit Modelllernen beeinflussen in der Ausführungsphase, ob und wie häufig gelerntes Verhalten gezeigt wird.

Die Modelle in der Videoserie zur Berufswahl werden als freundliche und kompetente junge Menschen charakterisiert und wirken auf Schüler desselben Alters sympathisch (emotionale Beziehung und Identifikation). Zusätzlich werden die Modelle für ihre Bemühungen belohnt: Nach einer Phase des Recherchierens und Abwägens entwickeln sie einen konkreten Berufswunsch und nach einigem Suchen erhalten sie den gewünschten Ausbildungsplatz (stellvertretende Verstärkung). Die Schüler, die mit der 10. Klasse die Schule abschließen, müssen sich bald für einen beruflichen Weg entscheiden und werden daher mit großer Wahrscheinlichkeit motiviert sein, die gelernten Verhaltensweisen und Strategien in der nächsten Zeit praktisch umzusetzen (Bedürfnis).

Die Schüler hingegen, die nach der mittleren Reife auf das Gymnasium überwechseln, haben zunächst andere Ziele und Motive. Sie werden das Gelernte nicht sofort, möglicherweise aber einige Jahre später in Handlungen umsetzen. Einige Schüler, die mit der Orientierung an Modellen bereits negative Erfahrungen gemacht haben (z.B. dass es unrealistisch ist, in kurzer Zeit Popstar zu werden wie manche Jugendliche im Fernsehen) werden unter Umständen überhaupt nicht bereit sein, die gelernten Strategien in der Realität auszuprobieren (Bedeutung von Vorerfahrungen).

Effekte des Beobachtungslernens

6.4.4

Beobachtungslernen ist gegenüber dem Lernen durch direkte Erfahrungen und operante Konditionierung mit bestimmten Vorteilen verbunden:

Vorteile des Beobachtungslernens

- Der Lernprozess vollzieht sich deutlich schneller als eine Verhaltensmodifikation durch Verstärkung. Bereits ein Lerndurchgang kann genügen, um Verhalten durch Beobachtung zu erwerben. Erfolge werden schneller erreicht und der Betoffene kann im gleichen Zeitraum größere Lernfortschritte erzielen.
- Beobachtungslernen ermöglicht es, unangenehme oder sogar gefährliche Erfahrungen (Misserfolge, Bestrafung, Verletzung) zu vermeiden, die beim Lernen durch Versuch und Irrtum nicht ausbleiben.
- Diese Lernform gestattet es, auch sehr komplexe Verhaltensweisen und Handlungsfolgen relativ schnell zu erwerben (z.B. Sprechenlernen, Zubereitung von Nahrungsmitteln, Bedienung von Geräten).
- Symbolische Modelle gestatten das Lernen mit Hilfe von Medien (Bücher, Fernsehen, Computer), wodurch sich die Lernmöglichkeiten des Menschen enorm erweitern.

Was aber wird durch Beobachtungslernen eigentlich gelernt? Nach Bandura und Walters (1963) und Bandura (1969) lassen sich drei Effekte des Beobachtungslernens unterscheiden: Modelllernen im engeren Sinne, hemmender bzw. enthemmender Effekt und auslösender Effekt.

Drei Effekte des Beobachtungslernens *(Randnotiz)*

Modelllernen. Modelllernen im engeren Sinne bedeutet, dass man durch Beobachtung ein neues Verhalten lernt, über das man zuvor noch nicht verfügt hat. In einem klassischen Experiment konnten Bandura et al. (1963) dies am Beispiel des Erwerbs aggressiver Verhaltensweisen belegen. In dem bereits erwähnten Bobo-Doll-Experiment sahen Kinder in einem Film, wie eine Puppe von einem erwachsenen Modell auf unterschiedliche Weise aggressiv behandelt wurde (z.B. geboxt, getreten oder mit bestimmten Ausdrücken beschimpft wurde). Viele der Kinder zeigten später gegenüber der Puppe exakt die Verhaltensweisen, die sie kurz zuvor im Film gesehen hatten.

Modelllernen: Erwerb neuer Verhaltensweisen *(Randnotiz)*

Hemmende und enthemmende Effekte. Bei dieser Auswirkung von Beobachtungslernen geht es nicht darum, dass ein Verhalten neu erlernt wird, sondern um die Unterdrückung oder Enthemmung von bereits verfügbarem, aber sozial unerwünschtem Verhalten. Enthemmende bzw. hemmende Effekte entstehen dadurch, dass das Modell für das Verhalten verstärkt bzw. bestraft wird. Wenn ein Bürger beispielsweise im Fernsehen erfährt, dass Spitzenverdiener ungestraft Steuern hinterziehen, könnte dies die latent vorhandene Neigung des Bürgers zum Hinterziehen von Steuern aktivieren und das Verhalten „Steuerbetrug" enthemmen. Beobachtet der Bürger dagegen, wie ein Steuersünder überführt und zu einer empfindlichen Geldstrafe verurteilt wird, so könnte dadurch die Tendenz, Steuern zu hinterziehen, unterdrückt werden. Die enthemmende Wirkung von Beobachtungslernen ließ sich – wiederum am Beispiel aggressiven Verhaltens – in Experimenten nachweisen. Dabei neigten Personen nach dem Ansehen eines Films mit aggressiven Inhalten stärker dazu, bei einer fingierten Gedächtnisaufgabe die „Schüler" hart zu bestrafen, als wenn sie einen nicht-aggressiven Film gesehen hatten (Walters & Llewellyn, 1963).

Hemmende und enthemmende Effekte *(Randnotiz)*

Der auslösende Effekt. Von einem auslösenden Effekt spricht man, wenn die Beobachtung eines Modells zu einem Verhalten führt, das zwar nicht unbedingt neu ist, aber ohne den Einfluss des Modells nicht in dieser Situation oder nicht in dieser Intensität gezeigt worden wäre. Das Verhalten des Modells und das des Lerners

Auslösender Effekt *(Randnotiz)*

müssen dabei nicht identisch sein, sondern lediglich derselben Klasse von Verhaltensweisen angehören. Betrachten wir das Beispiel eines Mannes, der beginnt, Kinderbücher zu schreiben, kurz nachdem seine Frau mit dem Malen von Aquarellen erste Erfolge erzielt hat. Malen und Schreiben sind zwar unterschiedliche Tätigkeiten, lassen sich aber dennoch einer bestimmten Verhaltensklasse (kreatives Handeln) zuordnen.

Merksatz

Lernen durch Beobachtung kann zum Erwerb neuer Verhaltensweisen durch Modelllernen führen, bereits erworbenes Verhalten hemmen oder enthemmen oder die Durchführung von Verhaltensweisen aus bestimmten Verhaltensklassen auslösen.

Zusammenfassung

Bandura integrierte in seiner sozial-kognitiven Lerntheorie Aspekte des klassischen und operanten Konditionierens, des kognitiven Lernens und des Lernens durch Beobachtung. Zu wichtigen Folgerungen über das Lernen durch Beobachtung kamen Bandura und Kollegen mithilfe von Experimenten, in denen Kinder das Modellverhalten Erwachsener beobachteten und später unter bestimmten Bedingungen imitierten. Aus diesen Experimenten konnte gefolgert werden, dass eine Verstärkung des Modells (stellvertretende Verstärkung) nicht notwendig ist, damit ein Verhalten gelernt wird. Die Konsequenzen des Modellverhaltens bestimmen jedoch, ob das gelernte Verhalten auch ausgeführt wird. Beim sozial-kognitiven Lernen wird daher zwischen Verhaltensrepertoire und Verhaltensperformanz differenziert und die Bedeutung der Motivation besonders berücksichtigt.
Beobachtungslernen beinhaltet die Schritte Aufmerksamkeitszuwendung, Speicherung im Gedächtnis, Einüben und Motivierung durch Verstärkung. Bestimmte Eigenschaften des Modells, des Beobachters und der Situation fördern die Zuwendung von Aufmerksamkeit. Modelle müssen glaubwürdig sein und dürfen sich nicht zu stark vom Beobachter unterscheiden. Man unterscheidet Kompetenz- und Bewältigungsmodelle, wobei letztere besonders effektiv wirken. Der Beobachter muss unter anderem Interesse und ausreichende Wahrnehmungs- und Diskriminationsfähigkeiten besitzen. Die beobachtete Situation muss unter anderem einen angemessenen Schwierigkeitsgrad und Widerspruchsfreiheit aufweisen. Durch Informations- und Gedächtnisvorgänge entstehen verbale

und bildhafte kognitive Repräsentationen, die die Speicherung des Beobachteten ermöglichen. Offene und verdeckte Wiederholungen festigen die gelernten Inhalte. Im nächsten Schritt wird das Gelernte durch wiederholte motorische Reproduktionen eingeübt, wobei Techniken wie Rollenspiele unterstützend eingesetzt werden können. Die Lerner benötigen in diesem Schritt differenzierte Rückmeldungen über die Richtigkeit ihres Verhaltens, um sich gegebenenfalls korrigieren zu können.

Die Umsetzung des Gelernten in Verhalten setzt Motivation voraus, die von den zu erwartenden Konsequenzen des beobachteten Verhaltens und von den aktuellen Bedürfnissen des Lerners abhängt.

Beobachtungslernen bietet Vorteile im Vergleich zum Lernen durch direkte Erfahrungen. Es erfolgt schneller, eignet sich zum Erwerb von sehr komplexen Verhaltensweisen, unangenehme Konsequenzen werden vermieden und die Lernmöglichkeiten können durch Medien stark erweitert werden. Wichtige Effekte des Beobachtungslernens sind Modelllernen im engeren Sinne (Lernen neuer Verhaltensweisen), hemmende und enthemmende Effekte (bezogen auf bereits bekannte Verhaltensweisen) und auslösende Effekte (Auslösung von Verhaltensweisen aus derselben Verhaltensklasse).

Literatur

Bandura, A. (1969). Principles of behavior modification. New York: Holt, Rhinehart & Winston.

Bandura, A. (1971). Social learning theory. New York: General Learning Press.

Bandura, A. (1979). Sozial-kognitive Lerntheorie. Stuttgart: Klett-Cotta.

Bandura, A. (1997). Self-efficacy: The exercise of control. New York: Freeman.

Bandura, A., Ross, D. & Ross, S.A. (1963). Imitation of film mediated aggressive models. Journal of Abnormal and Social Psychology, 66, 3-11.

Bandura, A. & Walters, R.H. (1963). Social learning and personality development. New York: Holt, Rhinehart & Winston.

Petermann, F. & Petermann, U. (2005). Training mit aggressiven Kindern (11., vollst. überarb. Aufl.). Weinheim: Beltz PVU.

Petermann, U. & Petermann, F. (2006b). Training mit sozial unsicheren Kindern (9., vollst. veränd. Aufl.). Weinheim: Beltz PVU.

Walters, R.H. & Llewellyn, T.E. (1963). Enhancement of punitiveness by visual and audiovisual displays. Canadian Journal of Psychology, 17, 244-255.

101. Welche Lernarten sind in der sozial-kognitiven Lerntheorie nach Bandura vereinigt?
102. Worin unterscheiden sich Verhaltensrepertoire und Verhaltensperformanz?
103. Was bedeutet stellvertretende Verstärkung?
104. In welche Prozesse und Phasen kann Lernen durch Beobachtung gegliedert werden?
105. Warum sind Bewältigungsmodelle effektiver als Kompetenzmodelle?
106. Welche Effekte sind mit Lernen durch Beobachtung verbunden?

Die Theorie der Selbstwirksamkeit | 6.5

Ergebnis- und Wirksamkeitserwartungen | 6.5.1

Nach Bandura werden Handlungsabsichten durch zwei Arten von Erwartungen bestimmt: Ergebnis- und Wirksamkeitserwartungen. Diese explizite Trennung von Ergebnis- und Wirksamkeitserwartungen stellte die Grundlage für die Entwicklung der Theorie der Selbstwirksamkeit dar.

Die Bedeutung von Erwartungen. Im Rahmen seiner Arbeiten zur sozial-kognitiven Lerntheorie stellte Bandura (1979) fest, dass die Beobachtung von Modellverhalten zwar genügt, um die gezeigten Verhaltensweisen zu erlernen. Dies bedeutet jedoch nicht, dass das gelernte Verhalten auch ausgeführt wird, so dass beim sozial-kognitiven Lernen zwischen der Aneignungs- und der Ausführungsphase des Verhaltens unterschieden werden muss. Zur Ausführung des Verhaltens ist ein Mindestmaß an Motivation erforderlich, die wesentlich durch Verstärkung, aber auch durch individuelle Bedürfnisse nach den Verstärkern bestimmt wird. Verstärkung allein reicht jedoch nicht aus, um Motivation zu erzeugen. Zusätzlich müssen kognitive Voraussetzungen in Form von *Erwartungen* gegeben sein (Bandura, 1979). Motivation zur Ausführung eines gelernten Verhaltens setzt die Erwartungen voraus, dass

(Randnotiz: Erwartungen beeinflussen die Motivation)*

(Randnotiz: Ergebniserwartung und Wirksamkeitserwartung)*

- das Verhalten – sofern es richtig ausgeführt wird – auch tatsächlich zum gewünschten Erfolg führt (*Ergebniserwartung* oder *Konsequenzerwartung*) und dass

• die Person selbst die notwendigen Kompetenzen besitzt, um das Verhalten erfolgreich durchzuführen (*Wirksamkeitserwartung*).

Ergebniserwartungen beziehen sich auf die Wahrscheinlichkeit, dass ein Verhalten zu bestimmten Konsequenzen führt, bei Bewertungen handelt es sich um die subjektive Einschätzung der Konsequenzen als wünschenswert und bei Wirksamkeitserwartungen geht es um die Frage, ob die eigenen Fähigkeiten zur Ausführung des Verhaltens ausreichen.

Durch die Differenzierung von Wirksamkeits- und Ergebniserwartungen grenzt sich Banduras Modell von bisherigen Erwartungs-Wert-Modellen ab, in denen neben der Bewertung der Konsequenzen nur die Ergebniserwartung berücksichtigt wurde (vgl. Abb. 29).

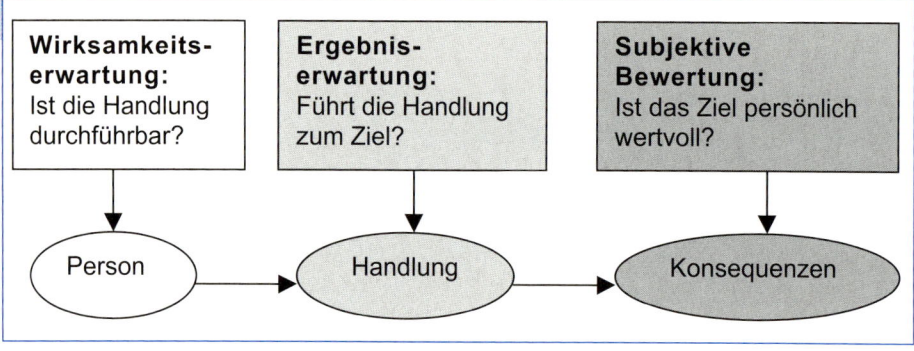

Abb. 29 ▶ Zusammenspiel von Wirksamkeitserwartung, Ergebniserwartung und Bewertung

Ein eher zurückhaltender Schüler sieht in einem Abenteuerfilm, wie ein gleichaltriger Junge aus Alaska das Fischen und Schießen lernt. Der Junge im Film erwirbt sich durch seine Fertigkeiten bei seinen Altersgenossen großen Respekt. Dies allein könnte für den zuschauenden Jungen einen großen Anreiz darstellen, ebenfalls das Fischen oder Schießen zu erlernen (subjektive Bewertung). Damit der Schüler das Verhalten tatsächlich nachahmt und zum Beispiel einen Jagd- oder Angelschein erwirbt, müsste er erwarten, dass diese Fertigkeiten nicht nur in Alaska, sondern auch in seiner Schulklasse zu Respekt und Anerkennung führen würden (Ergebniserwartung). Auf der anderen Seite müsste der Schüler überzeugt sein, selbst die notwendigen Basisfähigkeiten wie körperliche Kondition und Geschicklichkeit zu besitzen (Wirksamkeitserwartung).

Ergebnis- und Wirksamkeitserwartungen können als unabhängige Einflussfaktoren auf das Handeln angesehen werden. Daher können auch verschiedene Ausprägungen der beiden Erwartungsformen miteinander kombiniert werden (Flammer, 1990; vgl. Tabelle 9).

Zusammenwirken von Ergebnis- und Wirksamkeitserwartungen

▶ **Tabelle 9: Kombination von Ergebnis- und Wirksamkeitserwartungen und ihre möglichen Auswirkungen (nach Flammer, 1990, S. 87)**

Ergebniserwartung	Wirksamkeitserwartung	Wirkung auf die Person
hoch	hoch	Kontrolle
hoch	gering	Hilflosigkeit
gering	hoch	relative Hilflosigkeit
gering	gering	Hoffnungslosigkeit

Die Begriffe aus Tabelle 9 sollen am Beispiel eines Jugendlichen erläutert werden, der sich um einen Ausbildungsplatz bemüht. Wenn der Jugendliche erwartet, dass Initiativbewerbungen zum Erfolg führen können und wenn er überzeugt ist, sich in einer solchen Bewerbung gut präsentieren zu können, so entsteht bei ihm das Gefühl von *Kontrolle* über die eigene Situation. Glaubt der Jugendliche dagegen, dass es ihm nicht gelingen wird, eine überzeugende Bewerbung zu schreiben, resultiert *Hilflosigkeit*. Von *relativer Hilflosigkeit* (Flammer, 1990) kann man sprechen, wenn äußere ungünstige Bedingungen dem Erfolg einer Handlung trotz hoher Wirksamkeitserwartung entgegenstehen. Der Jugendliche glaubt beispielsweise, dass er eine gute Bewerbung schreiben könnte, ihm dies jedoch aufgrund der ungünstigen Situation auf dem Arbeitsmarkt nichts nützen wird. Wenn beide Erwartungen gering sind, entsteht das Gefühl der *Hoffnungslosigkeit* (d.h. die Überzeugung, dass die eigene Lage weder durch eigene Anstrengung noch durch äußere Ereignisse verbessert werden kann).

Selbstwirksamkeit | 6.5.2

Bandura (1977, 1997) prägte für generalisierte Wirksamkeitserwartungen den Begriff der *Selbstwirksamkeit* (*self-efficacy*).

Definition

Bei der Selbstwirksamkeitserwartung handelt es sich um die allgemeine Überzeugung, Verhalten oder Handlungen richtig bzw. erfolgreich durchführen zu können.

Dimensionen der Selbstwirksamkeit: Ausprägungsgrad, Generalisierung, Stabilität

Dimensionen der Selbstwirksamkeit. Die Selbstwirksamkeit einer Person kann hinsichtlich ihres Ausprägungsgrades, des Grades der Generalisierung und ihrer Stabilität beschrieben werden (Bandura, 1977). Wenn die Ausprägung der Selbstwirksamkeit gering ist, wird eine Person selbst bei hoher Motivation, ein Ziel zu erreichen, keine oder nur geringe Anstrengungen zeigen, weil sie die Erfolgswahrscheinlichkeit zu gering einschätzt. Personen mit sehr ausgeprägter Selbstwirksamkeit hingegen werden sich sogar an schwierigen Aufgaben versuchen. Mit dem Begriff der Generalisierung ist gemeint, ob sich die Selbstwirksamkeit auf einen begrenzten Bereich (z.B. nur die Schule oder ein Schulfach) oder auf verschiedene Situationen bezieht (z.B. auch bei Freizeitaktivitäten, zu Hause). Eine instabile Selbstwirksamkeit kann durch erwartungswidrige Erfahrungen (z.B. einen Misserfolg) weiter beeinträchtigt werden, während eine stabile Selbstwirksamkeit auch durch mehrere solcher Erfahrungen nicht erschüttert wird. Das Konzept der Selbstwirksamkeit ist in zweierlei Hinsicht bedeutsam für das Lernen, denn Selbstwirksamkeit kann als Folge von Erfahrungen, aber auch als Voraussetzung für zukünftige Lernprozesse angesehen werden.

Selbstwirksamkeit als Lernergebnis

Selbstwirksamkeit als Lernergebnis. Die Tatsache, dass eine hinreichend ausgeprägte Selbstwirksamkeit eine Voraussetzung für zukünftige Lernfortschritte ist, veranlasst zu der Frage, wie Selbstwirksamkeit entsteht und ob und wie man sie fördern kann. Selbstwirksamkeit ist nicht angeboren, sondern entsteht in der aktiven Auseinandersetzung einer Person mit ihrer Umwelt. Bestimmte Erfahrungen fördern das Erleben von Selbstwirksamkeit. Dazu gehören Erfahrungen wie die Auseinandersetzung mit kontrollierbaren, überschaubaren Situationen, die Bewältigung von herausfordernden Aufgaben und differenzierte, angemessene Rückmeldungen über die Richtigkeit des eigenen Verhaltens. Förderliche Erfahrungen dieser Art können gezielt eingesetzt werden, um Selbstwirksamkeit zu steigern und zukünftige Lernvorgänge zu unterstützen. Die Entwicklung von Selbstwirksamkeit wird dagegen behindert, wenn Personen in ihren Bemühungen wiederholt frustriert werden, wenn wiederholt unkontrollierbare Situationen eintreten oder wenn überhaupt keine Anforderungen an sie gestellt werden (vgl. Tab. 10).

Förderung von Selbstwirksamkeit

Faktoren, die die Entwicklung von Selbstwirksamkeit behindern

► Tabelle 10: Auswirkungen von Erfahrungen auf die Entwicklung von Selbstwirksamkeit

Erfahrungen, die die Entwicklung von Selbstwirksamkeit fördern	Erfahrungen, die die Entwicklung von Selbstwirksamkeit behindern
• Auseinandersetzung mit kontrollier-baren, überschaubaren Situationen • Auseinandersetzung und Bewältigung von herausfordernden, aber lösbaren Aufgaben • differenzierte, angemessene Rück-meldungen	• frustrierende Erfahrungen, z.B. unlösbare Aufgaben • wiederholtes Erleben von unkon-trollierbaren Situationen • Fehlen von Anforderungen und Aufgaben • keine oder undifferenzierte Rückmeldungen

Selbstwirksamkeit als Lernvoraussetzung. Wenn eine Person neues Wissen oder ein neues Verhaltensmuster durch Beobachtung erwerben soll, muss sie sich selbst zutrauen, die neuen Konzepte oder das neue Verhalten überhaupt lernen zu können. Die Person muss überzeugt sein, die nötigen kognitiven oder motorischen Fähigkeiten zu besitzen, um sich das neue Wissen oder Verhalten aneignen und durchführen zu können. Damit bildet die Selbstwirksamkeit eine wesentliche Lernvoraussetzung. Das Ausmaß der Selbstwirksamkeit bestimmt folglich,

- ob ein Verhalten ausgeführt wird oder nicht,
- mit welcher Anstrengungsbereitschaft eine Handlung vollzogen wird,
- ob eine Situation bewältigt wird oder nicht und
- ob ein Verhalten von Erfolg oder Misserfolg begleitet wird (Petermann & Petermann, 2006a).

(Randnotiz: Selbstwirksamkeit als Lernvoraussetzung)

(Randnotiz: Auswirkungen von Selbstwirksamkeit)

Zusammenfass

Bandura stellte fest, dass die Ausführung von beobachtetem Verhalten nicht nur von der Motivierung durch Verstärkungsprozesse abhängt, sondern auch von der Erwartung einer Person, dass ein bestimmtes Verhalten zum Erfolg führt (Ergebniserwartung) und dass sie selbst in der Lage ist, dieses Verhalten durchzuführen (Wirksamkeitserwartung). Beide Erwartungstypen wirken sich auf die Handlungsabsichten einer Person aus. Bandura prägte für verallgemeinerte Wirksamkeitserwartungen das Konzept der Selbstwirksamkeit. Die Selbstwirksamkeit einer Person kann anhand des Ausprägungsgrades, des Grades der Generalisierung und der Stabilität beschrieben werden. Selbstwirksamkeit steht in engem Zusammenhang mit Lernvorgängen: Auf der einen Seite entwickelt sie sich durch Lernprozesse in der Interaktion mit der Umwelt. Erfahrungen wie die Bewältigung von herausfordernden Aufgaben fördern die Entwicklung von Selbstwirksamkeit, wiederholter Kontakt mit unkontrollierbaren Situationen und andere ungünstige Erfahrungen dagegen hemmen ihre Entwicklung. Auf der anderen Seite bildet Selbstwirksamkeit eine wichtige Voraussetzung für zukünftige Lernprozesse, denn der Lerner muss sich selbst zutrauen, neue Inhalte oder neue Fertigkeiten lernen zu können.

Literatur

Bandura, A. (1977). Self-efficacy: Toward a unifying theory of behavioral change. Psychological Review, 84, 191-215.

Bandura, A. (1979). Sozial-kognitive Lerntheorie. Stuttgart: Klett-Cotta.

Bandura, A. (1997). Self-efficacy: The exercise of control. New York: Freeman.

Flammer, A. (1990). Erfahrung der eigenen Wirksamkeit. Bern: Huber.

Petermann, U. & Petermann, F. (2006a). Lernpsychologische Grundlagen. In F. Petermann (Hrsg.), Kinderverhaltenstherapie (3., völlig veränd. Aufl., S. 15-66). Baltmannsweiler: Schneider-Verlag Hohengehren.

Testfragen

107. *Welche Formen von Erwartungen unterscheidet Bandura?*

108. *Welches Risiko ist mit einer instabilen Selbstwirksamkeit verbunden?*

109. *Durch welche Lernerfahrungen kann Selbstwirksamkeit gefördert werden?*

Implizites Lernen

Implizites Lernen umfasst mehrere Formen des Lernens, die ohne Beteiligung des Bewusstseins und häufig ohne explizite Lernabsicht ablaufen. Auch die Ergebnisse dieser Lernprozesse sind dem Bewusstsein nicht oder nur eingeschränkt zugänglich. Dazu gehören Prozesse wie Priming, Konditionierung, der implizite Erwerb von Regelwissen und prozedurales Lernen. Bei den Prozessen des Primings und der Konditionierung, die in den Kapiteln 3 und 4 erläutert worden sind, handelt es sich um relativ einfache Lernvorgänge. Die komplexeren Prozesse des impliziten Regellernens und des prozeduralen Lernens mit ihren jeweiligen Besonderheiten sollen in diesem Kapitel vorgestellt werden.

Implizites Lernen – eine besondere Lernform | 7.1

Das Interesse der Forschung an impliziten Lernvorgängen ist in den letzten Jahren deutlich angestiegen. Unter implizitem Lernen werden Lernformen verstanden, die ohne Beteiligung des Bewusstseins stattfinden und die häufig (aber nicht immer) beiläufig und ohne gezielte Lernabsicht eintreten. Das zentrale Kriterium für implizites Lernen besteht in seiner unbewussten Qualität.

Definition

Implizites Lernen liegt dann vor, „wenn eine Veränderung im Verhalten oder im Verhaltenspotential eines Menschen hinsichtlich einer Situation feststellbar ist, die auf einmalige oder wiederholte Erfahrung dieser oder ähnlicher Situationen zurückgeht, ohne daß eine Einsicht, berichtbare Erkenntnis oder berichtbares Wissen des betreffenden Menschen die Begründung für die Verhaltensänderung liefern kann" (Perrig, 1996, S. 212).

Begriffsklärung | 7.1.1

Der Begriff des impliziten Lernens muss von den thematisch verwandten Konzepten „prozedurales Lernen", „latentes Lernen" und

Prozedurales Lernen „inzidentelles Lernen" abgegrenzt werden. *Prozedurales Lernen* bezieht sich auf die Verbesserung von Leistungen, ohne dass ein bewusster Zugang zu dem zugrunde liegenden Wissen besteht. Der Begriff unterscheidet sich damit inhaltlich nicht eindeutig vom impliziten Lernen, sondern verweist auf eine etwas andere Forschungstradition (Perrig, 1996). Da sich die Forschung zum prozeduralen Lernen schwerpunktmäßig mit der Aneignung kognitiver und motorischer Fertigkeiten befasst, wird prozedurales Lernen hier als eine Form von implizitem Lernen aufgefasst, die sich vorwiegend auf den Erwerb von Fertigkeiten bezieht.

Latentes Lernen *Latentes Lernen* bezeichnet die Aneignung von Wissen oder Reaktionen, ohne dass eine Verstärkung vorgelegen hat (z.B. der Erwerb einer kognitiven Landkarte bei einer Ratte durch Umherlaufen im Labyrinth; vgl. Kap. 5.2). Das durch latente Lernvorgänge erworbene Wissen äußert sich erst dann im Verhalten, wenn eine Verstärkung erwartet wird. Im Unterschied zum impliziten Lernen kann das durch latente Lernprozesse erworbene Wissen prinzipiell dem Bewusstsein zugänglich und verbal ausgedrückt werden. So kann eine Person beispielsweise beschreiben oder zeichnerisch darstellen, wie die Straßenzüge in der näheren Umgebung ihrer Wohnung verlaufen. Dies wäre bei implizitem Lernen nicht möglich.

Inzidentelles Lernen Mit dem Begriff des *inzidentellen Lernens* werden Lernvorgänge bezeichnet, die unabsichtlich oder beiläufig geschehen, zum Beispiel beim beiläufigen Betrachten eines Werbeplakats oder beim ziellosen Durchblättern einer Zeitung. Das Gegenstück zum inzidentellen Lernen bildet das absichtliche oder *intentionale Lernen*. Dazu gehören geplante und gezielte Lernvorgänge, zum Beispiel bei der Vorbereitung auf eine Prüfung im Studium. Implizites Lernen kann wie inzidentelles Lernen beiläufig erfolgen, aber dies muss nicht der Fall sein. Personen können durchaus gezielt versuchen, sich beispielsweise Fertigkeiten anzueignen (z.B. das Schwimmen oder Reiten). Das Üben erfolgt gezielt, dennoch wird der eigentliche Vorgang des Lernens dem Bewusstsein nicht zugänglich. Auch wenn die Fertigkeit schließlich beherrscht wird, können die Personen nicht ausreichend erklären, wie sie dabei vorgehen – sie „können" es schließlich einfach.

Sowohl implizites wie explizites Wissen können also sowohl auf intentionale wie auch auf inzidentelle Weise erworben werden (vgl. Tab. 11). Das entscheidende Kriterium für implizites Lernen besteht in dem fehlenden Zugang zum Bewusstsein, nicht in der Lernabsicht.

▶ Tabelle 11: Erwerb von Wissen durch intentionales und inzidentelles Lernen

	Intentionales Lernen	Inzidentelles Lernen
Explizites Wissen	Gezielt erworbenes Wissen (z.B. Inhalte des Studienfachs)	Beiläufig erworbenes Wissen (z.B. Name des derzeitigen Außenministers)
Implizites Wissen	Gezielt erworbene Fertigkeiten (z.B. Brustschwimmen)	Beiläufig erworbene Fertigkeiten (z.B. Sprechen lernen bei Kindern)

Besonderheiten des impliziten Lernens | 7.1.2

Implizites Lernen und das resultierende implizite Wissen zeichnen sich durch eine Reihe besonderer Merkmale aus (Schacter, 1987): Der Lernprozess folgt eigenen Gesetzmäßigkeiten, die Gedächtnisinhalte sind nicht bewusstseinsfähig, das Verhalten wird durch implizites Wissen unabhängig von den Intentionen des Lernenden gesteuert und die Gedächtnisleistung kann nur auf indirekte Weise erfasst werden.

Eigene Gesetzmäßigkeiten. Implizites Lernen folgt anderen Gesetzmäßigkeiten als explizites Lernen. Während beim expliziten Lernen die Intensivierung der Verarbeitungstiefe (*Elaboration*) zu einer Steigerung der Behaltensleistung führt, kann implizites Lernen durch diese Technik nicht beeinflusst werden. Die Behaltensleistung hängt vielmehr von der Häufigkeit der Wiederholungen ab. Wenn implizites Wissen einmal erworben worden ist, bleibt es über lange Zeiträume erhalten und ist nur schwer löschbar. Eine weitere Besonderheit des impliziten Lernens besteht in seiner starken Abhängigkeit von der Sinnesmodalität, in der gelernt wird. Wenn Reize in der Lernphase visuell oder akustisch präsentiert werden, kann der Lernerfolg nur in derselben Sinnesmodalität geprüft werden. Explizite Lerninhalte können dagegen über unterschiedliche Modalitäten generalisieren (z.B. kann ein Schüler den Blutkreislauf verbal oder in Form einer Schemazeichnung erklären). Implizites Lernen ist weiterhin in viel geringerem Maße als explizites Lernen vom Alter, der kognitiven Leistungsfähigkeit und der aktuellen Beanspruchung der Lerner durch andere Aufgaben abhängig.

Implizites Lernen folgt eigenen Gesetzmäßigkeiten

Implizites Wissen ist dem Bewusstsein nicht zugänglich

Fehlende Zugänglichkeit zum Bewusstsein. Implizites Wissen ist dem Bewusstsein nicht zugänglich. Beim impliziten Lernen verfügt der Lerner daher auch nicht über Wissen darüber, was und wie viel er bereits gelernt hat. Ihm fehlt metakognitives Wissen (Wissen über das eigene Wissen), um den Wissenstand und die Güte des Wissens zu beurteilen. Es ist jedoch möglich, beispielsweise durch explizite Gedächtnistests einen Prozess des bewussten Nachdenkens über das Gelernte in Gang zu setzen. Dadurch können nachträglich explizite Gedächtnisinhalte rekonstruiert werden, die dem Bewusstsein zugänglich sind.

Implizites Wissen beeinflusst das Verhalten

Einflüsse auf das Verhalten. Implizites Wissen steuert das Verhalten (z.B. Entscheidungen bei Auswahlaufgaben) unabhängig von den Absichten oder Zielen des Lerners. Der Lerner kann die Wirkung des impliziten Wissens nicht bewusst kontrollieren, so wie er sich etwa in einem expliziten Gedächtnistest „dumm stellen" könnte, indem er weniger sagt, als er weiß. Da der Lerner das Ausmaß seines impliziten Wissens nicht kennt, kann er es auch nicht unterdrücken.

Indirekte Erfassung von Lernergebnissen

Indirekte Erfassung der Lernleistung. Die Ergebnisse impliziter Lernvorgänge können nicht auf direktem Weg überprüft werden (z.B. durch Abfragen). Ob Lernen überhaupt stattgefunden hat, lässt sich nur auf indirektem Weg feststellen, zum Beispiel durch eine Steigerung der Effizienz im Umgang mit den Lerninhalten. So kann beispielsweise bei einem komplexen Computerspiel nach einigen Übungsdurchgängen eine Leistungssteigerung festgestellt werden, ohne dass der Spieler ausdrücklich sagen kann, welche Regeln er dabei beachtet. Bei Gedächtnistests mit erzwungener Entscheidung zwischen Antwortmöglichkeiten (*forced choice*) kann sich der Lernfortschritt darin zeigen, dass die richtige Antwort überzufällig häufig gewählt wird. Den Personen selbst erscheint es dabei so, als ob sie völlig willkürlich raten würden. Eine weitere Möglichkeit, implizites Lernen nachzuweisen, besteht in der Frage nach der Bevorzugung (Präferenz) von Objekten, da bekannte Objekte unbewusst gegenüber unbekannten Objekten bevorzugt werden (Mere-exposure-Effekt; vgl. Kap. 3).

Merksatz

Implizites Wissen unterscheidet sich qualitativ von deklarativem Wissen. Es handelt sich dabei nicht um die gleichen Inhalte, die lediglich mehr oder weniger bewusst im Gedächtnis repräsentiert sind, sondern um eine gänzlich andere Art von Wissen mit weniger kontrollierbaren Auswirkungen auf Verhalten und Handeln des Lernenden.

Zusammenfassung

Implizites Lernen kann von thematisch verwandten Konzepten dadurch abgegrenzt werden, dass es ohne Beteiligung des Bewusstseins abläuft. Diese Lernform folgt anderen Gesetzmäßigkeiten als explizites Lernen. Der Lernerfolg kann nicht durch zusätzliche Elaboration gesteigert werden, sondern nur durch die Häufigkeit der Wiederholungen. Implizites Lernen ist stark modalitätsabhängig, wird aber wenig durch das Alter, die kognitive Leistungsfähigkeit oder die aktuelle Beanspruchung des Lerners beeinflusst. Diese Form des Lernens führt dazu, dass die gelernten Regeln erfolgreich angewendet werden, ohne dass sie verbal beschrieben werden können. Da das Gelernte dem Bewusstsein nicht zugänglich ist, kann die Gedächtnisleistung nur auf indirekte Weise geprüft, aber nicht direkt erfragt werden. Implizites Wissen steuert das Verhalten unabhängig von den Intentionen des Lernenden, es kann also weder vorgetäuscht noch willentlich unterdrückt werden. Es ist nur schwer löschbar.

Literatur

Perrig, W.J. (1996). Implizites Lernen. In J. Hoffmann & W. Kintsch (Hrsg.), Kognition, Band 7: Lernen (S. 203-234). Göttingen: Hogrefe.
Schacter, D.L. (1987). Implicit memory. History and current status. Journal of Experimental Psychology: Learning, Memory and Cognition, 13, 501-518.

Testfragen

110. *Warum kann implizites Wissen nicht unterdrückt werden?*
111. *Wie kann implizites Lernen gefördert werden?*

Implizites Regellernen | 7.2

Eine wichtige Form des impliziten Lernens bezieht sich auf den Erwerb von Regelwissen oder Wissen über die regelhafte Struktur komplexer Systeme (Terry, 2003). Diese spezielle Lernform soll im Folgenden als *implizites Regellernen* bezeichnet werden, um Verwechslungen mit dem übergeordneten Konzept des impliziten Ler-

Implizites Regellernen
erfolgt ohne Beteiligung
des Bewusstseins

nens zu vermeiden. Implizites Regellernen erfolgt ohne bewusste Lernabsicht, ohne bewusste Steuerung der Aufmerksamkeit und ohne bewusste Wahrnehmung der Komponenten des Systems oder Regelwerks (Manza & Reber, 1997). Als Resultat des Lernvorgangs werden die gelernten Regeln erfolgreich angewendet, ohne dass sie jedoch verbalisiert werden können.

Beispiel

Ein sehr anschauliches Beispiel für implizites Regellernen ist der Erwerb der Muttersprache (vgl. Weinert, 1991). Alle Kinder lernen in einem sehr frühen Alter geradezu beiläufig die komplexen phonologischen, semantischen und grammatikalischen Regeln zur Benutzung der Sprache. Dieses Lernen erfolgt ohne bewusste Absicht, aber höchst effizient. Nach wenigen Jahren werden die unzähligen Regeln der Muttersprache mit ihren zahlreichen Ausnahmen sicher beherrscht, ohne dass sie jedoch explizit erklärt werden könnten.

7.2.1 | Forschung zum impliziten Regellernen

Da implizites Lernen dem Bewusstsein weitgehend unzugänglich ist, erfordert seine Untersuchung ein anderes Vorgehen, als es etwa in der Forschung zum Begriffslernen üblich ist. Statt einer direkten Befragung des Lerners sind indirekte und verhaltensbezogene Methoden zur Erfassung der Lernleistung erforderlich. In Studien zum impliziten Regellernen werden daher häufig Sequenzlernaufgaben, Aufgaben zur künstlichen Grammatik und der computergestützten Steuerung komplexer Systeme verwendet. Diese Methoden sollen im Weiteren erläutert werden.

Sequenzlernaufgaben

Sequenzlernaufgaben. Bei Sequenzlernaufgaben (auch als *serielle Reaktionszeitmessung* oder *Erlernen von Ereignissequenzen* bezeichnet) sollen Personen auf bestimmte Reize (z.B. Licht- oder Tonsignale) in spezifischer Weise reagieren (z.B. Tastendruck, Fußpedal). Die Abfolge der Reize erscheint aus Sicht der Teilnehmer zufällig. Tatsächlich besteht sie jedoch aus Blöcken mit gleicher Abfolge, die wiederholt werden. Die Reaktionszeiten der Teilnehmer werden bei jedem Block kürzer, auch wenn ihnen nicht bewusst ist, dass sich

Implizites Lernen der
Reihenfolge von Aufgaben erleichtert die Bearbeitung

die Abfolge der Reize wiederholt (Nissen & Bullemer, 1987). Die Verkürzung der Reaktionszeiten belegt, dass die Personen implizites Wissen über die Abfolge der Reize gewonnen haben, was die Bearbeitung der Aufgabe erleichtert.

Werden die Reize bei einer Sequenzlernaufgabe dagegen in einer wirklich zufälligen Abfolge präsentiert, kommt es nicht zu einer nennenswerten Verminderung der Reaktionszeiten. Der Leistungszuwachs kann also nicht durch motorische Übung erklärt werden, sondern durch den impliziten Erwerb des zugrunde liegenden Regelsystems. Im Verlauf des Lernprozesses kann es allerdings vorkommen, dass Regelmäßigkeiten bewusst wahrgenommen und im Nachhinein Teil des expliziten Wissens werden.

Künstliche Grammatik. Bei einer künstlichen Grammatik (Reber, 1993) handelt es sich um willkürlich festgelegte Regeln, die bestimmen, in welcher Reihenfolge beispielsweise Zahlen, Buchstaben, Symbole oder Kunstwörter angeordnet werden dürfen (vgl. Abb. 30).

Künstliche Grammatik

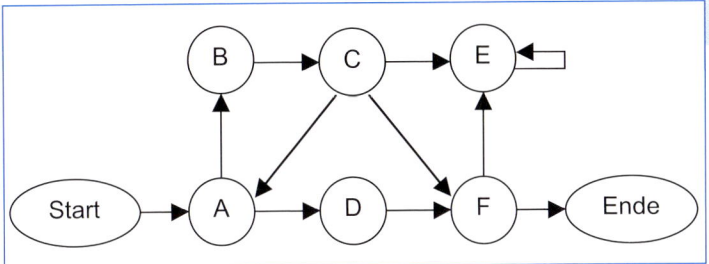

Abb. 30

Beispiel für eine künstliche Grammatik. Buchstabenfolgen wie ABCAB oder ADFEE entsprechen den durch die Pfeile symbolisierten Abfolgeregeln. Folgen wie ACDFE oder ABCDE verstoßen gegen die Regeln.

In Studien wurden Personen Buchstabenfolgen vorgelegt, die auf der Basis einer künstlichen Grammatik konstruiert worden waren. Es wurde ihnen jedoch nicht mitgeteilt, dass ein solches Regelwerk existierte. Im zweiten Schritt wurden die Teilnehmer über die Existenz der künstlichen Grammatik informiert, wobei ihnen die genauen Regeln jedoch nicht mitgeteilt wurden. Es wurden nun weitere Buchstabenfolgen vorgelegt und die Personen sollten entscheiden, ob es sich jeweils um Beispiele für die künstliche Grammatik handelte oder nicht. Die Teilnehmer lösten diese Aufgaben überzufällig häufig richtig, was als Hinweis auf einen impliziten Lernprozess in der ersten Phase des Versuchs gewertet wurde (Reber, 1993).

Studie: Künstliche Grammatik oder nicht?

In anderen Versuchen sollten Personen Buchstabenfolgen auswendig lernen, die festgelegten Abfolgeregeln entsprachen (ohne dass die Teilnehmer explizite Informationen über die Existenz der Regeln erhielten). Nach der Übungsphase machten die Teilnehmer beim Erlernen regelgerechter Buchstabenfolgen weniger Fehler als Personen, die völlig regellose Buchstabenfolgen auswendig lernen

Studie: Auswendiglernen von Buchstabenfolgen

müssen. Dieser Befund wurde so interpretiert: Die Kenntnisse der Regelstruktur, die durch die Erfahrung mit regelgerechten Buchstabenfolgen implizit erworben wurden, haben die Bearbeitung weiterer Aufgaben derselben Art erleichtert (Reber, 1993). Die erworbenen impliziten Kenntnisse können auch generalisiert werden: Personen, die eine künstliche Grammatik erlernt haben, können die Regeln mit überzufälligem Erfolg auch auf andere Buchstabensets übertragen (Manza & Reber, 1997).

Problem: Möglichkeit der Vermischung mit impliziten Lernprozessen

Die Experimente zur künstlichen Grammatik wurden kritisiert, weil die Teilnehmer nach der Lernphase über die Existenz von Regeln informiert wurden. Diese explizite Information könnte zur Rekonstruktion der Lernitems aus der Erinnerung und damit zu einer Vermischung mit den impliziten Lernprozessen führen. Daher führten Reber und Kollegen (Manza, Zizak & Reber, 1998) weitere Versuche durch, in denen die Teilnehmer überhaupt nicht über die Existenz von Regeln informiert wurden, sondern Präferenzurteile als Beleg für implizites Lernen verwendet wurden (vgl. Kasten 14). Auf diese Weise konnten die Forscher belegen, dass das Erlernen von Regeln auf ausschließlich implizite Weise erfolgen kann.

Studie: Präferenzurteile als Hinweis auf implizites Lernen

> ▶ **Kasten 11: Präferenzurteile als Beleg für implizites Lernen (Manza, Zizak & Reber, 1998)**
>
> In der Lernphase wurden Personen Buchstabenfolgen vorgelegt, die gemäß den Regeln einer künstlichen Grammatik entwickelt worden waren. Den Personen wurden jedoch keine Informationen über die Existenz von Regeln gegeben. Nach der Lernphase wurden den Teilnehmern neue Buchstabenfolgen vorgelegt, die teils regelkonform und teils regelwidrig waren. Die Teilnehmer sollten dabei lediglich entscheiden, welche Folgen ihnen besser gefallen. Aufgrund des Mere-exposure-Effekts (vgl. Kap. 3) wurde erwartet, dass der vorangegangene Kontakt mit regelkonformen Buchstabenfolgen zu einer affektiven Bevorzugung regelgetreuer Folgen führt. Dies war tatsächlich überzufällig häufig der Fall.

Steuerung komplexer Prozesse

Steuerung komplexer Prozesse. Der Erwerb einer künstlichen Grammatik und das Erlernen einer Abfolge von Reizen stellen relativ künstliche Beispiele für implizite Lernprozesse dar. Mit der Entwicklung leistungsfähiger Computer wurde es möglich, die Steuerung komplexer virtueller Systeme als Aufgabe einzusetzen und implizites Lernen unter lebensnäheren Bedingungen zu untersuchen. Diese Technik hat den Vorteil, dass schwer durchschaubare Regelsysteme in Form anschaulicher und motivierender Computerspiele präsentiert werden können. Der Lernzuwachs (zunehmender Erfolg im Umgang mit den Regeln des Systems, der sich in Gestalt einer besseren Leistung im Spiel äußert) wird dabei automatisch registriert. Bei diesen Simulationen versetzen sich Personen beispielsweise in die Rolle des Bürgermeisters einer virtuellen Stadt und versuchen, Lösungen für auftauchende Probleme zu finden (Dörner, 2005), oder sie übernehmen die Leitung einer virtuellen Fabrik und versuchen, die Produktion zu maximieren (Berry & Broadbent, 1984). Teilnehmer solcher Spiele steigern nach mehreren Durchgängen ihre Leistungen, ohne erklären zu können, worauf diese Verbesserungen zurückzuführen sind.

Ist implizites Lernen immer unbewusst?

7.2.2

Die Frage, ob implizites Regellernen immer unbewusst abläuft, ist noch nicht endgültig geklärt. Manchmal scheint sich explizites Wissen über die Regelstruktur eines Systems im Nachhinein herauszubilden, wenn bereits implizite Lernprozesse stattgefunden haben und das implizite Wissen erfolgreich angewendet wird (Stanley, Mathews, Buss & Kotler-Cope, 1989). Vielleicht handelt es sich bei bewusstem Wissen über implizit gelernte Inhalte also nur um einen „Nebeneffekt" des impliziten Lernens.

Aus den häufig beobachteten Schwierigkeiten bei der Aufgabe, implizit erworbene Kenntnisse verbal auszudrücken, folgt nicht zwingend, dass sie dem Lerner nicht bewusst zugänglich sind. Möglicherweise lassen sich diese Inhalte nur sehr schwer mit Worten ausdrücken, so wie es auch schwierig ist, vertraute Gerüche oder die Merkmale von bekannten Gesichtern sprachlich exakt zu beschreiben. Auf der anderen Seite existieren Hinweise darauf, dass explizites Wissen über implizit zu erlernende Regeln kaum dazu beiträgt, die Leistung in den Aufgaben zu erhöhen. Manche Studien zum Erwerb künstlicher Grammatik belegen, dass bewusstes Wissen über die Existenz von Regeln den Erwerb dieser Regeln sogar behindert (Reber, 1993). Dies ist vermutlich damit zu erklären, dass die aktive Suche nach Regeln kognitive Kapazitäten in Anspruch nimmt, die ansonsten dem impliziten Wissenserwerb zur Verfügung stehen würden, oder zur Konstruktion falscher Regeln führt, was die Leistung ebenfalls beeinträchtigt.

Sind Inhalte wirklich unbewusst oder nur sprachlich schwer kommunizierbar?

Bewusstes Wissen kann implizites Lernen behindern

Zusammenfassung

Studien zum impliziten Regellernen verwenden Methoden wie die künstliche Grammatik, Sequenzlernaufgaben und die Steuerung komplexer Systeme. In Studien zur künstlichen Grammatik lernen Teilnehmer auf implizite Weise Regeln, die bestimmen, in welcher Reihenfolge beispielsweise Buchstaben oder andere Symbole angeordnet werden dürfen. Bei Sequenzlernaufgaben lernen Personen Regelmäßigkeiten in der Abfolge der Aufgabenstellung, wodurch sich ihre Reaktionsgeschwindigkeit steigert.

Bei der Steuerung komplexer Systeme werden schwer durchschaubare Regelsysteme in Form von Computerspielen präsentiert. Durch wiederholtes Spielen lernen die Teilnehmer, das virtuelle System immer erfolgreicher zu steuern.

Es ist noch nicht eindeutig geklärt, ob implizites Regellernen immer vollständig unbewusst abläuft. Explizites Wissen über die Regelstruktur eines Systems scheint sich normalerweise erst im Nachhinein herauszubilden, wenn bereits implizite Lernprozesse stattgefunden haben und das implizite Wissen in Handlungen umgesetzt wird.

Literatur

Berry, D.C. & Broadbent, D.E. (1988). Interactive tasks and the implicit-explicit distinction. British Journal of Psychology, 79, 251-272.

Dörner, D. (2005). Die Logik des Misslingens. Strategisches Denken in komplexen Situationen (4. Aufl.). Reinbek: Rowohlt.

Manza, L. & Reber, A.S. (1997). Representing artificial grammars: Transfer across stimulus forms and modalities. In D.C. Berry (Ed.), How implicit is implicit learning? (pp. 73-106). Oxford: Oxford University Press.

Manza, L., Zizak, D., & Reber, A.S. (1998). Artificial grammar learning and the mere exposure effect: Emotional preference tasks and the implicit learning process. In M.A. Stadler & P. A. Frensch (Eds.), *Handbook of implicit learning* (pp. 201-222). Thousand Oaks, CA: Sage.

Nissen, M.J. & Bullemer, P. (1987). Attentional requirements of learning: Evidence from performance measures. Cognitive Psychology, 19, 1-32.

Reber, A.S. (1993). Implicit learning and tacit knowledge: An essay of the cognitive unconscious. New York: Oxford University Press.

Stanley, W.B., Mathews, R.C., Buss, R.R. & Kotler-Cope, S. (1989). Insight without awareness. On the interaction of verbalization, instruction and practice in a

Literatur

simulated process control task. The Quarterly Journal of Experimental Psychology, 41A, 553-577.

Terry, W.S. (2003). Learning and memory. Basic principles, processes, and procedures (2nd ed.). Boston: Allyn & Bacon.

Weinert, S. (1991). Spracherwerb und implizites Lernen. Studien zum Erwerb sprachanaloger Regeln bei Erwachsenen, sprachunauffälligen und dysphasisch-sprachgestörten Kindern. Bern: Huber.

Testfragen

112. *Wie kann man Lernergebnisse indirekt erfassen, wenn sie nicht verbal ausgedrückt werden können?*
113. *Nennen Sie ein Beispiel für implizites Regellernen in der frühen Kindheit!*
114. *Welche Vorteile sind mit der computergestützten Steuerung komplexer Systeme als Methode zur Erforschung des impliziten Lernens verbunden?*

Prozedurales Lernen | 7.3

Prozedurales Lernen stellt eine besonders wichtige Form des impliziten Lernens dar. Es bezieht sich auf alle Veränderungen im Bewegungsrepertoire einer Person, insbesondere aber auf den Erwerb kognitiver oder motorischer Fertigkeiten durch Wiederholung und Übung. Dabei handelt es sich um einen stufenartigen Prozess, bei dem zu Beginn bewusste (*deklarative* oder *explizite*) Vorgänge im Vordergrund stehen, die im Verlauf durch unbewusste (*prozedurale* oder *implizite*) Mechanismen ersetzt werden.

Prozedurales Lernen umfasst die Aneignung von motorischen und kognitiven Fertigkeiten

Merksatz

Bei prozeduralem Lernen werden kognitive oder motorische Fertigkeiten durch Übung schrittweise erworben, indem bewusste Prozesse allmählich durch unbewusste Prozesse ersetzt werden.

Der Erwerb motorischer Fertigkeiten | 7.3.1

Sportarten wie Tennis oder Hockey, handwerkliche Arbeiten wie Tischlern oder Nähen und künstlerische Ausdrucksformen wie Bildhauerei und Tanz veranschaulichen die große Bedeutung motorischer Fertigkeiten in vielen menschlichen Lebensbereichen. Diese Fertigkeiten werden durch motorisches Lernen erworben.

Motorisches Lernen bedeutet den Erwerb der Fähigkeit, Bewegungen präzise und flexibel den aktuellen Erfordernissen anzupassen, indem Intensität, Richtung und Dauer der Bewegungen gemäß den Anforderungen der Umwelt variiert werden (Adams, 1987).

Komponenten motorischer Fertigkeiten

Motorische Fertigkeiten und motorisches Lernen. Alle motorischen Fertigkeiten besitzen perzeptive, motorische und kognitive Komponenten mit variierenden Anteilen. Beim Bogenschießen beispielsweise dominieren perzeptive und motorische Komponenten; bei der Steuerung eines Flugzeugs spielen neben motorischen und perzeptiven Fertigkeiten auch kognitive Kompetenzen des Piloten eine wichtige Rolle.

Besonderheiten des motorischen Lernens

Motorische Fertigkeiten werden durch motorisches Lernen erworben. Bei motorischem Lernen handelt es sich um einen komplexen Prozess, der Aspekte des deklarativen und Merkmale des prozeduralen Lernens integriert (Terry, 2003). Bewegungen und Bewegungsfolgen werden prozedural gelernt und sind dem Bewusstsein und der verbalen Beschreibung zumeist nicht zugänglich. Kinder lernen sitzen, essen und laufen, bevor sie zu sprechen beginnen. Erwachsene können schwimmen, singen, schreiben und Fahrrad fahren, aber kaum erklären, *wie* sie das tun. Auf der anderen Seite stellen die bewusste Absicht zu lernen sowie die Wirkungen von Selbstkontrolle und Zielsetzungen, die man beispielsweise bei vielen Sportarten feststellt, Aspekte des deklarativen Lernens dar.

Merksatz

Motorisches Lernen vereinigt Merkmale des deklarativen und des prozeduralen Lernens.

Neuronale Basis des motorischen Lernens

Die neuronale Basis des motorischen Lernens ist über mehrere Gehirnareale verteilt (Konczak, 2006). Insbesondere zu Beginn des Lernprozesses sind neben den motorischen Arealen des Kortex das Kleinhirn, die Basalganglien und somatosensorische Bereiche beteiligt. Später überwiegen die Funktionen des motorischen Kortex.

Messmethoden

Messung des Lernfortschritts. Mithilfe standardisierter Aufgaben können die Fähigkeit zum motorischen Lernen und die erzielten Lernfortschritte systematisch erfasst werden. Dazu dienen Apparaturen wie der Pursuit Rotor und Verfahren zum Schreiben in Spiegelschrift (Terry, 2003). Beim Pursuit Rotor handelt es sich um ein Gerät, das äußerlich einem Schallplattenspieler ähnelt. Lernende Personen haben die Aufgabe, mit einer Art Stift eine bestimmte Position auf einer rotierenden Scheibe zu halten. Dies gelingt mit zunehmender Übung immer besser (vgl. Abb. 31).

Beim Schreiben in Spiegelschrift muss die Person mit einem Stift bestimmte Muster (z.B. Sterne, Buchstaben) nachzeichnen, darf die Bewegungen ihrer Finger dabei jedoch nur im Spiegel verfolgen. Studien mit diesen Apparaturen haben gezeigt, dass Personen mit Gedächtnisstörungen und Demenzen noch in der Lage sind, solche motorischen Fertigkeiten zu erlernen. Des Weiteren ergab die Forschung zum motorischen Lernen, dass zwei Faktoren den Lernfortschritt wesentlich bestimmen: Übung und Rückmeldungen.

Übung. Durch häufige Übung verbessern sich motorische Fertigkeiten. Vermutlich sind ungefähr zehn Jahre intensiver Übung in einer Fertigkeit erforderlich, um den Status eines Experten zu erwerben (Ericsson, Krampe & Tesch-Romer, 1993). Herausragende Geigenspieler beispielsweise haben im Alter von 20 Jahren bereits über 10 000 Übungsstunden hinter sich. Insbesondere die Geschwindigkeit motorischer Abläufe nimmt mit der Anzahl der Wiederholungen zu. Dieser Zuwachs ist jedoch nicht linear: Nach anfänglich schnellem Lernzuwachs werden zunehmend mehr Wiederholungen nötig, um noch einen weiteren Lernfortschritt zu erzielen. Dieser typische Verlauf spiegelt sich in den Erfahrungen vieler Menschen wider, die ein Musikinstrument oder eine neue Sportart erlernen: Nach den ersten Erfolgen zu Beginn tritt eine Phase auf, in der nur noch sehr kleine Lernfortschritte erfolgen und sehr viel Anstrengung investiert werden muss, damit wieder Veränderungen erkennbar werden.

Neben der Häufigkeit der Wiederholungen spielt auch die *Verteilung* der Übungseinheiten eine wesentliche Rolle. Ebenso wie beim Lernen von verbalem Material erweist sich verteiltes Lernen gegen-

Pursuit Rotor

| **Abb. 31**

Pursuit Rotor

(Abdruck mit freundlicher Genehmigung des Cognition & Aging Lab der Health & Science University, Oregon)

Übung

Motorisches Lernen verläuft zu Beginn schneller als später

Verteilung der Übungseinheiten

über massiertem Lernen als vorteilhaft. Eine Studie zum Erlernen des Schreibmaschineschreibens zeigte, dass mehrere kurze Lernphasen effektiver sind als wenige lange Phasen und auch langfristig zu besseren Leistungen führen (Baddeley & Longman, 1978). Längere Zeiträume zwischen den Übungen scheinen den Lernerfolg zu vergrößern, möglicherweise deshalb, weil sie den Lernern die Möglichkeit zur Erholung bieten. Massiertes Lernen kann hingegen zu psychischer Ermüdung, Motivationsverlust und Verminderung der Aufmerksamkeit führen (Terry, 2003).

Bedeutung von Rückmeldungen

Rückmeldungen. Wiederholungen alleine reichen nicht aus, um motorische Fertigkeiten zu erwerben. Dies gilt in besonderem Maße für anspruchsvollere, komplexere Tätigkeiten (z.B. Steuerung eines Fahrzeugs). Rückmeldungen über den Erfolg der Durchführung (*Feedback*) sind notwendig, damit während der nächsten Versuche Korrekturen vorgenommen werden können. Rückmeldungen funktionieren in ähnlicher Weise wie Verstärkung beim operanten Konditionieren. Zahlreiche Studien zeigten, dass häufige, zeitnahe und detaillierte Rückmeldungen den Lernfortschritt beim Erwerb motorischer Fertigkeiten erhöhen (Adams, 1987).

Nachteile von zu häufigen Rückmeldungen

Zu häufige Rückmeldungen sind jedoch problematisch, da sie den Lerner davon abhalten, seine Leistung selbst zu beurteilen. Die Gewöhnung an Rückmeldungen kann auch die Fähigkeit beeinträchtigen, die neu erworbenen Fertigkeiten auf unterschiedliche Situationen zu übertragen, in denen es keine Rückmeldungen gibt. Eine Studie belegte, dass analog zum idealen Vorgehen beim operanten Konditionieren folgender Plan zu empfehlen ist:

- Zu Beginn eines Lernprozesses sollten häufige und konsistente Rückmeldungen gegeben werden, um das Verhalten schnell aufzubauen.
- Anschließend sollte zu einem intermittierenden Plan übergegangen werden, der die Selbständigkeit bei der Beurteilung der eigenen Leistung und die Transferfähigkeit fördert (vgl. Wulf & Schmidt, 1989).

Unmittelbare und verzögerte Rückmeldungen

Vergleichbare Folgerungen lassen sich aus Studien ziehen, in denen die Wirksamkeit von *unmittelbaren* Rückmeldungen mit *verzögerten* Rückmeldungen verglichen wurde. Es zeigte sich, dass eine Verzögerung der Rückmeldung um einige Sekunden zu besseren Lerneffekten und einer dauerhaft überlegenen Leistung führte (z.B. Swinnen, Schmidt, Nicholson & Shapiro, 1990). Die Ursache für diesen Effekt ist darin zu vermuten, dass die Lernenden während des Intervalls ihre motorische Leistung rekapitulieren und eigenständig bewerten können, bevor sie in ihrer Einschätzung durch externe Rückmeldungen beeinflusst werden.

Der Erwerb kognitiver Fertigkeiten | 7.3.2

Kognitive Fertigkeiten sind immer dann gefordert, wenn in schulischen, beruflichen oder anderen Bereichen kognitive Aufgaben wie ein mathematisches Problem, die Reparatur eines technischen Geräts oder ein Kreuzworträtsel bewältigt werden müssen.

Definition

Unter kognitiven Fertigkeiten versteht man Mechanismen, mit deren Hilfe Menschen kognitive Aufgaben oder Probleme lösen.

Wie motorische Fertigkeiten verbessern sich auch kognitive Fertigkeiten mit häufiger Übung und können schließlich automatisiert und ohne bewusste Kontrolle durchgeführt werden. Zur Lösung solcher Probleme können entweder *Standardprozeduren* oder *heuristische Strategien* verwendet werden.

Standardprozeduren. Standardprozeduren sind Techniken, die durch Instruktion erworben und immer auf die gleiche, standardisierte Weise durchgeführt werden. Die Regeln zur Durchführung der schriftlichen Multiplikation und Division, die man in der Schule lernt, sind ein Beispiel für eine Standardprozedur. Wenn eine Person eine konkrete Aufgabe (z.B. die Multiplikationsaufgabe 569 x 334) bearbeiten will, so muss sie ein bereits erworbenes Lösungsschema aktivieren (in diesem Fall das Schema „schriftliche Multiplikation") und anwenden. Dabei sind drei Schritte erforderlich:

- die Auswahl eines geeigneten Lösungsschemas, die davon abhängt, welche Informationen gegeben sind und welche Informationen gesucht werden,
- die Anpassung der Lösungsprozedur an das konkrete Problem und
- die Ausführung der einzelnen Operationen der Lösungsprozedur.

Gemeinsamkeiten mit motorischen Fertigkeiten

Standardprozeduren

Es wird angenommen, dass Menschen solche Schemata durch Übung und Wiederholung erwerben, bis schließlich eine vollkommene Automatisierung des Verhaltens erreicht wird. Ackerman (1989) beispielsweise beschreibt den Verlauf der Aneignung kognitiver Fertigkeiten in drei Stadien (vgl. Tab. 12).

▶ **Tabelle 12: Aneignung kognitiver Fertigkeiten nach Ackerman (1989)**

Phase	Prozesse
Kognitives Stadium	• Erwerb von Regeln und Ziele der Aufgabe und angemessenen Lösungsstrategien • Vorherrschen deklarativer Prozesse, die bewusst gesteuert werden • Resultat des Lernprozesses besteht in einer kognitiven Repräsentation der Aufgabe und des Lösungsweges
Assoziatives Stadium/ Stadium der Wissenskompilation	• Proceduralisierung der gelernten Strategien durch häufige Wiederholungen • Verbindung von Teilfertigkeiten zu einem übergreifenden Lösungsschema, mit dem gleichartige Aufgaben zukünftig bearbeitet werden können
Autonomes Stadium	• Entwicklung von Routinen, die schneller und fehlerfreier ablaufen als bewusst gesteuerte Prozesse • Automatisierung von Prozessen • Fehlen bewusster Kontrolle

Trotz der Automatisierung handelt es sich bei Standardprozeduren nicht um vollkommen starre Handlungsschemata, sondern um Lösungsstrategien, die an die Erfordernisse der konkreten Aufgabe in einem gewissen Rahmen flexibel angepasst werden können. Gänzlich neuartige Aufgaben können mit der Hilfe von Standardprozeduren jedoch nicht gelöst werden.

Heuristische Strategien. Viele Probleme im Alltag sind so komplex, dass sie mit einfachen Standardprozeduren nicht gelöst werden können (z.B. Planung einer Urlaubsreise mit der ganzen Familie). Vielfach ist eine bestimmte Aneinanderreihung unterschiedlicher Standardverfahren erforderlich, um eine solche Aufgabe zu bewältigen. Dazu benötigt man ein übergeordnetes Schema, das auswählen hilft, welche Standardprozedur bei welchem Schritt eingesetzt werden sollte. Aufgrund der Vielfalt möglicher Alltagsprobleme ist es jedoch nicht möglich, für jedes denkbare Problem eine solches Meta-Schema zu erwerben. Stattdessen werden in solchen Situationen so genannte *heuristische Strategien* eingesetzt (Duncker, 1935/1974; Pólya, 1969). Dies sind sehr flexible Such- und Finderverfahren, mit deren Hilfe entschieden wird kann, welche Regel oder Lösungsstrategie in einer bestimmten Situation verwendet werden soll (Dörner, 1979). Es handelt sich dabei nicht um strenge Regeln, sondern um eher intuitive Methoden und Faustregeln zum Vorgehen bei der Problemlösung (z.B. Formulieren von Vermutungen, Herstellen von Zusammenhängen oder Entdecken von Parallelen zu bekannten Problemstellungen).

Von deklarativem zu prozeduralem Lernen

| 7.3.3

Deklaratives und prozedurales Wissen. Lernprozesse tragen zur Erweiterung des Wissens oder des Könnens bei. In der Lernpsychologie werden daher deklaratives (explizites) und prozedurales (implizites) Wissen unterschieden (Anderson, 1983). Bei deklarativem Wissen handelt es sich um Wissen über die Welt, das dem Bewusstsein zugänglich ist. Dazu gehören Fakten wie die Namen der Bundesländer Deutschlands und Wissen über Ereignisse aus dem eigenen Leben. Bei prozeduralem Wissen handelt es sich um Handlungswissen, das dem Bewusstsein nicht unbedingt zugänglich ist. Gut geübte Fertigkeiten und Routinen wie das Binden einer Schleife gehören zum prozeduralen Wissen. Handlungswissen ist in Form von Regeln (Wenn-Dann-Beziehungen oder *Produktionen*) im Gedächtnis repräsentiert.

Beiden Wissenstypen liegen unterschiedliche Lernmechanismen zugrunde. Deklaratives Wissen wird durch Prozesse der verbalen Enkodierung erworben (Begriffsbildung; vgl. Kap. 5.4). Prozedurales Wissen wird auf der Basis von viel Übung und korrigierenden Rückmeldungen aufgebaut. Im Alltag lassen sich beide Lernformen jedoch nicht immer scharf trennen, da sich bei fast allen komplexeren Lernvorgängen Prozesse des deklarativen und des prozeduralen Lernens vermischen.

Deklaratives und prozedurales Wissen im Vergleich

Vermischung der Lernformen im Alltag

Beispiel

Ein junger Mann bringt sich mit Hilfe von Kochbüchern selbst das Kochen bei. Er beginnt mit einem einfachen Kochbuch für Einsteiger und hält sich anfangs ganz genau an die Vorgaben in den Rezepten. Mit zunehmender Erfahrung wagt sich der Mann an immer kompliziertere und exotischere Gerichte heran. Nach einiger Zeit kombiniert der Hobbykoch eigenständig Rezeptvorschläge aus verschiedenen Büchern und probiert sogar eigene Kreationen aus. Schließlich benötigt er keine Kochbücher mehr, um bekannte Speisen zuzubereiten. Er benutzt sie jedoch weiterhin, um Anregungen für neuartige und fremdländische Gerichte zu erhalten.

ACT-Modell

Das ACT-Modell. Das ACT-Modell („Adaptive Control of Thought") von Anderson (1982,1983) stellt eine umfassende Kognitionstheorie dar, die verschiedene kognitionspsychologische Aspekte in einem einheitlichen Rahmen integrieren soll. Das Modell beinhaltet auch eine Theorie über den Erwerb kognitiver und motorischer Fertigkeiten. Die Aneignung von Fertigkeiten wird diesem Modell zufolge als Übergang vom deklarativen zum prozeduralen Lernen beschrieben. Zu Beginn wird explizites Wissen über die Aufgabe und über die Regeln und Vorgehensweisen zu ihrer Lösung erworben. Dabei handelt es sich um deklarative Lernprozesse. Durch praktische Erprobung und Übung wird die Leistung bei der Aufgabenbewältigung gesteigert, und die Tätigkeit muss in immer geringerem Maße kognitiv kontrolliert werden. In dieser Phase findet prozedurales Lernen statt. Nach sehr viel Übung kann die Tätigkeit gleichsam automatisiert ausgeübt werden. Prozedurales Lernen erfolgt demnach in drei aufeinander aufbauenden Stufen (vgl. Abb. 32). Anderson und Kollegen entwickelten das ACT-Modell in den letzten Jahren ständig weiter (z.B. Anderson & Lebiere, 1998). Da das ursprüngliche ACT-Modell jedoch die bekannteste Modellvorstellung zum Erwerb von Fertigkeiten beinhaltet, soll an dieser Stelle die erste Version vorgestellt werden. Diese wird häufig auch als ACT* (sprich: *ACT star*) bezeichnet.

Prozeduralisierung bedeutet Abnahme der Kontrolle durch bewusste Prozesse

Der Ausdruck „Adaptive Control of Thought" bezieht sich auf die Kontrolle von Handlungen durch bewusste gedankliche Prozesse, die parallel zu der zunehmenden Prozeduralisierung und Automatisierung der Handlungen immer mehr in den Hintergrund treten. Es wird deutlich, dass das ACT-Modell starke Ähnlichkeit mit den Stadien des Erwerbs kognitiver Fertigkeiten nach Ackerman (1989) besitzt (vgl. Kap. 7.2.2).

In einem ersten Schritt wird Faktenwissen (deklaratives Wissen) aufgebaut. Der Wissenserwerb und die Problemlöseaktivitäten in dieser Phase erfordern Aufmerksamkeit und bewusste kognitive Verarbeitung. Das Arbeitsgedächtnis wird dabei stark in Anspruch genommen. Durch wiederholtes Üben wird das deklarative Wissen

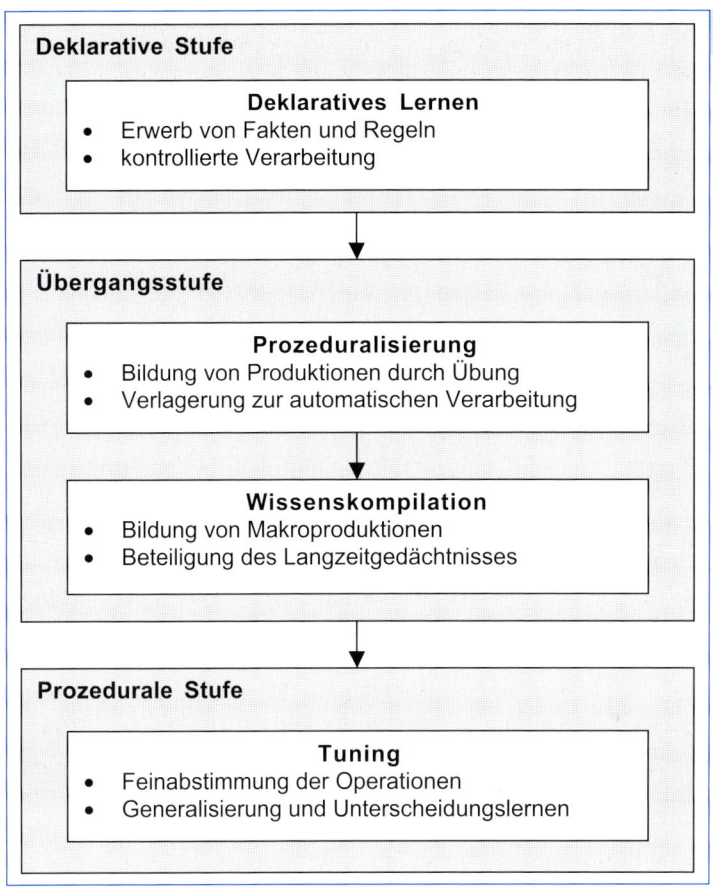

Deklarative Stufe

> **Deklaratives Lernen**
> - Erwerb von Fakten und Regeln
> - kontrollierte Verarbeitung

Übergangsstufe

> **Prozeduralisierung**
> - Bildung von Produktionen durch Übung
> - Verlagerung zur automatischen Verarbeitung

> **Wissenskompilation**
> - Bildung von Makroproduktionen
> - Beteiligung des Langzeitgedächtnisses

Prozedurale Stufe

> **Tuning**
> - Feinabstimmung der Operationen
> - Generalisierung und Unterscheidungslernen

Abb. 32

Übergang vom deklarativen zum prozeduralen Lernen nach dem ACT-Modell von Anderson (1982, 1983)

allmählich in Handlungen (*Produktionen*) umgesetzt. Die Aufmerksamkeit fordernde, kontrollierte Verarbeitung auf Basis des deklarativen Wissens verlagert sich allmählich hin zu automatischen Prozessen auf der Basis des prozeduralen Wissens. Regeln oder Handlungen, die häufiger gemeinsam angewendet oder durchgeführt werden, werden kombiniert (Bildung von *Makroproduktionen*). Das Handeln wird dadurch effizienter. Allmählich wird das Langzeitgedächtnis beteiligt und dadurch das Arbeitsgedächtnis entlastet. In einem letzten Schritt erfolgt die Feinanpassung (*Tuning*) der Fertigkeiten. Durch Generalisierung werden die erworbenen Fertigkeiten auf andere Bereiche übertragen; durch Unterscheidungslernen wird vermieden, dass eine Übertragung auf unangemessene Bereiche erfolgt. Dieses Ablaufschema soll am Beispiel des Autofahrens veranschaulicht werden.

Beispiel

Ein Fahrschüler erwirbt zunächst theoretisches Wissen über die Funktionen des Autos und über die Verkehrsregeln. Bei den ersten Fahrversuchen werden die notwendigen Handlungen bewusst gesteuert, unter anderem durch Selbstinstruktionen wie „Jetzt in den ersten Gang schalten!" oder „Vor dem Abbiegen Blinker betätigen!". Zunächst ist die gesamte Aufmerksamkeit des Fahrschülers von der Aufgabe des Fahrens in Anspruch genommen. Durch viel Übung – noch lange nach der bestandenen Fahrprüfung – wird das deklarative Wissen allmählich zum Können, die bewusste Steuerung des Handelns tritt zurück.

Bald wird das Auto aus der Parklücke bugsiert, ohne dass etwa darüber nachgedacht werden muss, wie der Rückwärtsgang eingelegt wird. Handlungen, die häufig gemeinsam durchgeführt werden wie etwa „Einlegen des Rückwärtsgangs" und „Steuern mit Hilfe des Rückspiegels" werden zu Makroproduktionen kombiniert. Die kontrollierte Verarbeitung nimmt immer mehr ab und der Fahrer wird allmählich fähig, seine Aufmerksamkeit neben der Fahraufgabe anderen Dingen zuzuwenden (z.B. Gespräch mit dem Beifahrer). Durch Erfahrung und Übung gelingt es dem Autofahrer, seine Fertigkeiten auf unterschiedliche Anforderungen auszuweiten (Generalisierung, z.B. durch Fahren mit unterschiedlichen Fahrzeugmodellen). Der Fahrer lernt darüber hinaus, unterschiedliche Situationen zu differenzieren und sein Fahrverhalten entsprechend anzupassen (Diskrimination; z.B. durch Fahren im Stadtverkehr, auf Landstraßen und auf der Autobahn oder durch Fahren bei unterschiedlichen Witterungsbedingungen).

Explizites oder implizites Lernen?

Explizites oder implizites Lernen? Nach dem ACT-Modell sollte dem Erwerb prozeduraler Fertigkeiten grundsätzlich eine Phase des deklarativen (expliziten) Lernens vorangehen. Studien haben jedoch gezeigt, dass dies nicht unbedingt der Fall sein muss. Handlungsregeln zum Beispiel können auch vollständig ohne bewusste Beteiligung gelernt werden (z.B. Hayes & Broadbent, 1988).

Belege aus der Forschung mit Patienten mit Gedächtnisstörungen

Wichtige Nachweise für die Existenz rein impliziter Lernprozesse und ihre weitgehende Unabhängigkeit vom expliziten Lernen stammen aus der Forschung über Personen mit erworbenen Störungen des expliziten Gedächtnisses. Diese Patienten sind nicht zur expliziten Verarbeitung von Informationen in der Lage, können jedoch Fertigkeiten erlernen (Schacter, 1999). Diese Befunde weisen darauf hin, dass beim expliziten und impliziten Lernen unterschiedliche

Hirnregionen beteiligt sind, die teilweise unabhängig voneinander funktionieren: Störungen und Veränderungen im Bereich des Zwischenhirns (Diencephalon), zum Beispiel durch Tumore, Infarkte oder dauerhaften Alkoholmissbrauch, beeinträchtigen das explizite, nicht aber das implizite Lernen.

Beispiel

Patienten mit anterograder Amnesie verfügen noch über allgemeines Wissen und über persönliche Erinnerungen an Ereignisse, die zeitlich vor dem Gedächtnisverlust liegen (z.B. Namen der eigenen Kinder, Verlauf der eigenen Hochzeitsfeier). Sie sind aber nicht in der Lage, neue Informationen über längere Zeit zu speichern. So können sie sich beispielsweise den Namen des Arztes nicht merken, der sie jeden Tag auf der Station besucht, und erinnern sich nicht an den Inhalt eines Gesprächs, das sie gerade geführt haben. Trotz der Unfähigkeit, sich neue verbale Inhalte anzueignen, sind diese Patienten zum impliziten Lernen in der Lage. Eine Patientin beispielsweise lernte durch intensives Training, ein Computerprogramm zu bedienen und relativ komplexe Arbeitsschritte durchzuführen. Sie konnte sich jedoch nicht an die Trainingseinheiten erinnern und behauptete bei jeder Übungsstunde, niemals zuvor einen Computer gesehen zu haben (Schacter, 1999).

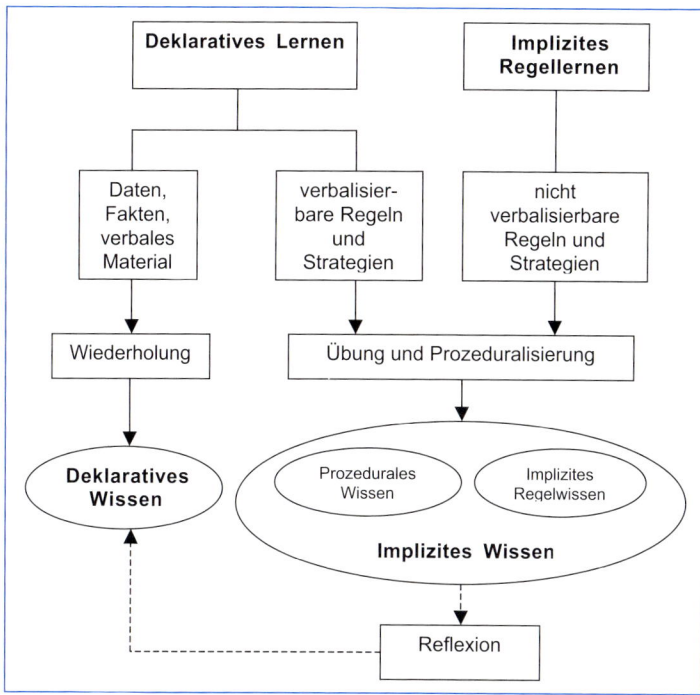

Abb. 33

Lernprozesse und Lernergebnisse im Überblick. Durch das Lernen von Daten, Fakten und verbalen Material entsteht deklaratives Wissen. Beim Lernen von Regeln und Strategien bildet sich durch Übung prozedurales Wissen bzw. implizites Regelwissen. Dieses kann durch Reflexionsprozesse teilweise in deklaratives Wissen überführt werden.

Können ohne verbales Wissen

Wie die Forschung zum impliziten Regelwissen zeigt, muss dem Erwerb von Können (verstanden als effizienter Umgang mit den implizit gelernten Regeln) kein verbalisierbares Wissen vorausgehen. Es kann sogar vorkommen, dass das verbalisierbare Wissen erst durch Reflexion über das Handlungswissen entsteht (Stanley et al., 1989). In diesem Bereich überschneiden sich die Prozesse des impliziten und expliziten Lernens. Abbildung 33 veranschaulicht noch einmal schematisch, wie die verschiedenen Lernformen zueinander in Beziehung stehen und in welchen Lernergebnissen sie resultieren.

Zusammenfassung

Prozedurales Lernen bezieht sich auf den Erwerb motorischer und kognitiver Fertigkeiten durch Übung. Motorische Fertigkeiten beinhalten perzeptive, motorische und kognitive Komponenten und werden durch motorisches Lernen erworben, das Merkmale des deklarativen und des prozeduralen Lernens vereinigt. Auch Personen mit Gedächtnisstörungen und Demenzen können motorische Fertigkeiten erlernen. Die Fähigkeit zum motorischen Lernen und die erzielten Lernfortschritte können mit standardisierten Aufgaben wie dem Pursuit Rotor oder Spiegelschrift-Übungen erfasst werden. Motorische Fertigkeiten entwickeln sich durch Wiederholung und Übung. Nach einem schnellem Lernzuwachs zu Beginn werden jedoch zunehmend mehr Wiederholungen nötig, um noch einen weiteren Lernfortschritt zu erzielen. Zeitlich verteilte Übungseinheiten sind vorteilhafter als massierte Einheiten. Der Erwerb komplexerer motorischer Fertigkeiten erfordert neben der Übung Rückmeldungen über den Erfolg, damit Korrekturen vorgenommen werden können. Rückmeldungen sollten jedoch nicht zu häufig gegeben werden, damit eine eigenständige Bewertung erfolgen kann.
Kognitive Fertigkeiten stellen Mechanismen dar, mit deren Hilfe Menschen kognitive Aufgaben oder Probleme lösen. Zu den kognitiven Fertigkeiten gehören Standardprozeduren und heuristische Strategien. Standardprozeduren werden durch Instruktion und immer auf die gleiche Weise durchgeführt. Sie eignen sich für häufig wiederkehrende Aufgaben. Nach Ackerman werden Standardprozeduren in einem dreistufigen Prozess erworben. Zunächst werden Lösungsstrategien deklarativ gelernt (kognitives Stadium) und dann durch Wiederholung prozeduralisiert (assoziatives Stadium). Im au-

tonomen Stadium laufen die Prozesse schließlich automatisch ab. Heurismen sind dagegen flexible Such- und Findestrategien, die in neuen oder komplexen Problemsituationen eingesetzt werden, um die angemessenen Lösungsprozeduren auszuwählen und zu kombinieren.

Im Alltag lassen sich prozedurales und deklaratives Lernen nicht immer scharf trennen, da sich diese Prozesse bei fast allen komplexeren Lernvorgängen vermischen. Manche Autoren nehmen an, dass prozedurales Lernen normalerweise auf deklaratives Lernen folgt. Das ACT-Modell von Anderson (1983) beschreibt diese Entwicklung vom deklarativen zum prozeduralen Lernen. In der deklarativen Phase wird Faktenwissen aufgebaut. Durch wiederholtes Üben erfolgt die Proceduralisierung des Gelernten. Regeln oder Handlungen, die häufiger gemeinsam angewendet oder durchgeführt werden, werden in der Phase der Wissenkompilation kombiniert. In einem letzten Schritt erfolgt die Feinanpassung der Fertigkeiten (Tuning). Das Modell kann auf den Erwerb kognitiver und motorischer Fertigkeiten angewendet werden kann.

Studien zum Erwerb von implizitem Regelwissen und zum Erwerb motorischer Fertigkeiten bei Patienten mit anterograder Amnesie haben jedoch gezeigt, dass Handlungsregeln und Fertigkeiten auch vollständig ohne die Beteiligung deklarativer Prozesse gelernt werden können. In manchen Fällen entsteht verbalisierbares Wissen erst aus der Reflexion über das Handlungswissen.

Literatur

Ackerman, P.L. (1989). Individual differences and skill acquisition. In P.L. Ackerman, R.J. Sternberg & R. Glaser (Eds.), Learning and individual differences: Advances in theory and research (pp. 165-217). New York: Freeman.

Adams, J.A. (1987). Historical review and appraisal of research on the learning, retention, and transfer of human motor skills. Psychological Bulletin, 101, 41-74.

Anderson, J. R. (1982). Acquisition of cognitive skill. Psychological Review, 89, 369-403.

Anderson, J.R. (1983). The architecture of cognition. Cambridge: Harvard University Press.

Anderson, J. R. & Lebiere, C. (1998). The atomic components of thought. Mahwah, N.J.: Erlbaum.

Baddeley, A.D. & Longman, D.J.A. (1978). The influence of length and frequency of training session on the rate of learning to type. Ergonomics, 21, 630.

Dörner, D. (1979). Problemlösen als Informationsverarbeitung (2. Aufl.). Stuttgart: Kohlhammer.

Literatur

Duncker, K. (1974). Zur Psychologie des produktiven Denkens. Berlin: Springer (Original 1935).

Ericsson, K.A., Krampe, R.T. & Tesch-Romer, C. (1993). The role of deliberate practice in the acquisition of expert performance. Psychological Review, 100, 363-406.

Hayes, N.A. & Broadbent, D.A. (1988). Two modes of learning for interactive tasks. Cognition, 28, 249-276.

Konczak, J. (2006). Motorisches Lernen. In H.-O. Karnath & P. Thier (Hrsg.), Neuropsychologie (2., akt. u. erw. Aufl., S. 624-631). Berlin. Springer.

Pólya, G. (1969). Mathematik und plausibles Schließen. Band 1: Induktion und Analogie in der Mathematik (2. Aufl.). Basel: Birkhäuser.

Schacter, D.L. (1999). Wir sind Erinnerung. Gedächtnis und Persönlichkeit. Reinbek: Rowohlt.

Stanley, W.B., Mathews, R.C., Buss, R.R. & Kotler-Cope, S. (1989). Insight without awareness. On the interaction of verbalization, instruction and practice in a simulated process control task. The Quarterly Journal of Experimental Psychology, 41A, 553-577.

Swinnen, S.P., Schmidt, R.A., Nicholson, D.E. & Shapiro, D.C. (1990). Information feedback for skill acquisition: Instantaneous knowledge of results degrades learning. Journal of Experimental Psychology: Learning, Memory, and Cognition, 16, 706-716.

Terry, W.S. (2003). Learning and memory. Basic principles, processes, and procedures (2nd ed.). Boston: Allyn & Bacon.

Wulf, G. & Schmidt, R.A. (1989). The learning of generalized motor programs: Reducing the relative frequency of knowledge of results enhances memory. Journal of Experimental Psychology: Learning, Memory, and Cognition, 15, 748-757.

Testfragen

115. *Aus welchen Komponenten setzen sich motorische Fertigkeiten zusammen?*

116. *Welche Funktion hat ein Pursuit Rotor?*

117. *Warum wirken sich zu häufige Rückmeldungen über die Leistung ungünstig aus?*

118. *Welche Schritte erfordert das Vorgehen zur Problemlösung mithilfe einer Standardprozedur?*

119. *Was bedeutet der Ausdruck „Adaptive Control of Thought" aus dem ACT-Modell?*

Anwendungsbeispiele 8.

In diesem Kapitel sollen einige Beispiele dafür vorgestellt werden, wie lerntheoretische Grundlagen in der Praxis umgesetzt werden. Um einen Eindruck von der Breite der Anwendungsmöglichkeiten zu vermitteln, sollen unterschiedliche Lebensphasen und Lebensbereiche einbezogen werden. In den verschiedenen Phasen des Lebens findet Lernen auf unterschiedliche Weise statt, was am Beispiel von Lernprozessen im Säuglings- und Erwachsenenalter gezeigt werden soll. Da lerntheoretische Befunde die Grundlage für zahlreiche pädagogische und klinische Anwendungsbereiche bilden, sollen exemplarisch das Lernen im Kindergarten, schulisches Lernen und Lernen in der Kinderpsychotherapie betrachtet werden.

Lernen in unterschiedlichen Lebensphasen 8.1

Menschen machen in jeder Phase ihres Lebens wichtige Lernerfahrungen, die sich jedoch je nach Altersstufe in ihrer Art und in ihren Inhalten deutlich unterscheiden. Im Folgenden sollen die Besonderheiten des Lernens im Säuglingsalter sowie wichtige Aspekte des Lernens im Erwachsenenalter, das häufig als lebenslanges Lernen bezeichnet wird, vorgestellt werden.

Früheste Lernerfahrungen 8.1.1

Lernfähigkeit von Säuglingen. Bis etwa 1960 wurde angenommen, dass Säuglinge kaum über Wahrnehmungs- und Lernfähigkeiten verfügen (Trotter, 1987). Tatsächlich nimmt bereits das ungeborene Kind akustische und sprachliche Reize wahr, an die es sich später erinnern kann (z.B. Hennon, Hirsh-Pasek & Michnick-Golinkoff, 2000). Der Säugling ist bei der Geburt mit grundlegenden Fähigkeiten ausgestattet, die vom Beginn des Lebens an verschiedene Formen des Lernens erlauben, so dass man vom „kompetenten Säugling" spricht (Dornes, 2001).

    Um Lernvorgänge im ersten Lebensjahr zu untersuchen, werden verschiedene verhaltensbezogene Verfahren eingesetzt (vgl.

Der kompetente Säugling

Die Untersuchung früher Lernprozesse erfordert verhaltensbezogene Verfahren

Tab. 13). Lernen äußert sich in dieser Altersstufe unter anderem durch
- die Unterscheidung zwischen bekannten und neuartigen Reizen (messbar durch Habituierungs- und Präferenzmethoden),
- die Durchführung von Reaktionen, die einen Effekt zeigen (messbar durch Konditionierungsverfahren) und durch
- Nachahmungsverhalten (messbar durch Verhaltensbeobachtung).

▶ **Tabelle 13: Einige Methoden zur Erfassung von Lern- und Gedächtnisleistungen im frühen Kindesalter (nach Rauh, 2002)**

Lernform	Methode
Unterscheidung zwischen Reizen	**Habituierungs-/Präferenzmethoden** • Fixationsdauer • Objektexamination • Kopfwenden (Head Turn) • Blickfolgereaktion • Greifverhalten • Messung der Saugrate (High Amplitude Sucking, HAS)
Lernen von Zusammenhängen	**Konditionierungsverfahren** • gezieltes Strampeln • gezieltes Greifen
Nachahmung von Verhalten	**Verhaltensbeobachtung/Videoaufzeichnung** • sofort • mit Verzögerung

Habituierungs- und Präferenzverfahren

Mithilfe von *Habituierungs-* und *Präferenzverfahren* kann untersucht werden, ob ein Baby einen Reiz wiedererkennt oder als neu betrachtet. Als Maße für die Bekanntheit bzw. Neuheit eines Reizes dienen unter anderem die Fixationsdauer und die Dauer der Objektexamination (die Dauer, mit der ein Kind einen Gegenstand betrachtet oder untersucht). Auch das Verfolgen des Objekts mit dem Blick, die Drehung des Kopfs (*Head Turn*) oder Greifbewegungen in Richtung des Reizes oder die Rate des Saugens an einem Schnuller (*High Amplitude Sucking, HAS*) können als Maße verwendet werden. Im Allgemeinen zeigen Säuglinge eine Präferenz für neue Reize. Einem neuartigen Gegenstand wenden sie den Kopf zu, sie saugen schneller oder beschäftigen sich durch Betrachten und Befühlen mit dem Objekt.

Diese Verhaltensweisen erfolgen so lange, bis Habituierung (Gewöhnung) eintritt und die Babys sich von dem Objekt abwenden. Zeigt man ihnen nach einer Weile den bereits bekannten und einen neuen Gegenstand, so äußern sie durch ihre Reaktionen mehr Interesse an dem neuen Gegenstand. Diese Unterschiede im Verhalten lassen darauf schließen, dass der alte und der neue Reiz unterschieden werden können.

Merksatz

Säuglinge weisen eine Präferenz für neuartige Reize auf, die sie in ihrem Verhalten eindeutig ausdrücken.

Durch *Konditionierungsverfahren* kann überprüft werden, wie Säuglinge Zusammenhänge erfassen und Erwartungen aufbauen. Eine bekannte Methode ist das *gezielte Strampeln* (Rovee-Collier & Gulya, 2000). Dabei wird ein Mobile durch eine Schnur mit einem Bein des Säuglings verbunden, so dass dieser das Spielzeug durch gezieltes Beinstrampeln in Bewegung setzen kann. Wenige Monate alte Säuglinge erlernen diesen Zusammenhang schnell und steigern ihre Strampelrate nach kurzer Zeit um das Zwei- bis Dreifache. Bei etwas älteren Säuglingen (ab sechs Monaten) führt die Möglichkeit, eine Spielzeugeisenbahn durch Knopfdruck in Gang zu setzen, zu vergleichbaren Resultaten (Hartshorn & Rovee-Collier, 1997). Diese Befunde belegen, dass Säuglinge in der Lage sind, Kontingenzen zu erkennen und entsprechende Erwartungen aufzubauen, allerdings ist die Speicherdauer für die gelernten Zusammenhänge in diesem Alter noch recht gering (s.u.).

Konditionierungs-verfahren

Auch Nachahmungsverhalten, das mithilfe videogestützter *Verhaltensbeobachtung* nachgewiesen werden kann, gehört zu den ersten Lernleistungen im Säuglingsalter (Meltzoff & Moore, 1989, 1999). Den Autoren zufolge können bereits Neugeborene mimische Ausdrücke Erwachsener (z.B. O-förmiger Mund, Herausstrecken der Zunge) nachahmen; sechs Wochen alte Säuglinge zeigen dieses Verhalten auch mit einer zeitlichen Verzögerung von einem Tag. Die Fähigkeit neugeborener Kinder zur Nachahmung wurde von anderen Forschern in Frage gestellt (Neuberger, Merz & Selg, 1983), aber die Imitationsleistungen älterer Säuglinge wurden vielfach bestätigt (Knopf, 2003). Aus Studien zu verzögerten Nachahmungsleistungen kann man schließen, wie lange Säuglinge gelernte Informationen speichern können. Mit zwölf Monaten ahmen Kinder das Verhalten eines Modells noch nach 24 Stunden nach, mit 18 Monaten sogar noch nach sechs Wochen (Barr & Hayne, 2000).

Verhaltensbeobachtung

Lebensalter

Einflüsse auf frühkindliches Lernen. Mit zunehmendem Alter verbessern sich die Lernleistungen von Säuglingen, wobei ein besonders rascher Zuwachs im Alter zwischen sechs und neun Monaten erfolgt (Rovee-Collier & Gulya, 2000). Mit sechs Monaten können Säuglinge Gelerntes maximal zwei Wochen speichern, mit neun Monaten schon über sechs Wochen und mit 18 Monaten über zwölf Wochen. Jüngere Kinder benötigen mehr Zeit zum Lernen eines Zusammenhangs (z.B. zwischen Strampeln und Bewegungen des Mobiles), und sie profitieren nur dann von einer Erinnerungshilfe, wenn die Reize genau mit den Reizen aus der Lernsituation übereinstimmen. Ältere Säuglinge lernen schneller und können auch abweichende Reize (z.B. ein anderes Mobile) als Erinnerungshilfe nutzen.

Gesundheitliche
Faktoren

Säuglinge mit körperlichen oder kognitiven Beeinträchtigungen, beispielsweise frühgeborene Kinder, Kinder mit Down-Syndrom, Kinder drogenabhängiger Mütter oder Kinder mit neurologischen Erkrankungen, benötigen eine längere Habituierungszeit, und ihr Interesse an neuen Reizen ist schwächer ausgeprägt als bei normalen Kindern (Rauh, 2002). Diese Befunde weisen darauf hin, dass das frühe Lernvermögen dieser Kinder eingeschränkt ist.

Umweltfaktoren

Neben Faktoren aufseiten des Säuglings werden frühe Lernerfahrungen entscheidend durch Umweltfaktoren beeinflusst. Die Lernumgebung sollte so gestaltet sein, dass der Säugling regelmäßig Kontakt mit neuen und anregenden, aber nicht bedrohlichen oder überfordernden Reizen und Objekten haben kann (Schäfer, 1999). Schließlich wirkt sich die Qualität der Bindung an die Bezugspersonen auf das Lernen im Säuglingsalter aus. Diese Bindung entsteht während der ersten Lebensmonate durch die Erfahrung von Sicherheit und Verlässlichkeit im Kontakt mit den Bezugspersonen. Sicher gebundene Säuglinge können ihrer Umwelt mehr Interesse und Aufmerksamkeit entgegenbringen als unsicher gebundene Säuglinge. Die Entwicklung von Säuglingen wird jedoch nicht nur durch die Bindung an die Eltern beeinflusst, sondern durch das gesamte soziale Netzwerk der Familie (Trotter, 1987).

Was wird im Säuglingsalter gelernt? Wie oben dargestellt, verfügen Säuglinge von Beginn an über grundlegende Lernfähigkeiten. Auf dieser Basis wird von Geburt an ein breites Spektrum an Kompetenzen erworben, die für das menschliche Leben

Merksatz

Bei Säuglingen werden Lernprozesse wesentlich durch das Alter, den gesundheitlichen Zustand, das Reizangebot der Umwelt und die Bindung an die Bezugspersonen beeinflusst.

unabdingbar sind. Dazu gehören nach Petermann, Stein und Macha (2006):

- motorische Fertigkeiten (Beherrschung der Körperbewegungen, z.B. Kopfheben, Sitzen, gezieltes Greifen, später Stehen und Laufen),
- kognitive Fertigkeiten (z.B. Bildung von Kategorien und Konzepten),
- sprachliche Fertigkeiten (Verständnis sprachlicher Kommunikation, erste eigene sprachliche Äußerungen),
- emotionale Kompetenzen (Ausdruck und Regulation der eigenen Gefühle) und
- soziale Kompetenzen (Fähigkeit, mit den Bezugspersonen Kontakt aufzunehmen, zu interagieren und zu kooperieren; Aufbau der Bindung an die Bezugspersonen).

Diese elementaren Fertigkeiten bilden die Voraussetzung für alle zukünftigen Lernprozesse. Das kleine Kind erwirbt diese Fertigkeiten in der täglichen Interaktion mit seinen Bezugspersonen und der materiellen Umwelt. Als Beispiel für eine zentrale Lernaufgabe in der frühen Kindheit soll der Erwerb der Muttersprache genauer dargestellt werden.

Lern- und Entwicklungsbereiche im Säuglingsalter

Beispiel

Im Verlauf der Sprachentwicklung müssen kleine Kinder lernen, die rhythmische Gliederung ihrer Muttersprache zu erkennen und für die Ableitung grammatischer Regeln zu nutzen. Sie müssen einen Wortschatz aus Tausenden von Wörtern erwerben und sich die komplexen und oftmals widersprüchlichen Regeln zur Bildung von Wörtern und Sätzen aneignen. Des Weiteren müssen sie Wissen darüber erwerben, in welcher sozialen Situation welche kommunikativen Muster angemessen sind. Diese schwierige und vielschichtige Aufgabe des Spracherwerbs meistern Kinder in wenigen Jahren (Grimm, 2003).

Mit dem Spracherwerb beginnen Säuglinge von Geburt an, indem sie ihre grundlegenden Wahrnehmungs- und Lernkompetenzen („Vorausläuferfertigkeiten") nutzen. Dazu gehören ein angeborenes Interesse für das Gesicht und die Stimme der Bezugspersonen, die Bevorzugung der Muttersprache, die Fähigkeit zur Unterscheidung und zur Nachahmung sprachlicher Laute und die Fähigkeit, Objekte zu kategorisieren. Auf dieser Grundlage gelingt es Säuglingen bereits im Alter von acht bis zehn Monaten, die ersten Wörter zu verstehen. Nach einer Phase des Lallens werden gegen Ende des ersten Lebensjahrs die ersten Worte gesprochen. Mit 18 bis 20 Monaten sprudeln die Wörter nur so hervor („Wortexplosion"), und im Alter von zwei Jahren werden die Wörter schon zu kurzen Mehrwortäußerungen wie „Mama Schoß" kombiniert. In den folgenden zwei bis drei Jahren werden die Feinheiten der Grammatik erworben. Die Bezugspersonen des Kindes unterstützen diesen aktiven Lernprozess durch eine dem jeweiligen Entwicklungsstadium angepasste Sprache.

Pädagogik des Säuglingsalters

Folgerungen für eine Pädagogik des Säuglingsalters. Aus den Befunden der Säuglingsforschung lässt sich folgern, dass kleine Kinder keine passiven und teilnahmslosen Geschöpfe sind, die lediglich ernährt und gepflegt werden müssen. Vom ersten Lebenstag an nehmen sie ihre Umwelt differenziert wahr und benötigen neue Reize und Lernanregungen, um sich optimal zu entwickeln. Schäfer (1999) fordert daher eine spezielle Pädagogik des Säuglingsalters, die die kognitiven Bedürfnisse der ersten Lebensphase berücksichtigt. In seiner Übersicht zur Pädagogik der frühen Kindheit gibt der Autor eine Reihe von Empfehlungen zur Förderung zentraler Lern- und Entwicklungsbereiche (vgl. Tab. 14). Wesentlich ist dabei eine pädagogische Grundhaltung, die das Kind als eigenständige, aktiv nach Erfahrungen und Bedeutungen suchende Persönlichkeit anerkennt und in seinen Aktivitäten durch Herausforderungen und Anleitung unterstützt.

▶ Tabelle 14: Lernbereiche und Fördermöglichkeiten in der frühen Kindheit (Schäfer, 1999)

Lernbereich	Fördermöglichkeiten
Symbolische Kommunikation (Sprache)	• Im Kontakt mit dem Kind Bedeutungszusammenhänge schaffen
Selbst	• Balance zwischen Bindungs- und Trennungs-(Ablösungs-)erfahrungen schaffen • Vielfältige Beziehungsmöglichkeiten anbieten
Sinneswahrnehmung	• Kindern vielfältige, unterschiedliche Reize anbieten • Erfahrungen mit komplexen Situationen ermöglichen
Emotionale Wahrnehmung	• Kindern dabei helfen, Emotionen zu erleben und zu regulieren • Emotionen nicht verbieten oder „wegtrösten"
Fantasie	• Kindern erlauben, Erlebtes mit Hilfe der Fantasie einzuordnen und zu strukturieren • Fantasie und Wirklichkeit verbinden

Lebenslanges Lernen | 8.1.2

Der Begriff des lebenslangen Lernens begegnet uns häufig im Zusammenhang mit der Frage, wie berufliche Qualifikationen im Erwachsenenalter erworben bzw. verbessert werden können. In diesem Abschnitt soll erörtert werden, wie das Konzept aus psychologischer Sicht verstanden werden kann, welche Faktoren auf lebenslanges Lernen einwirken und wie es gefördert werden kann.

Lebenslanges Lernen aus lernpsychologischer Sicht. Aus lernpsychologischer Sicht erscheint der Begriff des lebenslangen Lernens erklärungsbedürftig: Da Menschen von der Geburt bis zum Lebensende ständig neue Erfahrungen machen, finden in jedem Alter und zu jeder Zeit Lernprozesse statt. Selbst in sehr hohem Lebensalter können sich Menschen erfolgreich Wissen und neue Fertigkeiten aneignen. Bestimmte alterstypische Einschränkungen, etwa bei der Geschwindigkeit der Informationsverarbeitung, können ältere Menschen durch ihren Erfahrungsreichtum und durch die effektive Nutzung von Lernstrategien weitgehend kompensieren (Staudinger, 2000).

Lernen erfolgt von der Geburt bis ins hohe Alter

Über die Lebensspanne hinweg ändern sich jedoch die Lerninhalte, die vorherrschenden Lernkontexte und Lernformen und die Steuerung des Lernens. Während in der frühen Kindheit inzidentelle Lernprozesse in der häuslichen Umgebung überwiegen, dominieren in der späteren Kindheit und Jugend intentionale Lernprozesse im Rahmen von Schule und Ausbildung (*institutionalisiertes Lernen*). Im Erwachsenenalter herrschen selbstgesteuerte Lernprozesse vor, die sich überwiegend auf den beruflichen Kontext beziehen. Im höheren Alter verlagert sich das Lernen wieder mehr in den privaten bzw. häuslichen Bereich (vgl. Tab. 15)

Alterstypische Lernprozesse

Es gibt folglich keine Phase des Lebens, die nicht von Lernvorgängen begleitet wird. In der Literatur bezieht sich der Begriff des lebenslangen Lernens jedoch überwiegend auf Lernprozesse bei Erwachsenen, die bereits die schulische und berufliche Ausbildung abgeschlossen haben (Reiserer & Mandl, 2002). Die noch zu lernenden Inhalte oder Fertigkeiten dienen nicht mehr der Vorbereitung auf das berufliche Leben (wie das Lernen in Schule und Ausbildung), sondern finden gleichzeitig mit beruflichen und sonstigen Aktivitäten statt und unterstützen diese. Die grundlegenden Kompetenzen zum lebenslangen Lernen werden jedoch bereits in der Kindheit und Jugend erworben, so dass auch diese Altersstufen berücksichtigt werden müssen (Baumert, 2000).

Schwerpunkt: Berufsbezogenes Lernen im Erwachsenenalter

▶ **Tabelle 15: Lernen in verschiedenen Lebensphasen**

	Frühe Kindheit	Kindheit und Jugend	Erwachsenenalter	Höheres Lebensalter
Lerninhalte	Grundlegende Kompetenzen (z.B. Sprechen, soziale Fertigkeiten); lebenspraktische Fertigkeiten (z.B. Essen, Körperpflege)	Kulturelle Grundfertigkeiten (z.B. Schreiben, Lesen); Wissen; Lernstrategien; Metakognition	Berufsbezogenes Wissen und Fertigkeiten; Inhalte bezogen auf persönliche Interessen	Inhalte bezogen auf persönliche Interessen; Entwicklung umfassender Lebenseinsicht („Weisheit")
Lernkontexte	Familie; Kindergarten	Schule; Familie; Freizeit	Arbeitsplatz; Bildungseinrichtungen	Freizeit; Bildungseinrichtungen
Lernformen	Überwiegend inzidentelles Lernen	Intentionales und inzidentelles Lernen	Intentionales und inzidentelles Lernen	Inzidentelles und intentionales Lernen
Steuerung des Lernens	Biologische Reifungsvorgänge; Steuerung von außen (Eltern)	Überwiegend Steuerung von außen (Lehrer, Eltern)	Überwiegend Selbststeuerung	Überwiegend Selbststeuerung

Auch Lernvorgänge im höheren Lebensalter – nach der Phase beruflicher Aktivität – zählen zum Bereich des lebenslangen Lernens. Dieser Aspekt wird mit der steigenden Lebenserwartung immer wichtiger, was sich am wachsenden Interesse älterer Menschen an Bildungsangeboten deutlich zeigt (z.B. „Studium im Alter"). Aufgrund der Schwerpunktsetzung bei beruflichen Kontexten ist mit lebenslangem Lernen jedoch vor allem der Erwerb von berufsrelevantem Wissen und berufsbezogenen Fertigkeiten gemeint.

Merksatz

Im Erwachsenenalter erfolgt Lernen überwiegend intentional, aber weniger institutionalisiert als im Kindesalter. Es ist in hohem Grade selbstgesteuert und findet häufig in einem kooperativen Kontext statt.

Diese Art des Lernens ist durch einige Besonderheiten charakterisiert, durch die es sich von Lernvorgängen in anderen Lebensphasen unterscheidet (vgl. Kasten 15).

> **Kasten 15: Besonderheiten bei lebenslangem, berufsbezogenem Lernen (Reiserer & Mandl, 2002)**

- **Intentionales Lernen:** Mit lebenslangem Lernen sind überwiegend (aber nicht ausschließlich) intentionale Lernprozesse gemeint, also absichtliches und geplantes Lernen (z.B. Besuch eines Abendkurses, um sich spezielle Kenntnisse in Wirtschaftsenglisch anzueignen).
- **Kooperatives Lernen:** Häufig findet das Lernen in kooperativer Form innerhalb von Teams oder selbstgewählten Arbeitsgruppen statt, zum Beispiel bei der Fortbildung von Medizinern oder beim Sprachenlernen (Berg, 2006; Brammerts & Kleppin, 2005).
- **Selbstgesteuertes Lernen:** Im Vergleich zum institutionalisierten Lernen, etwa in Schule oder Universität, zeichnet sich lebenslanges Lernen durch ein hohes Maß an Selbststeuerung aus (Deitering, 1995). Dies bedeutet, dass der Lerner sich selbst Lernziele setzen, den Lernprozess initiieren, den Lernverlauf steuern und die Lernergebnisse überprüfen muss.

Beispiel

Ein 44-jähriger Ingenieur strebt in seiner Firma eine Abteilungsleiterposition an, die regelmäßige Verhandlungen mit südamerikanischen Partnerfirmen verlangt. Um sich für diese Position zu qualifizieren, setzt sich der Ingenieur zwei Lernziele: Er möchte seine Sprachkenntnisse auffrischen und seine Führungskompetenzen verbessern. Zu diesem Zweck trifft sich der Ingenieur regelmäßig mit zwei befreundeten Kollegen, um zusammen Spanisch zu lernen. Außerdem belegt er bei einem privaten Institut ein Seminar zur Mitarbeiterführung. Der Ingenieur bittet seine Kollegen und den Kursleiter des Seminars regelmäßig um Rückmeldungen über seine Fortschritte. Sobald er sich ausreichend vorbereitet fühlt, spricht er seinen Vorgesetzten auf seine beruflichen Ziele an.

Lebenslanges Lernen aus organisationspsychologischer Sicht. Aus organisationspsychologischer Sicht handelt es sich bei lebenslan-

Lebenslanges Lernen dient der Förderung beruflicher Qualifikationen

gem Lernen in erster Linie um eine Möglichkeit, die fachlichen Kenntnisse und Qualifikationen der Beschäftigten aufrechtzuerhalten, zu aktualisieren und zu erweitern. Neben fachlichen Qualifikationen geht es auch um den Erhalt und Erwerb von sozialen, methodischen und persönlichen Kompetenzen (Sonntag, 2000).

Lernen während des Arbeitsprozesses und arbeitsbezogenes Lernen

Berufsbegleitende Lernprozesse können direkt am Arbeitsplatz (*Lernen während des Arbeitsprozesses*) oder an anderen, eigens dafür konzipierten Lernorten (*arbeitsbezogenes Lernen*) stattfinden. Die damit verbundenen Lernvorgänge können selbstbestimmt und selbstgesteuert erfolgen, aber auch vom Arbeitgeber vorgegeben und strukturiert werden. In jedem Fall gewinnt eine Organisation auf diese Weise an Ressourcen, mit denen wiederum die wirtschaftliche Produktivität des Unternehmens gesteigert werden kann.

Merksatz

Aus organisationspsychologischer Sicht dient lebenslanges Lernen dem Erwerb von sozialen, methodischen und persönlichen Kompetenzen, die zur Steigerung der Produktivität der Organisation beitragen sollen.

Insbesondere Unternehmen, deren Wettbewerbsfähigkeit von der Nutzung neuer wissenschaftlicher Erkenntnisse oder Technologien abhängt, sollten daher daran interessiert sein, lebenslanges Lernen bei ihren Mitarbeitern zu fördern.

Beispiel

Ein Pharmaunternehmen erzielt seine Umsätze zum größten Teil über Medikamente, die das Unternehmen selbst entwickelt hat. Da der Patentschutz für Arzneimittel nach einigen Jahren ausläuft, müssen ständig neue Präparate entwickelt werden. Ein Team aus Medizinern, Biologen, Chemikern und Pharmazeuten ist daher ausschließlich mit der Entwicklung neuer Heilmittel beschäftigt. Die Mitglieder des Teams tauschen sich regelmäßig aus und nutzen die Möglichkeiten der neuen Medien, um sich über aktuelle Entwicklungen in ihrem Bereich zu informieren (Lernen während des Arbeitsprozesses). Darüber hinaus ermöglicht das Unternehmen den Mitgliedern dieser Arbeitsgruppe die regelmäßige Teilnahme an fachlichen Fortbildungsmaßnahmen und den Besuch internationaler Kongresse, damit aktuelle wissenschaftliche Erkenntnisse in den laufenden Entwicklungsprozess einbezogen werden können (arbeitsbezogenes Lernen).

Bedeutung motivationaler Faktoren

Motivationale Faktoren. Aus einer Reihe empirischer Befunde lässt sich folgern, „dass für die unterschiedliche Bereitschaft zu lebenslangem Lernen *primär motivationale Faktoren verantwortlich sind*" (Krapp, 2000, S. 55; Hervorhebung im Original). Wenn berufliche Weiterbildung vom Arbeitgeber unterstützt oder sogar eingefordert wird, kann Lernmotivation zumindest teilweise durch äußere Verstärker erzeugt werden (z.B. durch Prämien oder Zertifikate). Selbstbestimmtes und selbstgesteuertes Lernen verlangt dagegen ein Mindestmaß an intrinsischer Motivation, die im Erwachsenenalter stark durch persönliche Interessen und Ziele bestimmt wird (vgl. Kap. 2). Persönliche und berufliche Interessen steuern neben finanziellen Aspekten die Auswahl beruflicher Fort- und Weiterbildungsangebote und stehen in Zusammenhang mit dem Lernerfolg (Krapp, 2000).

Interessen

Beispiel

> Eine Psychologiestudentin interessiert sich bereits während des Studiums sehr für Suchterkrankungen und deren Behandlungsmöglichkeiten. Nach dem Studium findet sie eine Stelle in einer psychiatrischen Klinik. Neben ihrer Tätigkeit lässt sie sich an einem privaten Institut auf eigene Kosten zur Psychotherapeutin ausbilden. Um sich über ihr Fachgebiet weiterzubilden, besucht sie darüber hinaus regelmäßig Kongresse und nimmt an speziellen Fortbildungen zum Thema Abhängigkeitserkrankungen teil.

Im Gegensatz zum institutionalisierten Lernen sind berufsbegleitende Fort- und Weiterbildungsangebote für die Lerner häufig mit finanziellen und zeitlichen Belastungen verbunden. Persönliche Zielsetzungen und Zielorientierungen bewirken, dass Personen dennoch freiwillig Lernangebote nutzen. Der Begriff der Zielsetzung betrifft die beruflichen oder persönlichen Ziele, die eine Person anstrebt. Im Allgemeinen gelten schwierigere und spezifisch formulierte Ziele als leistungsfördernd, da sie herausfordernder sind als leichtere Ziele und der Erfolg besser überprüft werden kann als bei unspezifischen Zielen (Locke & Latham, 1990).

Zielsetzung

Beispiel

> Das Ziel, psychologische Psychotherapeutin mit dem Schwerpunkt Suchttherapie zu werden, ist hoch angesetzt und spezifisch formuliert. Der Weg dorthin ist durch die Ausbildungsregelung klar vorgegeben und der Erfolg kann ständig überprüft werden. Weniger spezifisch und daher schwerer umzusetzen ist dagegen die Vorstellung einer anderen Hochschulabsolventin, im Beruf „etwas für benachteiligte Kinder zu tun". Ein solches Ziel muss erst spezifiziert werden, damit es zu konkreten Handlungen motivieren kann.

Zielorientierungen

Bei *Zielorientierungen* handelt es sich dagegen um Wertvorstellungen in Bezug auf Lern- und Leistungsverhalten. Werden Lernmöglichkeiten und die Erweiterung der eigenen Kompetenzen als wertvoll eingeschätzt, so spricht man von einer *Lernzielorientierung*; wird dagegen die Möglichkeit bevorzugt, eigene Kompetenzen nach außen zu demonstrieren, spricht man von *Leistungszielorientierung* (Dweck, 1986, vgl. Kap. 3). Es wird angenommen, dass sich vor allem eine ausgeprägte Lernzielorientierung positiv auf den Lernerfolg auswirkt.

Selbstwirksamkeits-
erwartung

Schließlich wird die Wahrscheinlichkeit, dass eine Person Angebote zur beruflichen oder persönlichen Weiterbildung nutzt, stark durch ihre *Selbstwirksamkeitserwartung* bestimmt (Bandura, 1997, vgl. Kap. 6). Personen, die überzeugt sind, ihre Kompetenzen durch eigene Lernanstrengungen erweitern und die mit dem Lernen verbundenen Belastungen bewältigen zu können, werden sich mit größerer Wahrscheinlichkeit für Möglichkeiten des lebenslangen Lernens entscheiden und sich auch mehr engagieren als Personen, die diesbezüglich an ihren eigenen Fähigkeiten zweifeln.

Merksatz

Persönliche und berufliche Interessen, schwierige und spezifisch formulierte Ziele, eine ausgeprägte Lernzielorientierung und eine hohe Selbstwirksamkeitserwartung erhöhen die Wahrscheinlichkeit, Gelegenheiten zum lebenslangen Lernen zu suchen und erfolgreich zu nutzen.

Kognitive Faktoren. Selbstgesteuertes lebenslanges Lernen setzt beim Lerner neben motivationalen auch bestimmte kognitive Bedingungen voraus (Friedrich & Mandl, 1997). Eine grundlegende Voraussetzung für selbstgesteuertes Lernen besteht in der Beherrschung der Kulturtechniken (Lesen, Schreiben, mathematische und naturwissenschaftliche Grundkenntnisse, Kenntnisse wichtiger Fremdsprachen, Umgang mit Medien), die in der Schule erworben werden müssen (Baumert, 2000). Neben dem Vorwissen müssen *Lernstrategien* verfügbar sein, mit deren Hilfe neues Wissen angeeignet und in die bereits vorhandene Wissensstruktur eingegliedert werden kann (Mandl & Friedrich, 2006). Dazu gehören Wiederholungs-, Kategorisierungs- und Elaborationsstrategien (vgl. Kap. 2). Schließlich werden Kompetenzen benötigt, um sich Lernziele zu setzen, den Lernverlauf zu planen, Prioritäten zu setzen und den Lernerfolg zu überprüfen (*Metakognition*; vgl. Hasselhorn, 2000). In diesem Zusammenhang spricht man auch von *Selbstmanagement*, also der Fähigkeit, die eigenen Aktivitäten zielorientiert zu steuern und zu koordinieren (Döring & Ritter-Mamczek, 2001).

Kulturtechniken

Lernstrategien

Metakognition und
Selbstmanagement

Soziale und sozioökonomische Einflussfaktoren. Lebenslanges Lernen kann, wie bereits erwähnt, mit finanziellen und zeitlichen Belastungen einhergehen (z.B. Kosten für Seminare oder Lernmaterial; geringere Freizeit). Dies gilt in besonderem Maße für

Lebenslanges Lernen setzt beim Lerner Grundkenntnisse in den Kulturtechniken, die Verfügbarkeit von Lernstrategien, metakognitive Fertigkeiten und die Fähigkeit zum Selbstmanagement voraus.

Die Psychologie-Absolventin mit dem Sucht-Schwerpunkt verfügt zu Beginn ihrer Ausbildung zur Psychotherapeutin über weitreichende Kenntnisse im Bereich der Klinischen Psychologie, die ihr beim Erwerb der neuen Inhalte und Fertigkeiten helfen. Aus dem Studium verfügt die Psychologin über zahlreiche Lernstrategien (z.B. Wiederholen, Inhalte mit eigenem Wissen verbinden, Diskutieren mit anderen Lernern), die sie auch in der Ausbildung gewinnbringend einsetzen kann. Zudem ist sie in der Lage, ihr Vorgehen beim Lernen zu planen, sich realistische Teilziele zu setzen und die Anforderungen der Ausbildung mit ihren beruflichen Aufgaben zu koordinieren, ohne ihr Privatleben dabei völlig zu vernachlässigen (Metakognition; Selbstmanagement). Damit verfügt sie über gute Voraussetzungen, um die Ausbildung erfolgreich zu absolvieren.

selbstbestimmte Lernvorgänge außerhalb des eigenen Arbeitsplatzes. Personen müssen daher neben motivationalen und kognitiven Voraussetzungen auch über soziale und finanzielle Ressourcen verfügen, um diese zusätzlichen Belastungen bewältigen zu können. Der Umfang dieser Belastungen

Das Verhältnis persönlicher Belastungen und Ressourcen bestimmt neben kognitiven und motivationalen Faktoren, ob Angebote zum lebenslangen Lernen genutzt werden können.

wird dabei durch gesellschaftliche Rahmenbedingungen vorgegeben (z.B. Unterstützung von Bildungsvorhaben durch steuerliche Entlastungen oder staatliche Zuschüsse, Möglichkeiten der Kinderbetreuung). Das Interesse an lebenslangem Lernen kann daher durch eine entsprechende Gesetzgebung wirksam beeinflusst werden.

Soziale und sozioökonomische Faktoren

Fördermöglichkeiten. Durch lebenslanges Lernen verbessern sich die beruflichen und persönlichen Entwicklungschancen erwachsener Menschen. Angesichts der schnell fortschreitenden technologischen Entwicklung in modernen Gesellschaften handelt es sich bei lebenslangem Lernen um einen wünschenswerten und notwendigen Prozess. Dieser kann gezielt gefördert werden, beispielsweise durch

Förderung von lebenslangem Lernen

- die Optimierung der organisatorischen, sozialen und sozioökonomischen Bedingungen,
- die Förderung der kognitiven Voraussetzungen und durch
- die Förderung der motivationalen Grundlagen selbstgesteuerten Lernens.

Die Optimierung der organisatorischen, sozialen und sozioökonomischen Bedingungen zur Förderung von lebenslangem Lernen ist vornehmlich eine politische bzw. personalpolitische Aufgabe. Die Darstellung wird daher hier auf die Förderung motivationaler und kognitiver Variablen beschränkt. Diese Ziele können durch direkte und indirekte Fördermaßnahmen erreicht werden (Friedrich, 1995).

Direkte Förderung   Bei der *direkten Förderung* werden kognitive und metakognitive Kompetenzen (z.B. Lernstrategien, Selbstmanagement), aber auch motivationale Grundlagen gezielt eingeübt (z.B. Fries, 2002). Nach Hasselhorn (2000) beinhalten kognitive Trainings fünf Komponenten:

- das Einüben konkreter, bereichsspezifischer Strategien,
- die Vermittlung von Informationen über den Nutzen und die Anwendungsmöglichkeiten der Strategien,
- das Einüben von Methoden zur Selbstkontrolle und zur Steuerung des eigenen Lernverhaltens,
- die Förderung von Strategietransfer durch Variationen bei der Aufgabenstellung und
- die Verbindung von Strategieübungen und der persönlichen Lernmotivation.

Indirekte Förderung   Bei der *indirekten Förderung* werden dagegen Lernkontexte gezielt so konstruiert, dass sie die Motivation zum selbstgesteuerten Lernen anregen und dadurch indirekt den Erwerb der notwendigen Kompetenzen ermöglichen.

Der Lernkontext kann die Lernmotivation anregen oder steigern, wenn

- die Interessen der Lerner berücksichtigt werden (Krapp, 2000),
- die Lerner über die Lerninhalte mitentscheiden und den Lernprozess aktiv mitgestalten können (Gewährung von Autonomie; vgl. Deci & Ryan, 1985) und wenn

Merksatz

Direkte Maßnahmen zur Förderung lebenslangen Lernens zielen vorwiegend auf die direkte Vermittlung kognitiver Kompetenzen ab, indirekte Fördermaßnahmen beruhen auf der Gestaltung des Lernkontextes und dienen vor allem dem Aufbau von Motivation.

- beim Lernen positive soziale Kontakte ermöglicht werden (Bruner, 1966).

Darüber hinaus sollten sich Leistungsrückmeldungen an den Vorleistungen des Lerners und nicht an den Leistungen anderer Personen orientieren (*individuelle Bezugsnormorientierung*), um Lernzuwächse sichtbar zu machen und Attributionen auf die eigene Anstrengung auszulösen (Dickhäuser & Rheinberg, 2003; vgl. Kap. 2).

Beispiel

In einem Seminar für angehende Unternehmensgründer fragt die Seminarleiterin zu Beginn nach den Interessen und Wünschen der Teilnehmer. Alle Anregungen werden auf dem Flipchart festgehalten, und die Teilnehmer beraten gemeinsam darüber, welche Themen sie ausführlicher bearbeiten wollen und in welcher Form dies geschehen soll (Autonomie, eigene Entscheidungsmöglichkeiten). Nachdem man sich auf einige Themen und die Methode „Rollenspiel" geeinigt hat, teilen sich die Kursteilnehmer in Kleingruppen auf und arbeiten gemeinsam an der Entwicklung von Rollenspielen. Dabei tauschen sie sich über ihre persönlichen Erfahrungen aus (Mitgestaltung des Lernprozesses; sozialer Kontakt). Die vorbereiteten Rollenspiele werden mehrmals durchgeführt. Im Anschluss erhalten die Darsteller von der Kursleiterin und den anderen Teilnehmern Rückmeldungen, die sich ausschließlich auf ihr eigenes Verhalten und individuelle Lernfortschritte beziehen (individuelle Bezugsnormorientierung).

Zusammenfassung

Säuglinge sind von Geburt an mit Fähigkeiten ausgestattet, die verschiedene Formen des Lernens erlauben. Diese frühen Lernprozesse können mit verhaltensbezogenen Verfahren erfasst werden, zum Beispiel durch Habituierungs- und Präferenzmethoden (zur Messung der Unterscheidung zwischen bekannten und neuartigen Reizen), durch Konditionierungsverfahren (zur Erfassung des Lernens von Zusammenhängen) oder durch Verhaltensbeobachtung (z.B. zur Messung der Nachahmungsfähigkeit). Die Lernfähigkeit von Säuglingen verbessert sich mit zunehmendem Alter. Kognitive und körperliche Risiken beeinträchtigen das Lernvermögen. Die Stimulation durch die Umwelt und die Bindung an die Bezugspersonen bilden weitere wichtige Einflussfaktoren auf das Lernen in der frühen Kindheit. In den ersten Lebensmonaten erwerben Babys motorische, kognitive, sprachliche, emotionale und soziale Kompetenzen, die die

Grundlage für zukünftige Lern- und Entwicklungsprozesse darstellen. Eine spezielle Pädagogik des Säuglingsalters, die die Bedürfnisse dieser Lebensphase berücksichtigt, kann die kognitive Entwicklung fördern. Der Säugling sollte bei seiner aktiven Suche nach Lernerfahrungen durch eine ausgewogene Mischung von Herausforderungen und Hilfestellungen unterstützt werden.

Menschen lernen nicht nur in ihrer Kindheit dazu, sondern in jeder Phase des Lebens bis ins hohe Alter, so dass man von lebenslangem Lernen spricht. Im Verlauf des Lebens ändern sich die Lerninhalte, die vorherrschenden Lernkontexte und Lernformen und die Steuerung des Lernens. In der psychologischen Literatur bezieht sich der Begriff des lebenslangen Lernens überwiegend auf die Aufrechterhaltung oder Erweiterung tätigkeitsrelevanter Kompetenzen bei Erwachsenen im Beruf. Es handelt sich dabei überwiegend um intentionales Lernen, das zum großen Teil selbstgesteuert verläuft und häufig in kooperativer Form organisiert ist. Diese Lernprozesse können direkt am Arbeitsplatz oder an Lernorten außerhalb des Arbeitsplatzes stattfinden.

Lebenslanges Lernen wird durch motivationale und kognitive Faktoren beeinflusst. Die Motivation Erwachsener zur Nutzung von Lernangeboten ist vor allem auf persönliche und berufliche Interessen und Ziele zurückzuführen. Schwierige und spezifisch formulierte Ziele, eine ausgeprägte Lernzielorientierung und hohe Selbstwirksamkeitserwartungen erhöhen die Wahrscheinlichkeit, Lernmöglichkeiten zu nutzen und von ihnen zu profitieren. Darüber hinaus müssen die Lerner bestimmte kognitive Voraussetzungen erfüllen (z.B. Beherrschung der Kulturtechniken). Zusätzlich müssen soziale und finanzielle Ressourcen gegeben sein, um die mit beruflicher oder privater Fort- und Weiterbildung verbundenen Belastungen bewältigen zu können. Durch gesetzliche Regelungen können diese sozioökonomischen Rahmenbedingungen für lebenslanges Lernen verändert werden.

Aus psychologischer Sicht kann selbstgesteuertes lebenslanges Lernen vor allem durch die Förderung der kognitiven und motivationalen Grundlagen unterstützt werden. Kognitive Fertigkeiten können im Rahmen spezifischer Trainings direkt vermittelt werden. Motivationale Variablen lassen sich durch eine motivationsfördernde Gestaltung der Lernkontexte erhöhen. Dabei müssen die Interessen der Lerner und ihre Bedürfnisse nach Autonomie und sozialen Kontakten berücksichtigt werden.

Literatur

Bandura, A. (1997). Self-efficacy: The exercise of control. New York: Freeman.

Barr, R. & Hayne, H. (2000). Age-related changes in imitation: Implications for memory development. In C. Rovee-Collier, L.P. Lipsitt & H. Hayne (Eds.), Progress in infancy research. Vol. 1 (pp. 21-68). Mahwah, N.J.: Erlbaum.

Berg, C. (2006). Selbstgesteuertes Lernen im Team. Heidelberg: Springer.

Brammerts, H. & Kleppin, K. (Hrsg.) (2005). Selbstgesteuertes Sprachenlernen im Tandem: ein Handbuch (2. Aufl.). Tübingen: Stauffenburg.

Baumert, J. (2000). Lebenslanges Lernen und internationale Dauerbeobachtung der Ergebnisse von institutionalisierten Bildungsprozessen. In F. Achtenhagen & W. Lempert (Hrsg.), Lebenslanges Lernen im Beruf. Seine Grundlegung im Kindes- und Jugendalter. Band 1: Das Forschungs- und Reformprogramm (S. 121-127). Opladen: Leske + Budrich.

Bruner, J.S. (1966). Toward a theory of instruction. Cambridge, Mass.: Belkapp Press.

Deci, E.L. & Ryan, R.M. (1985). Intrinsic motivation and self-determination in human behavior. New York: Plenum.

Deitering, F.G. (1995). Selbstgesteuertes Lernen. Göttingen: Verlag für Angewandte Psychologie.

Dickhäuser, O. & Rheinberg, F. (2003). Bezugsnormorientierung: Erfassung, Probleme, Perspektiven. In J. Stiensmeier-Pelster & F. Rheinberg (Hrsg.), Diagnostik von Motivation und Selbstkonzept (S. 41-55). Göttingen: Hogrefe.

Döring, K.W. & Ritter-Mamczek, B. (2001). Lern- und Arbeitstechniken in der Weiterbildung: erfolgreiches Selbstmanagement für Erwachsene. Weinheim: Deutscher Studienverlag.

Dornes, M. (2001). Der kompetente Säugling. Frankfurt a. M.: Fischer.

Dweck, C.S. (1986). Motivational processes affecting learning. American Psychologist, 41,1040-1048.

Friedrich, H.F. (1995). Analyse und Förderung kognitiver Lernstrategien. Empirische Pädagogik, 9, 115-153.

Friedrich, H.F. & Mandl, H. (1997). Analyse und Förderung selbstgesteuerten Lernens. In H. Mandl & H.F. Friedrich (Hrsg.), Pädagogische Psychologie, Band 4 Psychologie der Erwachsenenbildung (S. 237-293). Göttingen: Hogrefe.

Fries, S. (2002). Wollen und Können: ein Training zur gleichzeitigen Förderung des Leistungsvermögens und des induktiven Denkens. Münster: Waxmann.

Grimm, H. (2003). Störungen der Sprachentwicklung (2., überarb. Aufl.). Göttingen: Hogrefe.

Hartshorn, K. & Rovee-Collier, C. (1997). Infant learning and long-term memory at six months: A confirmatory analysis. Developmental Psychobiology, 30, 71-85.

Hasselhorn, M. (2000). Lebenslanges Lernen aus der Sicht der Metakognitionsforschung. In F. Achtenhagen & W. Lempert (Hrsg.), Lebenslanges Lernen im Beruf – seine Grundlegung im Kindes- und Jugendalter. Band 3. Psychologische Theorie, Empirie und Therapie (S. 41-53). Opladen: Leske + Budrich.

Hennon, E.A., Hirsch-Pasek, K. & Michnick-Golinkoff, R.M. (2000). Die besondere Reise vom Fötus zum spracherwerbenden Kind. In H. Grimm (Hrsg.), Sprache, Band 3 Sprachentwicklung (S. 41-101). Göttingen: Hogrefe.

Knopf, M. (2003). Die Entwicklung des Gedächtnisses von Säuglingen. In H. Keller (Hrsg.), Handbuch der Kleinkindforschung (3., erweit. Aufl., S. 895-926). Bern: Huber.

Krapp, A. (2000). Individuelle Interessen als Bedingung lebenslangen Lernens. In F. Achtenhagen & W. Lempert (Hrsg.), Lebenslanges Lernen im Beruf – seine Grundlegung im Kindes- und Jugendalter. Band 3. Psychologische Theorie, Empirie und Therapie (S. 54-75). Opladen: Leske + Budrich.

Literatur

Locke, E. A. & Latham, G. P. (1990). A theory of goal setting and task performance. Englewood Cliffs, N.J.: Prentice Hall.

Mandl, H. & Friedrich, H.F. (Hrsg.) (2006). Handbuch Lernstrategien. Göttingen: Hogrefe.

Meltzoff, A.N. & Moore, M.K. (1989). Imitation in newborn infants: Exploring the range of gestures imitated and underlying mechanisms. Developmental Psychology, 25, 954-962.

Meltzoff, A.N. & Moore, M.K. (1999). Persons and representations: Why infant imitation is important for theories of human development. In J. Nadel & G. Butterworth (Eds.), Imitation in infancy (pp. 9-35). Cambridge: Cambridge University Press.

Neuberger, H., Merz, J. & Selg, H. (1983). Imitation bei Neugeborenen: Eine kontroverse Befundlage. Zeitschrift für Entwicklungspsychologie und Pädagogische Psychologie, 15, 267-276.

Petermann, F., Stein, I.A. & Macha, T. (2006). Entwicklungsdiagnostik mit dem ET 6-6 (3., veränd. Aufl.). Frankfurt: Harcourt Test Services.

Rauh, H. (2002). Vorgeburtliche Entwicklung und frühe Kindheit. In R. Oerter & L. Montada (Hrsg.), Entwicklungspsychologie (5., vollst. überarb. Aufl., S. 131-208). Weinheim: Beltz PVU.

Reiserer, M. & Mandl, H. (2002). Individuelle Bedingungen lebensbegleitenden Lernens. In R. Oerter & L. Montada (Hrsg.), Entwicklungspsychologie (5., vollst. überarb. Aufl., S. 923-939). Weinheim: Beltz PVU.

Rovee-Collier, C. & Gulya, M. (2000). Infant memory: Cues, contexts, categories, and lists. The Psychology of Learning and Motivation, 39, 1-46.

Schäfer, G.E. (1999). Frühkindliche Bildungsprozesse. Herausforderungen einer Pädagogik in der Frühen Kindheit. Neue Sammlung, 39, 213-226.

Sonntag, K. (2000). „Lebenslanges Lernen" – Beiträge der Arbeits- und Organisationspsychologie. In F. Achtenhagen & W. Lempert (Hrsg.), Lebenslanges Lernen im Beruf – seine Grundlegung im Kindes- und Jugendalter. Band 3. Psychologische Theorie, Empirie und Therapie (S. 111-132). Opladen: Leske + Budrich.

Staudinger, U.M. (2000). Eine Expertise zum Thema „lebenslanges Lernen" aus der Sicht der Lebensspannen-Psychologie. In F. Achtenhagen & W. Lempert (Hrsg.), Lebenslanges Lernen im Beruf – seine Grundlegung im Kindes- und Jugendalter. Band 3. Psychologische Theorie, Empirie und Therapie (S. 90-110). Opladen: Leske + Budrich.

Trotter, R.J. (1987). Babies sind klüger. Psychologie heute, 14, 28-33.

Testfragen

120. Was versteht man unter der High Amplitude Sucking (HAS)-Technik und wozu wird sie verwendet?

121. Welche Faktoren beeinflussen die Lernfähigkeit im Säuglingsalter?

122. Wie gelingt es Menschen, sich auch im hohen Alter noch erfolgreich neues Wissen anzueignen?

123. In welcher Hinsicht unterscheidet sich Lernen in der Kindheit vom Lernen im Erwachsenenalter (von den Lerninhalten abgesehen)?

124. Welche Wirkung haben persönliche und berufliche Ziele auf lebenslanges Lernen?

125. Wie kann lebenslanges Lernen aus psychologischer Sicht gefördert werden?

Lernen in verschiedenen Lebensfeldern | 8.2

Erkenntnisse auf der Grundlage der Lerntheorien werden in den verschiedensten Lebensbereichen praktisch angewendet. Die Pädagogik und die Psychotherapie sind in besonderem Maße auf die Fortschritte der Lernforschung angewiesen, da sich beide Bereiche mit gezielten Veränderungen im Wissen und Verhalten von Menschen befassen. Lernen im Kindergarten, schulisches Lernen und Lernen in der Kinderpsychotherapie sollen daher exemplarisch für diese Bereiche vorgestellt werden.

Lernen im Kindergarten | 8.2.1

In vielen europäischen Ländern ist es selbstverständlich, dass Kinder bereits vor der Schule von gut ausgebildeten Fachkräften in ihren kognitiven, sprachlichen und sozialen Fähigkeiten systematisch gefördert werden. Beispiele für vorschulische Bildungseinrichtungen sind die *école maternelle* in Frankreich oder die *förskola* in Schweden, die in diesen Ländern jeweils von einem großen Teil aller Kinder bis fünf Jahren besucht werden. Diese Art des Lernens ist jedoch nicht mit schulischem Unterricht gleichzusetzen. Im Idealfall werden praktische Lerngelegenheiten geschaffen, in denen die Kinder spielend neue Erfahrungen machen und ihre Fähigkeiten erweitern können.

Vorschulische Bildung im internationalen Vergleich

In Deutschland setzt sich erst seit einigen Jahren die Erkenntnis durch, dass durch gezielte, frühe Förderung der spätere Schulerfolg wesentlich beeinflusst werden kann und die kognitive Entwicklung von zwei- bis fünfjährigen Kindern nicht dem Zufall überlassen bleiben sollte. In Deutschland hat sich die Auffassung von den Aufgaben des Kindergartens in den letzten Jahren entsprechend gewandelt: Von der einstigen Betreuungs- und Spielstätte wird zunehmend erwartet, dass sie vielfältige Lernmöglichkeiten bereitstellt (Meise, 2003). Neben der allgemeinen Lernförderung im Kindergarten sollen im Folgenden spezielle Frühförderprogramme betrachtet werden, die insbesondere für sozial benachteiligte oder kognitiv beeinträchtigte Kinder konzipiert sind.

Kindergarten im Wandel

Lernmöglichkeiten im Kindergarten. Die neurowissenschaftliche Forschung hat gezeigt, zu welch erstaunlichen Lernleistungen Kinder in den ersten Lebensjahren in der Lage sind (vgl. Kap. 2). In diesem Alter ist die Plastizität des kindlichen Gehirns am größten, und

Kinder wollen lernen

das Kind strebt aktiv und hochmotiviert nach neuen Erfahrungen. Um diese Phase hoher Lernfähigkeit und -bereitschaft optimal für die Entwicklung nutzen zu können, benötigen Kinder eine Umwelt, die ihnen genügend Lernmöglichkeiten bietet. Im Kindergarten oder in der Kindertagesstätte können Lerngelegenheiten geschaffen werden, um Kindern neue Erfahrungen und den Erwerb neuer Fertigkeiten zu ermöglichen (Koglin & Petermann, 2006).

Um Lerngelegenheiten gezielt und altersgemäß einzurichten, muss jedoch bekannt sein, was Kinder im Kindergartenalter lernen können und sollen. Partecke (2004) hat deshalb für die Kindergartenzeit eine Reihe von Lernzielen formuliert, die auf menschlichen Grundbedürfnissen beruhen (vgl. Tab. 16).

► Tabelle 16: Lernziele für das Kindergartenalter (verändert nach Partecke, 2004, S. 34)

Grundbedürfnis	Lernziele: Fertigkeiten	Lernziele: Wissens-bereiche	Bildungsgut
Zugehörigkeit	– gemeinsam mit anderen Kindern arbeiten/spielen – sich in andere hineinversetzen	– unterschiedliche Kulturen und Lebensweisen – Bücher und Geschichten – eigene Familie	Integration
Freiheit	– reflektieren und planen – Verantwortung übernehmen – Probleme lösen	– eigene Wünsche – Wahlmöglichkeiten – alternative Lösungsmöglichkeiten	Selbstverantwortung
Freude	– Material fantasievoll gestalten – experimentieren – erfinderisch sein	– bildende und darstellende Kunst, Museum, Theater – Forschung – Werte und Regeln	Fantasie
Erfolg	– Gelenkigkeit, Kraft, Schnelligkeit, Ausdauer – aufmerksam und	– Funktionen des Körpers – Gesundheit – Unterschiede	Leistungsfähigkeit

▶ Fortsetzung Tabelle 16

	ausdauernd spielen und arbeiten	zwischen den Geschlechtern – Berufe	
Kommunikation	– in der Muttersprache differenziert und flüssig sprechen und erzählen – Fremdsprachen unterscheiden	– Funktionen der Sprache im Alltag – Existenz verschiedener Sprachen und der Schriftsprache	**Sprache**
Gesellschaftliche Teilhabe	– Symbole deuten und unterscheiden – Bilder und Karten lesen – Mengen bis 10 vergleichen	– Kulturtechniken wie Lesen, Schreiben, Rechnen, PC-Anwendungen – Bedeutung von Kulturtechniken im Alltag	**Kulturtechniken**
Neugier	– Pflanzen und Tiere beobachten – Antworten suchen, sich informieren	– unterschiedliche geographische Orte – Jahreszeiten und Umwelt – Wissensgebiete	**Interesse**

Nach Partecke (2004) können menschliche Grundbedürfnisse (z.B. „Zugehörigkeit") durch die Aneignung bestimmter Fertigkeiten und Wissensbereiche erfüllt werden. Fertigkeiten und Wissen, die auf ein Grundbedürfnis bezogen sind (z.B. Fähigkeit zur Zusammenarbeit mit anderen; Wissen über die eigene Kultur), lassen sich zu einem gemeinsamen, übergeordneten Lernziel oder *Bildungsgut* zusammenfassen (z.B. „Integration"). Um diese Lernziele auf spielerische Weise im Kindergarten erreichen zu können, stellt die Autorin auf der Grundlage lernpsychologischer Befunde (vgl. Kap. 2) drei Prinzipien auf:

• Kinder lernen im *Spiel* und durch *Freude* am eigenen Tun (motivationaler und emotionaler Aspekt),
• Kinder benötigen zum Lernen vielfältige, immer neue *Anregungen* (Umweltaspekt) und

- Kinder brauchen Möglichkeiten zur selbständigen *Wiederholung* von Erfahrungen oder Tätigkeiten, um Gelerntes einzuüben (Aspekt des Gedächtnisses).

Unter Berücksichtigung der genannten Lernziele und der drei genannten Prinzipien kann die Umwelt der Kinder in Form von „Spielprojekten" so gestaltet werden, dass sie ihnen optimale Lernmöglichkeiten bietet. Allerdings hat sich gezeigt, dass solche Projekte nur dann zu Lernerfolgen führen, wenn während der Aktivitäten eine gezielte sprachliche Vermittlung und Erklärung des Geschehens stattfindet (Meise, 2003). Als Beispiel für ein thematisches Projekt, das die sprachliche Vermittlung explizit berücksichtigt, soll daher das Programm „Piraten" vorgestellt werden (vgl. Partecke, 2004).

Beispiel

Das Spielprojekt „Piraten" dient der Förderung sensomotorischer, emotionaler, sozialer und kognitiver Kompetenzen. Ein Schwerpunkt liegt in der Förderung sprachlicher Fertigkeiten. Die Kinder versetzen sich während des Projekts in die Rolle abenteuerlustiger Piraten, die gemeinsam verschiedene Aufgaben bewältigen: zum Beispiel den Bau eines Schiffs, die Fahrt zur See oder die Schatzsuche auf einer Insel. In diese attraktive Rahmenhandlung lassen sich Lerngelegenheiten auf vielfältige Weise situativ einbetten. Erzieherinnen können bei der Planung des Projekts auf einen umfassenden Methoden-Baukasten zurückgreifen, der unter anderem Bewegungsspiele, Bauspiele, Lieder und Sprachspiele, Rollenspiele und Exkursionen beinhaltet. Beim Sprachspiel „Seemannsgarn" beispielsweise geht es explizit darum, Geschichten zu erfinden und zu erzählen. Aber auch alle anderen Spiele und Aktivitäten werden sprachlich begleitet, um die Kinder anzuregen, sich verbal auszudrücken und dabei ihren Wortschatz zu erweitern. Die Erzieherinnen übernehmen Modellfunktion, indem sie beispielsweise ihre Handlungen während der „Piratenmahlzeit" auf unterhaltsame Weise kommentieren: „Ich hole jetzt das Brett, das Brot, die Wurst und die Butter, das wird ein richtiges Piraten-Futter" (Partecke, 2004, S. 153).

Die Kinder werden dazu angeregt, ihre Aktivitäten ebenfalls sprachlich zu begleiten und ihre Rolle im Spiel mithilfe der Sprache zu akzentuieren. Neben der Förderung des muttersprachlichen Ausdrucks können im Rahmen des Piraten-Spielprojekts auch fremdsprachliche Kenntnisse aufgebaut werden: Der Inselbewohner „Mr. Friday", der von einer Erzieherin gespielt wird, bringt den Kindern auf spielerische Weise englische Wörter und Redewendungen nahe (z.B. „Good morning! I love this game.").

Frühförderung. Unter Frühförderung versteht man präventive Maßnahmen bei Babys und Kleinkindern, die das Risiko einer Fehlentwicklung tragen (z.B. frühgeborene Kinder; Kinder mit einer geistigen oder körperlichen Behinderung oder Kinder sehr junger Mütter; vgl. Petermann et al., 2006). Der Ansatz beruht auf der Grundannahme, dass frühe Interventionen Defizite zumindest teilweise kompensieren können, so dass zukünftige Entwicklungsaufgaben erfolgreicher bewältigt werden. Das Risiko weiterer Fehlentwicklungen und sekundärer Verhaltensstörungen wird auf diese Weise gesenkt.

Konzept der Frühförderung

Definition

Bei Frühfördermaßnahmen handelt es sich um frühzeitige Interventionen bei Kindern mit Entwicklungsrisiken, die der Vorbeugung weiterer Fehlentwicklungen dienen.

Im Rahmen von Frühfördermaßnahmen findet Lernen vor allem durch die angeleitete Auseinandersetzung mit neuen Aufgaben oder Materialien statt, aber auch die gezielte Formung von Verhalten mithilfe von Verstärkung ist möglich.

Lernen im Rahmen der Frühförderung

Beispiel

Ein vier Jahre altes Mädchen mit Down-Syndrom erhält ein regelmäßiges logopädisches Training, um seine sprachliche Ausdrucksfähigkeit zu verbessern. Wenn das Mädchen Wörter richtig ausspricht, wird es verstärkt (z.B. erhält es das gewünschte Objekt). Dank der deutlicheren Aussprache fällt es dem Mädchen allmählich leichter, sich mit Gleichaltrigen zu verständigen. Der vermehrte Kontakt mit Gleichaltrigen wiederum fördert die Entwicklung sozialer und emotionaler Kompetenzen.

Im Gegensatz zur allgemeinen Lernförderung im Rahmen der modernen Kindergartenpädagogik bezieht sich der Begriff der Frühförderung überwiegend auf gezielte Maßnahmen in umgrenzten Bereichen (z.B. Sprache, Motorik, visuelle Wahrnehmung; Vorbeugung von Lese-Rechtschreibstörungen) bei Kindern mit entsprechenden Defiziten. Für jedes betroffene Kind wird ein individueller Förderplan entwickelt und umgesetzt. Warnke (1988) gibt einen Überblick über verbreitete Maßnahmen in der Frühförderung und ihre Einsatzmöglichkeiten (vgl. Kasten 16). Es wird deutlich, dass Lernprozesse insbesondere im Rahmen der psychologischen Frühförderung, aber auch bei der Krankengymnastik (motorisches Lernen), der Lo-

Individuelle Förderung

gopädie (motorisches und perzeptuelles Lernen) und bei der Ergotherapie (motorisches, perzeptuelles, kognitives und sozial-kognitives Lernen) von Bedeutung sind.

▶ **Kasten 16: Wichtige Maßnahmen in der Frühförderung**

- **Krankengymnastik** bei Bewegungsstörungen
- **Logopädie** bei Sprachstörungen
- **Ergotherapie** zur breit angelegten motorischen, sensorischen, kognitiven, sozialen und emotionalen Entwicklungsförderung
- **Pädagogische Frühbetreuung** zur Unterstützung der Erziehung
- **Sozialpädagogik und Sozialarbeit** zur Unterstützung der sozialen Eingliederung der betroffenen Familien
- **Ärztliche Frühbetreuung** zur Koordination der Fördermaßnahmen und Kontrolle der körperlichen Entwicklung
- **Psychologische Förderung** zur Koordination der Fördermaßnahmen, zur Behandlung auffälliger Symptome und zur Übung lebenspraktischer, sprachlicher, motorischer und sozialer Fertigkeiten

Frühförderung und
Kindergarten

Diese Maßnahmen können in verschiedenen Kontexten stattfinden, zum Beispiel zu Hause, in ambulanten Frühförderstellen oder auch im Kindergarten (z.B. Jansen, 2004). Die allgemeine Lernförderung im Kindergarten und das Konzept der Frühförderung stellen folglich ergänzende Angebote dar. Die Kombination beider Elemente ermöglicht maßgeschneiderte Bildungsangebote, die an die individuellen Fähigkeiten und Einschränkungen der Kinder angepasst sind. Auf dieser Basis können optimale Voraussetzungen für den Übergang in die Schule geschaffen werden.

8.2.2 | Schulisches Lernen

Lernen in der Schule ist überwiegend intentionaler Natur: Ausgewählte Lerninhalte werden gezielt vermittelt. Dabei erfolgt die Steuerung des Lernens nicht durch die Lerner selbst, sondern überwiegend von außen – in direkter Form durch die Lehrer und auf indirekte Weise durch die Lehrpläne, die wiederum auf einem gesellschaftlichen Konsens darüber beruhen, was in der Schule gelernt werden soll. Die Vermittlung der Lerninhalte erfolgt im Unterricht, der durch unterschiedliche methodische Ansätze geprägt wird. Im Folgenden sollen wichtige Unterrichtsinhalte, verschiedene Lehrmethoden und Probleme des schulischen Lernens betrachtet werden.

Zur Bedeutung schulischen Lernens. Für viele Menschen stellt schulisches Lernen ein Synonym für den allgemeinen Begriff „Lernen" dar. Der aus der eigenen Kindheit vertraute Kontext – ein Klassenraum mit etwa 20 bis 30 Schülern und einer Lehrkraft, die an der Tafel Unterricht erteilt – wird häufig als der Prototyp einer Lernsituation angesehen. In der Tat stellt die Schule während der Kindheit und Jugend neben der Familie den wichtigsten Lernkontext dar. Junge Menschen erwerben hier ein breites Repertoire an Wissen und Fertigkeiten, die benötigt werden, um sich in einer modernen, hochkomplexen Gesellschaft orientieren und ein erfolgreiches Leben führen zu können (Helmke & Weinert, 1997). Diese umfassende Wissensgrundlage kann nicht allein durch inzidentelle Lernprozesse erworben werden, wie sie in der frühen Kindheit vorherrschen. Mitglieder moderner „Wissensgesellschaften" sind daher auf institutionalisierte Lernangebote in Schulen, Universitäten und anderen Bildungsstätten angewiesen.

Unterrichtsinhalte. Der Fächerkanon der allgemeinbildenden Schulen umfasst ein breites Spektrum an Lernbereichen und -inhalten. Während in Fächern wie Mathematik der Erwerb von kognitiven Fertigkeiten im Vordergrund steht (z.B. algebraische Prozeduren), dominiert in anderen Fächern der Aufbau einer Wissensstruktur (z.B. Vokabeln einer Fremdsprache). Verallgemeinernd kann man sagen, dass in der Schule vor allem deklaratives Wissen und kognitive Fertigkeiten gelernt werden. Der Erwerb motorischer Fertigkeiten spielt in der Schule eine eher untergeordnete Rolle und beschränkt sich auf wenige Fächer (z.B. Sportunterricht; Kunst- und Werkunterricht).

Das *deklarative Wissen* ist spezifisch auf das jeweilige Fach bezogen, wobei manche Wissensgebiete aus der Perspektive mehrerer Fächer angeeignet werden können (z.B. Erwerb von Wissen über andere Länder im Rahmen des Erdkunde-, Geschichts- und Fremdsprachenunterrichts). *Kognitive Fertigkeiten* sind teilweise fachspezifisch (z.B. Notenlesen), teilweise übergreifend (z.B. methodische Fertigkeiten, Lernstrategien, metakognitive Fertigkeiten). Angesichts der zunehmenden Relevanz lebenslanger Lernprozesse kommt der Vermittlung von fachunspezifischen, übergreifenden Fertigkeiten eine besondere Bedeutung zu. Dazu gehört auch der Er-

[Marginalien:]

Schulisches Lernen als Prototyp einer Lernsituation

Wissensgesellschaften benötigen institutionalisierte Bildungsangebote

Wissen und kognitive Fertigkeiten

Fächerübergreifende Fertigkeiten

werb *sozialer* und *persönlicher Kompetenzen* (z.B. Initiative, Team-fähigkeit oder Leistungsmotivation). Diese werden überwiegend durch sozial-kognitive Lernprozesse vermittelt (vgl. Kap. 6).

Lehrerzentrierter und schülerzentrierter Unterricht. Schulische Unterrichtsformen können unter anderem danach unterschieden werden, ob sie eher lehrerzentriert oder schülerzentriert gestaltet sind. Unterrichtsformen, bei denen der Lehrer das Geschehen weitgehend steuert und kontrolliert, werden als „lehrerzentrierter Unterricht" bezeichnet. Eine typische lehrerzentrierte Unterrichtsform ist der *darbietende Unterricht*, bei dem der Lehrer die zu lernenden Inhalte aufbereitet und beispielsweise in verbaler oder visueller Form präsentiert. Bei Unterrichtsformen, in denen die Lernprozesse überwiegend von den Schülern selbst gesteuert werden (z.B. Projektunterricht, s.u.), spricht man dagegen von „schülerzentriertem Unterricht". Dabei überwiegen Lernmethoden wie selbstgesteuertes Lernen, kooperatives Lernen, problemorientiertes Lernen und Erfahrungslernen (Gasser, 2000; vgl. Tab. 17).

Lehrerzentrierter Unterricht

Schülerzentrierter Unterricht

▶ Tabelle 17: Lernmethoden im schülerzentrierten Unterricht (Gasser, 2000)

	Methodik	Beispiel
Selbstgesteuertes Lernen	Schüler wählen selbst die Lerninhalte aus, setzen sich Lernziele, steuern den Lernprozess und bewerten das Lernergebnis.	Die Schüler eines Kunstkurses entscheiden selbst, zu welchem Thema sie arbeiten wollen, welche künstlerischen Mittel sie dabei nutzen und nach welchen Kriterien die Bewertung erfolgen könnte.
Kooperatives Lernen	Schüler lernen zu zweit oder in Gruppen miteinander und voneinander.	Schüler sprechen miteinander auf Französisch über ihre Zukunftspläne, um den Gebrauch der Zeitform „futur composé" zu üben.
Problemorientiertes Lernen	Schüler gewinnen neue Einsichten durch die Bearbeitung realistischer Problemstellungen.	Eine Unterrichtseinheit zur Geometrie wird durch die Planung einer Parkanlage mit geometrischen Mustern anschaulich gemacht.

▶ Fortsetzung Tabelle 17

Erfahrungsorientiertes Lernen	Schüler lernen durch sinnliche Erlebnisse und durch eigenes Handeln in lebensnahen Kontexten.	Im Rahmen des Erdkundeunterrichts kochen die Schüler einer Klasse typische Gerichte aus Westafrika.

Lehrerzentrierter und schülerzentrierter Unterricht unterscheiden sich nicht nur in der Methodik, sondern auch hinsichtlich des *Führungsstils.*

Erklärung

Mit dem Begriff des Führungsstils wird das Verhalten derjenigen Personen beschrieben, die in Gruppen eine leitende oder strukturierende Funktion innehaben. Nach Lewin, Lippit und White (1939) wird zwischen autokratischem, demokratischem und *laissez-faire*-Führungsstil unterschieden. Beim autokratischen Führungsstil kontrolliert die leitende Person das Verhalten der Gruppenmitglieder weitgehend, während beim demokratischen Führungsstil alle Mitglieder an Entscheidungen beteiligt werden und der Leiter eine moderierende Rolle einnimmt. Beim *laissez-faire*-Führungsstil wirkt die nominell leitende Person nicht gezielt auf das Verhalten der Gruppenmitglieder ein.

Unterricht und Führungsstil

Beim lehrerzentrierten Unterricht überwiegt der autokratische Führungsstil, beim schülerzentrierten Unterricht der demokratische. Durch beide Führungsstile können im Gegensatz zum *laissez-faire*-Führungsstil gute Lernergebnisse erzielt werden, aber beim demokratischen Führungsstil wird zusätzlich die Autonomie der Schüler gefördert. Dadurch werden auch bei Abwesenheit des Lehrers gute Leistungen erbracht, was beim autokratischen Führungsstil nicht der Fall ist (von Grone & Petersen, 2002). Im Hinblick auf eine Förderung des lebenslangen Lernens ist daher einem schülerzentrierten, demokratischeren Unterrichtsstil der Vorzug zu geben. Dabei muss jedoch beachtet werden, dass jüngere oder weniger leistungsfähige Schüler nicht überfordert werden. Der Lehrer muss jeweils prüfen, ob in einer Klasse die Voraussetzungen für selbständiges, selbstgesteuertes Arbeiten gegeben sind. In Tabelle 18 werden die Merkmale des lehrer- und schülerzentrierten Unterrichts einander zusammenfassend gegenübergestellt.

Gefahr der Überforderung

	Lehrerzentrierter Unterricht	Schülerzentrierter Unterricht
Rolle des Lehrers	• zentrale Rolle bei der Auswahl der Lerninhalte • Steuerung von Interaktion und Arbeitsprozessen	• dezentrale Rolle als Helfer, Unterstützer, Vermittler, Beobachter und Berater
Rolle des Schülers	• eher passive Rolle • Rezipient	• zentrale, aktive Rolle • Subjekt des Geschehens
Methoden	• z.B. darbietender Unterricht, Lehrgang, Vorlesung	• z.B. Gruppenarbeit, Partnerarbeit, Projektarbeit
Führungsstil	• überwiegend autokratisch	• überwiegend demokratisch
Positive Wirkungen	• gute Lernergebnisse möglich • Kompensation fehlender kognitiver Fähigkeiten	• gute Lernergebnisse möglich • Förderung von Selbständigkeit und Transfer
Mögliche Probleme	• wenig Förderung von Autonomie und Transfer	• bei manchen Schülern Gefahr der Überforderung

▶ Tabelle 18: Lehrerzentrierter und schülerzentrierter Unterricht im Vergleich

Darbietender Unter-richt/Frontalunterricht

Darbietender Unterricht. Als eine der wichtigsten lehrerzentrierten Unterrichtsformen soll der darbietende Unterricht (auch als *Frontalunterricht* bezeichnet) näher vorgestellt werden.

Definition

Unter Frontalunterricht versteht man einen thematisch orientierten und überwiegend sprachlich vermittelten Unterricht, in dem die Klasse gemeinsam unterrichtet wird und der Lehrer die Arbeits-, Interaktions- und Kommunikationsprozesse steuert und kontrolliert (Meyer, 1987).

Effekte des darbietenden Unterrichts

Darbietender Unterricht gilt als eher konservative Lehrmethode und wird in der pädagogischen Literatur häufig kritisiert, weil ungünstige Auswirkungen auf die Motivation und die Lernleistung befürchtet werden. Vor allem in unteren Klassenstufen und bei weniger begabten Schülern wirkt sich diese Unterrichtsform jedoch keineswegs negativ auf den Lernerfolg aus: In Vergleichsstudien schneidet darbietender Unterricht nicht schlechter ab als kooperative Unterrichtsformen (Horak, 1992; Pörschke, 1999). Jüngere und weniger leistungsfähige Schüler werden durch moderne Unterrichtsformen, die zumeist ein hohes Maß an Selbststeuerung und den selbständigen Einsatz von Lernstrategien verlangen, häufig überfordert. Frontalunterricht kompensiert mangelnde Selbststeuerungsfähigkeiten und ersetzt die spontane Anwendung von Lernstrategien (z.B. durch die explizite Wiederholung und Aufarbeitung von Inhalten).

Merksatz

Von direkter Unterweisung können insbesondere jüngere und weniger begabte Schüler profitieren, da der Unterricht Defizite bei den kognitiven Fertigkeiten kompensiert.

Leider werden die durchaus vielfältigen Möglichkeiten des Frontalunterrichts von den Lehrern häufig nicht ausgeschöpft, was zu Monotonie führt und die Unterrichtsqualität beeinträchtigt (Bastian, 1990). Durch die Einhaltung bestimmter didaktischer Regeln kann die Qualität von darbietendem Unterricht jedoch verbessert werden (Winkel, 1990; vgl. Kasten 17).

Unterrichtsqualität durch Methodenvielfalt

▶ **Kasten 17: Regeln für einen guten Frontalunterricht (nach Winkel, 1990)**

- **Einfache, klare und eindeutige Sprache:** Kurze Sätze mit einfachen Wörtern werden leichter verstanden als komplizierte Satzgebilde voller Fremdwörter. Neue Konzepte sollten immer erst in eigenen Worten erläutert werden, anschließend kann der Fachbegriff eingeführt werden.

- **Langsames, deutliches und verständliches Sprechen:** Auch die Schüler in der hintersten Reihe sollen verstehen können, was vorne gesprochen wird.

- **Einsatz des ganzen Körpers:** Mimik, Gestik, Körpersprache und Bewegungen unterstützen den Vortrag und lenken die Aufmerksamkeit der Lernenden.

- **Nutzung des Raums:** Beim Vortragen sollte man die Position im Raum flexibel wechseln und nicht wie festgenagelt an einem Platz stehen oder sitzen – Letzteres wirkt steif und wenig lebendig.

- **Interessante und abwechslungsreiche Gestaltung des Vortrags:** Dies kann zum Beispiel durch auflockernde Beispiele und spannende oder erheiternde Anekdoten geschehen. Hilfreich ist auch der gezielte Einsatz von Betonung und Redepausen.

- **Interpretation von Störungen als Protest gegen einen schlechten Frontalunterricht:** Nur gut gestalteter Unterricht erregt das Interesse der Lerner und fesselt ihre Aufmerksamkeit dauerhaft. Bei Störungen sind diese Voraussetzungen nicht erfüllt.

- **Wechsel der Unterrichtsgestaltung:** Ausschließlicher Frontalunterricht wirkt monoton. Ideal ist ein Wechsel zwischen Frontalunterricht und interaktiven oder kooperativen Unterrichtselementen.

Diese allgemeinen Regeln lassen sich auch auf andere Formen der gezielten Wissensvermittlung anwenden. Der Lernerfolg bei direkten Unterrichtsformen kann zusätzlich durch die Nutzung von Erkenntnissen der Lern- und Gedächtnisforschung gefördert werden. Nach der Strategie der dualen Verarbeitung von Paivio (1986) ist es vorteilhaft, wenn Lerninhalte zugleich auf verschiedene Weisen präsentiert werden (z.B. indem ein Vortrag durch Bild- oder Videomaterial unterstützt wird). Da auch die Tiefe der Verarbeitung (Elaboration) die Behaltensleistung wesentlich fördert (Craik & Lockhart, 1972), sollten Lerninhalte nicht nur vom Lehrer präsentiert werden, sondern Schüler sollten die Gelegenheit haben, mit den neuen Inhalten selbst aktiv umzugehen – zum Beispiel durch die Herstellung von Schaubildern oder durch das Schreiben eigener Texte zum Thema.

Probleme des lehrerzentrierten Unterrichts. Ein bedeutsames Problem lehrerzentrierter Unterrichtsformen besteht darin, dass die Schüler dabei nicht ausreichend zum selbständigen Lernen angeregt werden. Zudem wird häufig die mangelnde Flexibilität der Schüler im Umgang mit den gelernten Inhalten beklagt, die auf die fehlende Auseinandersetzung mit realistischen Problemstellungen zurückzuführen ist. Man spricht in diesem Zusammenhang auch von „trägem Wissen", das zwar im Gedächtnis gespeichert ist, aber nicht praktisch angewendet werden kann (Renkl, 1996).

Die Fähigkeit zum selbständigen Lernen und die Fähigkeit zur Übertragung des Gelernten auf neue Situationen stellen jedoch Schlüsselkompetenzen dar, die den beruflichen Erfolg wesentlich beeinflussen und daher schon während der Schulzeit erworben werden müssen. Schülerzentrierte Unterrichtsformen wie kooperatives, problemorientiertes und erfahrungsbezogenes Lernen werden als Möglichkeiten gesehen, um im Rahmen des schulischen Unterrichts Lernmotivation, Autonomie, Lernkompetenzen und Transferfähigkeit zu fördern. Als Beispiel für eine schülerzentrierte Unterrichtsform soll im Folgenden der Projektunterricht beschrieben werden.

Projektunterricht als Alternative. Projektunterricht stellt ein besonders gutes Beispiel für eine alternative Unterrichtsgestaltung dar, da er praktisch alle Aspekte schülerzentrierten Lernens auf sich vereinigt und sich auf jedes Schulfach anwenden lässt. Bei dieser Unterrichtsform arbeiten Schüler über einen gewissen Zeitraum selbständig an einem konkreten Projekt.

Definition

Unter einem Projekt versteht man die Planung und Realisierung eines konkreten, inhaltlich und zeitlich umgrenzten Vorhabens.

Es wird angenommen, dass sich durch die Beschäftigung mit realistischen, konkreten Projekten leichter sinnvolle Zusammenhänge zwischen Lerninhalten herstellen lassen als beim Lernen abstrakter fachlicher Inhalte (Gudjons, 2001). Das Konzept beruht ursprünglich auf Deweys (1916/2000) pragmatischer Philosophie des *„learning by doing"*. Deweys Auffassung zufolge sind nur praktische Erfahrungen als nützlich und wertvoll anzusehen, während theoretisches Wissen kaum in Handlungen umgesetzt wird und daher wertlos bleibt. Der Projektunterricht stellt eine Möglichkeit dar, das Konzept des *learning by doing* im schulischen Kontext zu realisieren. Projektunterricht als Methode zeichnet sich durch eine Reihe charakteristischer Merkmale aus (Gudjons, 2001; vgl. Kasten 18).

Learning by doing

▶ Kasten 18: Merkmale des Projektunterrichts (Gudjons, 2001)

- **Situations- und Umweltorientierung statt Fächerorientierung:** Projektunterricht orientiert sich nicht an der Systematik der wissenschaftlichen Disziplinen, sondern an der Bewältigung realer Lebenssituationen.
- **Orientierung an den Interessen der Schüler:** Die Interessen und Bedürfnisse der Schüler werden im Projekt berücksichtigt. Sie werden an der Auswahl der Inhalte und der methodischen Vorgehensweisen beteiligt.
- **Selbstorganisation und Selbstverantwortung:** Die Schüler übernehmen selbst die Verantwortung für die ihnen übertragenen Aufgaben im Rahmen des Projekts. Der Lehrer hat eher beratende als leitende Funktionen.
- **Praxisrelevanz:** Das Projekt sollte eine gesellschaftlich anerkannte Bedeutung haben und nicht lediglich der Unterhaltung der Beteiligten dienen.
- **Zielgerichtetheit:** Das Projekt hat ein klares Ziel, an dem sich alle Handlungsschritte orientieren. Alle Vorgänge verlaufen geplant und kontrolliert.
- **Produktorientierung:** Das Ziel der Projektarbeit ist ein Produkt. Dazu gehören sichtbare Produkte wie Kunstgegenstände oder Theateraufführungen, aber auch innere Produkte wie der Gewinn von Fertigkeiten (z.B. Segelschein) oder persönlicher Erkenntniszuwachs.
- **Einbeziehung mehrerer Sinne:** Der Projektunterricht integriert Kopf- und Handarbeit und spricht möglichst viele Sinne zugleich an. Es handelt sich daher um eine ganzheitliche Lernform.

▶ **Fortsetzung Kasten 18**

- **Soziales Lernen:** Beim Projektunterricht arbeiten die Schüler miteinander und lernen voneinander. Auf diese Weise werden zugleich fachliches Wissen und soziale Kompetenzen erworben.
- **Interdisziplinäre Ausrichtung:** Im Projektunterricht kann ein Lerninhalt aus der Sicht unterschiedlicher Fächer zugleich betrachtet werden, so dass ein flexibler Umgang mit dem Lernobjekt gefördert wird.

Phasen der Projektarbeit

Projektarbeit folgt in den meisten Fällen einem bestimmten Ablaufschema, das sich in fünf Phasen gliedern lässt (Frey, 2002). Das Projekt wird entweder von außen (z.B. durch den Lehrer oder einen externen Auftraggeber) oder von innen angeregt (z.B. Wunsch der Schüler, den Pausenhof neu zu gestalten). Die Mitglieder des Projekts beschließen gemeinsam, ob diese Anregung aufgenommen wird, und setzen sich ein konkretes Ziel. In der nächsten Phase wird das Projekt in einzelne Arbeitsgebiete und -schritte aufgeteilt. Die einzelnen Schritte werden konkret geplant, Arbeitsgruppen werden

Abb. 34

Phasen der Projektarbeit nach Frey (2002)

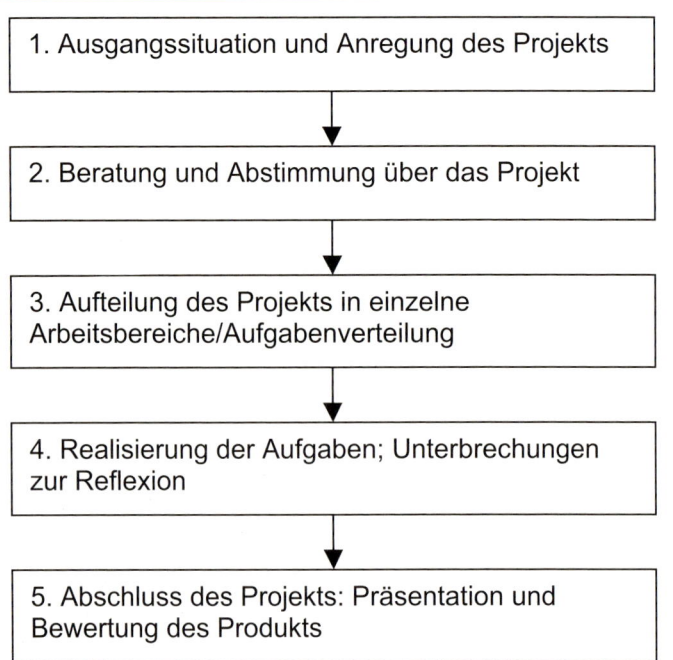

1. Ausgangssituation und Anregung des Projekts

2. Beratung und Abstimmung über das Projekt

3. Aufteilung des Projekts in einzelne Arbeitsbereiche/Aufgabenverteilung

4. Realisierung der Aufgaben; Unterbrechungen zur Reflexion

5. Abschluss des Projekts: Präsentation und Bewertung des Produkts

gebildet und Aufgaben verteilt. In der nächsten Phase erfolgt die Bearbeitung der Aufgaben, die durch Phasen der Reflexion unterbrochen wird. Das Projekt wird schließlich zu einem festgesetzten Zeitpunkt oder beim Erreichen des vereinbarten Ziels abgeschlossen und das Produkt wird bewertet (vgl. Abb. 34).

Beispiel

Eine Schulklasse wählt als Projektarbeit für ein Halbjahr die Inszenierung eines Theaterstücks von Shakespeare. An diesem Projekt arbeiten sie im Rahmen verschiedener Fächer: Im Englischunterricht beschäftigen sie sich mit dem Aufbau des Stücks und mit dem Leben und Werk Shakespeares; im Geschichtsunterricht erforschen die Schüler die politischen und sozialen Bedingungen zur Zeit des Dichters; im Kunstunterricht wird das Bühnenbild hergestellt und im Handarbeitsunterricht werden die Kostüme entworfen und geschneidert. Gruppen von jeweils vier Schülern arbeiten an einer bestimmten Aufgabe und tragen selbst die Verantwortung dafür, dass die Aufgabe in der festgesetzten Zeit erfüllt wird. In regelmäßigen Abständen informieren alle Kleingruppen die anderen über den Stand ihrer Arbeit, und bei Bedarf werden neue Absprachen getroffen. Am Ende des Halbjahrs wird das Stück vor der gesamten Schule und den Eltern aufgeführt.

Bei all seinen Vorzügen hat der Projektunterricht auch Grenzen, die bei der Anwendung dieser Methode in schulischen Kontexten berücksichtigt werden müssen (Gudjons, 2001). Die in der Schule geforderte Orientierung an den wissenschaftlichen Fächern darf nicht vernachlässigt werden, da die Schule (vor allem in der Oberstufe) auch der Vorbereitung auf wissenschaftliches Forschen und Arbeiten dient. Vorgegebene Lernziele oder verbindliche Prüfungsthemen (z.B. beim Zentralabitur) können mit Projektunterricht unvereinbar sein. Aus pragmatischen Gründen kann es daher sinnvoll sein, Phasen des Projektunterrichts mit fachbezogene Lehrgängen und Frontalunterricht abzuwechseln. *Grenzen des Projektunterrichts*

Probleme des schulischen Lernens. Probleme des schulischen Lernens können auf der Ebene einzelner Schüler, der Ebene ganzer Klassen und Schulen oder auf der Ebene des gesamten Schulsystems betrachtet werden (vgl. Bovet & Huwendiek, 2000). Beim einzelnen Schüler können Lernschwierigkeiten durch Überforderung, Schulangst und Motivationsverlust entstehen. Auf der Klassenebene können Konflikte zwischen Schülern oder Interaktionsschwierigkeiten zwischen Lehrer und Schülern das Lernen behindern, und auf der *Mögliche Probleme auf verschiedenen Ebenen*

Ebene der Schule kann sich durch ungünstige sozioökonomische Voraussetzungen, Kriminalität oder Drogen ein schlechtes Lernklima entwickeln. Diese Probleme betreffen jedoch immer nur einzelne Schüler, Klassen oder Schulen und können durch lokal begrenzte Maßnahmen bewältigt werden (z.b. Lernhilfen für einzelne Schüler; Verhaltenstrainings für Schulklassen; Weiterbildung für Lehrer).

Lehren aus PISA und TIMSS

Die Lösung von Problemen auf der Ebene des Schulsystems erfordert dagegen umfassende Maßnahmen. Durch nationale und internationale Vergleichsstudien wie PISA (Programme for International Student Assessment) oder TIMSS (Dritte Internationale Mathematik- und Naturwissenschaftsstudie) wurden in den letzten Jahren Probleme des deutschen Schulsystems aufgezeigt (z.b. Baumert, Artelt, Klieme & Stanat, 2001; Baumert, Bos & Lehmann, 2000). Deutsche Schüler erbrachten im Vergleich mit anderen Ländern nur mittelmäßige Leistungen. Zusätzlich zeigte sich, dass der Lernerfolg bei deutschen Schülern in zu hohem Maß von sozioökonomischen Variablen bestimmt wurde (Geissler, 2004). Die Ursachen für diese Probleme wurden teilweise in den schulischen Rahmenbedingungen und teilweise in der Gestaltung des Unterrichts vermutet.

Problem: Unregelmäßiger Unterricht

Schulisches Lernen als hochgradig institutionalisierte Lernform wird (abgesehen von der Auswahl der Lerninhalte und der didaktischen Gestaltung des Unterrichts) in besonderem Maße durch die Rahmenbedingungen der Organisation „Schule" bestimmt. In Studien wurde beispielsweise nachgewiesen, dass längere Unterbrechungen im Unterricht den Lernprozess beeinträchtigen und zu Wissensverlusten führen. Dies gilt besonders für die Ferien, aber auch für den teilweise unregelmäßigen Unterricht in den Naturwissenschaften. Wichtige Fächer wie Biologie, Chemie und Physik werden an deutschen Schulen häufig nicht durchgehend unterrichtet, sondern wechseln halbjährlich oder jährlich. Während dieser Ausfallzeiten werden Lerninhalte vergessen, und beim Wiedereinstieg fällt die Anknüpfung an das bereits Gelernte schwer (Köller & Baumert, 2003). Um für alle Fächer mehr Unterrichtszeit bereitzustellen, wird daher seit einiger Zeit erwogen, mit der schulischen Ausbildung früher zum beginnen (z.b. ab dem vierten oder fünften Lebensjahr) und vermehrt Ganztagsunterricht einzuführen. Auch eine variablere Regelung der Einschulung steht zur Diskussion, da der auf das Alter von sechs Jahren festgesetzte Zeitpunkt für den Beginn der schulischen Ausbildung nicht allen Kindern gerecht wird. Wäh-

Problem: Mangelnde Flexibilität

rend manche Kinder bereits mit fünf oder sogar vier Jahren die kognitiven Fertigkeiten und die nötige soziale Reife aufweisen, um von systematischem Unterricht profitieren zu können, benötigen andere Kinder mehr Zeit oder bedürfen einer intensiveren Förderung in bestimmten Bereichen. Die Möglichkeit eines flexiblen Übergangs vom Kindergarten zur Grundschule könnte bei diesem Problem Abhilfe schaffen. Auch die wichtige Frage, ab wann der Unterricht in Fremdsprachen frühestens beginnen sollte, wird vermutlich durch eine flexible Regelung am besten zu lösen sein: Jedes Kind sollte auf seinem Niveau und in seinem eigenen Tempo lernen können.

Von besonderer Bedeutung ist weiterhin die in Deutschland relativ früh erfolgende Aufteilung der Schüler in *leistungshomogene Gruppen*, die unterschiedliche Schulformen besuchen. Diese Trennung findet in den Ländern der erfolgreicheren PISA-Teilnehmer wie Schweden, Dänemark und Norwegen deutlich später statt. Ob eine Aufteilung der Schüler nach dem Leistungsniveau den Lernerfolg prinzipiell fördert oder eher behindert, ist jedoch umstritten (Köller & Baumert, 2003). Einige Befunde sprechen zwar dafür, dass zumindest begabte Schüler von leistungshomogenen Gruppen profitieren. Dennoch wird befürchtet, dass durch die Aufteilung schon am Ende der vierten Klasse viel zu früh Entscheidungen über den weiteren Bildungs- und Lebensweg von Kindern getroffen werden, die sich nur noch schwer revidieren lassen. Weitere Studien sind erforderlich, um die Auswirkungen der frühen Selektion differenziert zu bestimmen.

Problem: Sehr frühe Aufteilung auf die Schulformen

> **Merksatz**
>
> Der unregelmäßige Unterricht in manchen Fächern, unflexible Regelungen zum Beispiel bei der Einschulung oder beim Fremdsprachenunterricht und die sehr früh erfolgende Aufteilung in leistungshomogene Gruppen gelten als wesentliche Probleme des deutschen Schulsystems.

Förderung von schulischem Lernen. Ähnlich wie bei der Förderung von lebenslangem Lernen existieren auch für die Förderung des schulischen Lernens drei wesentliche Ansatzpunkte: die schulischen Rahmenbedingungen, die kognitiven Fähigkeiten der Schüler und die Motivation der Schüler. Die Optimierung der schulischen Rahmenbedingungen setzt neben der Bereitstellung finanzieller und personeller Ressourcen vor allem ein umfassendes Wissen über die Effekte der verschiedenen Alternativen voraus. Im Hinblick auf diese Fragen besteht noch großer Forschungsbedarf. Wichtige alternative Konzepte, deren Bedeutung und deren Konsequenzen empirisch geprüft werden müssen, sind zum Beispiel

Ansatzpunkte zur Förderung von schulischem Lernen

Mehr Forschung ist nötig

- der Unterricht in leistungshomogenen Gruppen gegenüber dem Unterricht gemischten Lerngruppen,
- die frühe Selektion gegenüber einer späteren Differenzierung der Schulformen,
- Halbtags- oder Ganztagsunterricht,
- die Wahl eines festen Zeitpunkts für die Einschulung oder einer flexiblen Lösung,
- die Einführung von Fremdsprachenunterricht schon in der Grundschule oder erst in der weiterführenden Schule.

Die Förderung des schulischen Lernens auf der individuellen Ebene (d.h. der Ansatz bei den Schülern) kann analog zur Förderung lebenslangen Lernens mithilfe von direkten und indirekten Ansätzen erfolgen. Unter den direkten Ansätzen ist die Vermittlung von Lernstrategien als Interventionsmöglichkeit hervorzuheben. Insbesondere jüngere Schüler und Kinder mit Lernstörungen generieren zu wenige Lernstrategien oder wenden Strategien zu selten an (Lauth & Schlottke, 2005). Es wird angenommen, dass sich die gezielte Vermittlung von Lernstrategien durch Trainings bei diesen Schülergruppen nachhaltig auf den Lernerfolg auswirken kann. Ein Beispiel für ein solches Training wird in Kasten 19 dargestellt.

Vermittlung von Lernstrategien

> ► **Kasten 19: Vermittlung von Lernstrategien im Rahmen des Lern- und Arbeitsverhaltenstrainings (Keller, Binder & Thiel, 1997)**
>
> Das Lern- und Arbeitsverhaltenstraining (LAT) für Schüler ab 14 Jahre zielt auf die Förderung der Motivation, der Lernorganisation, der Gedächtnisleistung und der Konzentration. Das Programm kann bei einzelnen Schülern, bei Schülergruppen und mit präventiver Zielsetzung auch bei ganzen Schulklassen angewendet werden.
> Das LAT umfasst vier Trainingseinheiten:
> - **Motivation:** Lernen, sich selbst zum Lernen zu motivieren (z.B. durch die Formulierung eigener Ziele, Selbststeuerung mit Tagesprotokollen, Herstellung von Verbindungen zu eigenen Interessen).
> - **Organisation:** Optimale Gestaltung der äußeren Lern- und Arbeitsbedingungen (z.B. durch Zeitplanung, lernförderliche Gestaltung des Arbeitsplatzes, Vermeidung von Ablenkungen).
> - **Gedächtnis, Lernen und Lesen:** Vermittlung von Strategien, um den Lernstoff besser zu behalten und effektiver aus Texten zu lernen (z.B. durch Verständnishilfen, Gedächtnistechniken, systematische Wiederholung des Lernstoffs).

▶ Fortsetzung Kasten 19

- **Konzentration:** Herstellung der für das Lesen, Lernen und Arbeiten notwendigen Aufmerksamkeit (z.B. durch Selbstinstruktionen, Wechsel der Lernstrategien, Einfügen von Pausen).

Die Gestaltung der schulischen Lernkontexte sollte sich in stärkerem Maße als bisher an den oben dargestellten Prinzipien des schülerzentrierten Unterrichts orientieren, um die Lernmotivation aufrechtzuerhalten, die Selbständigkeit der Schüler zu erhöhen und ihre Fähigkeit zum Transfer des Gelernten zu fördern. Die Lehrpläne sollten sich gezielter an den Anforderungen des Berufslebens orientieren, um Schüler praxisnah auf das spätere Leben vorzubereiten. Durch den vermehrten Einsatz flexibler, lebensnaher Unterrichtsmethoden wie die des Projektunterrichts können diese Ziele realisiert werden. Hilfreich ist dabei die enge Zusammenarbeit mit anderen Organisationen (z.B. regionale Unternehmen), die den Schulen Forschungs- oder Entwicklungsaufträge erteilen können.

Förderung von Motivation, Selbständigkeit und Transferfähigkeit durch stärker schülerzentrierten Unterricht

Beispiel

Im Rahmen des Netzwerks TheoPrax® wird seit einigen Jahren die Idee der Zusammenarbeit zwischen Schulen und Unternehmen verwirklicht. TheoPrax® ist eine Lehr- und Lernmethode mit dem Ziel, Wirtschaft und Ausbildung durch Projektarbeit miteinander zu verbinden (Krause & Eyerer, 2004). Das Konzept wird seit 1996 entwickelt und besteht aus einem Netzwerk von etwa 60 Firmen und über 60 allgemeinbildenden Schulen an verschiedenen Standorten in Deutschland. Weiterhin sind mehrere Kommunen, zahlreiche Vereine und Verbände sowie Hochschulen beteiligt. Die Unternehmen vergeben konkrete Aufträge an die Schulen oder Hochschulen, die im Rahmen des Projektunterrichts bearbeitet werden. Die Themen für mögliche Projekte sind breit gefächert und reichen von der Erstellung einer interaktiven Homepage bis zur Verbesserung eines emissionsfreien Fahrzeugs oder zur Entwicklung einer Methode, um Holz aufzuschäumen. Von dieser Form der Zusammenarbeit profitieren beide Seiten: die Schüler durch realistische und herausfordernde Tätigkeiten und die Unternehmen durch die Kreativität und den unvoreingenommenen Blick der Schüler. Seit 1996 wurden im Rahmen von TheoPrax® bereits über 300 Projekte erfolgreich abgeschlossen.

Lernen in der Kinderpsychotherapie   8.2.3

Psychische Abweichungen oder Fehlentwicklungen im Kindesalter äußern sich vielfach in Auffälligkeiten und Störungen des Verhal-

Verhaltensmodifikation

tens, durch die auch die Umwelt der betroffenen Kinder stark beeinträchtigt werden kann (z.B. bei aggressivem oder hyperaktivem Verhalten). Ein zentrales Anliegen der Kinderpsychotherapie besteht daher in der Veränderung kindlichen Verhaltens (Neulernen, Umlernen und Verlernen von Verhaltensweisen), was auch als Verhaltensmodifikation bezeichnet wird (Petermann & Petermann, 2006a). In der Kinderpsychotherapie werden verschiedene Methoden der Verhaltensmodifikation eingesetzt, die letztlich auf den in den vorangegangenen Kapiteln dargestellten Lerntheorien beruhen. Die Psychotherapie bei Kindern stellt daher einen besonders wichtigen Anwendungsbereich lerntheoretischer Prinzipien in der klinischen Praxis dar. Grundsätzlich geht es darum, unerwünschte oder störende Verhaltensweisen abzubauen und erwünschtes Verhalten aufzubauen. Neben traditionellen Ansätzen (klassische und operante Konditionierung) werden auch kognitive, emotionale und soziale Komponenten des Lernens berücksichtigt (vgl. Tab. 19).

Abbau unerwünschter und Aufbau erwünschter Verhaltensweisen

▶ Tabelle 19: Lernprinzipien und Methoden der Kinderverhaltenstherapie (modifiziert nach Petermann & Petermann, 2006a)

Lernprinzipien	Methoden der Kinderverhaltenstherapie
1. Klassisches Konditionieren	
Lernen bedingter Reaktionen	• Entspannungstraining
Gegenkonditionierung	• Systematische Desensibilisierung
Löschung (Extinktion)	• Expositionsbehandlung (Flooding)
2. Operantes Konditionieren	
Belohnung	• Bekräftigung (kontingent und intermittierend)
	• Handlungsverstärker (Premack-Prinzip)
	• Verhaltensformung (Shaping)
	• Verhaltensverkettung (Chaining)
	• Differentielle Verstärkung
	• Verstärker-, (Token-)pläne
Bestrafung	• Bestrafung (direkt und indirekt durch Verstärkerentzug)
	• Auszeit (Time-out)
	• Ignorieren
3. Diskriminationslernen	
Reizdiskrimination	• Reizkontrolle
	• Wahrnehmungstraining

▶ **Fortsetzung Tabelle 19**

| Reaktionsdiskrimination | • Problemlösetraining |
| | • Verhaltenstraining |

4. Modelllernen

Symbolisches Modelllernen	• Modelllernen durch Medien (z.B. Video)
Teilnehmendes Modelllernen	• Beobachtungslernen in der Therapiesituation
	• Beobachtungslernen in Alltagssituationen

5. Sozial-kognitives Lernen

Selbstkontrolle	• Selbstbeobachtung und Selbstbewertung
	• Selbstverstärkung
	• Gedankenstopp
Kognitive Umstrukturierung	• Selbstinstruktion, Selbstverbalisation

6. Selbstwirksamkeit und Kontrollerfahrung

Ergebniserwartung	• Verhaltensvertrag
Wirksamkeits- und	• Sozialverhaltenstraining, soziales
Kontrollerwartung	Kompetenztraining
	• Selbstsicherheitstraining
	• Verhaltensübung, Rollenspiel

Die Auflistung in Tabelle 19 soll keinen Anspruch auf Vollständigkeit erheben, sondern einige typische Beispiele für den Einsatz von Lernprinzipien als Grundlage für Techniken und Verfahren in der Kinderpsychotherapie vorstellen und einen Eindruck von der Vielfältigkeit der Anwendungsmöglichkeiten vermitteln.

Einige der in Tabelle 19 aufgeführten Techniken sollen im Folgenden exemplarisch vorgestellt werden. Grundlage für die Auswahl eines speziellen Vorgehens bei der Therapie ist in jedem Fall eine sorgfältige Verhaltensanalyse.

Merksatz

Eine Methode der Kinderpsychotherapie kann mehreren Lernprinzipien folgen, und dasselbe Lernprinzip kann in verschiedenen Methoden zur Anwendung gelangen (Petermann & Petermann, 2006a).

Verhaltensanalyse. Die Verhaltensanalyse dient dazu, die auslösenden und aufrechterhaltenden Bedingungen eines unerwünschten Verhaltens zu bestimmen, um auf diese Weise Ansätze für Interventionen abzuleiten (Döpfner, Lehmkuhl, Petermann & Scheithauer, 2002; Schulte, 2005). Sie steht darum am Anfang jedes therapeutischen Prozesses. Ebenso wie die einzelnen verhaltenstherapeutischen Strategien beruht die Verhaltensanalyse auf den

Verhaltensanalyse

SORKC-Modell

grundlegenden Lerntheorien (insbesondere des klassischen und operanten Konditionierens). Das Grundmuster der Verhaltensanalyse bildet das so genannte SORKC-Modell (Schulte, 1996; vgl. Abb. 35). In diesem Modell werden folgende Variablen berücksichtigt: Reize oder Stimuli (S), Organismusvariablen (= O), Reaktionen (= R), Kontingenzen (= K) und Konsequenzen (= C).

Abb. 35

Struktur des Lernens in der SORKC-Formel der Verhaltensanalyse (modifiziert nach Petermann, 2006, S. 76f.

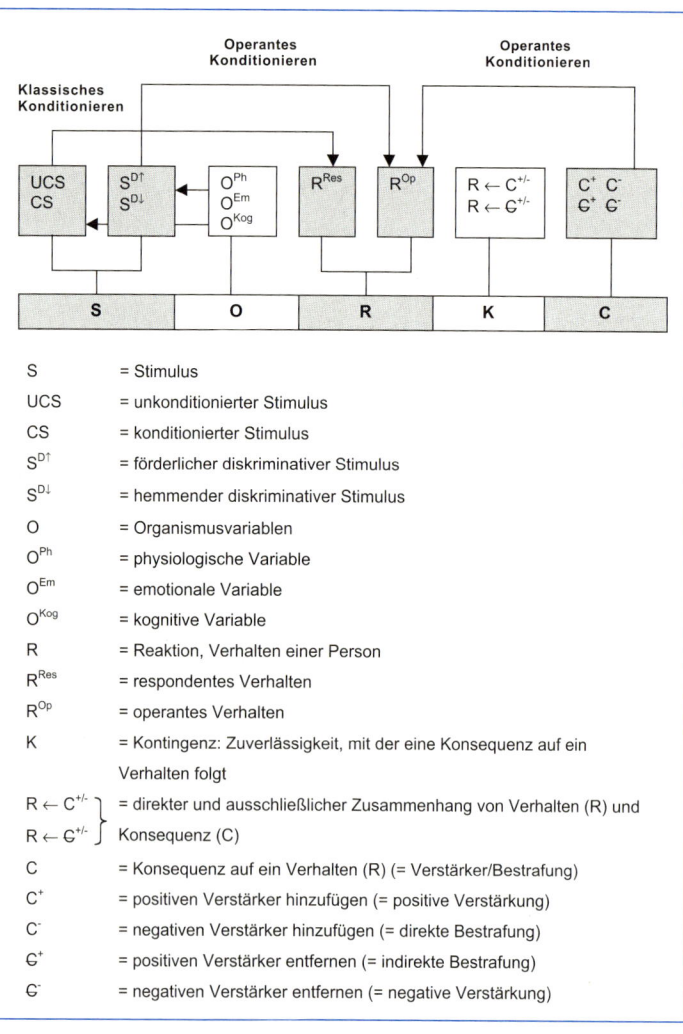

S	= Stimulus
UCS	= unkonditionierter Stimulus
CS	= konditionierter Stimulus
$S^{D\uparrow}$	= förderlicher diskriminativer Stimulus
$S^{D\downarrow}$	= hemmender diskriminativer Stimulus
O	= Organismusvariablen
O^{Ph}	= physiologische Variable
O^{Em}	= emotionale Variable
O^{Kog}	= kognitive Variable
R	= Reaktion, Verhalten einer Person
R^{Res}	= respondentes Verhalten
R^{Op}	= operantes Verhalten
K	= Kontingenz: Zuverlässigkeit, mit der eine Konsequenz auf ein Verhalten folgt
$R \leftarrow C^{+/-}$ $R \leftarrow \mathcal{C}^{+/-}$	= direkter und ausschließlicher Zusammenhang von Verhalten (R) und Konsequenz (C)
C	= Konsequenz auf ein Verhalten (R) (= Verstärker/Bestrafung)
C^{+}	= positiven Verstärker hinzufügen (= positive Verstärkung)
C^{-}	= negativen Verstärker hinzufügen (= direkte Bestrafung)
$\mathcal{C}^{+}$	= positiven Verstärker entfernen (= indirekte Bestrafung)
$\mathcal{C}^{-}$	= negativen Verstärker entfernen (= negative Verstärkung)

Im SORKC-Modell werden unkonditionierte und konditionierte Reize, die zum Bereich des klassischen Konditionierens gehören, von diskriminativen Reizen differenziert, die Hinweisreize für operantes Verhalten darstellen. Unter Organismusvariablen versteht man alle individuellen Faktoren, die das Verhalten beeinflussen, zum Beispiel frühere Lernerfahrungen, Temperament und Motivation. Im Hinblick auf die Reaktionen wird zwischen responsivem und operantem Verhalten unterschieden. Responsives Verhalten erfolgt im Sinne des klassischen Konditionierens auf einen Reiz, während operantes Verhalten durch unmittelbar nachfolgende Reize gesteuert wird. Die Variable Kontingenz bezieht sich auf den Zusammenhang zwischen operanten Reaktionen und Verhaltenskonsequenz und auf die Regeln, nach denen die Verhaltenskonsequenzen auftreten (z.B. kontinuierlich vs. intermittierend). Zu den Konsequenzen zählen positive und negative Verstärker, die jeweils gegeben oder aber entzogen werden können. Um im Rahmen der Verhaltensanalyse festzustellen, welche Verstärker ein Fehlverhalten verursachen oder aufrechterhalten, können verschiedene Informationsquellen herangezogen werden, zum Beispiel die Befragung des betroffenen Kindes oder der Eltern, durch Fragebögen oder durch Beobachtungen im Alltag.

Auf der Grundlage der Verhaltensanalyse können durch individuell zugeschnittene Interventionen unerwünschte Verhaltensweisen bei Kindern abgebaut und erwünschtes Verhalten aufgebaut werden. Um zum Beispiel störendes und Aufmerksamkeit forderndes Verhalten zu reduzieren, wird die Methode der Löschung verwendet. Angststörungen werden mit Verfahren wie Exposition, systematischer Desensibilisierung oder Gegenkonditionierung behandelt. Erwünschtes Verhalten kann bei Kindern durch positive Bekräftigung, durch Diskriminationslernen und durch Modelllernen aufgebaut werden. Diese Methoden sollen im Folgenden als Beispiele für Vorgehensweisen in der Kinderpsychotherapie vorgestellt werden.

Abbau von unerwünschten Verhaltensweisen. Um unerwünschte Verhaltensweisen wie störendes oder ängstliches Verhalten im Kindesalter zu reduzieren, stehen verschiedene therapeutische Methoden zur Verfügung, die auf den Lerntheorien des operanten und klassischen Konditionierens basieren. Einige dieser Methoden sollen exemplarisch vorgestellt werden. Wichtig ist unter anderem die Methode der Löschung (vgl. Kap. 4), die vor allem zum Abbau von störendem und Aufmerksamkeit forderndem Verhalten eingesetzt

Abbau von unerwünschtem Verhalten

wird. Im Rahmen der Behandlung von ängstlichem Verhalten werden die Methoden der Expositionstherapie, der systematischen Desensibilisierung und der Gegenkonditionierung verwendet (Petermann, Essau & Petermann, 2002).

Löschung

Löschung. Die Methode der Löschung von unerwünschtem Verhalten beruht darauf, diesem Verhalten die aufrechterhaltenden Verstärker zu entziehen. Statt unerwünschten Verhaltensweisen nachzugeben und sie damit unbeabsichtigt zu verstärken (z.B. wird im Supermarkt gekauft, was das Kind will, weil es lauthals schreit), muss das Verhalten durch konsequentes Ignorieren gelöscht werden. Bei der Löschung handelt es sich um eine anspruchsvolle Methode der Verhaltensbeeinflussung, die von den durchführenden Eltern, Erziehern oder Lehrern ein hohes Maß an Erziehungskompetenz verlangt (Petermann & Petermann, 2006a). Richtig angewendet handelt es sich jedoch um eine äußerst wirksame, langfristig erfolgreiche und im Vergleich zur Bestrafung „nebenwirkungsarme" Form der Verhaltensmodifikation (vgl. Kap. 4.3.3).

Voraussetzungen

Drei Voraussetzungen sind für die erfolgreiche Anwendung der Methode wichtig: Das unerwünschte Verhalten muss durch äußere Verstärker bedingt sein, diese müssen kontrollierbar sein und die Intervention muss konsequent durchgeführt werden (vgl. Kasten 20).

▶ **Kasten 20: Voraussetzungen für die Anwendung der Methode der Löschung**

- **Das Verhalten muss durch äußere Verstärker bedingt sein.** Wenn ein Kind beispielsweise draußen im Schmutz spielt, weil ihm diese Aktivität ganz unabhängig von den Konsequenzen einfach Spaß macht, wird Ignorieren keine geeignete Maßnahme zur Verhaltensänderung darstellen.
- **Die Verstärker müssen kontrollierbar sein.** Wenn ein Kind in der Schulklasse den Clown spielt, um damit die Aufmerksamkeit des Lehrers zu gewinnen, kann dieser reagieren, indem er das Verhalten einfach ignoriert. Schwieriger ist es jedoch, wenn das Kind die Aufmerksamkeit der anderen Kinder auf sich ziehen will. Um das Fehlverhalten zu reduzieren, müssen alle Schüler mit dem Lehrer kooperieren, was unter Umständen schwierig zu erreichen ist.
- **Konsequenz bei der Durchführung.** Wenn dem unerwünschten Verhalten die gewohnten Verstärker entzogen werden, so reagiert das Kind zunächst mit einer Intensivierung des Verhaltens, um doch noch zum Erfolg zu kommen. Bezogen auf das Beispiel des „Klassenclowns" bedeutet dies, dass das Kind zu Beginn der Maßnah-

▶ Fortsetzung Kasten 20

me noch häufiger als vorher den Clown spielen wird. Erst bei konsequenter Weiterführung des Ignorierens wird gelernt, dass das Verhalten nicht mehr verstärkt wird, und es wird in seiner Häufigkeit abnehmen.

Expositionstherapie. Reizexposition als Therapieform bei Ängsten beruht auf der lernpsychologischen Grundlage der Habituation (vgl. Kap. 3.1). Das Grundprinzip besteht darin, Kinder mit einer Angststörung in kontrollierter Form so lange dem kritischen Reiz auszusetzen, bis die ängstliche Reaktion nachlässt. Dabei muss gewährleistet sein, dass das Kind die emotionale Belastung noch bewältigen kann und dass die befürchteten Konsequenzen nicht eintreten. Ein Kind, das unter einer Hundephobie leidet, könnte nach entsprechender Vorbereitung zum Beispiel das Tierheim besuchen und dort mit Hunden Kontakt aufnehmen. Kindern mit Ängsten vor großer Höhe könnten Expositionen in Fernsehtürmen, Hochhäusern oder anderen hohen Gebäuden empfohlen werden. | *Exposition*

Drei verschiedene Varianten der Expositionstherapie werden eingesetzt: Die Exposition kann in der Umwelt (*in situ*) oder in der Vorstellung (*in sensu*) durchgeführt werden. Die Reize können dabei massiert und in intensiver Ausprägung präsentiert werden (*Flooding*), oder die Reizintensität wird stufenweise erhöht. Insbesondere beim Flooding ist es wesentlich, dass der Reizkontakt so lange aufrechterhalten wird, bis Habituation eintritt und die Angst spürbar nachlässt. Wird die Exposition vorzeitig abgebrochen, so besteht das Risiko einer zukünftig noch stärkeren phobischen Reaktion. Erklären lässt sich dies durch die Dual-Process-Theorie (vgl. Kap. 3.2): Durch den hohen physiologischen Erregungsgrad während des Kontakts mit intensiven Reizen kommt es anfänglich zum der Habituation entgegengesetzten Effekt der Sensitivierung. Dieses Problem wird durch gestufte Vorgehensweisen wie die systematische Desensibilisierung vermieden. | *Exposition in situ und in sensu* *Flooding* | *Risiken*

Systematische Desensibilisierung. Bei der *systematischen Desensibilisierung* nach Wolpe (1958, 1977) handelt es sich um ein abgestuftes Verfahren der Reizexposition. Das Kind bringt alle Objekte und Situationen, die Angst hervorrufen, in eine Rangreihe vom schwächsten zum stärksten Auslöser. Mit diesen Objekten oder Situationen wird das Kind nun nacheinander konfrontiert, während | *Systematische Desensibilisierung*

Entspannung als mit
Angst inkompatible
Reaktion

zugleich eine mit Angst inkompatible Handlung durchgeführt wird. Als mit Angst inkompatible Reaktion wird meistens eine Entspannungstechnik eingesetzt. Die Angst auslösenden Reize oder Situationen werden so lange intensiviert, bis sich das Kind unwohl fühlt. Daraufhin werden die Reize so weit abgeschwächt oder entfernt, bis sich das Kind wieder entspannt hat. Anschließend wird die Prozedur fortgesetzt. Schritt für Schritt wird das Vorgehen mit dem nächst stärkeren Auslöser wiederholt, bis selbst bei der Konfrontation mit dem stärksten angstauslösenden Reiz keine Angst mehr auftritt.

Gegenkonditionierung

Gegenkonditionierung. Die Methode der Gegenkonditionierung beruht auf der theoretischen Grundlage des klassischen Konditionierens und zielt auf den Abbau von unerwünschten Emotionen (z.B. Angst, Phobien) und entsprechendem Verhalten (z.B. Flucht, Vermeidung). Es handelt sich um eine klassische verhaltenstherapeutische Technik, bei der der Furcht auslösende Reiz (z.B. ein Hund bei einer Hundephobie) gemeinsam mit einem positiv besetzten Reiz (z.B. leckere Süßigkeiten oder besonders attraktives Spielmaterial) präsentiert wird. Durch die wiederholte gemeinsame Präsentation der beiden Reize tritt ein Prozess der klassischen Konditionierung in Kraft, wobei der ehemals gefürchtete Reiz zu einem konditionierten positiven Reiz wird. Allgemeiner gesprochen werden bei der Gegenkonditionierung solche Reaktionen konditioniert, die mit dem unerwünschten Verhalten nicht kompatibel sind. Dabei muss natürlich sichergestellt werden, dass von dem angstbesetzten Objekt keine wirkliche Gefahr ausgeht.

Aufbau von erwünsch-
tem Verhalten

Aufbau von erwünschtem Verhalten. Um erwünschtes Verhalten aufzubauen, werden in der Kinderpsychotherapie unter anderem die Techniken der Bekräftigung, des diskriminativen Lernens und des Modelllernens eingesetzt (Petermann & Petermann, 2006a, 2006b). Die Methode der Bekräftigung entspricht dem Vorgehen bei der operanten Konditionierung (vgl. Kap. 4.3) und erhöht die Auftretenswahrscheinlichkeit des erwünschten Verhaltens. Durch diskriminatives Lernen (vgl. Kap. 4.5) erwerben Kinder Wissen darüber, in welcher Situation welches Verhalten angemessen ist. Modelllernen basiert auf der sozial-kognitiven Lerntheorie nach Bandura (1979; vgl. Kap. 6.4) und kann zu drei unterschiedlichen Effekten führen:

• Kinder können neue Verhaltensweisen lernen (z.B. eine Entspannungstechnik),

- Kinder können von einem unerwünschten Verhalten abgehalten werden, indem sie sehen, wie eine andere Person bestraft wird (hemmender Effekt) und
- Kinder können dazu angeregt werden, ein Verhalten aus einer bestimmten Verhaltensklasse auszuführen (z.B. könnte ein Kind einem Sportverein beitreten, nachdem es gesehen hat, dass ein anderes Kind bei einer bestimmten Sportart erfolgreich ist).

Positive Bekräftigung. Bei positiver Bekräftigung handelt es sich um eine verhaltenstherapeutische Technik, die auf operantem Konditionieren beruht. Die Häufigkeit von erwünschtem Verhalten wird erhöht, indem man sein Auftreten positiv verstärkt. So kann ein Kind zum Beispiel gelobt werden, eine Süßigkeit, ein Spielzeug oder einen Punkt auf einer Punktekarte erhalten, wenn es seine Hausaufgaben gemacht oder sein Zimmer aufgeräumt hat. Die positive Bekräftigung dient also dem Verhaltensaufbau und kommt in der Kinderpsychotherapie vor allem dann zum Einsatz, wenn Verhaltensdefizite bestehen, zum Beispiel bei Kindern mit geistiger Behinderung (z.B. Braun, 1997). Voraussetzung für den Einsatz positiver Bekräftigung ist die genaue Kenntnis wirksamer Verhaltenskonsequenzen, denn die Wirksamkeit von Verstärkungen hängt stark von individuellen Neigungen und Vorlieben ab. Die systematische Überprüfung, welche Faktoren sich verstärkend oder hemmend auf ein Verhalten auswirken, erfolgt vor der Therapie im Rahmen der Verhaltensanalyse (s.o.).

Bekräftigung

Einsatz bei Verhaltensdefiziten

Diskriminatives Lernen. Nach der Theorie der sozial-kognitiven Informationsverarbeitung von Dodge (1986) müssen Menschen über grundlegende Fähigkeiten der Reizdiskrimination verfügen, um sich in sozialen Situationen mit ihren vielen feinen Nuancen angemessen zu verhalten. Durch gezielte diskriminative Lernprozesse – zum Beispiel im Rahmen von Verhaltenstrainings – kann bei Kindern ein differenziertes und situationsangemessenes Verhaltensrepertoire aufgebaut werden.

Diskriminatives Lernen

Lernen am Modell. Die gezielte Darbietung von Modellen im Rahmen der Kinderpsychotherapie dient vorwiegend dazu, erwünschtes Verhalten aufzubauen. Insbesondere komplexes Verhalten, wie etwa die Verwendung von Selbstinstruktionen oder Strategien bei der Lösung von Problemen und Konflikten, kann sehr gut durch Vorbilder und Rollenspiele vermittelt werden. Der Therapeut als Modell spricht die Selbstinstruktionen dem Kind zunächst laut vor und de-

Lernen am Modell

Vermittlung von Techniken der Selbstinstruktion

monstriert zugleich das erwünschte Verhalten. Das Kind lernt, sich die Instruktionen bei passender Gelegenheit zunächst laut und später nur noch in Gedanken vorzusagen. Motivation wird durch Bekräftigung des erwünschten Verhaltens erzeugt. Diese Methode ist bei einer Vielzahl von Störungsbildern angezeigt, zum Beispiel bei der Förderung von sozialen Kompetenzen im Rahmen der Behandlung aggressiven Verhaltens oder sozialer Unsicherheit (Petermann & Petermann, 2005; 2006b).

Anwendung bei aggressivem und sozial unsicherem Verhalten

Aggressive Kinder lernen mit der Hilfe von Selbstinstruktionen in Konfliktsituationen unter anderem, weniger impulsiv zu reagieren, um Zeit für eine konstruktive Lösung zu gewinnen. Solche „bremsenden" Selbstinstruktionen können beispielsweise lauten: „Ich zähle bis 20, bevor ich handle!". Sozial unsichere Kinder hingegen benötigen eher aktivierende und ermutigende Selbstinstruktionen, zum Beispiel: „Wenn ich etwas nicht weiß, habe ich das Recht nachzufragen!". Modelle können in der Therapie schließlich auch dazu eingesetzt werden, um Ängste und Phobien zu behandeln (z.B. Bandura, Grusec & Menlove, 1967). Kinder mit Phobien profitieren davon, wenn sie Modelle dabei beobachten, wie sie angstfrei und entspannt mit dem gefürchteten Objekt, etwa einem Tier, umgehen.

Zusammenfassung

Zunehmend wird gefordert, dass Kinder schon ab dem Kindergartenalter systematisch in ihren kognitiven, sprachlichen und sozialen Fähigkeiten gefördert werden. Lernförderung kann für alle Kinder im Rahmen des Kindergartenbesuchs stattfinden. Für sozial benachteiligte, gesundheitlich oder kognitiv beeinträchtigte Kinder existieren spezielle Frühfördereinrichtungen.

Zu den wichtigsten übergreifenden Lernzielen, die im Kindergartenalter erreicht werden sollen, gehören die Integration in die Gemeinschaft, die Übernahme von Selbstverantwortung, die Entwicklung der Fantasie und der Leistungsfähigkeit, die Differenzierung des sprachlichen Ausdrucksvermögens, der Einstieg in den Gebrauch der Kulturtechniken und die Entwicklung eines allgemeinen Interesses an der Welt. Damit junge Kinder ihr großes Lernpotential optimal nutzen können, benötigen sie eine Umwelt mit vielfältigen Lernmöglichkeiten, spielerische Anregungen und Gelegenheiten zum Wiederholen und Üben. Dies kann in Gestalt von thematisch orientierten Spielprojekten geschehen, die diesen Ansprüchen genügen und der Förderung sensomotorischer, emotionaler, sozialer, kognitiver und sprachlicher Kompetenzen dienen. Für den Erfolg solcher Spielprojekte ist insbesondere die gezielte sprachliche Vermittlung entscheidend.

Unter Frühförderung versteht man frühe Interventionen bei Säuglingen und Kleinkindern mit Entwicklungsrisiken, die der Vorbeugung weiterer Fehlentwicklungen dienen. Bei dieser individuellen Form der Entwicklungsförderung wird gezielt versucht, Defizite abzubauen oder zu kompensieren. Zahlreiche Frühfördermaßnahmen schließen Lernprozesse ein, darunter die psychologische Frühförderung, die Krankengymnastik, die Logopädie und die Ergotherapie. Durch die Zusammenarbeit von Kindergarten und Frühförderstellen können Fördermaßnahmen individuell angepasst werden.

Während der späteren Kindheit und Jugend stellt die Schule neben der Familie den wichtigsten Lernkontext dar. Neben fachspezifischem Wissen werden spezifische und allgemeine kognitive Fertigkeiten erworben. Darüber hinaus spielt der Erwerb sozialer und persönlicher Kompetenzen eine wichtige Rolle. Man unterscheidet lehrerzentrierte und schülerzentrierte Unterrichtsformen, die sich unter anderem hinsichtlich der Rollen von Lehrer und Schüler, der Steuerung des Lernens, der verwendeten Unterrichtsmethoden und des Führungsstils unterscheiden. Schülerzentrierte Unterrichtsformen, die auf der Seite der Schüler in hohem Maße die Fähigkeit zur Selbstorganisation und zum selbstgesteuerten Arbeiten voraussetzen, können jüngere oder weniger begabte Schüler überfordern. Durch lehrerzentrierte Unterrichtsformen (z.B. Frontalunterricht) können mangelnde Selbststeuerungsfähigkeiten und Lernstrategien teilweise kompensiert werden. Um bei Schülern Motivation, Selbständigkeit und Transferfähigkeit zu fördern, bietet sich als alternative Unterrichtsform der Projektunterricht an. Dabei arbeiten Schülergruppen während eines bestimmten Zeitraums gemeinsam an einer konkreten, lebensnahen Aufgabe.

Schulisches Lernen kann durch eine Vielzahl von Problemen beeinträchtigt werden, die auf der Ebene einzelner Schüler, auf der Ebene ganzer Klassen und Schulen oder auf der Ebene des gesamten Schulsystems angesiedelt sein können. Vergleichende Schulstudien wie PISA und TIMSS haben Schwierigkeiten des deutschen Schulsystems aufgezeigt (z.B. die zu frühe Trennung der Schüler in leistungshomogene Gruppen). Lernprobleme auf der Ebene des Schülers oder

der Klasse können durch kognitive Trainings und eine schülerorientierte Gestaltung des Unterrichts vermindert werden. Effektive Interventionen auf der Ebene des Schulsystems setzen fundierte Kenntnisse über die Auswirkungen alternativer Konzepte voraus.

Kinderpsychotherapie befasst sich mit der Veränderung kindlichen Verhaltens (Neulernen, Umlernen und Verlernen von Verhaltensweisen). Unerwünschte oder störende Verhaltensweisen sollen reduziert, erwünschtes Verhalten aufgebaut werden. Dabei werden verschiedene Methoden der Verhaltensmodifikation eingesetzt, die auf den bekannten Lerntheorien beruhen (u.a. Habituation, klassisches Konditionieren, operantes Konditionieren, sozial-kognitive Lerntheorie). Die Auswahl eines speziellen Vorgehens im Rahmen der Therapie basiert auf einer vorangehenden Verhaltensanalyse, mit deren Hilfe die das Verhalten auslösenden und aufrechterhaltenden Faktoren bestimmt werden. Der Verhaltensanalyse liegt das SORKC-Modell mit den Variablen Stimuli (S), Organismusvariablen (= O), Reaktionen (= R), Kontingenzen (= K) und Konsequenzen (= C) zugrunde. Dieses Modell ermöglicht die Planung und Durchführung individuell angepasster Interventionen.

Störendem und Aufmerksamkeit forderndem Verhalten wird beispielsweise mit der Methode der Löschung begegnet. Ängstliches Verhalten wird mit verschiedenen Formen der Expositionstherapie, mit der Methode der systematischen Desensibilisierung oder mit der Technik der Gegenkonditionierung behandelt. Alle diese Interventionsformen erfordern eine gründliche Vorbereitung und Konsequenz bei der Durchführung. Unter diesen Voraussetzungen handelt es sich um sehr wirksame Verfahren zur Verhaltensänderung. Erwünschtes Verhalten kann mit den Mitteln der positiven Bekräftigung, durch Diskriminationslernen und mit Hilfe des Modelllernens aufgebaut werden. Bekräftigung erhöht die Auftretenswahrscheinlichkeit von erwünschtem Verhalten. Diskriminationslernen ermöglicht situationsangepasstes Verhalten. Durch die Methode des Modelllernens können darüber hinaus neue Verhaltensweisen und -fertigkeiten erworben werden. Der Einsatz von Selbstinstruktionstechniken ist dabei besonders effektiv. Die genannten Methoden können bei vielen unterschiedlichen Anlässen erfolgreich eingesetzt werden.

Bandura, A. (1979). Sozial-kognitive Lerntheorie. Stuttgart: Klett-Cotta (Original 1977).

Bandura, A., Grusec, J.E. & Menlove, S.L. (1967). The vicarious extinction of avoidance behavior. Journal of Personality and Social Psychology, 5, 16-23.

Bastian, J. (1990). Frontalunterricht. Zurück zu einer Schule von gestern? Pädagogik, 42, 11-13.

Baumert, J., Artelt, C., Klieme, E. & Stanat, P. (2001). PISA – Programme for International Student Assessment. Zielsetzung, theoretische Konzeption und Entwicklung von Messverfahren. In F.E. Weinert (Hrsg.), Leistungsmessungen in Schulen (S. 285-310). Weinheim: Beltz.

Baumert, J., Bos, W. & Lehmann, R.H. (2000). Dritte Internationale Mathematik- und Naturwissenschaftsstudie: Mathematische und naturwissenschaftliche Bildung am Ende der Schullaufbahn, Band 1: Mathematische und naturwissenschaftliche Grundbildung am Ende der Pflichtschulzeit. Opladen: Leske + Budrich.

Bovet, G. & Huwendiek, V. (Hrsg.) (2000). Leitfaden Schulpraxis. Pädagogik und Psychologie für den Lehrberuf (3., erweit. u. bearb. Aufl.). Berlin: Cornelsen.

Braun, R. (1997). Klassische Verhaltenstherapie bei schwer geistig behinderten Menschen. Eine praxisorientierte Darstellung mit Lernkontrollen für ErzieherInnen, KrankenpflegerInnen, PädagogInnen, PsychologInnen und Laien (2., überarb. Aufl.). Tübingen: Deutsche Gesellschaft für Verhaltenstherapie.

Craik, F.I.M. & Lockhart, R.S. (1972). Levels of processing: A framework for memory research. Journal of Verbal Learning and Verbal Behavior, 11, 671-684.

Dewey, J. (2000). Demokratie und Erziehung – eine Einleitung in die philosophische Pädagogik. Weinheim: Beltz (Original 1916).

Dodge, K. A. (1986). A social information processing model of social competence in children. In M. Perlmutter (Ed.), Eighteenth Annual Minnesota symposium on child psychology (pp. 77-125). Hillsdale: Erlbaum.

Döpfner, M., Lehmkuhl, G., Petermann, F. & Scheithauer, H. (2002). Diagnostik psychischer Störungen. In F. Petermann (Hrsg.), Lehrbuch der Klinischen Kinderpsychologie und -psychotherapie (5., korr. Aufl., S. 96-130). Göttingen: Hogrefe.

Frey, K. (2002). Die Projektmethode – „der Weg zum bildenden Tun" (9., überarb. Aufl.). Weinheim: Beltz.

Gasser, P. (2000). Lernpsychologie für eine wandelbare Praxis. Aarau/Schweiz: Sauerländer.

Geissler, R. (2004). Die Illusion der Chancengleichheit im Bildungssystem – von PISA gestört. Zeitschrift für Soziologie der Erziehung und Sozialisation, 24, 362-380.

Gudjons, H. (2001). Handlungsorientiert lehren und lernen: Schüleraktivierung – Selbsttätigkeit – Projektarbeit (6., überarb. und erw. Aufl.). Bad Heilbrunn/Obb.: Klinkhardt.

Helmke, A. & Weinert, F.E. (1997). Bedingungsfaktoren schulischer Leistungen. In F.E. Weinert (Hrsg.), Psychologie des Unterrichts und der Schule (S. 71-176). Göttingen: Hogrefe.

Horak, P. (1992). Kooperatives Lernen an der Hauptschule und Sonderschule für Lernbehinderte. Tübingen: Universität Tübingen, Fakultät für Sozial- und Verhaltenswissenschaften.

Jansen, H. (2004). Früherkennung und Frühförderung bei Risiken zur Ausbildung von Lese-Rechtschreib-Schwierigkeiten. In G. Thome (Hrsg.), Lese-Recht-

Literatur

schreibschwierigkeiten (LRS) und Legasthenie. Eine grundlegende Einführung (S. 108-127). Weinheim: Beltz.

Keller, G., Binder, A. & Thiel, R.-D. (1997). Sich besser motivieren – erfolgreicher lernen: Lern- und Arbeitsverhaltenstraining (LAT) für Schüler ab 14 Jahren (2., überarb. Aufl.). Göttingen: Hogrefe.

Koglin, U. & Petermann, F. (2006). Verhaltenstraining im Kindergarten. Ein Programm zur Förderung sozialemotionaler Kompetenz. Göttingen: Hogrefe.

Köller, O. & Baumert, J. (2002). Entwicklung schulischer Leistungen. In R. Oerter & L. Montada (Hrsg.), Entwicklungspsychologie (5., vollst. überarb. Aufl., S. 756-786). Weinheim: Beltz PVU.

Krause, D. & Eyerer, P. (Hrsg.) (2004). TheoPrax – Projektarbeit mit Ernstcharakter: ein Handbuch für die Praxis der Aus- und Weiterbildung in Schule und Hochschule (2., völlig neu gestaltete und überarb. Aufl.). Pfinztal: TheoPrax-Stiftung.

Lauth, G.W. & Schlottke, P.F. (2005). Lernbehinderte Kinder und Jugendliche. In P.F. Schlottke, R.K. Silbereisen, S. Schneider & G.W. Lauth (Hrsg.), Störungen im Kindes- und Jugendalter – Verhaltensauffälligkeiten (S. 327-348). Göttingen: Hogrefe.

Lewin, K., Lippit, R. & White, R.K. (1939). Patterns of aggressive behavior in experimentally created social climates. Journal of Social Psychology, 10, 271-299.

Meise, S. (2003). Bildung schon im Kindergarten. Psychologie heute, 30, 48-51.

Meyer, H. (1987). Unterrichtsmethoden II. Praxisband (4. Aufl.). Frankfurt a.M.: Cornelsen Verlag Scriptor.

Paivio, A. (1986). Mental representations. New York: Oxford University Press.

Partecke, E. (2004). Lernen in Spielprojekten. Praxishandbuch für die Bildung im Kindergarten. Weinheim: Beltz.

Petermann, F. & Petermann, U. (2005). Training mit aggressiven Kindern (11., vollst. überarb. Aufl.). Weinheim: Beltz PVU.

Petermann, F., Stein, I.A. & Macha, T. (2006). Entwicklungsdiagnostik mit dem ET 6-6 (3., veränd. Aufl.). Frankfurt: Harcourt Test Services.

Petermann, U. (2006). Verhaltensanalyse und Therapieplanung. In F. Petermann (Hrsg.), Kinderverhaltenstherapie (3., völlig veränd. Aufl., S. 67-89). Baltmannsweiler: Schneider-Verlag Hohengehren.

Petermann, U., Essau, C.A. & Petermann, F. (2002). Angststörungen. In F. Petermann (Hrsg.), Lehrbuch der Klinischen Kinderpsychologie und -psychotherapie (5., korr. Aufl.; S. 227-270). Göttingen: Hogrefe.

Petermann, U. & Petermann, F. (2006a). Lernpsychologische Grundlagen. In F. Petermann (Hrsg.), Kinderverhaltenstherapie (3., völlig veränd. Aufl., S. 15-66). Baltmannsweiler: Schneider-Verlag Hohengehren.

Petermann, U. & Petermann, F. (2006b). Training mit sozial unsicheren Kindern (9., vollst. veränd. Aufl.). Weinheim: Beltz PVU.

Pörschke, J. (1999). Anfangsunterricht und Lesefähigkeit. Münster: Waxmann.

Renkl, A. (1996). Träges Wissen: Wenn Erlerntes nicht genutzt wird. Psychologische Rundschau, 47, 78-92.

Schulte, D. (1996). Therapieplanung. Göttingen: Hogrefe.

Schulte, D. (2005). Verhaltensanalyse und Indikationsstellung. In F. Petermann & H. Reinecker (Hrsg.), Handbuch der Klinischen Psychologie und Psychotherapie (S. 147-157). Göttingen: Hogrefe.

von Grone, W. & Petersen, J. (2002). Zum Lernen anregen. Motivation in Theorie und Praxis. Donauwörth: Auer.

Literatur

Warnke, A. (1988). Früherkennung und Frühbehandlung. In U. Koch, G. Lucius-Hoene & R. Stegie (Hrsg.), Handbuch der Rehabilitationspsychologie (S. 479-498). Berlin: Springer.

Winkel, R. (1990). Zahnstocher und dramaturgische Regeln oder: Was ist (k)ein guter Frontalunterricht? Pädagogik, 42, 11-13.

Wolpe, J. (1958). Psychotherapy by reciprocal inhibition. Stanford, Calif.: Stanford University Press.

Wolpe, J. (1977). Praxis der Verhaltenstherapie (2. Nachdruck). Bern: Huber.

Testfragen

126. Nennen Sie einige wichtige Bildungsgüter, die während der Kindergartenzeit erworben werden sollten!

127. Welche Voraussetzung ist entscheidend für den Erfolg von Spielprojekten im Kindergarten?

128. Wie unterscheidet sich Frühförderung von der allgemeinen Förderung im Kindergarten?

129. Welche Ziele hat die psychologische Frühförderung?

130. Wie nennt man Unterrichtsformen, in denen die Lernprozesse überwiegend von den Schülern selbst gesteuert werden?

131. Welche Vorteile sind mit einem demokratischen Führungsstil im Unterricht verbunden?

132. Warum ist Frontalunterricht bei weniger leistungsfähigen Schülergruppen sinnvoll?

133. Was versteht man unter Projektunterricht?

134. Wofür stehen die Buchstaben „SORKC" des SORKC-Modells?

135. Bei welcher Methode zur Behandlung von Angststörungen spielt Entspannung eine wesentliche Rolle?

136. Wie kann erwünschtes Verhalten aufgebaut werden?

Antwortteil

Kap. 1.1 Zum Begriff des Lernens

1. Wesentlich sind Veränderungen im Verhalten und im Verhaltenspotential, Erfahrungen als Grundlage und relative Dauerhaftigkeit der Veränderungen.
2. Beobachtung motorischer (behavioraler) Verhaltensäußerungen und Beobachtung von Veränderungen in den physiologischen (z.B. Herzrate, Hautleitfähigkeit), kognitiven (z.B. verbale Äußerungen) und emotionalen Reaktionen (z.B. Gesichtsausdruck).
3. Lebewesen werden daran gehindert, Erfahrungen zu machen (Deprivation). Entsteht ein Verhalten trotzdem, beruht dies auf Reifung.
4. Grundsätzlich beruhen Lernprozesse bei Menschen und Tieren auf ähnlichen Mechanismen. Menschen sind zu komplexeren und qualitativ höheren Lernleistungen in der Lage, insbesondere im Bereich des kognitiven Lernens.
5. Die Lernprozesse sind komplex, erfolgen jedoch unbewusst.

Kap. 1.2 Geschichte der Lernpsychologie

6. Wilhelm Wundt (Leipzig), Hermann Ebbinghaus (Berlin) und Georg Elias Müller (Göttingen).
7. In der ersten Zeit nach dem Lernen wird am meisten vergessen, später immer weniger.
8. Die Lernforschung sollte sich auf beobachtbare und messbare Daten beschränken.
9. „Das Ganze ist mehr/anders als die Summe seiner Teile."
10. Nach dem Zweiten Weltkrieg.

Kap. 1.3 Aktuelle Richtungen

11. Behavioraler Ansatz, kognitiver Ansatz und neurowissenschaftlicher/neuropsychologischer Ansatz.
12. Beobachtbares Verhalten, vorausgehende Reize und nachfolgende Konsequenzen.
13. Durch kognitive Repräsentationen.
14. Erste Ansätze seit den 20er Jahren.
15. Neben universellen Lernmechanismen werden individuelle Lerneinflüsse berücksichtigt.

16. *Wichtig für den Erwerb motorischer Funktionen.*
17. *Möglichkeit, die Speicherkapazität des Kurzzeitgedächtnisses durch Gruppierung von Informationen zu erweitern.*
18. *Semantische Informationen (Faktenwissen) und episodisches Wissen (Erinnerungen an eigene Erlebnisse).*

19. *Regulation von Stoffwechsel- und Organfunktionen; Koordination der Interaktion mit der Umwelt.*
20. *Dendriten und Axon.*
21. *Durch chemische Botenstoffe (Neurotransmitter).*
22. *Stützung und Ernährung der Neurone; Wegweiser der Neurone während der Phase der Zellmigration; evtl. auch Funktionen bei der Informationsverarbeitung.*
23. *Selektion; nur funktionsfähige Nervenzellen bleiben erhalten.*
24. *Verlust der Fähigkeit, neue explizite Informationen zu speichern, bei erhaltener motorischer Lernfähigkeit.*
25. *In einer dauerhaften Verstärkung synaptischer Verbindungen (Grundlage für assoziative Verknüpfungen).*
26. *Universelle Lernprozesse; laufen nur innerhalb von zeitlich begrenzten, sensiblen Phasen ab. Vorher findet besonders starkes Synapsenwachstum statt.*

27. *Bei Motiven handelt es sich um stabile Persönlichkeitsdispositionen, bei Motivation dagegen um einen aktuellen Erregungszustand, der Richtung, Ausdauer und Intensität von Verhalten beeinflusst.*
28. *Diversives und spezifisches Explorationsverhalten bei Tier und Mensch; epistemische Neugier beim Menschen.*
29. *Durch eine sichere Bindung und Vertrauen zu den Bezugspersonen.*
30. *Die kognitive Komponente (Besorgtheit), weil irrelevante Gedanken die Aufmerksamkeit beanspruchen.*

31. *Sie setzt den Organismus in Alarmbereitschaft und dient der Identifikation neuer Reize.*
32. *Nach längerer Unterbrechung der Reizpräsentation wird die Orientierungsreaktion wieder vollständig gezeigt.*
33. *Dishabituation.*
34. *Bei neuen Reizen; bei bekannten Reizen in einem unerwarteten Kontext; beim Ausbleiben eines erwarteten Reizes.*
35. *Spezifische Verminderung der Reaktionsbereitschaft eines Motoneurons.*

Kap. 3.2 Sensitivierung

36. *Sie zeigen das allgemeine Aktivierungsniveau des zentralen Nervensystems an.*
37. *Sensitivierung kann die Entstehung von Angststörungen mitbewirken.*
38. *Diese Frage ist noch nicht endgültig geklärt. In jedem Fall beeinflusst die Sensitivierung wichtige Lernprozesse.*

Kap. 3.3 Weitere Formen

39. *Wenn Reize nur kurz und zeitlich verteilt dargeboten werden.*
40. *Erleichtertes Lernen von Informationen über einen Reiz, wenn die Wahrnehmung dieses Reizes trainiert wurde.*
41. *Mit der Aktivierung von semantischen Netzwerken.*

Kap.4.1 Klassisches Konditionieren

42. *Unkonditionierter Reiz, unkonditionierte Reaktion, neutraler Reiz, konditionierter Reiz, konditionierte Reaktion.*
43. *Angeborene Lernbereitschaften, die das Erlernen von Reaktionen auf bestimmte Reize erleichtern.*
44. *Zeitliche Nähe zwischen unkonditioniertem und konditioniertem Reiz.*
45. *Verzögerte Konditionierung und Spurenkonditionierung.*
46. *Mit der Generalisierung der gelernten Assoziation auf ähnliche Reize.*

Kap.4.2 Lernen am Erfolg

47. *Die Bedeutung von Verhaltenskonsequenzen.*
48. *Lernen besteht nach Thorndike in der Bildung neuronaler Bahnen, die durch Wiederholungen stärker werden.*
49. *In diesem Zustand tut man nichts, um den Zustand zu verändern, oder man tut aktiv etwas, um den Zustand beizubehalten.*
50. *In einer unbefriedigenden Situation probiert man so lange verschiedene Verhaltensweisen aus, bis ein Verhalten erfolgreich ist.*

Kap.4.3 Operantes Konditionieren: Grundlagen

51. *Erhöht die Wahrscheinlichkeit, dass diese Reaktion später in vergleichbaren Situationen wieder gezeigt wird.*
52. *Essbare Verstärker, manipulierbare Verstärker, soziale Verstärker, visuelle und akustische Reize, Token-Verstärker, Verhaltensverstärker.*
53. *Ein unangenehmer Reiz wird entfernt.*
54. *Negative emotionale Reaktionen; negative Auswirkungen auf zukünftige Lernprozesse, körperliche Beeinträchtigungen, erlernte Hilflosigkeit.*

55. Ermahnungen, Verstärkerentzug und Auszeit-Verfahren.
56. Bei der Löschung werden die Konsequenzen entzogen, die ein Verhalten auf-rechterhalten. Vergessen geschieht, wenn eine Person nicht mehr in die aus-lösende Situation gerät.

57. Kontingenz, Kontiguität, Wiederholung, Reihenfolge und Folgerichtigkeit.
58. Dadurch kann erreicht werden, dass ein erwünschtes Verhalten über eine bestimmte Zeit hinweg aufrechterhalten wird.
59. Durch Quoten- oder Intervallverstärkung, jeweils in fester oder variabler Form.
60. Verhalten wird langsamer gelernt, aber dafür häufiger gezeigt und es ist lö-schungsresistenter.
61. Wenn Verhalten aufgebaut werden soll, das nicht bei jedem Auftreten be-lohnt werden kann.
62. Sekundäre Verstärker, die mit vielen unterschiedlichen primären Verstär-kern assoziiert sind und viele Verhaltensweisen beeinflussen.
63. Das letzte Glied in der erwünschten Verhaltenskette, das daraufhin als se-kundärer Verstärker wirkt.

64. Erlernte Reaktionen werden auf neue, mehr oder weniger ähnliche Situa-tionen übertragen.
65. Sie geben dem Lerner Hinweise darauf, welche Konsequenzen ein Verhal-ten haben wird.
66. Bekanntheit, Eindeutigkeit, Wahrnehmbarkeit und subjektiver Bekräfti-gungswert des Reizes; Grad der Sättigung bzw. Deprivation beim Lerner.
67. In der sozialen Interaktion, da sie die Fähigkeit zur Differenzierung von fei-nen Unterschieden voraussetzt.
68. Auswahl angemessener Verhaltensweisen und Modifikation von Verhal-tensparametern.
69. Wahrnehmung, Indikation, Auswahl, Indikation.

70. Vorgänge, durch die ein Organismus Kenntnis von seiner Umwelt erlangt, insbesondere Wahrnehmung, Vorstellung, Denken, Urteilen, Sprache.
71. Der Lerner erwirbt Wissen aktiv durch die Interaktion mit der Umwelt.
72. Verbale und nonverbale Repräsentation.
73. Sie erlauben es, dem Wissenssystem neue Inhalte hinzuzufügen.

Kap.5.2 Gestaltpsychologie

74. Die Affen führten nach einer „Denkphase" sofort – ohne dass Probieren nötig war – das zielführende Verhalten aus.
75. Wahrnehmung, Einsicht, Problemlösung.
76. Sie werden kognitiv umstrukturiert, um sie einer „guten Gestalt" anzunähern.
77. Durch die Prinzipien der Geschlossenheit, Kontinuität, Ähnlichkeit und Nähe.
78. Bei Reproduktionsaufgaben aus dem Gedächtnis werden die prägnantesten Merkmale einer Gestalt überbetont.

Kap. 5.3 Die Theorie Tolmans

79. Kognitive Strukturen oder Pläne, die durch Erfahrungen entstehen und in bestimmten Situationen aktiviert werden.
80. Die Ebene der bedingten Reflexe, die Ebene des Lernens durch Versuch und Irrtum und die Ebene des Lernens durch Einsicht.

Kap. 5.4 Lernen von Konzepten

81. Verallgemeinerte Repräsentationen von Objekten, die durch spezifische Eigenschaften definiert werden.
82. Über die kritischen Attribute, die Regeln der Kombination kritischer Attribute, die Gewichtung von Attributen und Akzeptierungsgrenzen.
83. Von allen möglichen kritischen Attributen wird jeweils ein Aspekt variiert und überprüft, ob das Objekt damit noch zur Kategorie gehört.
84. Konzeptbildung bedeutet die Erkenntnis, dass manche Objekte zu einer Kategorie gehören und andere nicht; Konzepterwerb beinhaltet das Wissen über die kritischen Attribute der Kategorie.
85. Ein neues Objekt wird mit gespeicherten Prototypen verglichen und der Kategorie zugeordnet, deren Prototyp es am ähnlichsten ist.

Kap. 6.1 Lernmechanismen

86. Julian B. Rotter, Martin E.P. Seligman, Albert Bandura.
87. Durch die Beobachtung eines Modells wird ein neues Verhalten gelernt, das der Beobachter zuvor noch nicht beherrscht hat.
88. Bereits ab dem Säuglingsalter.
89. Durch die Reduzierung von Spannung, die durch Triebe entsteht.

Kap. 6.2 Die Theorie von Rotter

90. Die Stärkung bzw. Abschwächung von Erwartungen, die auf Erfahrungen beruhen.
91. Sie können das Verhalten in vielen unterschiedlichen Situationen beeinflussen.

Kap. 6.2 Fortsetzung

92. Die Wahrnehmung der aktuellen Situation, die Erwartung eines Verstärkers und der subjektive Wert des Verstärkers.
93. Der Verstärker muss als wertvoll angesehen werden und die Person muss glauben, durch ihr Verhalten den Verstärker erhalten zu können.
94. Zu den Erwartungs-Wert-Modellen.
95. Personen mit internalen Kontrollüberzeugungen glauben, durch eigene Anstrengungen etwas erreichen zu können, und bemühen sich mehr.

Kap. 6.3 Der Ansatz von Seligman

96. Durch die Überzeugung einer Person, Kontrolle über den Erhalt von Verstärkern zu besitzen.
97. Motivationale, emotionale und kognitive Defizite.
98. Die Stromstöße der Gruppen wurden gekoppelt (yoked groups), so dass die Gruppe mit der Bedingung der Unkontrollierbarkeit genauso viele Stromstöße erhielt wie die Gruppe aus der Bedingung der Kontrollierbarkeit.
99. Subjektive Erklärungen für die Ursachen von Ereignissen.
100. Internal-variable Attributionsmuster, da sie die Bedeutung eigener Anstrengungen berücksichtigen.

Kap. 6.4 Banduras Theorie des sozial-kognitiven Lernens

101. Lernen durch direkte Erfahrungen (klassische und operante Konditionierung), Lernen durch symbolische Erfahrungen (Lernen durch Instruktion) und Lernen durch stellvertretende Erfahrungen (Lernen durch Beobachtung).
102. Das Verhaltensrepertoire umfasst alle Verhaltensweisen, über die eine Person prinzipiell verfügt. Verhaltensperformanz bezeichnet das Verhalten, das ausgeführt wird und beobachtet werden kann.
103. Die Verstärkung eines Modells, die den Beobachter zur Nachahmung des Modellverhaltens motiviert.
104. Aufmerksamkeitszuwendung und Einspeicherung ins Gedächtnis bilden die Aneignungsphase, Einübungs- und Verstärkungsprozesse bilden die Ausführungsphase des Lernens.
105. Sie führen nicht nur perfektes Verhalten vor, sondern zeigen Wege zur Lösung und Entwicklungsmöglichkeiten auf.
106. Lernen am Modell, hemmende und enthemmende Effekte und auslösende Effekte.

Kap. 6.5 Die Theorie der Selbstwirksamkeit

107. Wirksamkeitserwartungen und Ergebniserwartungen.
108. Eine gelegentliche negative Erfahrung kann die Selbstwirksamkeit übermäßig beeinträchtigen.
109. Durch Erfahrungen mit kontrollierbaren Situationen, durch die Bewältigung von Aufgaben und durch angemessene Rückmeldungen.

Kap. 7.1 Implizites Lernen – eine besondere Lernform

110. *Der Lerner weiß nicht, was und wie viel er gelernt hat, und kann das Gelernte nicht willentlich beeinflussen.*
111. *Durch häufige Wiederholungen, nicht aber durch vertiefte Bearbeitung der Inhalte.*

Kap. 7.2 Implizites Regellernen

112. *Der Erwerb der Muttersprache: Komplexe Regeln der Sprache werden angewendet, können aber nicht formuliert werden.*
113. *Durch die Messung der Effizienz im Umgang mit den Lerninhalten, durch forced-choice-Aufgaben und durch die affektive Präferenz.*
114. *Die Aufgaben sind lebensnäher; die Darstellung in Form von Computerspielen wirkt motivierend; der Lernverlauf kann automatisch aufgezeichnet werden.*

Kap. 7.3 Prozedurales Lernen

115. *Aus perzeptiven, motorischen und kognitiven Komponenten.*
116. *Das Gerät dient der standardisierten Erfassung der Fähigkeit zum motorischen Lernen und der erzielten Lernfortschritte.*
117. *Es hindert den Lerner daran, seine Leistung selbst zu beurteilen, und die Übertragung auf Situationen ohne Feedback wird erschwert.*
118. *Die Auswahl eines Lösungsschemas, die Anpassung der Lösungsprozedur an das Problem und die Ausführung der Lösungsprozedur.*
119. *Der Ausdruck bezieht sich auf die Kontrolle der Handlungen durch bewusste Gedanken, die bei zunehmender Automatisierung angepasst wird und immer mehr abnimmt.*

Kap.8.1 Lernen in unterschiedlichen Lebensphasen

120. *Habituierungsmethode; anhand der Saugrate wird die Fähigkeit von Babys zur Unterscheidung von bekannten und neuen Reizen geprüft.*
121. *Das Alter, der gesundheitliche Zustand, die Stimulation durch die Umgebung, die Bindung an die Bezugspersonen.*
122. *Die abnehmende kognitive Geschwindigkeit wird durch viel Vorwissen und effektive Lernstrategien kompensiert.*
123. *In der Kindheit überwiegt institutionalisiertes und von außen gesteuertes Lernen, bei Erwachsenen überwiegt selbstgesteuertes Lernen, häufig in kooperativer Form.*
124. *Ziele steuern die Auswahl von Lernangeboten und wirken motivierend, besonders wenn sie schwierig und spezifisch sind.*
125. *Durch die Förderung der kognitiven Fertigkeiten (z.B. mithilfe direkter Trainings) und durch die Förderung der motivationalen Grundlagen (z.B. durch die Gestaltung des Lernkontextes).*

126. Integration, Selbstverantwortung, Fantasie, Leistungsfähigkeit, Sprache, Kulturtechniken und Interesse.
127. Sprachliche Vermittlung und Erklärung der Aktivitäten.
128. Frühförderung bezieht sich auf Kinder mit Entwicklungsrisiken und dient der gezielten Beeinflussung von Problembereichen.
129. Koordination der Fördermaßnahmen; Behandlung auffälliger Symptome; Übung lebenspraktischer, sprachlicher, motorischer und sozialer Fertigkeiten.
130. Schülerzentrierter Unterricht.
131. Schüler arbeiten selbständiger, auch wenn keine Aufsicht dabei ist.
132. Diese Unterrichtsform kompensiert mangelnde Selbststeuerungsfähigkeiten und ersetzt die spontane Anwendung von Lernstrategien.
133. Schülergruppen beschäftigen sich für einen bestimmten Zeitraum mit einem konkreten, lebensnahen und praxisrelevanten Auftrag.
134. Stimuli, Organismusvariablen, Reaktionen, Kontingenzen, Konsequenzen.
135. Systematische Desensibilisierung.
136. Durch Bekräftigung, Diskriminations- und Modelllernen.

Glossar

ACT-Modell: Adaptive Control of Thought, umfassende Kognitionstheorie, beinhaltet auch ein Modell zum Erwerb kognitiver und motorischer Fertigkeiten.

Adaptation: Nachlassen der Reaktion von Sinneszellen bei dauerhafter Präsentation desselben Reizes.

Affiliationsbedürfnis: Menschliches Grundbedürfnis nach Kontakt und Zugehörigkeit.

Aggregation: Phase in der Entwicklung des Nervensystems; Ordnung und Vernetzung der Nervenzellen.

Aktionspotential: Kurzfristige Potenzialänderung an der → Membran von → Nervenzellen.

Aktivierung: 1) Anregung eines → semantischen Netzwerks durch → Priming; 2) Grad der physiologischen Erregung eines Organismus.

Akzeptierungsgrenze: Grenzen der Merkmalsvariation, innerhalb derer man ein Objekt noch einer Kategorie zuordnen kann.

Amnesie: Allgemeiner oder spezifischer Gedächtnisverlust; Formen: anterograde und retrograde A.

Aneignungsphase: Phase des → Lernens durch Beobachtung; umfasst Aufmerksamkeits- und Gedächtnisprozesse.

Aneignungsrate: Geschwindigkeit, mit der ein Organismus beim → operanten Konditionieren eine neue Reaktion lernt.

Äquipotentialität: Annahme, dass jeder beliebige neutrale Reiz zu einem konditionierten Reiz werden kann (→ klassisches Konditionieren).

Apoptose: Strategischer Zelltod, dient der Selektion funktionstüchtiger Nervenzellen.

Arbeitsgedächtnis: (Syn.: → Kurzzeitgedächtnis); besteht aus den Komponenten phonologische Schleife, visuell-räumlicher Notizblock und zentrale Exekutive.

Assoziatives Lernen: Lernen von Zusammenhängen zwischen → Reizen oder zwischen Reizen und → Reaktionen.

Attribute: Unterscheidbare Eigenschaften von Objekten, ermöglichen → Kategorisierung; Unterscheidung von kritischen und nicht-kritischen A.

Ausblenden: Allmähliche Reduzierung der Häufigkeit von → Verstärkung.

Ausführungsphase: Phase des → Lernens durch Beobachtung; umfasst Übungs- und Motivierungsprozesse.

Axon: Syn.: Neurit, Nervenfaser; lange Zellfortsätze von → Nervenzellen, dienen der → Erregungsleitung.

Axonendknöpfchen: Endstück des → Axons, Teil der → Synapse.

Balken: Gehirnstruktur, wichtigste Verbindung beider Gehirnhälften.

Bauchhirn: Nervenzellgeflechte im Bauchraum.

Behaviorismus: Einflussreiche Richtung der Lernpsychologie, begründet von Watson, Ziel: ausschließliche Beschäftigung der Psychologie mit beobachtbaren Variablen. Wichtige Lernformen innerhalb des B. sind → klassisches Konditionieren und → operantes Konditionieren.

Bestrafung: Verminderung der Auftretenshäufigkeit von Verhalten durch Konsequenzen. Direkte B. bedeutet die Gabe eines unangenehmen Reizes, indirekte B. bedeutet die Entfernung eines angenehmen Reizes.

Bewältigungsmodell: Typus eines → Modells, welches den schrittweisen Prozess bis zur Lösung oder zur korrekten Ausführung eines Verhaltens vorführt (→ Kompetenzmodell).

Bezugsnormorientierung: Kriterien, an denen das eigene Handeln gemessen wird. Bei individueller B. wird die eigene Leistung an früheren Leistungen gemessen, bei der sozialen B. an der Leistung anderer Personen und bei der sachbezogenen B. an der Aufgabe selbst.

Bindung: Verhalten, durch das die Entfernung zwischen einem kleinem Kind und seinen Bezugspersonen reguliert wird (z.B. Weinen, Nachlaufen). B. vermittelt Sicherheit und ist die Basis für Explorationsverhalten.

black-box: Bildhafte Umschreibung für die Annahme des Behaviorismus, das über Prozesse im Inneren des Organismus keine Angaben gemacht werden können.

Blickfolgereaktion: Reaktion eines Säuglings auf neue Reize; Beobachtung der B. ist eine Methode in der Säuglingsforschung.

Blooming: Phase des besonders starken Wachstums von → Synapsen während der Entwicklung des → Nervensystems.

Bobo-Doll-Experiment: Experiment von Bandura zum → Lernen durch Beobachtung; Kinder lernten durch Beobachtung eines → Modells aggressives Verhalten gegenüber einer Puppe.

Chaining: Schrittweiser Aufbau einer Verhaltenskette durch → operante Konditionierung.

Chunking: Technik zur Erweiterung der Speicherkapazität des → Kurzzeitgedächtnisses, indem Lerneinheiten zu übergeordneten Einheiten zusammengefasst werden.

Dendriten: Astartige Erweiterungen der Oberfläche von → Nervenzellen, dienen der Informationsaufnahme.

Deprivation: Entzug oder Vorenthaltung von Reizen, die der Befriedigung von Bedürfnissen dienen.

Differenzierung: 1) Unterscheidung von → Reizen, 2) Phase in der Entwicklung des → Nervensystems; → Nervenzellen entwickeln sich zu verschiedenen Subtypen mit unterschiedlichen Aufgaben.

Diskriminationslernen: Lernen von Unterschieden zwischen Reizen und Reizkonstellationen und von Unterschieden zwischen Reaktionen. Reize können beim D. simultan (gleichzeitig) oder sukzessiv (nacheinander) angeboten werden.

Dishabituation: Vorübergehende Unterdrückung der → Habituation, indem ein neuer unbekannter Reiz dargeboten wird.

Dreispeichermodell: Bekanntes Gedächtnismodell, umfasst → sensorisches Gedächtnis, → Kurzzeitgedächtnis und → Langzeitgedächtnis.

Duale Verarbeitung: Kognitive Repräsentation von Inhalten auf mehreren Wegen (z.B. verbal und bildlich); fördert den Lernerfolg.

Dual-Process-Theorie: Neurophysiologische Erklärung für die → Sensitivierung. → Nervenzellen im → Reflexbogen weisen → Habituation auf; Nervenzellen außerhalb des Reflexbogens steigern bei hoher → Aktivierung die Reaktionsbereitschaft der → Motoneurone.

Einsicht: Begriff aus der → Gestaltpsychologie; plötzlich eintretende Erkenntnis des Zusammenhangs zwischen den Elementen einer Problemsituation.

Elaboration: Tiefe der Verarbeitung von Lerninhalten; auch effektive → Lernstrategie durch Herstellen von Verbindungen zu vorhandenem Wissen.

Empirismus: Erkenntnistheoretische Auffassung, das Wissen durch Erfahrungen gewonnen wird.

Engramm: Gedächtnisspur in Form dauerhafter funktioneller (dynamische E.) oder struktureller (strukturelle E.) Veränderungen im Nervensystem.

Enkodierung: Eigentlich Vorgang der Verschlüsselung von Informationen; hier Prozess der Bildung einer verbalen oder bildlichen → Repräsentation von Lerninhalten im → Gedächtnis.

enriched environment: Begriff aus der neurowissenschaftlichen Forschung mit Tieren; komplexe Umwelt, die vielfältige Anregungen und Lernmöglichkeiten bietet.

Epistemiologie: Erkenntnistheorie.

Erfolgsmotivation: Fähigkeit, Stolz über die eigenen Leistungen zu empfinden; Menschen mit hoher E. setzen sich höhere und realistischere Ziele und strengen sich mehr an als Menschen mit hoher → Misserfolgsmotivation.

Ergebniserwartung: → Erwartung, dass ein Verhalten eine bestimmte Wirkung hat bzw. zum Erfolg führt.

Ergotherapie: Beschäftigungstherapie; dient unter anderem der Förderung der sensomotorischen, kognitiven und sozialen Entwicklung bei Kindern mit Entwicklungsstörungen.

Erlernte Hilflosigkeit: Zentrales Konzept aus Seligmans Lerntheorie; psychischer Zustand mit emotionalen, motivationalen und kognitiven Defiziten; entsteht durch wiederholte Erfahrung von → Unkontrollierbarkeit.

Ermüdung: Nachlassen einer Reaktion oder Verminderung von Leistungen durch intensive oder langdauernde körperliche oder psychische Beanspruchung.

Ermüdungsmethode: Methode zur Änderung unerwünschter Gewohnheiten nach Guthrie; Organismus wird einem Reiz solange ausgesetzt, bis sich durch Ermüdung die Reaktion auf den Reiz verändert.

Erregungsleitung: Weiterleitung der elektrischen Erregung im Nervensystem; saltatorische E. erfolgt in Sprüngen entlang der → Ranvier-Schnürringe.

Erregungsmodulation: Gezielte Steigerung oder Abschwächung der Erregung an → Synapsen.

Erregungsübertragung: Informationsübertragung von einer → Nervenzelle zur anderen an der → Synapse auf chemischem oder elektrischem Weg. Bei der chemischen E. stellen → Neurotransmitter die Verbindung zwischen Nervenzellen her.

Erwartungen: Kognitive → Repräsentationen zukünftiger Ereignisse; E. können spezifisch oder generalisiert (verallgemeinert) sein; E. beeinflussen Verhalten.

Erwartungs-Wert-Modell: Modell, dass die Auftretenswahrscheinlichkeit eines Verhaltens aus der Kombination von Erwartungen über → Verhaltenskonsequenzen und der subjektiven Bewertung dieser Konsequenzen vorhersagt.

Experimentelle Psychologie: Ansatz, der ein experimentelles Vorgehen in der Psychologie nach naturwissenschaftlichem Modell propagiert; Begründer: Wilhelm Wundt.

Explorationsverhalten: Neugierverhalten; äußert sich in ungerichtetem Erkundungsverhalten (diversives E.) oder gezielter Untersuchung von Objekten (spezifisches E.).

Fertigkeiten: Aufgabenbezogene menschliche Tätigkeiten, die durch Übung erworben werden; z.b. motorische (Bewegungen), kognitive (z.b. Kopfrechnen) und sprachliche Fertigkeiten.

Fixationsdauer: Technik der Säuglingsforschung; Vergleich der Zeit, mit der ein Säugling bekannte und unbekannte Objekte visuell fixiert.

Flow: Positiver emotionaler Zustand beim konzentrierten Arbeiten; Gefühl des Aufgehens in einer herausfordernden Tätigkeit.

Frühförderung: Gezielte Anregung von Entwicklungsprozessen bei Kindern mit Entwicklungsrisiken in den ersten Lebensjahren.

Führungsstil: Verhalten eines Gruppenführers gegenüber der Gruppe; starke Kontrolle durch den Führer beim autokratischen F., gemeinsame Entscheidungen beim demokratischen F. und Fehlen von Regelungen beim laissez-faire-F.

Gedächtnis: System, das Informationen speichert, modifiziert und bei Bedarf wieder abruft. Nach der Speicherdauer unterscheidet man → sensorisches G., → Kurzzeit- und → Langzeitgedächtnis. Das deklarative oder explizite G. enthält verbalisierbares → Wissen, das nondeklarative oder implizite G. unbewusstes Wissen. Im semantischen G. ist allgemeines Wissen gespeichert, im episodischen G. Erinnerungen an Ereignisse.

Gegenkonditionierung: Verhaltenstherapeutische Technik, die auf → klassischem Konditionieren beruht; dient dem Abbau von unerwünschten Emotionen.

Generalisierung: Verallgemeinerung von gelernten Zusammenhängen auf neue, ähnliche → Reize oder Reizkonstellationen.

Gestalt, gute: Konzept aus der → Gestaltpsychologie; Annahme, dass alles Wahrgenommene in der → kognitiven Repräsentation die bestmögliche Gestalt annimmt.

Gestaltpsychologie: Psychologische Schule, gegründet 1912 durch Wertheimer; hob die Bedeutung ganzheitlicher Wahrnehmungs- und Lernprozesse hervor (→ kognitives Lernen).

Gewohnheiten: Gelernte, relativ automatisierte Bewegungsabläufe.

Gezieltes Strampeln: Methode in der Säuglingsforschung zur Prüfung des Lernens und Behaltens von Zusammenhängen.

Gliazelle: Neben den → Nervenzellen zweiter Zelltyp im → Nervensystem; haben Stütz- und Ernährungsfunktion.

Gütemaßstab: Kriterium, an dem man die Qualität oder den Erfolg eigenen Handelns misst; wesentlich für die Definition von → Leistungsmotivation.

Habituierungsmethode: Methode aus der Säuglingsforschung, die auf der → Habituation beruht; prüft Unterscheidungs- und Merkfähigkeit.

Habituation: Nachlassen der → Orientierungsreaktion auf einen Reiz, der für den Organismus keine Bedeutung hat; Methode in der Verhaltenstherapie, um durch Gewöhnung an z.B. angstauslösende Reize unerwünschtes Verhalten (z.B. Vermeidung) abzubauen.

Hemmung: Unterdrückung der → Erregungsleitung an der → Synapse.

Hinweisreiz: → Reize, die darüber informieren, welche Konsequenzen ein Verhalten haben wird.

Hippocampus: Bogenförmige Gehirnstruktur an beiden Seiten des Schädels, wichtig für die Einspeicherung und den Abruf von verbalisierbarem → Wissen.

Hirnstamm: Stammesgeschichtlich ältere Bereiche des Gehirns, darunter Mittelhirn, Brücke, verlängertes Mark; regulieren lebenswichtige Reflexe wie die Atmung.

Identifikation: Gedankliche Gleichsetzung der eigenen Person mit einer anderen Person; wichtiger Mechanismus des → Modelllernens.

Implizites Lernen: Lernvorgänge, die ohne Beteiligung des Bewusstseins ablaufen.

Implizites Wissen: Wissen, das durch → implizites Lernen entsteht, dem Bewusstsein nicht zugänglich ist und sich nur im Verhalten äußert.

Interessen: Dauerhafte Vorliebe für die Beschäftigung mit einem bestimmten Thema, die mit positiven Bewertungen und/oder Gefühlen einhergeht; wichtig für die Entstehung von → Lernmotivation.

Interferenz: Verminderung der Lernleistung für neue Inhalte durch ähnliche, zuvor gelernte Inhalte (proaktive I.) oder Verlust bereits gelernter Inhalte durch ähnliche neue Inhalte (retroaktive I.).

Introspektion: Forschungsmethode der Psychologie, im 19. Jh. verbreitet; genaue Beobachtung eigener seelischer Vorgänge und Zustände.

Kategorie: Kategorien können als Regeln aufgefasst werden, die es ermöglichen, die Zugehörigkeit eines Objekts zu einer Klasse gleichartiger Objekte zu bestimmen (→ Attribut).

Kategorisierung: Prozess der Zuordnung eines Objekts in eine Kategorie.

Kausalattribution: Subjektive Erklärung für das Zustandekommen eines Ereignisses, z.B. durch externale oder internale Ursachen.

Klassisches Konditionieren: Lernprozess, bei dem eine Assoziation zwischen Reizen gebildet wird. Ursprünglich löst nur der unkonditionierte, biologisch bedeutsame Reiz eine Reaktion aus. Durch wiederholte Paarung mit einem ursprünglich neutralen Reiz löst schließlich dieser (konditionierte) Reiz allein die Reaktion aus (konditionierte Reaktion).

Kognition: Sammelbegriff für alle Prozesse der Aufnahme, Verarbeitung, Speicherung und Nutzung von Informationen.

Kognitive Landkarte: Kognitive Strukturen oder Pläne (z.B. von räumlichen Konstellationen), die durch Erfahrungen entstehen und in bestimmten Situationen aktiviert werden.

Kognitive Psychologie: Psychologische Richtung, die sich mit den Prozessen der Informationsverarbeitung, Denken und Gedächtnis beschäftigt.

Kognitive Repräsentation: Zentraler Begriff der → kognitiven Psychologie, bezieht sich auf alle Formen der kognitiven Darstellung von Objekten oder Begriffen.

Kognitive Wende: Aufschwung der kognitionspsychologischen Forschung nach dem Zweiten Weltkrieg; allmähliche Abkehr von den Prinzipien des → Behaviorismus.

Kognitives Lernen: Aneignung von Begriffen, Wissensstrukturen und kognitiven → Fertigkeiten.

Kompetenzmodell: Typus eines → Modells, welches perfektes Verhalten vorführt (→ Bewältigungsmodell).

Konsolidierung: Festigung eines → Engramms durch Wiederholungen.

Kontiguität: Zeitliche Nähe zwischen zwei Reizen oder zwischen Verhalten und → Verhaltenskonsequenz; Voraussetzung für assoziatives Lernen.

Kontiguitätstheorie: → One-Trial-Lerntheorie

Kontingenz: Zuverlässigkeit des Zusammenhangs zwischen Verhalten und → Verhaltenskonsequenz; Voraussetzung für assoziatives Lernen.

Kontrollierbarkeit: Möglichkeit, Ereignisse in der Umwelt durch Verhalten zu beeinflussen; bei fehlender K. (→ Unkontrollierbarkeit) entsteht → erlernte Hilflosigkeit.

Kontrollüberzeugungen: Subjektive Überzeugungen einer Person darüber, durch welche Einflüsse Ereignisse kontrolliert werden; K. können spezifisch oder generalisiert und internal oder external orientiert sein.

Konzept: Verallgemeinerte → kognitive Repräsentation von Objekten; beruhen auf der Zugehörigkeit von Objekten zu → Kategorien, die durch → Attribute definiert werden.

Kulturtechniken: In einer Kultur gebräuchliche → Fertigkeiten, die von allen Mitgliedern erworben werden müssen, z.B. Schreiben und Lesen.

Künstliche Grammatik: System aus Regeln zur Anordnung von Buchstaben oder anderen Symbolen; dient als Forschungsmethode zum → impliziten Lernen.

Kurzzeitgedächtnis: Repräsentiert die aktuellen Bewusstseinsinhalte. Speicherdauer und -kapazität sind begrenzt (→ Arbeitsgedächtnis).

Langzeitgedächtnis: Langzeitspeicher mit praktisch unbegrenzter Speicherkapazität und sehr langer Speicherdauer; umfasst deklarative (bewusste) und nondeklarative (unbewusste) Anteile.

Läsion: Schädigung von Nervengewebe durch Verletzungen oder Erkrankungen.

Leistungsmotivation: Bestreben, seine Handlungen an einem Gütemaßstab auszurichten; beeinflusst die → Lernmotivation.

Lernen: Relativ dauerhafte Veränderungen in der Wissensstruktur oder im Verhalten eines Organismus, die durch Erfahrungen entstehen (→ nicht-assoziatives Lernen, → assoziatives Lernen, → kognitives Lernen, → Lernen durch Beobachtung, → implizites Lernen).

Lernmotivation: Bereitschaft, sich Wissen oder Fertigkeiten anzueignen; kann auf intrinsischen Faktoren (z.B. → Interessen) oder extrinsischen Faktoren (→ Verstärkung) beruhen.

Lernstrategie: Planmäßiges Vorgehen bei der gezielten Aneignung von Lernstoff; dazu gehören Wiederholung, → Kategorisierung und → Elaboration.

Logopädie: Therapeutisches Verfahren zur Behandlung von Sprechstörungen.

Löschung: Verringerung der Auftretenshäufigkeit von Verhalten durch den Entzug von → Verstärkung.

Löschungsrate: Geschwindigkeit, mit der ein gelerntes Verhalten gelöscht wird, sobald keine → Verstärkung mehr erfolgt.

Makroproduktionen: Prozess beim → prozeduralen Lernen; Kombination von Regeln oder Handlungen, die häufiger gemeinsam angewendet bzw. durchgeführt werden.

Mehrspeichermodell: Modell zum Aufbau des → Arbeitsgedächtnisses von Baddeley.

Membran: Äußere Umhüllung der Zelle, dient vor allem bei → Nervenzellen auch der Kommunikation.

Mere-exposure-Effekt: Entwicklung einer positiven affektiven Reaktion durch wiederholten Kontakt mit einem Reiz.

Metakognition: Wissen und Denken über → Kognitionen; dazu gehört Wissen über das eigene Wissen und die Überwachung eigener kognitiver Prozesse.

Methode der inkompatiblen Reize: Methode zur Veränderung von Gewohnheiten nach Guthrie; dabei wird der auslösende → Reiz dargeboten, das unerwünschte Verhalten jedoch aktiv verhindert.

Misserfolgsmotivation: Streben nach Vermeidung von Misserfolgen; führt zur Vermeidung von Leistungssituationen und behindert das Lernen.

Modell: Jede mögliche Darstellung eines Verhaltensmusters, z.B. durch andere Personen (*reale Modelle*) oder durch fiktive Persönlichkeiten (*symbolische Modelle*); → Modelllernen, → Lernen durch Beobachtung.

Modelllernen: Eine Konsequenz von → Lernen durch Beobachtung; neues Verhalten wird durch Beobachtung eines Modells gelernt.

Motivation: Psychische Prozesse, die Verhalten aktivieren, in eine bestimmte Richtung lenken und aufrechterhalten (→ Leistungsmotivation, → Lernmotivation).

Motivierung: Zeitlich begrenzte Steigerung der Motivation.

Motoneuron: → Nervenzelle, die mit Muskeln in Verbindung steht.

Motorisches Lernen: Lernen von Bewegungen.

Myelin: Isolierende Substanz, die die Nervenfasern umgibt und auf diese Weise eine beschleunigte → Erregungsleitung ermöglicht.

Nativismus: Erkenntnistheoretische Auffassung, dass manche Wissensinhalte angeboren sind.

Nervensystem: Gesamt der → Nervenzellen und ihrer Verbindungen. Gehirn und Rückenmark bilden gemeinsam das Zentralnervensystem, die übrigen Anteile das periphere N.

Nervenzelle: (Syn.: Neuron) spezialisierte Zellen, die zur Kommunikation durch elektrische Signale befähigt sind; kleinste Bausteine des → Nervensystems.

Neugier: Streben nach neuen Erfahrungen, das sich in → Explorationsverhalten äußert.

Neurogenese: Phase in der Entwicklung des → Nervensystems; Bildung einer großen Menge von Nervenzellen zu Beginn der Entwicklung durch Zellteilung.

Neurotransmitter: Stoffe, die an den → Synapsen freigesetzt werden und der chemischen → Erregungsübertragung zwischen → Nervenzellen dienen.

Nicht-assoziatives Lernen: Veränderung von → Reaktionen als Folge des wiederholten Kontakts mit einem Reiz (→ Habituation, → Sensitivierung, → Mere-exposure-Effekt)

One-Trial-Lerntheorie: Modell von Guthrie; besagt, dass der Lernprozess bereits beim ersten Auftreten einer → Reaktion abgeschlossen ist.

Operantes Konditionieren: Steuerung von Verhalten durch → Verhaltenskonsequenzen und → Hinweisreize.

Orientierungsreaktion: Komplexer → Reflex, der bei der unerwarteten Präsentation eines → Reizes gezeigt wird; z.B. Zusammenzucken als Reaktion auf ein Geräusch.

Phonologische Schleife: Teil des → Arbeitsgedächtnisses; verarbeitet akustische und verbale Informationen.

Plastizität: Fähigkeit des → Nervensystems, mit strukturellen und funktionalen Veränderungen auf Umwelteinflüsse zu reagieren.

Positronenemissionstomographie (PET): Bildgebendes Verfahren zur Untersuchung der Aktivität unterschiedlicher Gehirnbereiche.

Präferenzmethode: Methode aus der Säuglingsforschung zur Erfassung der Merkfähigkeit; beruht auf der Präferenz der Säuglinge für Neues.

Prägung: 1) Frühkindliche Phase, in der die → Bindung zu den Bezugspersonen aufgebaut wird; 2) irreversibler Lernvorgang innerhalb zeitlich begrenzter, → sensibler Phasen.

predisposition: Angeborene Bereitschaft zum Erwerb bestimmter Fertigkeiten (z.B. zum Erlernen der Muttersprache).

Premack-Prinzip: Verhaltensweisen mit einer hohen Auftretenswahrscheinlichkeit dienen als → Verstärker für Verhaltensweisen mit einer geringen Auftretenswahrscheinlichkeit.

preparedness: Angeborene Bereitschaft zum Erlernen von Zusammenhängen zwischen bestimmten → Reizen und → Reaktionen (z.B. Angst vor Schlangen).

Priming: Durch die einmalige Präsentation eines Reizes wird die nachfolgende Verarbeitung desselben oder eines assoziierten Reizes erleichtert.

Produktionen: → Kognitive Repräsentation von Handlungswissen in Form von Regeln (Wenn-Dann-Beziehungen).

Problemlösen: Vorgang der Erzeugung einer → kognitiven Repräsentation eines Problems, des Planens von Handlungen, um das Problem zu lösen, der Durchführung der Problemlösung und der Überprüfung des Ergebnisses.

Prototyp: Besonders repräsentativer Vertreter einer Kategorie, der charakteristische Merkmale besitzt.

Prozedurales Lernen: Form des → impliziten Lernens, die sich vorwiegend auf den Erwerb von → Fertigkeiten bezieht.

Prozeduralisierung: Prozess beim → prozeduralen Lernen; Bildung von Handlungswissen und zunehmende Automatisierung von Prozessen.

Pruning: Eliminierung überflüssiger → Synapsen während der Entwicklung des → Nervensystems

Pursuit Rotor: Gerät zur Untersuchung des → motorischen Lernens.

Ranvier-Schnürring: Einschnürung in der Umhüllung der → Axone, die eine schnelle, springende → Erregungsleitung ermöglichen.

Rationalismus: Erkenntnistheoretische Haltung; besagt, dass der Mensch Erkenntnisse überwiegend durch rationales und schlussfolgerndes Denken gewinnt.

Reaktion: Verhalten, das als Antwort auf Reize auftritt.

Reaktionsdiskrimination: 1) Auswahl eines situationsangemessenen Verhaltens aus einer Reihe alternativer Verhaltensweisen, 2) Veränderung von Verhaltensparametern durch Lernprozesse.

Reaktionsrate: Häufigkeit, mit der ein Lebewesen ein gelerntes Verhalten pro Zeiteinheit durchführt.

Reattributionstraining: Training zur Veränderung ungünstiger → Kausalattributionen.

Reflex: Automatische und unwillkürliche → Reaktion auf bestimmte → Reize.

Reflexbogen: Besteht aus Nervenfasern vom Sinnesorgan zum zentralen → Nervensystem, einer oder mehreren zwischengeschalteten → Nervenzellen und den Nervenfasern zum Muskel.

rehearsal: Wiederholung, inneres Nachsprechen von Lerninhalten zur Verbesserung der Merkleistung.

Reifung: Altersabhängige, biologisch bedingte Entwicklung von Strukturen und Verhaltensweisen.

Reiz: Innere oder äußere Gegebenheiten oder Veränderungen, die auf einen Organismus einwirken und von diesem wahrgenommen werden können.

Reizdiskrimination: Unterscheidung zwischen Reizen und Reizkonstellationen, die Hinweise auf unterschiedliche Verhaltenskonsequenzen geben.

Reizüberflutung: Technik in der Verhaltenstherapie zur Behandlung von Angststörungen durch die massierte Konfrontation mit dem auslösenden → Reiz.

Rehabilitation: 1) Therapeutische Maßnahmen zur Wiederherstellung körperlicher und/oder psychischer Gesundheit im Allgemeinen; 2) therapeutische Maßnahmen zur Wiederherstellung kognitiver oder motorischer Funktionen nach Ausfällen durch Verletzungen oder Erkrankungen im Speziellen.

Reverberatorische Kreise: Neuronenschleife, ringförmige Anordnung von → Nervenzellen, in denen durch kreisende Erregungen → Engramme gebildet werden.

Rückwirkende Konditionierung: Methode des → klassischen Konditionierens; Darbietung des konditionierten Reizes nach dem unkonditionierten Reiz.

Ruhepotential: Elektrischer Potentialunterschied zwischen dem Außen- und Innenraum einer → Nervenzelle im Ruhezustand.

Sättigung: Nachlassen der Häufigkeit oder Intensität eines Verhaltens (z.b. Nahrungsaufnahme), wenn dieses in ausreichendem Maße oder über längere Zeit unter gleichen Bedingungen durchgeführt worden ist.

Saugrate: Methode aus der Säuglingsforschung; nutzt die Tatsache, dass Säuglinge beim Anblick eines neues Reizes schneller an einem Schnuller saugen, zur Prüfung der Lern- und Merkfähigkeit.

Schwellenmethode: Methode zum Abbau unerwünschter Gewohnheiten nach Guthrie; dabei werden abgeschwächte Vorstufen des auslösenden → Reizes dargeboten und schrittweise intensiviert.

Selbstbekräftigung: Selbstverstärkung, z.b. durch Selbstlob oder die Durchführung angenehmer Aktivitäten; dient der Selbststeuerung von Verhalten.

Selbstinstruktion: Steuerung des eigenen Verhaltens durch an sich selbst gerichtete Anweisungen; Therapieverfahren nach Donald W. Meichenbaum.

Selbstmanagement: Fähigkeit, die eigenen Aktivitäten zielorientiert zu steuern und zu koordinieren.

Selbstwirksamkeit: Generalisierte Erwartungen einer Person, schwierige Herausforderungen bewältigen und Einfluss auf die Umwelt und wichtige Ereignisse nehmen zu können.

Semantisches Netzwerk: → Kognitive Repräsentation von → Konzepten in Form netzartiger Verbindungen.

Sensible Phase: Begrenzte Zeitabschnitte, in denen ein Lebewesen zu biologisch bedeutsamen Lernprozessen bereit und in der Lage ist.

Sensitivierung: Verstärkung einer Reaktion auf einen Reiz als Folge der wiederholten Präsentation des Reizes.

Sensorisches Gedächtnis: Repräsentiert sensorische Eindrücke aus den verschiedenen Sinnesmodalitäten kurzfristig in einem reizspezifischen Format.

Sequenzlernaufgaben: Reaktionszeitaufgaben zur Erfassung des impliziten Lernens von Abfolgeregeln.

Shaping: Schrittweise Ausformung eines Verhaltens durch → operante Verstärkung.

Sicherheitssignal: → Reiz, der darüber informiert, ob ein unangenehmes Ereignis eintreten oder ausbleiben wird; S. erhöhen damit die → Vorhersagbarkeit von Ereignissen.

Simultane Konditionierung: Methode des → klassischen Konditionierens; Darbietung des konditionierten Reizes zugleich mit dem unkonditionierten Reiz.

Skinner-Box: Einrichtung zur Untersuchung von Lernprozessen bei Tieren; enthält u.a. eine Vorrichtung zur Ausgabe von Futterportionen auf Hebeldruck.

Speicherkapazität: Menge an Informationen, die im Gedächtnis gespeichert werden können.

Spielprojekt: Thematisch orientiertes Projekt für Kinder im Kindergartenalter, in dessen Rahmen verschiedene Lernziele auf spielerische Weise erreicht werden können.

Spontanerholung: Spontanes Wiederauftreten einer fast gelöschten Reaktion nach einer längeren Pause, allerdings mit geringerer Intensität.

Spurenkonditionierung: Methode des → klassischen Konditionierens; Darbietung und Beendigung des konditionierten Reizes kurz vor dem unkonditionierten Reiz.

Standardprozedur: Technik, die durch Instruktion erworben und immer auf die gleiche, standardisierte Weise durchgeführt wird.

Synapse: Verbindung zwischen dem → Axon einer Nervenzelle und einer Nervenzelle (oder Muskel- oder Drüsenzelle); die Übertragung erfolgt chemisch oder elektrisch.

Synaptogenese: Phase in der Entwicklung des → Nervensystems; Bildung von Synapsen für die spätere Signalübertragung.

Token: Symbolische → Verstärker (z.B. Münzen), die gegen andere Verstärker eingetauscht werden können.

Transfer: Übertragung und Anwendung von Lerninhalten auf neue Situationen.

Triadischer Versuchsplan: Experimentelle Anordnung von Seligman zur Überprüfung, ob → erlernte Hilflosigkeit durch unangenehme Ereignisse selbst oder durch die → Unkontrollierbarkeit von Ereignissen verursacht wird.

Trieb: Form der → Motivation, die vorwiegend durch biologische Bedürfnisse verursacht wird.

Tuning: Prozess beim → prozeduralen Lernen; Feinabstimmung gelernter Fertigkeiten.

Typikalität: Grad der Repräsentativität eines Objekts für eine Kategorie, definiert durch den Abstand zum → Prototyp.

Unkontrollierbarkeit: Fehlen der Möglichkeit, das Eintreten von Ereignissen durch Verhalten zu beeinflussen; kann zu → erlernter Hilflosigkeit führen.

Unterricht: Strukturierte Vorgehensweise im Rahmen der Schule, die der gezielten Vermittlung von Lerninhalten dient; kann eher lehrer- oder eher schülerzentriert sein.

Unvorhersagbarkeit: Fehlen der Möglichkeit, das Eintreten von unangenehmen Ereignissen vorherzusagen; führt zu Unsicherheit und Angst.

Valenz: Subjektive Bewertung von → Verhaltenskonsequenzen.

Verhaltenskonsequenzen: Ereignisse, die zuverlässig auf Verhaltensweisen folgen und die zukünftige Auftretenswahrscheinlichkeit des Verhaltens beeinflussen (→ Verstärkung, → Bestrafung).

Verhaltensmodifikation: Gezielte Veränderung von unerwünschtem Verhalten.

Verhaltensperformanz: Durchführung von Verhalten.

Verhaltenspotential: Wahrscheinlichkeit, dass in einer bestimmten Situation ein bestimmtes Verhalten aus der Gesamtheit alternativer Verhaltensweisen ausgeführt wird.

Verhaltensrepertoire: Gesamtheit von Verhaltensweisen, die einem Lebewesen oder einer Person zur Verfügung stehen.

Verstärker: Positiv bewertete → Reize, die zur → Verstärkung von Verhalten eingesetzt werden; können materiell oder immateriell und primär, sekundär oder generalisiert sein.

Verstärkung: Erhöhung der Auftretenswahrscheinlichkeit von Verhalten durch die Gabe von angenehmen Reizen oder → Verstärkern (positive Verstärkung) oder die Entfernung unangenehmer Reize (negative Verstärkung).

Verstärkungsplan: Regeln über die Häufigkeit und Regelmäßigkeit der Verstärkung; dient der Überprüfung der Bedingungen, unter denen Verstärkung besonders wirksam ist; z.b. kontinuierliche und intermittierende Verstärkung, Quoten- und Intervallverstärkung.

Verzögerte Konditionierung: Methode des → klassischen Konditionierens; Darbietung des konditionierten Reizes kurz vor und parallel zum unkonditionierten Reiz.

Visuell-räumlicher Notizblock: Teil des → Arbeitsgedächtnisses; verarbeitet räumliche und visuelle Informationen.

Vorläuferfertigkeiten: Grundlegende Fertigkeiten der Wahrnehmung und Kognition, die Kindern zum Beispiel den Einstieg in den Spracherwerb ermöglichen.

Vorhersagbarkeit: Möglichkeit, das Eintreten vor allem unangenehmer Ereignisse mit Hilfe so genannter → Sicherheitssignale vorherzusagen.

Wirksamkeitserwartung: Erwartung einer Person, ein Verhalten richtig durchführen zu können.

Wissen: Inhalte des → Langzeitgedächtnisses; gliedert sich in deklaratives oder explizites (bewusstes) und nondeklaratives oder implizites (unbewusstes) Wissen.

Wissenskompilation: Phase im → prozeduralen Lernen; umfasst Bildung von → Makroproduktionen und zunehmende Beteiligung des → Langzeitgedächtnisses an der Verhaltenssteuerung.

Wortexplosion: Phase des schnellen Wortlernens im zweiten Lebensjahr.

yoked groups: Bezeichnung für miteinander gekoppelte Versuchsgruppen im → triadischen Versuchsplan.

Zeichen-Gestalt-Theorie: Annahme Tolmans, dass → Reize nicht lediglich Reflexe auslösen, sondern als Zeichen mit einer bestimmten Bedeutung erfasst werden.

Zellmigration: Phase der Entwicklung des → Nervensystems; Wanderung der → Nervenzellen an ihren endgültigen Standort.

Zentrale Exekutive: Teil des → Arbeitsgedächtnisses mit koordinierender und steuernder Funktion. Es handelt sich nicht um einen eigenen Speicher, sondern um einen Mechanismus, der die Aufmerksamkeit einer Person fokussiert und zwischen Anforderungen aufteilt, die gleichzeitig gestellt werden.

Zielorientierung: Wertvorstellungen in Bezug auf Lern- und Leistungsverhalten; Streben nach Wissenszuwachs wird als Lernzielorientierung bezeichnet, Streben nach Demonstration eigener Fähigkeiten als Leistungszielorientierung.

Personenregister

Sachregister

pro Studium Psychologie

Christian Allesch
Einführung in die psychologische Ästhetik
UTB 2773
ISBN 3-8252-**2773**-1
WUV. 2006.
208 S., 10 Abb.,
EUR 18,90, sfr 33,40

Falko von Ameln
Konstruktivismus
Die Grundlagen systemischer Therapie, Beratung und Bildungsarbeit
UTB 2585
ISBN 3-8252-**2585**-2
A. Francke. 2004. 284 S.,
EUR 24,90, 25,60, sfr 43,70

Peter Bednorz, Martin Schuster
Einführung in die Lernpsychologie
UTB 1305
ISBN 3-8252-**1305**-6
Reinhardt. 3., völlig neu bearb. u. erw. Aufl. 2002.
325 S., 38 Abb., 8 Tab.,
EUR 24,90, sfr 43,70

Konrad Bundschuh
Heilpädagogische Psychologie
UTB 1645
ISBN 3-8252-**1645**-4
Reinhardt. 3., überarb. u. erw. Aufl. 2002.
376 S., 13 Abb.,
EUR 22,90, sfr 40,10

Sieglind Ellger-Rüttgardt (Hrsg.)
Lernbehindertenpädagogik
Studientexte zur Geschichte der Behindertenpädagogik Band 5
UTB 2379
ISBN 3-8252-**2379**-5
Beltz. 2003.
334 S.,
EUR 19,90, sfr 34,90

Cecilia A. Essau
Depression bei Kindern und Jugendlichen
Psychologisches Grundlagenwissen
UTB 2294
ISBN 3-8252-**2294**-2
Reinhardt. 2002. 220 S., 21 Abb., 41 Tab., 139 Übungsfragen
EUR 19,90, sfr 34,90

Cecilia A. Essau
Angst bei Kindern und Jugendlichen
UTB 2398
ISBN 3-8252-**2398**-1
Reinhardt. 2003.
303 S., 32 Abb., 35 Tab.,
EUR 22,90, sfr 40,10

Cecilia A. Essau, Judith Conradt
Aggression bei Kindern und Jugendlichen
UTB 2602
ISBN 3-8252-**2602**-6
Reinhardt. 2004.
205 S., 21 Abb., 11 Tab., 88 Übungsfragen,
EUR 19,90, sfr 34,90

Clemens Hillenbrand
Einführung in die Pädagogik bei Verhaltensstörungen
UTB 2103
ISBN 3-8252-**2103**-2
Reinhardt. 3., überarb. Aufl. 2006.
248 S., 25 Abb., 6 Tab., 45 Übungsfragen,
EUR 19,90, sfr 34,90

Sabine von Hinckeldey, Gottfried Fischer
Psychotraumatologie der Gedächtnisleistung
UTB 2295
ISBN 3-8252-**2295**-0
Reinhardt. 2002.
210 S., 9 Abb., 3 Tab.,
EUR 19,90, sfr 34,90

pro Studium Psychologie

■ Thomas Hülshoff
Emotionen
Eine Einführung für beratende, therapeu-
tische, pädagogische und soziale Berufe.
UTB 2051
ISBN 3-8252-**2051**-6
Reinhardt. 3., akt. Aufl. 2006.
336 S., 33 Abb., 2 Tab.,
EUR 19,90, sfr 34,90

■ Karlheinz Ingenkamp
**Lehrbuch der Pädagogischen
Diagnostik**
UTB 8317
ISBN 3-8252-**8317**-8
Beltz. 5., völlig überarb. Aufl. 2005.
359 S., zahlr. Abb. u. Tab.,
EUR 22,90, sfr 40,10

■ Erich Kirchler (Hrsg.)
**Arbeits- und Organisations-
psychologie**
UTB 2659
ISBN 3-8252-**2659**-X
WUV. 2005. 664 S.,
EUR 38,90, sfr 66,70

■ Christina Krause, Bernd Fittkau,
Reinhard Fuhr, Heinz-Ulrich Thiel
Pädagogische Beratung
Grundlagen und Praxisanwendung
UTB 2326
ISBN 3-8252-**2326**-4
Schöningh. 2003.
368 S., 53 Abb., 10 Tab.,
EUR 17,90, □ (A) 18,40, sfr 31,70

■ Franz-K. Krug
**Didaktik für den Unterricht
mit sehbehinderten Schülern**
UTB 8209
ISBN 3-8252-**8209**-0
Reinhardt. 2001. 368 S., 62 Abb.,
11 Tab., geb.,
EUR 39,90, sfr 69,40

■ Rainer Maderthaner
**Psychologie
basics**
UTB 2772
ISBN 3-8252-**2772**-3
WUV. 2006. Ca. 300 S.,
ca. 200 Abb. u. Fotos, ca. 50 Tab.,
ca. EUR 16,90, sfr 30,10

■ Philipp Mayring, Michaela Gläser-Zikuda,
(Hrsg.)
**Die Praxis der Qualitativen
Inhaltsanalyse**
UTB 8269
ISBN 3-8252-**8269**-4
Beltz. 2005.
299 S., zahlr. Abb., kart.,
EUR 24,90, sfr 43,70

■ Karl-Heinz Menzen
**Grundlagen der
Kunsttherapie**
UTB 2196
ISBN 3-8252-**2196**-2
Reinhardt. 2., durchges. Aufl. 2004.
288 S., 116 Abb., 7 Tab.,
EUR 24,90, sfr 43,70

■ Susanne Nußbeck
**Einführung in die
Beratungspsychologie**
UTB 2784
ISBN 3-8252-**2784**-7
Reinhardt. 2006. 215 S., 7 Abb., 3 Tab.,
94 Übungsfragen,
EUR 19,90, sfr 34,90

■ Erwin Parfy, Bibiana Schuch, Gerhard Lenz
Verhaltenstherapie
Moderne Ansätze für Theorie und Praxis
UTB 2423
ISBN 3-8252-**2423**-6
Facultas. 2003.
276 S., 7 Abb., 2 Tab.,
EUR 26,90, sfr 47,10

pro Studium Psychologie

■ Lawrence A. Pervin, Daniel Cervone,
Oliver P. John
Persönlichkeitstheorien
UTB 8035
ISBN 3-8252-**8035**-7
Reinhardt. 5., vollst. überarb. u. erw. Aufl.
2005. 742 S., 156 Abb., 33 Tab.,
EUR 44,90, sfr 77,00

■ Franz Petermann, Nicole Gerken,
Heike Natzke, Hans-Jörg Walter
**Verhaltenstraining für
Schulanfänger**
Trainingshandbuch mit CD
UTB 8225
ISBN 3-8252-**8225**-2
Schöningh. 2002.
232 S., 85 Abb., mit CD, kart.,
EUR 28,90, sfr 50,50

■ Udo Rauchfleisch
Testpsychologie
Eine Einführung in die Psychodiagnostik
UTB 1063
ISBN 3-8252-**1063**-4
Vandenhoeck & Ruprecht. 4., überarb.
Aufl. 2005. 280 S., 2 Abb., 2 Tab.,
EUR 18,90, sfr 33,40

■ Detlef H. Rost
**Interpretation und Bewertung
pädagogisch-psychologischer
Studien**
UTB 8306
ISBN 3-8252-**8306**-2
Beltz. 2005. 231 S., kart.,
EUR 22,90, sfr 40,10

■ Norbert M. Seel
Psychologie des Lernens
UTB 8198
ISBN 3-8252-**8198**-1
Reinhardt. 2., aktual. u. erw. Aufl. 2003.
427 S., 58 Abb., 12 Tab., geb.,
EUR 39,90, sfr 69,40

■ Thomas Slunecko, Gernot Sonneck (Hrsg.)
Einführung in die Psychotherapie
UTB 2085
ISBN 3-8252-**2085**-0
Facultas. 1999. 352 S.,
EUR 19,90, sfr 34,90

■ Gernot Sonneck
**Krisenintervention und
Suizidverhütung**
UTB 2123
ISBN 3-8252-**2123**-7
Facultas. 2000. 320 S.,
zahlr. Abb. u. Tab.,
EUR 19,90, sfr 34,90

■ Gabriela Stoppe
Demenz
Diagnostik - Beratung - Therapie
UTB 2651
ISBN 3-8252-**2651**-4
Reinhardt. 2006. 200 S., 12 Abb., 2 Tab.,
EUR 19,90, sfr 34,90

■ Elke Wild, Judith Gerber
**Einführung in die Pädagogische
Psychologie**
Einführungstexte Erziehungswiss. Band 7
(Herausgeber: Heinz-Hermann Krüger)
UTB 8327
ISBN 3-8252-**8327**-5
Barbara Budrich. 2006.
224 S., 28 Abb., 3 Tab., kart.,
EUR 14,90, sfr 26,80

■ Monika A. Vernooij
**Erziehung und Bildung
beeinträchtigter Kinder und
Jugendlicher**
Aspekte moderner Sonderpädagogik
UTB 2522
ISBN 3-8252-**2522**-4
Schöningh. 2005.
352 S., 15 Abb., 18 Tab.,
EUR 16,90, sfr 30,10